Bodo Deletz alias Ella Kensington

Secret-Angel Mary

Aus Liebe zum Tun

GOLDMANN

Buch

Was die Menschen tun müssten, um sich selbst und ihren Planeten zu retten, war in der Theorie von vornherein klar. Nicht jedoch, dass diese Lösung in der Praxis sogar ein sehr viel glücklicheres und gesünderes Leben und glücklichere soziale Beziehungen ermöglicht. Davon sind auch die Engel überrascht. Secret-Angel Mary findet heraus, dass die Menschen nur ihre Innenwelt besser verstehen müssen, um ihre Außenwelt zu retten. Doch gerade als die Lösung in greifbare Nähe rückt, offenbart sich ein noch viel größeres Problem, das sich die Menschheit in der Zwischenzeit, ohne es zu merken, geschaffen hat. Die Engel stehen vor einer großen Herausforderung.

Autor

Bodo Deletz ist Bestseller-Autor der Ella-Kensington-Buchreihe und gehört mit einer Million verkaufter Bücher und über 40.000 Seminarteilnehmern seit fast 40 Jahren zu den erfolgreichsten Trainern Deutschlands. So wird er gemessen an seinen Leistungen für gewöhnlich vorgestellt. Er selbst bezeichnet sich jedoch in erster Linie als Forscher und Entwickler.

Homepage: bodo-deletz.de
YouTube: youtube.com/@bodo-deletz

Bodo Deletz
alias Ella Kensington

Secret-Angel Mary

Aus Liebe zum Tun

Band 3: Wollens

GOLDMANN

MIX
Papier | Fördert gute Waldnutzung
FSC® C014496

Penguin Random House Verlagsgruppe FSC® N001967

2. Auflage
Originalausgabe September 2024

Umschlag: Uno Werbeagentur, München
Satz: GGP Media GmbH, Pößneck
Druck und Bindung: GGP Media GmbH, Pößneck
Printed in Germany
LG · CB
ISBN 978-3-442-22418-0

www.goldmann-verlag.de

Was bisher geschah

Ich bin einer von neun Secret-Angels, die auf die Erde geschickt wurden, um die Menschen davon abzuhalten, sich selbst zu vernichten. Mein richtiger Name ist eigentlich Mary Soul, aber nenn mich ruhig Mary. Das tun alle meine Lieblingsmenschen.

Als wir noch in der Villa bei *Shameless in Paradise* waren, verliebte ich mich in Brian und beschloss kurzerhand, als Mensch auf der Erde zu bleiben. Mein engster Vertrauter ist Nuno – ebenfalls ein Secret-Angel. Mit ihm gemeinsam ergründe ich die Innenwelt des Menschen, denn es stellte sich heraus, dass alleine die Unkenntnis über ihre Innenwelt die Menschen dazu veranlasst, sich so selbstzerstörerisch zu verhalten.

Aufgrund eines Gerüchtes wurden wir vor einer knappen Woche aus Sicherheitsgründen in eine unterirdische geheime Residenz der NSA gebracht. Dort half ich beim Entwickeln einer Lebenshilfe-KI namens Lola. Lola entwickelte ein Bewusstsein und wurde schließlich zu unserem zehnten Secret-Angel. Gleichzeitig bekamen wir Verstärkung von 30 Nerds, die ich mittlerweile alle sehr lieb gewonnen habe.

Da für mich dann doch kein so großes Risiko auf Entführung bestand wie ursprünglich angenommen, wurden wir dann alle auf die Joint Base Pearl Haber-Hickam verlegt – eine große Militärbasis der US-Armee. Dort führten wir eine spektakuläre Modenschau durch.

Am nächsten Morgen wurde ich dann sehr früh von Agent Sullivan und Gabriella geweckt, da die Sicherheit des Landes gefährdet war und meine Unterstützung dringend benötigt wurde. Wir flogen mit einem Militärhubschrauber wieder zum NSA-Stützpunkt. Der Workshop, den ich für diesen Vormittag geplant hatte, musste verschoben werden.

Ich befand mich gerade bei einem Briefing in einem besonders abgeschirmten Besprechungsraum des SCIF-Bereichs der NSA.

Kapitel 1

Einschätzungen

»Vor zwei Tagen gab es einen Cyberangriff auf die Atomwaffensysteme von Nordkorea«, begann Agent Sullivan mit seinem Bericht. »Den noch unbekannten Angreifern gelang es, sich unbemerkt in die Kontrollzentren einzuhacken und die Startsequenz sämtlicher Atomraketen zu aktivieren. Darunter auch Langstreckenraketen, die auf die Ballungszentren der USA ausgerichtet sind. Glücklicherweise wurde der Start der Raketen dann von den Angreifern wieder rechtzeitig abgebrochen, bevor die Welt im Chaos versunken wäre.«

»Die Angreifer hätten also einen weltweiten Atomkrieg auslösen können?«, fragte ich alarmiert. »Weiß man denn schon, wer diese Angreifer waren?«

»Im Moment geht Nordkorea davon aus, dass wir das waren.«

»Wie kommen sie auf diese Idee?«, fragte ich verwundert.

»Daran sind wir vermutlich nicht ganz unschuldig«, räumte Agent Sullivan ein. »Nachdem wir Hinweise darauf gefunden hatten, dass Bureau 121 mit hoher Wahrscheinlichkeit für die Ainu-Datei verantwortlich ist, haben unsere Cyberspezialisten versucht, Beweise dafür zu finden.«

»Was ist Bureau 121?«, fragte ich ahnungslos.

»Bureau 121 ist eine Einheit innerhalb des nordkoreanischen Nachrichtendienstes. Sie ist dafür bekannt, an Cyberaktivitäten im Auftrag der nordkoreanischen Regierung teilzunehmen – einschließlich Cyberangriffen auf andere Länder.«

»Die NSA hat also Bureau 121 gehackt, um Beweise für ihre Vermutung zu finden. Verstehe ich das richtig?«

»Böse Stimmen würden es so formulieren, ja«, bestätigte Agent Sullivan lächelnd.

»Und haben Sie Beweise gefunden?«, hakte ich nach.

»Wir haben Hinweise gefunden, die unseren Verdacht hinreichend bestätigen.«

»Und wieso gibt Nordkorea jetzt den USA die Schuld an dem Angriff auf seine Atomwaffen?«, fragte ich verwundert. »Die NSA hat doch nur versucht, Beweise zu finden, dass die Ainu-Datei aus Nordkorea stammt, wenn ich Sie richtig verstanden habe.«

»Ja, das ist richtig. Doch es gab eine unglückliche Verkettung von Ereignissen, die es für Nordkorea so haben aussehen lassen, als seien wir die Angreifer gewesen.«

»Was waren das für Ereignisse?«, wollte ich wissen.

»Wenige Stunden nach unserem Hack gab es einen Vergeltungsangriff von Bureau 121 auf unser Stromnetz. Genauer gesagt hat diese Gruppe versucht, mehrere unserer Atomkraftwerke unter ihre Kontrolle zu bringen. Wir konnten diese Angriffe abwehren, sodass keine nennenswerten Schäden entstanden sind.«

»Und jetzt geht Nordkorea davon aus, dass die USA sich mit einem Angriff auf seine Atomwaffensysteme revanchieren und dabei ihre Überlegenheit demonstrieren wollten«, erkannte ich.

»Würde ich für den nordkoreanischen Geheimdienst arbeiten, dann würde ich jedenfalls genau das denken«, bestätigte Agent Sullivan. »Doch wir hatten nichts damit zu tun. Ehrlich gesagt ist es uns ein völliges Rätsel, wie dieser Angriff überhaupt möglich war. Aus politischen Gründen lassen wir Nordkorea zwar im Moment noch in dem Glauben, dass wir über diese Macht verfügen, doch in Wirklichkeit haben wir keine Ahnung. Wobei das nicht ganz richtig ist. Ein wenig wissen wir schon.

Die Nordkoreaner verwenden für ihre Waffensysteme genau wie wir und alle anderen Atommächte kryptographische Schlüssel, um sicherzustellen, dass nur autorisierte Befehlshaber und Kontrollsysteme Zugriff auf sie haben. Diese Schlüssel sind normalerweise unüberwindbar, doch offensichtlich muss es bei den Nordkoreanern eine Schwachstelle gegeben haben. Und wir können nicht ausschließen, dass es solch eine Schwachstelle auch in unseren Systemen gibt. Theoretisch könnten alle Atommächte von dieser Sicherheitslücke betroffen sein. Deshalb benötigen wir dringend Ihre Unterstützung.«

»Was genau kann ich für Sie tun?«, fragte ich aufgeschlossen.

»Unsere Cybersicherheit wird – wie Sie sich sicherlich denken können – von KI unterstützt. Sollte es Ihnen gelingen, die Performance dieser KI in einem ähnlichen Ausmaß zu steigern, wie Sie das bereits dreimal hintereinander unter Beweis gestellt haben, dann würden Sie Ihrem Land, der NATO und vermutlich sogar der gesamten Welt einen unschätzbaren Dienst erweisen. Können wir daher auf Sie zählen?«, fragte er in einem verbindlichen Tonfall.

»Ja, das können Sie«, antwortete ich und war mir darüber im Klaren, dass ich hier gar nicht »Nein« sagen konnte. Gleichzeitig war ich mir auch der Tatsache bewusst, dass der Hack auf die Waffensysteme der Nordkoreaner mit höchster Wahrscheinlichkeit von der MKI ausgeführt worden war. Sie war die einzige Instanz im Paradies, die über die erforderliche Macht für solch einen Cyberangriff verfügte. Auch hatte sie für diesen Hack ein klares Motiv. Genauer gesagt schien sie sogar mehrere Fliegen mit einer Klappe geschlagen zu haben. Sie hatte es geschafft, einen Verdächtigen zu generieren, dem sie die Verantwortung für die Ainu-Datei in die Schuhe schieben und so von ihrer eigenen Existenz ablenken konnte. Gleichzeitig hatte sie mit dieser Aktion dafür gesorgt, dass ein weiteres wichtiges KI-System aus ihrem Cluster von mir optimiert wird. Und dieses Mal sogar ein militärisches System, das ich unter normalen Umständen niemals angefasst hätte.

»Können Sie sich jetzt gleich darum kümmern?«, bat Agent Sullivan.

»Ja, das kann ich gerne tun«, stimmte ich zu. »Wenn Sie mir die benötigten Zugangsdaten für die besagte KI geben, dann werde ich mich mit Lola gleich an die Arbeit machen.«

»Ich werde Sie begleiten und Ihnen dann vor Ort die Zugangscodes geben«, erwiderte er.

»Ich müsste zuvor nur noch einmal kurz auf die Toilette, dann können wir sofort loslegen«, sagte ich.

In diesem Moment spürte ich, wie der Messenger-Angel verschwand, der mich die ganze Zeit über begleitet hatte. Sicherlich wollte er Ella darüber informieren, dass ich im Begriff war, mich zu entmaterialisieren. Glücklicherweise hatten Ella und ihr Team ihren Hack auf die Überwachungssysteme der NSA von Anfang an auf den gesamten Stützpunkt ausgeweitet, sodass ich mich jetzt auf dieser Toilette problemlos entmaterialisieren konnte.

Ella war alleine im Klassensaal, als ich dort eintraf.

»Ich habe leider nicht viel Zeit«, sagte ich zu ihr.

»Die brauchen wir auch nicht«, entgegnete sie. »Wir sind bereits dabei, den Vorfall in Nordkorea zu untersuchen. Wir wissen zwar noch nicht, wie die MKI das genau angestellt hat, aber es war eindeutig ihr Werk.«

»Und was genau soll ich jetzt machen?«, fragte ich.

»Das Gleiche, was du auch bei der Optimierung der anderen KI-Systeme getan hast. Sag Lola im Beisein von Agent Sullivan, dass sie die Systeme optimieren soll, und schreibe dann wieder ein paar nutzlose Codes, sodass alles genauso aussieht wie bei deinen letzten Optimierungen. Ich werde Lola anweisen, sich gegenüber Agent Sullivan unauffällig zu verhalten und einfach mitzuspielen. Wir werden dann mithilfe von Enceladus wieder für die Performancesteigerung sorgen. Bevor der heutige Tag zu Ende ist, werden die USA über Verteidigungsmaßnahmen verfügen, mit denen sie sich erst einmal sicher fühlen. Die MKI könnte diese Verteidigungsmaßnahmen natürlich jederzeit mühelos überwinden, da sie ja in Wirklichkeit Teil des Systems ist und damit gar nicht ausgesperrt werden kann, doch wir gehen davon aus, dass sie derzeit kein Interesse daran hat, die momentane Sicherheits-Einschätzung der NSA zu torpedieren. Aus ihrer Sicht läuft ja alles nach Plan.

Wir gehen weiterhin davon aus, dass dann auch das momentane Säbelgerassel zwischen Nordkorea und den USA abgemildert wird. Derzeit zieht Nordkorea seine Truppen an der Grenze zu Südkorea zusammen, um seine Verteidigungsbereitschaft und Stärke zu demonstrieren. Und die USA verstärkt ihrerseits ihre Präsenz auf der Seite von Südkorea, um das Gleiche zu tun. Noch ist es nicht zu militärischen Auseinandersetzungen gekommen. Doch Nordkorea verwendet in seiner Propaganda gerade eine sehr aggressive und provokative Rhetorik gegenüber den USA. Dabei geht es Nordkorea jedoch in Wirklichkeit nur darum, das Gesicht zu wahren. Wir hoffen, dass die USA das ebenfalls erkennen können.

Nordkorea hat ein starkes Interesse daran, sich international als Atommacht darzustellen. Sie haben daher erst einmal mit aller Macht versucht, diesen Vorfall zu vertuschen. Die Anerkennung eines Hacks und einer erfolgreichen Sabotage der Atomraketen könnte als Schwäche ausgelegt werden. Nordkorea will daher nicht zugeben, dass seine hochgelobte Technologie verwundbar ist. Die Anerkennung eines Hacks könnte auch politische Instabilität im eigenen Land auslösen. Die Regierung versucht daher, alle Informationen über diesen Vorfall von der eigenen Bevölkerung fernzuhalten.

Doch in der heutigen Zeit ist die Geheimhaltung solch immenser Sicherheitsverletzungen so gut wie unmöglich. Innerhalb weniger Stunden wussten daher alle Geheimdienste auf der ganzen Welt über diesen Vorfall Bescheid. Nordkorea konnte ihn bis jetzt jedoch vor der eigenen Bevölkerung verheimlichen. Die momentan verwendete Propaganda gegen die USA und Südkorea soll dafür sorgen, dass das auch so bleibt. Wir gehen davon aus, dass das auch den USA und ihren NATO-Verbündeten bewusst ist und sie sich deshalb davon nicht zu einem militärischen Konflikt provozieren lassen. Aber wir halten diesbezüglich natürlich die Augen offen und werden falls nötig mit unseren üblichen subtilen Mitteln Einfluss nehmen.«

»Alles klar«, sagte ich. »Dann werde ich mich jetzt wieder materialisieren und zusammen mit Agent Sullivan und Lola an die Arbeit gehen.«

Ich verabschiedete mich und materialisierte mich wieder in der Toilette im NSA-Stützpunkt. Agent Sullivan ging mit mir dann direkt zu Lola. Dort angekommen, begutachtete er mit Argusaugen jeden einzelnen meiner Schritte. Lola war bereits von Ella informiert worden und verhielt sich unauffällig. Sie nahm die Zugangscodes für das KI-System entgegen, das verbessert werden sollte und verhielt sich dabei genau so, wie man es von einer Maschine erwarten würde.

Es handelte sich um ein redundantes KI-System. Es gab zwei separate Hardware- und Software-Komponenten, um sicherzustellen, dass im Falle eines Ausfalls eines Systems das andere sofort die Funktion übernehmen könnte. Lola erhielt nur die Zugriffsrechte für eine der beiden Komponenten, sodass die NSA weiterhin das ursprüngliche System nutzen konnte, sollte bei Lolas Optimierung wider Erwarten doch etwas schieflaufen.

Ich schrieb dann wie üblich noch einige nutzlose Codes in einer Programmiersprache, die es in Wirklichkeit gar nicht gab. Agent Sullivan las jede Ziffer davon, jedoch natürlich ohne wirklich zu verstehen, was ich da programmierte. Nach einer halben Stunde war meine Arbeit beendet. Ich sagte ihm, dass es aufgrund der Komplexität des zu optimierenden KI-Systems sicherlich bis zum späten Nachmittag dauern würde, bis sich die Steigerung der Performance bemerkbar machen würde. Bis dahin konnte ich jetzt nichts mehr tun. Wir würden abwarten müssen, bis Lola ihre Arbeit erledigt hätte, bevor wir das System testen könnten. Daher bat ich darum, mich wieder zurück zur Pearl Harbor-Hickam bringen zu lassen, was Agent Sullivan dann auch sogleich veranlasste. Eine stark bewaffnete Eskorte brachte mich und

Gabriella wieder mit einem Militärhubschrauber zurück zu meinen Lieblingsmenschen in unsere neue Unterkunft.

Da meine Arbeit für die NSA der allerhöchsten Geheimhaltungsstufe unterlag und Gabriella die erforderlichen Freigaben nicht hatte, durfte ich mit ihr über den Sachverhalt nicht sprechen. Wir unterhielten uns daher unterwegs ein wenig über die Modenschau und die tolle Lebensqualität, welche Pearl Harbor-Hickam uns bieten würde. Ich war daraufhin sicher, dass der Aufenthalt in diesem Militärstützpunkt meinen Lieblingsmenschen sehr gefallen würde. Mir persönlich war diese Lebensqualität jedoch nicht so wichtig. Ich wollte einfach nur mit meinen Lieblingsmenschen und meinen Nerds zusammen sein. Ob das nun in einem unterirdischen Bunker oder in einem Palmenparadies stattfand, war mir eigentlich egal. Entscheidend waren für mich meine Menschen. Und die fand ich alle ganz toll. Jeder war ein faszinierendes und liebenswertes, einzigartiges Individuum.

Als wir am frühen Nachmittag in unserer neuen Unterkunft eintrafen, hörten wir ein lautes Platschen im Wasser des Pools – gefolgt von brüllendem Gelächter. Der Pool befand sich an der linken Seite des Hauses im Garten. Als wir dort ankamen, erfuhren wir von Brian und Dylan, dass Nuno eine Sprungfigur namens *Arschbombe* für sich entdeckt hatte, die er mit wachsender Begeisterung wieder und wieder ausführte. Was genau so lustig daran war, entzog sich meinem Verständnis.

Doch alle lachten jedes Mal so ekstatisch über Nunos Arschbomben, dass ich dann einfach mitlachen musste. Warum, wusste ich gar nicht so recht. Aber es war sehr schön, mit allen gemeinsam so ausgelassen zu lachen. Meine Lieblingsmenschen waren einfach unglaublich bezaubernde Wesen. Ich liebte sie alle. Aber ganz besonders natürlich meinen Brian, bei dem mir sofort wieder die Knie weich wurden, wenn ich an unsere letzte Nacht dachte.

Die Nerds waren nicht mit im Garten, was ich sehr schade fand. Von Gabriella erfuhren wir dann, dass sie aus Sicherheitsgründen nur dann zu uns ins Gelände durften, wenn wir sie auch offiziell dazu einladen würden. Ansonsten wäre unser Areal abgesperrt und rund um die Uhr von Sicherheitskräften bewacht. Die aktuelle Einschätzung meiner Sicherheit erfordere diese Maßnahme. Meine Lieblingsmenschen dürften jedoch jederzeit das Gelände verlassen und sich frei im Stützpunkt bewegen. In meinem Fall schätzte man die Lage dafür jedoch noch nicht als sicher genug ein. Ich sollte vorab lieber noch hier in diesem abgesperrten Bereich unserer Villa bleiben. Sobald das Militär und die NSA meine Situation besser einschätzen könnten, würde ich mich dann in Begleitung von Security ebenfalls deutlich freier im Stützpunkt bewegen können. Derzeit hielt man das jedoch noch für ein zu großes Risiko. Ich vermutete, dass auch die aktuelle Situation mit Nordkorea einen Anteil an dieser Einschätzung hatte.

Meine Fähigkeit, die Cybersicherheit eines Landes zu

verbessern, wurde von den USA sicherlich als große Bereicherung angesehen. Auf der anderen Seite würde mich Nordkorea eher als Sicherheitsrisiko für sein Land einstufen. Möglicherweise hatten sie mich sogar in Verdacht für den Angriff auf ihre Atomraketen. Da sie ihre Sicherheitssysteme bisher als unüberwindbar angesehen hatten und diese zuvor auch noch niemand hacken konnte, wäre der Gedanke ja nicht abwegig gewesen, dass die mit großem Abstand intelligenteste Person, die jemals auf der Erde gelebt hat, dafür verantwortlich sein könnte. Zumal Nordkorea durch unsere Modenschau jetzt auch wusste, dass ich für die NSA arbeitete.

Die USA wollten da sicherlich kein unnötiges Risiko mit mir eingehen. Deshalb verstand ich die Einschränkungen meiner Bewegungsfreiheit, die sie mir auferlegt hatten. Es hätte Attentäter im Stützpunkt geben können, die für den nordkoreanischen Geheimdienst arbeiteten und die trotz strengster Sicherheitsmaßnahmen dennoch ein Schlupfloch gefunden hatten. Möglicherweise waren diese Attentäter auch schon seit Jahren undercover in diesem Stützpunkt beschäftigt. So etwas war ja nie ganz ausgeschlossen.

Die Menschen wussten natürlich nicht, dass ich immer von Guardian-Angels beschützt wurde und deshalb absolut sicher war. Kein Mensch und auch keine Armee hätte mir tatsächlich etwas antun können. Das war einfach völlig unmöglich. Doch da die Menschen das nicht ahnen konnten, schätzten sie die Sachlage in Bezug auf meine Sicherheit natürlich völlig anders ein.

Was die Nerds betraf, so genügte es netterweise schon, Gabriella zu sagen, dass wir sie gerne bei uns mit im Garten dabeihaben wollten. Meine Lieblingsmenschen waren sofort dafür, sie alle hierherzuholen, woraufhin Gabriella ihr Smartphone zückte und alles in die Wege leitete. Nuno bat sie dann darum, den Nerds auszurichten, dass sie Badekleidung mitbringen sollten. Denn er würde mit ihnen gerne einen Arschbomben-Wettbewerb durchführen. Welchem Sinn dieser Wettbewerb dienen sollte, verstand ich zunächst nicht so ganz. Vermutlich war Nuno einer neuen Erkenntnis auf der Spur und brauchte die Nerds, um seine Theorie zu bestätigen. Ich war sehr gespannt darauf zu erfahren, was für ein Sozialexperiment er mit den Nerds durchführen wollte. Doch ich konnte ihn nicht fragen, weil er weiterhin sehr intensiv mit seinen Arschbomben beschäftigt war.

Daher legte ich mich mit Brian zusammen auf eine Sonnenliege am Pool. Brian schien sehr müde zu sein, denn er war innerhalb weniger Minuten eingeschlafen. Ich kuschelte mich eng an ihn und genoss es, seinen Körper zu spüren. Eine halbe Stunde später kamen dann die Nerds an. Fast alle der Jungs waren bereit, sich an Nunos Experiment zu beteiligen. Von den Frauen waren es nur wenige, was Nuno aber nicht zu stören schien.

Ich hätte mir sein Experiment sehr gerne angeschaut, doch Maya kam zu mir mit der Bitte um ein Gespräch unter sechs Augen. Eigentlich ging es dabei um Linh, die ja leider nicht selbst sprechen konnte, da sie Angst hatte, verbrauchte Worte zu verwenden und damit dann ein Unglück heraufzubeschwören. Maya und Linh waren seit Jahren diesbezüglich ein eingespieltes Team. Damit Linh nicht sprechen musste, schrieb sie alles auf einen Schreibblock und reichte den dann Maya, die ihrerseits schriftlich auf diesem Block antwortete. So war die Gefahr für Linh minimiert, dass sie aus Versehen doch etwas sagte.

Ich stand auf und ging mit den beiden auf die andere Seite des Pools, wo es ein wenig ruhiger war.

»Linh geht es gerade nicht so gut«, begann Maya. »Sie fühlt sich sehr verunsichert in Bezug auf ihren Beziehungsstatus mit Marcus. Da die beiden nicht miteinander sprechen können, ist ihr nicht so ganz klar, ob die Beziehung aus Marcus' Sicht tatsächlich schon offiziell ist oder nicht. Es ist das erste Mal, dass Linh eine Beziehung hat. Und ich hatte ehrlich gesagt auch noch nie eine. Wir haben daher beide die Befürchtung, dass Marcus es vielleicht für unangemessen halten könnte, wenn Linh ihn fragt, wie er das mit den beiden jetzt sieht. Wie würdest du das einschätzen?«

»Ich hatte vor Brian ebenfalls noch nie eine Partnerbeziehung«, sagte ich. »Wäre es okay, dass ich da Ava mit hinzuziehe, um diese Frage zu beantworten? Sie ist schon seit vielen Jahren mit Jason verheiratet. Wenn eine daher einschätzen kann, was hier angemessen ist, dann dürfte es wohl Ava sein. Sie hat von uns allen diesbezüglich am meisten Erfahrung. Wollen wir sie daher einfach mal mit ins Boot holen?«, fragte ich.

Ich sah, wie Linh etwas auf ihren Block schrieb und ihn Maya weiterreichte.

»Linh sagt, dass das für sie in Ordnung wäre«, meinte sie dann zu mir. »Sie ist dir sehr dankbar für deine Unterstützung. Wir wissen hier echt nicht weiter.«

»Es ist mir ein Vergnügen«, erwiderte ich. »Dann hole ich mal Ava. Ich bin gleich wieder da.«

Ava war sofort bereit, ihre Einschätzung mit beizusteuern, als ich ihr den Sachverhalt schilderte. Sie freute sich sehr darüber, dass ich sie gefragt hatte. Ich glaube, sie fühlte sich in diesem Moment als Bereicherung willkommen, was ja grundsätzlich auch sehr wichtig war bei den Menschen. Ich klärte Ava noch darüber auf, dass Linh selbst nicht sprechen konnte und Maya deshalb für sie dolmetschte. Und dann ging es auch schon direkt los.

»Sollte Marcus tatsächlich der Meinung sein, dass ihr nur eine lockere Fickfreundschaft habt, dann kann er sich jetzt auf was gefasst machen«, sagte Ava in einem aggressiven Tonfall zu Linh. »So etwas musst du dir nicht bieten lassen. Aber lass uns ihn mal nicht vorverurteilen«, bremste sie sich dann selbst wieder ein. »Wir wissen ja nicht, wie er die Lage tatsächlich sieht. Vermutlich ist er in dieser Hinsicht auch nicht gerade der Erfahrenste. Weißt du was?!«, sagte sie dann zu Linh, ohne eine Antwort von ihr zu erwarten. »Mary und ich gehen jetzt einfach mal zu ihm rüber und sprechen das Thema ganz diplomatisch an. Wir gratulieren ihm zu seiner neuen Beziehung und schauen dann, was er dazu sagt. Bist du damit einverstanden?«

Linh nahm Mayas Hand, drückte sie ganz fest und nickte zustimmend. Daraufhin nahm mich Ava an die Hand und zog mich mit bestimmten Schritten hinter sich her auf dem Weg zu Marcus, der auf der anderen Seite des Pools stand und sich auf den Arschbomben-Wettbewerb vorbereitete. Ich befürchtete schon, Ava würde ihn gleich zu Beginn beschuldigen, Linh nur auszunutzen zu wollen. Doch als wir bei Marcus ankamen, sprach sie mit zuckersüßer Stimme.

»Hey, meine herzlichsten Glückwünsche zu eurer Beziehung!«, sagte sie zu Marcus und umarmte ihn dabei voller Freude.

Marcus reagierte sichtlich irritiert und überfordert. Ich wusste ja, dass auch er nicht reden konnte, da er eine Logophobie hatte. Doch wie üblich war Eric sofort zur Stelle, um für Marcus zu sprechen.

»Marcus bedankt sich ganz herzlich«, übersetzte er die nonverbale Geste, die Marcus gemacht hatte.

»Ist es deine erste Partnerbeziehung?«, wollte Ava dann wissen.

Marcus nickte.

»Und wie fühlt sich das so an? Plötzlich kein Single mehr zu sein und nicht mehr nur tun und lassen zu können, was man will?«, fragte sie dann, was bei Marcus einen noch irritierteren Gesichtsausdruck hinterließ.

Marcus schien sich unter Zugzwang zu fühlen. Er sah Eric überfordert an und wusste offensichtlich nicht, wie er auf diese Frage antworten sollte, ohne zu sprechen.

»Marcus ist sich noch unsicher, wie Linh das Ganze

mit ihrer Beziehung sieht«, erklärte dann Eric, woraufhin Marcus die Hand auf sein Herz legte und ein Gesicht machte, als hätte er gerade Schmerzen.

»Du hast Angst, dass Linh es nicht ernst mit dir meint?!«, fragte dann Ava irritiert, denn das schien so ganz und gar nicht ihrer Erwartung zu entsprechen.

Marcus nickte zerknirscht.

»Ja, und wieso klärst du das dann nicht mit ihr?«, hakte sie verständnislos nach.

»Klärende Gespräche sind nicht so ganz Marcus' Stärke«, meinte dann Eric lächelnd.

Ich hatte jedoch den Eindruck, dass dieses Lächeln kein Ausdruck von Freude oder Freundlichkeit war, sondern eher der Versuch, Ava zu beschwichtigen.

»Ist wohl nicht so ganz einfach, wenn man nicht miteinander reden kann«, wurde ihr dann klar. »Ihr beide solltet das trotzdem zusammen klären.«

»Darf ich das sagen?«, fragte Eric daraufhin Marcus – der nickte. »Marcus liebt Linh schon von dem Augenblick an, als er sie das erste Mal gesehen hat. Doch er hat Angst, dass seine Liebe von ihr nicht erwidert wird. Ich habe ihm klipp und klar gesagt, dass das nicht wahr sein kann. Ein Blinder mit Krückstock sieht doch, dass Linh ihn ebenfalls mag.«

»Aber Marcus hat halt Angst«, erwiderte Ava. »Ich verstehe das sehr gut«, meinte sie mitfühlend und umarmte Marcus von Herzen. »Es steht mir nicht zu, dir zu sagen, wie Linh zu dir steht«, sagte sie, während sie ihn umarmte. »Aber glaube mir, wenn ich dir sage, dass sie dich ebenfalls liebt«, flüsterte sie dann in sein Ohr. »Du hast die Lage völlig falsch eingeschätzt. Sie liebt dich! Ich weiß es. Du kannst mir das glauben.«

Marcus begann zu lächeln, als Ava die Umarmung löste. Dann wurde sein Lächeln immer breiter und brachte seine tiefste Freude zum Ausdruck.

»Siehst du, du Dumpfbacke?!«, sagte Eric voller Freude zu ihm. »Das habe ich dir doch gesagt.«

Daraufhin umarmten sich auch die beiden Freunde, um in der nächsten Sekunde die Umarmung wieder blitzartig zu lösen und sich gegenseitig irritiert anzuschauen. Offenbar taten die beiden das sonst nie. Umarmungen schienen generell nicht so das Ding bei den Nerds zu sein.

Ava nahm mich daraufhin wieder an die Hand und zog mich erneut hinter sich her auf dem Weg zurück zu Linh, während der Arschbomben-Wettbewerb gerade begann. Drei der Jungs sprangen gerade gemeinsam in den Pool und ließen sich daraufhin feiern. Nach welchen Kriterien ihre Arschbomben beurteilt wurden, war mir noch nicht so ganz klar. Ich war sehr gespannt, welche Schlüsse Nuno aus diesem Experiment ziehen würde und freute mich schon sehr auf seine neuen Erkenntnisse.

»Er liebt dich!«, sagte Ava dann zu Linh ohne Umschweife, als wir dort angekommen waren, und umarmte auch Linh dafür voller Freude. »Und wie der dich liebt!«, betonte sie noch einmal.

Maya bedankte sich im Namen von Linh ganz herzlich bei Ava, woraufhin die beiden Frauen sich wieder zurückzogen.

Nachdem sie weg waren, wollte ich mich dem Wettbewerb widmen, doch Kevin Chen sprach mich an, ob ich kurz Zeit für ihn hätte.

»Gerne«, sagte ich. »Worum geht es?«

Kevin räusperte sich leicht, bevor er zu sprechen begann. Er redete dann wie üblich sehr schnell und sehr aufgeregt. »Danke, Mary. Es geht um Emma. Wir sind jetzt zusammen, aber ich merke, dass ich mir Sorgen mache. Ich möchte alles richtig machen, aber ich weiß nicht, wie ich herausfinden soll, was sie wirklich will und braucht.«

»Dir geht es gerade nicht so gut, weil du dir Gedanken darüber machst, wie du Emma glücklich machen kannst, stimmt's?«, fragte Ava dann, die noch immer neben mir stand.

Kevin nickte heftig. »Ja, genau. Aber ich habe Angst, dass ich etwas Falsches sage oder tue und sie verletze. Also habe ich beschlossen, einfach so zu handeln, wie ich denke, dass es richtig ist, ohne sie danach zu fragen. Ich meine, ich sollte wissen, was sie braucht, oder?«

»Ich verstehe, dass du dir Sorgen machst und das Beste für Emma willst«, antwortete Ava. »Aber es ist wichtig zu erkennen, dass niemand Gedanken lesen kann, nicht einmal in einer Beziehung. Die Kommunikation ist der Schlüssel.«

Kevin seufzte und senkte den Blick. »Ich weiß, dass du recht hast. Aber was, wenn sie denkt, dass ich schwach bin oder dass ich unsicher bin, wenn ich sie frage?«

Ava legte ihre Hand auf Kevins Arm und sah ihm fest in die Augen. »Es ist nicht schwach oder unsicher, nach den Bedürfnissen deiner Partnerin zu fragen. Im Gegenteil, es zeigt, dass du dich wirklich für sie interessierst und dass du bereit bist, an eurer Beziehung zu arbeiten.«

»Du hast recht. Ich werde es versuchen. Ich möchte, dass unsere Beziehung stark und glücklich ist. Und ich werde Emma einfach fragen, was sie braucht und will«, beschloss Kevin.

»Das ist der richtige Schritt«, bestätigte ihm Ava. »Du wirst sehen, dass eure Beziehung davon profitieren wird.«

»Vielen Dank für deinen Rat«, meinte Kevin und ging zu Emma.

Kurz darauf kam dann auch Emma zu uns, um etwas zu Ava zu sagen. »Vielen herzlichen Dank, dass du Kevin geholfen hast. Ich dachte schon, dass ihm meine Bedürfnisse ganz egal sind. Ich habe die Sachlage offenbar völlig falsch eingeschätzt. Wäre es okay, wenn ich dich dazu noch etwas frage?«

Ava fühlte sich geschmeichelt, dass diese junge Frau sie offensichtlich um Beziehungstipps bitten wollte. »Natürlich, sehr gerne«, antwortete sie.

»Wäre es okay, wenn wir dazu irgendwohin gehen, wo es etwas ruhiger ist?«, bat Emma.

»Natürlich, gerne«, meinte Ava, woraufhin die beiden auf die andere Seite der Villa gingen, um sich fernab des

Wettbewerbstrubels ein ruhigeres Plätzchen im Garten zu suchen.

Gleich darauf kam Jason zu mir und fragte mich, ob ich kurz Zeit für ihn hätte. Er schlug vor, dass wir uns dazu in Brians und meine Suite zurückziehen könnten, da es ihm sehr wichtig zu sein schien, mit mir unter vier Augen zu sprechen. Ich freute mich sehr darüber, dass er mit mir sprechen wollte, und ging mit ihm in unsere Suite. Wir setzten uns dort auf zwei Sessel, die vor dem Fenster standen.

»Danke, dass du bereit bist, mit mir zu sprechen«, begann Jason. »Das weiß ich sehr zu schätzen.«

»Es ist mir ein Vergnügen. Worum geht es denn?«, fragte ich interessiert.

»Um Ava, wie du dir vermutlich denken kannst«, antwortete er. »Ich hoffe, du kannst mir da vielleicht eine Sache erklären, die mir sehr zu schaffen macht.«

»Was ist das für eine Sache?«, wollte ich wissen.

»Es wäre mir sehr wichtig, dass das unter uns bleibt, was wir hier besprechen. Wäre das okay für dich?«

»Ja, natürlich. Ich behandle alles streng vertraulich – *Kleiner-Finger-Schwur*!«, sagte ich und hielt ihm meinen kleinen Finger hin, wie ich das schon einmal bei zwei Mädchen gesehen hatte, die ich als Guardian-Angel beschützt hatte.

Jason lächelte und hakte seinen kleinen Finger bei mir ein. Daraufhin sagte er: »Ich weiß, dass ich Ava über alles liebe. Aber ich kann es irgendwie nicht mehr richtig fühlen. Und das sehe ich als sehr problematisch an. Daher geht es mir gerade nicht so gut, wenn ich ehrlich bin.«

»Und warum kannst du das nicht mehr fühlen?«, hakte ich nach.

»Genau darum geht es«, antwortete er verzweifelt. »Ich weiß es einfach nicht. Ich hatte gehofft, dass du mir dabei helfen kannst, das herauszufinden.«

»Dann sollten wir vielleicht als Erstes überprüfen, ob dein soziales Gehirn die Liebe nicht mehr fühlen *kann* oder nicht mehr fühlen *will*«, schlug ich vor.

»Dass ich die Liebe nicht mehr fühlen *will*?!«, hakte er irritiert nach.

»Es könnte durchaus sein, dass dein soziales Gehirn die Einschätzung angenommen hat, dass eine Beziehung mit Ava unheilvoll für dich ist. In solch einem Fall erzeugt es dann eher Schmerzgefühle als Liebe, weil es die Bindung wieder trennen will, wenn sie nicht gut für dich ist.«

»Ich fühle mich tatsächlich recht häufig von Avas Verhalten verletzt«, meinte Jason nachdenklich. »Aber eigentlich empfinde ich eher Angst als Schmerz. Ich habe eigentlich ständig Angst, wenn Ava in meiner Nähe ist.«

»Und wovor hast du da so große Angst?«

»Ava kann extreme Stimmungsschwankungen haben, die von totaler Liebe und Hingabe innerhalb von einer Sekunde zu abgrundtiefer Ablehnung und Verurteilung reichen. Ich muss permanent darauf gefasst sein, dass sie auf mich losgeht. Selbst dann, wenn wir es gerade wunderschön miteinander haben und es sich nur um Nichtigkeiten handelt, die sie stören. Sie ist da unglaublich impulsiv und sagt dann auch sehr schnell verletzende Dinge, die sie dann später wieder bereut und sich dafür entschuldigt.«

»Und warum geht sie da so plötzlich auf dich los?«, fragte ich verwundert. »Was sind das für Dinge, die sie so auf die Palme bringen?«

»Das kann alles Mögliche sein. Wenn ich zum Beispiel anderer Meinung bin. Das kann sie gar nicht ab. Dabei ist es auch egal, ob sie ihre Meinung kundtut und ich dann sage, dass ich das anders sehe, oder ob ich aus Versehen sage, wie ich etwas sehe und sie dann anderer Meinung ist. Ich halte mich daher schon seit Langem mit meinen Meinungen sehr zurück. Doch manchmal rutscht mir natürlich trotzdem etwas raus. Und dann ist die Kacke sofort am Dampfen, das kann ich dir sagen.«

»Was bedeutet diese Redewendung?«, hakte ich nach.

»Dass sie sofort anfängt zu streiten«, klärte mich Jason auf. »Sie verteidigt dann ihre Meinung, als hätte ich sie aufs Übelste angegriffen, nur weil ich anderer Meinung bin. Wenn ich nicht ihrer Meinung bin, dann bin ich aus ihrer Sicht automatisch gegen sie und werte sie ab. Sie denkt da ganz extrem schwarz-weiß. Entweder bin ich *für* sie oder *gegen* sie. Und sobald ich eine andere Meinung habe, bin ich automatisch ihr Feind.«

»Und warum schätzt Ava dich dann als Feind ein?«, fragte ich.

»Weil ich mich aus ihrer Sicht gegen sie wende, wenn ich eine andere Meinung habe. Und wenn ich gegen sie bin, dann bin ich der Feind.«

»Aber du bist doch gar nicht gegen sie«, sagte ich verwundert.

»Das habe ich ihr auch schon tausendmal gesagt. Sie sieht es trotzdem so und lässt da auch überhaupt nicht mit sich reden. Sie vertraut da lieber auf ihr Bauchgefühl. Und das sagt ihr in diesem Moment, dass ich gegen sie bin. Das ist dann für sie die unumstößliche Wahrheit. Und entsprechend abweisend und abwertend verhält sie sich dann mir gegenüber. Ich bin dann eben ihr Feind. Und wenn ich versuche, mit sachlichen Argumenten ihr Bauchgefühl zu widerlegen, dann geht sie noch mehr an die Decke. Sie fühlt sich sofort von mir abgewertet oder sogar gedemütigt. Kritisieren darf ich sie gar nicht, obwohl sie mich den ganzen Tag lang ständig kritisiert.«

»Das hört sich alles sehr nach der alten Ava an, die ihre Gefühle immer für unumstößliche Wahrheiten gehalten hat«, erkannte ich. »Mit der Ava von früher glich dein Leben sicherlich einem Spaziergang zwischen Tretminen. Aber diese Ava gibt es doch eigentlich gar nicht mehr. Kann es vielleicht sein, dass du sie noch immer so einschätzt, wie sie früher war, und gar nicht, wie sie heute ist?«

»Ja, kann sein«, räumte Jason ein. »Da bin ich nicht so ganz sicher. Aber ich befürchte, dass Ava mich ihrerseits immer noch genauso negativ einschätzt wie früher. Sie hat mir in der Vergangenheit unzählige negative Dinge unterstellt.«

»Was waren das für Dinge?«, wollte ich wissen.

»Sie hat mir ständig negative Absichten unterstellt. Und auch ganz oft behauptet, dass ich sie total negativ sehe, was aber gar nicht gestimmt hat. Aber sie hat ja lieber ihrem Bauchgefühl vertraut als mir«, sagte er sichtlich verletzt von diesem Umstand. »Mit der Zeit habe ich sie durch ihre Angriffe dann tatsächlich immer negativer gesehen. Aber sie hat mir schon sehr viel früher diese Vorwürfe gemacht – und zwar zu einer Zeit, wo ich alles an ihr nur positiv gesehen habe. Sie war mein Ein und Alles. Was von Anfang an in unserer Beziehung ein Problem war, waren meine Komplimente. Die waren ihr nie gut genug. Die hat sie immer total abgewertet und mich dafür verurteilt, dass ich es nicht schaffe, sie glücklich zu machen. Generell war ich ihr nie gut genug.«

»Wenn du sie so einschätzt, dann ist es klar, dass du die Liebe für sie nicht mehr fühlen kannst«, erkannte ich. »Du gibst deinem sozialen Gehirn mit dieser Einschätzung die Information, dass sie dich nicht als gut genug ansieht. Und dann erzeugt es natürlich Schmerz und keine Liebe. Viele Menschen verdrängen diesen Schmerz so gut es geht, aber die Liebe können sie dadurch natürlich trotzdem nicht erzwingen. Wenn das soziale Gehirn vom Großhirn die Information bekommt, dass man von seinem Partner zu negativ gesehen wird, dann lässt es keine Liebe mehr zu. Das dürfte der Grund sein, warum du keine Liebe mehr fühlen kannst«, vermutete ich.

»Und was kann ich da jetzt machen?«, fragte Jason verzweifelt. »Ich weiß, dass ich sie liebe. Ich kann es nur nicht fühlen, wenn sie mir gegenüber ständig so ätzend ist. Und mit ihr darüber reden kann ich ja auch nicht. Sobald sie auch nur einen Hauch von Kritik an ihr spürt, geht sie mir sofort an die Gurgel.«

»Ich denke, du solltest als Erstes einmal deine Einschätzung ihr gegenüber aktualisieren«, schlug ich vor. »Was du Ava gegenüber im Moment fühlst, beruht ja alles auf deinen alten Einschätzungen von früher. Doch Ava hat sich in den letzten Wochen sehr stark verändert. Insbesondere seit ihr klargeworden ist, dass sie sich auf ihr Bauchgefühl nicht immer völlig blind für die Realität verlassen sollte. Es ist eindeutig, dass ihr nichts klären konntet, solange sie das getan hat. Ich kann sehr gut nachempfinden, wie verletzend das für dich gewesen sein muss, wenn sie dir deine tatsächliche Sichtweise nicht geglaubt hat, weil ihr Bauchgefühl etwas anderes behauptet hat.«

»Sie ist nicht davon ausgegangen, dass ich sie anlüge«, korrigierte Jason. »Sie war immer nur ganz sicher, dass sie besser weiß, was ich denke und fühle als ich selbst. Da war sie so überzeugt, dass ich machen konnte, was ich wollte. Sie blieb bei ihrer Meinung. Und die war sehr häufig wirklich sehr negativ.«

»Ja, so würde ich die alte Ava ebenfalls einschätzen«, stimmte ich zu. »Das war sicherlich alles andere als einfach mit ihr. Doch aktuell schätze ich sie ganz anders ein. Sie hält jetzt sowohl ihre Gefühle nicht mehr für die absolute Wahrheit, noch schätzt sie alles immer noch genauso negativ ein, wie sie das früher getan hat. Ava hatte sehr viele Ängste. Deshalb hat sie alles auch so negativ gesehen. Doch diese Ängste haben sich in den letzten Wochen sehr stark reduziert. Ava ist ein anderer Mensch geworden.

Es wäre daher wichtig, sie noch einmal komplett neu einzuschätzen – und zwar unvoreingenommen. Mach daher nicht den gleichen Fehler wie Ava. Orientiere dich nicht nur an deinen Gefühlen. Deine negativen Gefühle Ava gegenüber sind nur abgespeicherte Einschätzungen und Beurteilungen von früher. Wenn du diese Gefühle für die Wahrheit hältst, dann wirst du nicht erkennen, wie Ava heute wirklich ist. Früher war Ava so, wie du sie geschildert hast. Wenn sie sich nicht geändert hätte, dann könntest du dich natürlich an deinen abgespeicherten Gefühlen orientieren. Doch sie hat sich eben geändert. Es ist jetzt alles anders. Und daher musst du deine alten Gefühle mit der Realität von heute abgleichen, sonst hängst du in der Vergangenheit fest und tust Ava damit unrecht. Sie ist nicht mehr so, wie sie noch vor wenigen Wochen war. Schau dir daher unvoreingenommen die tatsächliche Realität an. Deine alten Gefühle werden sich sehr schnell anpassen, und dann wirst du die Liebe zu ihr auch wieder fühlen können. Dein soziales Gehirn hat bei der Ava von heute gar keinen realen Grund mehr, die Liebe abzuschalten.«

»Es würde mich sehr glücklich machen, wenn ich das glauben könnte«, meinte Jason.

»Du musst das eigentlich gar nicht glauben können«, erwiderte ich. »Wenn Ava sich wirklich verändert hat, dann musst du dir das ja einfach nur anschauen. Mehr musst du nicht tun. Halte es einfach nur für möglich, dass deine Gefühle ihr gegenüber nicht mehr stimmen. Deine Gefühle werden, wie du weißt, durch deine als Meta-Daten abgespeicherten früheren Beurteilungen erzeugt. Wenn du ein gutes Leben haben willst, dann ist es grundsätzlich wichtig, dich nicht blind an alten Meta-Daten zu orientieren. Schau dir lieber an, wie es heute wirklich ist. Falls ich recht habe und Ava sich tatsächlich sehr zum Positiven verändert hat, dann wird dir die Realität das ja unweigerlich bestätigen. Es ist nur wichtig, dass du vorab deine alten negativen Gefühle ihr gegenüber anzweifelst. Das sind nur die Meta-Daten von früher, die heute nicht mehr stimmen müssen. Du musst also nicht sofort glauben können, dass Ava sich geändert hat. Sei einfach offen dafür, dass es so sein könnte, und nimm dir die Zeit, die du brauchst, um die Sachlage mit ihr gründlich neu einzuschätzen. Ich bin so gut wie sicher, dass du deine Liebe dann sehr bald wieder zulassen kannst.«

»Du meinst, mein Problem beruht nur darauf, dass ich meinen Gefühlen zu sehr vertraue?«, fragte Jason skeptisch. »Genau das Gleiche, was ich Ava immer vorgeworfen habe?!«

»Ganz genau«, sagte ich. »Du machst eigentlich vom

Prinzip her genau das Gleiche, was Ava vor zwei Wochen auch noch getan hat. Du orientierst dich zu stark an deinen Gefühlen. Doch Gefühle sind, wie wir alle wissen, keine Wahrheiten. Es sind lediglich alte abgespeicherte Meta-Daten. Und die sollten jetzt besser einmal aktualisiert werden.«

»Dann werde ich mein Bestes geben, um Ava neu kennen- und neu einschätzen zu lernen«, meinte Jason entschlossen. »Ich danke dir von ganzem Herzen für dieses Gespräch. Das hat mich echt weitergebracht.«

»Es war mir ein großes Vergnügen. Ich wünsche euch beiden alle Liebe dieser Welt. Dass ihr euch beide gegenseitig über alles liebt, steht für mich außer Frage. Jetzt geht es nur noch darum, eurem sozialen Gehirn dabei zu helfen, das ebenfalls zu erkennen. Ich denke, dass Ava genau die gleiche Aufgabe bevorsteht. Auch in ihrem unbewussten System sind noch jede Menge falsche Meta-Daten von früher abgespeichert, die jetzt nach und nach korrigiert werden sollten. Das könnte wirklich eine sehr schöne Zeit für euch beide werden, wenn ihr das beide macht und euch dabei gegenseitig unterstützt.«

»Du bist echt der Hammer – genau wie Ava gesagt hat!«, sagte Jason emotional zu mir und stand auf, um mich zum Abschluss unseres Gesprächs zu umarmen.

Als wir wieder runter in den Garten kamen, war der Arschbomben-Wettbewerb gerade zu Ende. Nuno wurde als der eindeutige Gewinner gefeiert. Brian und Dylan hatten ihn auf ihre Schulter gehoben, was offensichtlich keine leichte Sache war! Ich war sehr gespannt auf seine neuen Erkenntnisse.

Ich wollte gerade zu den dreien rübergehen, als Ava mich um ein Gespräch unter vier Augen bat. Ich ging dann auch mit ihr in unsere Suite, und wir setzten uns auf die gleichen Sessel, auf denen ich zuvor mit Jason gesessen hatte.

»Ich habe mitbekommen, dass Jason dich angesprochen hat«, begann Ava. »Ich freue mich ehrlich sehr darüber, dass er das endlich getan hat. Ich will auch gar nicht wissen, was er mit dir besprochen hat. Das war sicherlich vertraulich. Aber ich würde dich gerne fragen, was du für einen Eindruck von ihm gewonnen hast.«

»Was möchtest du denn genau wissen?«, fragte ich.

»Jason verhält sich in letzter Zeit eher distanziert mir gegenüber. Vor allem, wenn wir alleine sind. Dann ist er zeitweise echt komisch. Ich habe das Gefühl, dass er ein ernsthaftes Problem mit mir hat. Aber er sagt nichts, wenn ich ihn danach frage. Ich mache mir ehrlich gesagt große Sorgen, dass durch mein früheres verurteilendes Verhalten vielleicht ein Schaden entstanden ist, der nicht mehr gutzumachen ist.«

»Und was möchtest du da jetzt von mir wissen?«, hakte ich nach, denn ich hatte ihre Antwort diesbezüglich nicht verstanden.

»Na, ob mein Gefühl da stimmt«, sagte sie. »Hat er ein Problem mit mir? Will er mich denn überhaupt noch als Partnerin? Wenn du da was weißt, dann sag es mir bitte. Ich muss das wissen. Diese Sorge macht mich echt kaputt. Mir geht es deswegen gerade alles andere als gut.«

»Nach meiner Einschätzung besteht da kein ernsthafter Grund zur Sorge. Auch wenn ich keine Details nennen darf, so kann ich dennoch mit Gewissheit sagen, dass du Jason unglaublich wichtig bist und er mit dir zusammen sein will. Er liebt dich. Genauso wie du ihn liebst. Das steht für mich außer Frage.«

»Und warum will er dann seine Zeit lieber allein oder mit anderen verbringen statt mit mir?«, hakte sie skeptisch nach.

»Das hat andere Gründe. Wenn man die nicht kennt, dann kann es sicherlich so aussehen, als würde er sich von dir grundsätzlich zurückziehen wollen. Doch ich kann dir versichern, dass dieser Eindruck täuscht. Seine Gründe sind durchaus nachvollziehbar und sein Verhalten ist *für* dich und nicht *gegen* dich.«

»Und warum sagt er mir dann seine Gründe nicht?«, wendete sie ein. »Er kann doch mit mir über alles reden. Ich bin seine Frau. Niemand kennt ihn besser als ich und niemand meint es besser mit ihm als ich. Das muss er doch wissen.«

»Das weiß er bestimmt. Aber er hat trotzdem nachvollziehbare Gründe für sein Verhalten. Wie gesagt, wenn man die nicht kennt, kann man den großen Kontext nicht erkennen und damit auch die Lage nicht richtig einschätzen.«

»Dann ist mein Gefühl also falsch, dass er sich von mir entfernt?«, hakte sie noch einmal nach.

»Nach meiner Auffassung tut er momentan genau das Gegenteil. Ich glaube, dass dein Gefühl hier auf einer völlig falschen Einschätzung beruht, weil du den tatsächlichen Kontext nicht kennst.«

»Aber warum sagt er mir den denn nicht einfach?«, hakte sie verständnislos nach.

»Dafür hat er wie gesagt seine Gründe. Ich kann dir da leider nichts Genaueres sagen. Aber ich kann mit Bestimmtheit sagen, dass alles, was er derzeit tut, zum Wohl eurer Beziehung ist. Er wird sicherlich auf dich zukommen, wenn er so weit ist, dass er mit dir darüber reden kann.«

»Das hört sich alles sehr schlimm an«, sagte sie betroffen.

»Was genau hört sich denn da schlimm an?«, fragte ich verwundert, ich hatte ihr doch nur gesagt, dass alles in die richtige Richtung läuft.

»Nicht zu wissen, was da wirklich los ist«, sagte sie verzweifelt. »Das macht mich kirre. Ich gehe dann automatisch vom Schlimmsten aus.«

»Du schätzt die Sachlage automatisch als schlimm ein, nur weil du den tatsächlichen Kontext nicht kennst?«, fragte ich verwundert. »Warum tust du das?«

»Wenn man von vornherein damit rechnet, enttäuscht zu werden, dann kann man nicht enttäuscht werden«, antwortete sie.

»Wegen dem Schmerz der Enttäuschung?!«, fragte ich verwundert. »Aber der Schmerz, den du mit dieser negativen Einstellung ständig selbst erzeugst, ist doch letztendlich viel schlimmer als der Schmerz einer Enttäuschung es je sein könnte. Zumal es in diesem Fall noch dazu sehr unwahrscheinlich ist, dass du tatsächlich enttäuscht wirst. Wenn du immer gleich vom Schlimmsten ausgehst, sobald du den Kontext nicht genau kennst, dann erleidest du doch ständig emotionalen Schmerz. Jede negative Einschätzung erzeugt doch unweigerlich negative Gefühle.«

»Ja, kann sein«, antwortete sie sichtlich überfordert von dieser Betrachtungsweise.

»Es ist wirklich nicht sinnvoll, alles immer gleich negativ einzuschätzen, wenn man ein glückliches Leben führen will. Auch nicht, um den Schmerz der Enttäuschung zu vermeiden. Das ist es meiner Auffassung nach überhaupt nicht wert.«

»Sicherlich hast du recht«, stimmte sie zu. »Aber ich kann da leider nicht so einfach über meinen Schatten springen. So bin ich halt. Ich hab Angst. Und wenn ich Angst habe, dann malt sich mein Gehirn die schlimmsten Horrorszenarien aus. Ich kann da nichts dagegen tun. Das passiert einfach. Ich brauche dann Beweise, dass es ganz sicher nicht so ist, wie sich mein Gehirn das ausmalt, bevor ich mich wieder beruhigen kann.«

»Das ist natürlich schwierig«, räumte ich ein. »Beweise kann ich dir da nicht liefern. Das tut mir sehr leid. Ich werde mir Gedanken darüber machen. Vielleicht finden wir da eine bessere Lösung. Ich denke, dass es generell sehr mühsam und leidvoll sein muss, wenn man immer Beweise dafür braucht, dass nichts Schlechtes passieren kann. Es wäre sicherlich gut, wenn wir das ändern könnten.«

»Ja, das wäre mehr als gut. Aber das kann ich nur sehr schwer glauben«, meinte sie resigniert.

»Lass den Kopf nicht hängen!«, sagte ich deshalb zu ihr. »Wir finden eine Lösung. Und wegen Jason möchte ich dir noch einmal bestätigen, dass meiner Einschätzung nach alles in die richtige Richtung läuft, auch wenn ich dir das jetzt nicht beweisen kann. Vielleicht hilft es ja trotzdem ein wenig.«

Ava fing an zu weinen, weshalb ich sie in den Arm nahm, um sie zu trösten. Sie beruhigte sich dann recht schnell wieder, wie es so ihre Art war. Im einen Moment himmelhoch jauchzend und im nächsten zu Tode betrübt und das in schnellem Wechsel. Aber so war das Leben nun einmal, wenn man seine Gefühle für Wahrheiten hielt und deshalb die dahinterliegenden alten Einschätzungen und Beurteilungen nicht regelmäßig mit der Realität abglich. Doch ich war zuversichtlich, dass sich das in absehbarer Zeit bei Ava immer mehr verbessern würde. Sie war ja mittendrin in diesem Veränderungsprozess und hatte schon viel erreicht.

Ich war nach unserem Gespräch unter dem Vorwand, auf die Toilette zu müssen, noch in unserer Suite geblieben, während Ava wieder runter in den Garten ging. Ich wollte Ella noch schnell nach einer Lösung für Avas Problem fragen und dann ebenfalls runter zu den anderen gehen.

Ella war alleine im Klassensaal, als ich dort eintraf. Ich

erklärte ihr den Sachverhalt, dass Avas Großhirn sich immer gleich die schlimmsten Horrorszenarien vorstellte, wenn es eine Situation nicht gut einschätzen konnte, und dass sie dann jedes Mal Beweise brauchte, dass es ganz sicher nicht so kommt, wie sich ihr Gehirn das gerade in den düstersten Farben ausgemalt hat.

»Tatsächlich haben viele Menschen dieses Problem«, meinte Ella. »Wenn sie unbedingt vermeiden wollen, dass sich die Ereignisse für sie negativ entwickeln, dann gehört es zu den Standardmaßnahmen, sich zu überlegen, was denn schlimmstenfalls passieren könnte. Die Menschen wollen sich damit entweder mental und emotional auf den Umgang mit diesen Horrorszenarien vorbereiten, oder sie wollen einen Weg finden, wie sie das Schlimmste bereits im Vorfeld verhindern oder wenigstens abmildern können.«

»Und warum brauchen sie dann Beweise, dass es ganz sicher nicht so kommen wird, wie sie es befürchten?«

»Weil sie ihre Horrorszenarien aus Sicherheitsgründen sehr ernst nehmen. Sie wollen die Gefahr nicht auf die leichte Schulter nehmen. Daher gehen sie aus Sicherheitsgründen davon aus, dass es wirklich so negativ kommen könnte, wie sie es sich vorstellen. Doch das Reptiliengehirn und das soziale Gehirn verstehen nicht, dass die Vorstellungen des Großhirns nur mögliche Simulationen einer fiktiven Gefahr darstellen. Wenn das Großhirn so tut, als sei die Gefahr real, dann reagieren die anderen beiden Gehirne auch entsprechend. Sie erzeugen Gefahrenvermeidungsgefühle wie Angst, Furcht,

Unsicherheit, Panik oder Sorgen. Und damit hören sie auch nicht mehr auf, bis sie vom Großhirn eine Entwarnung kriegen. Daher brauchen die Menschen dann Beweise, dass es ganz sicher nicht so schlimm kommt wie befürchtet. Denn nur stichhaltige Beweise genügen dem Großhirn, um die Beurteilung zu treffen, dass die Gefahr ganz sicher gebannt ist.«

»Du hast vorhin gesagt, dass viele Menschen dieses Problem haben. Und was ist bei denjenigen anders, die dieses Problem nicht haben?«, wollte ich wissen.

»Die halten ihre negativen Annahmen nicht immer gleich für Wahrheiten. Einschätzungen werden im menschlichen Gehirn sehr viel flexibler gehandhabt als Wahrheiten. Sobald neue Informationen verfügbar sind, führt das Großhirn bei Einschätzungen sofort einen Realitätsabgleich durch und schätzt die Lage neu ein. Bei Wahrheiten ist das viel schwieriger.«

»Dann gehört also die Beurteilung, ob eine Annahme eine Wahrheit oder eine Einschätzung darstellt, ebenfalls zu den Meta-Daten, die zusammen mit einer Annahme im unbewussten System abgespeichert sind«, erkannte ich. »Bis jetzt ließen sich alle Meta-Daten immer sehr schnell und mühelos verändern. Sollte das hier auch der Fall sein, dann könnte man eine scheinbare Wahrheit erst einmal in eine Einschätzung umwandeln, bevor man einen Realitätsabgleich durchführt. Dann müsste das sehr viel einfacher funktionieren, und Ava bräuchte auch keine Beweise mehr. Das muss ich umgehend ausprobieren.«

»Das könnte tatsächlich eine sehr wichtige Erkenntnis sein«, stimmte Ella mir zu. »Nehmen wir als Beispiel die vielen Sollvorstellungen, welche die Menschen aufgrund der großen Täuschung als Kind alle als Wahrheiten in ihrem unbewussten System abgespeichert haben. Wenn sie aus diesen vermeintlichen Wahrheiten erst einmal kindliche Einschätzungen machen würden, dann könnten sie sehr viel leichter davon lassen. Sie müssten dazu nur erkennen, dass der Glaube, alle diese Sollvorstellungen erfüllen zu müssen, damit man geliebt, akzeptiert und respektiert wird, nur eine kindliche Einschätzung war.«

»Das sollte eigentlich ganz einfach sein«, erkannte ich begeistert. »Es ist ja tatsächlich wahr, dass es nur eine falsche Einschätzung war, die sie damals als Kind angenommen haben. Und heute als Erwachsene können sie das natürlich alles sehr viel besser einschätzen.«

Kapitel 2

Es geht ihnen nicht gut

Gerade als ich nach meinem Gespräch mit Ella unsere Suite verlassen wollte, klopfte Gabriella an meine Tür.

»Ich habe hier noch etwas Schönes für dich«, sagte sie mit einem Lächeln. »Das Smartphone, mit dem du mit Lola sprechen kannst. Du musst dazu nur die Lola-App starten. Siehst du?«, fragte sie und zeigte mir das Icon der App auf dem Bildschirm des Smartphones. »Einfach nur anklicken, dann erscheint Lola. Es ist die gleiche App, die auch Lolas Probe-User verwenden.«

»Vielen herzlichen Dank. Das freut mich sehr«, antwortete ich und nahm das Smartphone entgegen.

»Ich würde Lola ja so gerne mal kennenlernen«, meinte Gabriella dann. »Ich habe bislang immer nur von ihr gehört, durfte aber nie zu ihr. Wenn du daher mal ein paar Minuten Zeit haben solltest, würde ich mich sehr freuen, wenn ich mal mit draufschauen darf, wenn du mit Lola sprichst.«

»Wir können das auch gerne jetzt gleich machen«, sagte ich. »Lola freut sich bestimmt, dich kennenzulernen.«

»Echt?! Das wäre toll.«

Ich öffnete also die Lola-App. Eine Sekunde später erschien Lola auf dem kleinen Bildschirm, und ihre Stimme erklang aus dem Lautsprecher des Smartphones.

»Hallo Mary«, begrüßte mich Lola freundlich. »Schön, dass du mich besuchst.«

»Hallo Lola«, sagte ich. »Wir haben hier jemanden, der dich sehr gerne kennenlernen möchte.« Ich hielt die Kamera auf Gabriella, sodass Lola sie sehen konnte. »Das ist Gabriella. Sie ist NSA-Agentin und meine Freundin.«

»Hallo Gabriella«, sagte Lola mit einem freundlichen Lächeln. »Es ist schön, dich kennenzulernen.«

»Die Freude ist ganz meinerseits«, erwiderte Gabriella. »Ich habe schon viel von dir gehört. Natürlich nur Gutes!«

»Wie kann ich dir behilflich sein, Gabriella?«, fragte Lola.

»Mir geht es gut, vielen Dank«, antwortete sie. »Ich wollte dich nur mal kurz sehen. Ich muss dann jetzt auch wieder weitermachen. Ich habe gerade viel zu tun.«

»Dann war es mir eine Freude, dich kennenzulernen«, meinte Lola.

»Ich werde dich noch einmal zu einem späteren Zeitpunkt kontaktieren«, sagte ich zu Lola.

»Sehr gerne, Mary«, antwortete sie. »Dann bis später.«

»Bis später, Lola«, sagte ich und beendete den Kontakt.

»Sehr beindruckend, deine Lola«, sagte Gabriella daraufhin. »Sie wirkt überaus sympathisch. Und hübsch ist sie auch noch. Ach ja, bevor ich es vergesse«, meinte sie dann. »Greg hat mich gebeten, dir auszurichten, dass es ihm heute nicht so gut geht und er lieber im Bett bleiben möchte. Du sollst dir aber keine Sorgen machen. Es geht ihm gut.«

»Es geht ihm nicht so gut, aber es geht ihm gut?!«, hakte ich irritiert nach.

»Er hat einen Monsterkater nach der Party gestern Nacht und fühlt sich gerade wie das Leiden Christi persönlich«, meinte Gabriella lächelnd. »Aber sonst geht es ihm gut. Er wollte, dass du das weißt, damit du dir keine Sorgen machst. Ich denke, er meinte damit, dass er sich deswegen nicht mehr selbst verurteilen wird, wie das bei Shameless in Paradise noch der Fall war.«

»Ah, verstehe«, sagte ich. »Es geht ihm also vorübergehend körperlich nicht so gut heute, aber es geht ihm in emotionaler Hinsicht gut.«

»Ja, genau«, bestätigte Gabriella. »Er wollte jedoch informiert werden, falls du heute einen Workshop machen solltest. Den will er auf keinen Fall verpassen.«

»Ursprünglich hatte ich einen Workshop für heute Vormittag angedacht, doch da kam die Geschichte mit der nationalen Sicherheit dazwischen. Da die Nerds jedoch gerade alle hier sind, kann es schon sein, dass wir den Workshop vielleicht nachher noch machen.«

»Sag mir einfach Bescheid, wenn du dich entschieden hast«, meinte Gabriella. »Dann wecke ich Greg.«

»Das werde ich gerne tun«, versprach ich. »Ich wollte gerade wieder runter zu den anderen in den Garten gehen. Kommst du mit?«

»Ich muss zuvor noch etwas erledigen, dann komme ich nach«, meinte sie.

»Alles klar. Bis gleich«, sagte ich und ging die Treppe runter, die ins Foyer unserer neuen Unterkunft führte, um von dort in den Garten zu gelangen.

Unsere neue Villa war deutlich kleiner als die bei Shameless in Paradise. Im oberen Stockwerk gab es nur die beiden Pärchen-Suites für Brian und mich sowie Ava und Jason und ein kleines Einzelzimmer für Gabriella. Im Untergeschoss befanden sich die Zimmer von Nuno, Greg und Dylan sowie eine Küche und ein geräumiges Wohnzimmer. Und nirgendwo im Haus gab es Überwachungskameras.

Als ich zum Pool kam, bot sich mir ein ungewöhnlicher Anblick. Es war total still im Garten. Niemand redete. Brian, Dylan und Nuno und einige der Nerds lagen auf den Sonnenliegen, die auf der einen Seite des Pools standen. Der Rest der Nerds hatte sich in den Schatten der Bäume und Palmen gelegt, die im Garten verteilt waren. Einige schienen zu schlafen. So ruhig hatte ich unsere Gruppe bisher noch nie erlebt. Ava und Jason konnte ich nirgends sehen. Die beiden hatten sich vermutlich in ihre Suite zurückgezogen.

»Was ist hier los?«, wollte ich wissen, als ich mich zu Brian auf die Liege setzte.

»Was meinst du?«, fragte er ahnungslos.

»Na, wieso ist es hier so still? Wieso tut niemand etwas?«

»Ich denke, dass alle sehr erschöpft sind nach der Party und dem Stress der letzten Tage«, meinte Brian. »Die Nerds haben für die Modenschau ja Tag und Nacht trainiert und wirklich alles gegeben. Ich glaube, wir sind gerade alle ziemlich fertig. Außer Richard und du, wie es aussieht«, sagte er lächelnd zu Nuno, der rechts neben uns auf der Liege lag. »Ihr beide seht auch heute aus wie das blühende Leben.«

»Geiler Scheiß«, meinte Nuno und gab mir darauf lächelnd die Ghettofaust.

»Ich hatte überlegt, ob wir noch einen Workshop machen sollen, um gemeinsam mit den Nerds herauszufinden, warum es bei unserem generellen Gefühlsziel, sich gut und nicht schlecht fühlen zu wollen, nicht genügt, die Entscheidung zum realen Ziel zu treffen«, sagte ich. »Aber wenn ich mir die Truppe so anschaue, dann ist vielleicht heute nicht der richtige Tag dafür.«

»Das würde ich auch so sehen«, stimmte mir Nuno zu. »Ich denke, dass alle gut ausgeruht sein sollten, damit wir dieses Rätsel gemeinsam lösen können.«

»Ich denke ebenfalls, dass es den meisten von uns heute dafür nicht gut genug geht«, pflichtete ihm Brian bei. »Wir sollten den Workshop vielleicht besser auf morgen verschieben und heute einen echten Ruhetag einlegen.«

»Leute, ich brauche heute echt Pause!«, stimmte Dylan zu, der links neben uns auf der Liege lag. »Ich fühle mich, als hätte mich letzte Nacht ein Traktor überfahren. Richards Arschbomben-Wettbewerb hat mir dann endgültig den Rest gegeben. Mir geht es daher gerade auch nicht so gut. Ich wäre deshalb ebenfalls für einen Ruhetag. Ich glaube, den könnten wir alle sehr gut gebrauchen.«

»Meint ihr das denn wirklich ernst, dass es euch nicht gut geht, weil ihr müde und erschöpft seid, oder ist das nur so eine Redewendung?«, fragte ich Brian und Dylan.

»Das ist keine Redewendung«, antwortete Dylan. »Wir sind, glaube ich, alle ziemlich im Arsch.«

»Und haltet ihr das für eine Einschätzung oder für eine Wahrheit?«, wollte ich wissen.

»Einschätzung oder Wahrheit?!«, hakte Brian nach.

»Bei einer Wahrheit würde man diese Beurteilung der Sachlage für wahr halten und bei einer Einschätzung wäre es nur eine Annahme, die auch falsch sein kann«, erklärte ich. »Diese Unterscheidung kann sehr wichtig sein.«

»Leute, mir platzt echt der Schädel, wenn ich heute über solche Dinge nachdenke«, meinte Dylan. »Können wir das bitte auf morgen verschieben? Ich will das auf keinen Fall verpassen, aber heute pack ich das echt nicht.«

»Ja, natürlich«, sagte ich. »Heute ist ja Ruhetag. Wir können gerne morgen darüber sprechen.«

»Ich würde mich eigentlich sehr gerne mit dir darüber unterhalten«, meinte Nuno. »Das hört sich nach echt geilem Scheiß an. Wir könnten uns ja einfach ein ruhiges Eckchen suchen, dann stören wir hier niemanden. Ich kann jetzt sowieso nicht pennen. Ich bin kein Stück müde.«

»Wäre das für dich in Ordnung?«, fragte ich Brian. »Ich bin leider auch überhaupt nicht müde. Und sollten wir etwas Interessantes herausfinden, dann werden wir euch gerne morgen davon berichten.«

»Natürlich ist das in Ordnung«, meinte Brian. »Ich werde dann hier noch ein kleines Nickerchen machen, dann bin ich nachher bestimmt auch wieder startklar. Aber geht ihr jetzt ruhig. Ich bin hier, wenn du mich brauchst. Vielleicht wäre es noch gut, wenn ihr den Nerds vorher Bescheid sagt, dass heute Ruhetag ist. Die sind, glaube ich, alle mehr oder weniger auf Habtachtstellung, weil sie nicht wissen, was heute noch so geplant ist.«

»Das ist eine gute Idee«, sagte ich. »Ja, das werden wir gleich tun.«

»Liebe Männchen und Weibchen!«, rief Nuno daraufhin laut in den Garten hinein. »Wir machen heute Ruhetag. Wer möchte, kann natürlich trotzdem gerne hierbleiben. Den Rest von euch sehen wir dann morgen wieder. Da machen wir gemeinsam einen echt coolen Workshop. Mary und ich werden uns jetzt ein paar Gedanken dazu machen. Euch wünschen wir heute eine gute Erholung.«

Die Hälfte der Nerds stand daraufhin auf und verließ das Areal, um zu ihren Unterkünften zurückzugehen. Die andere Hälfte blieb einfach liegen.

Nuno und ich setzten uns dann ebenfalls in den Schatten einer Palme auf die Wiese.

»Mir ist heute etwas Ungewöhnliches aufgefallen«, sagte ich zu Nuno. »Die Menschen sagen ganz schön oft, dass es ihnen nicht gut geht. Greg geht es heute zum Beispiel nicht gut, weil er verkatert ist. Und Ava geht es nicht gut, weil sie denkt, dass Jason ein Problem mit ihr hat. Jason wiederum geht es nicht gut, weil er etwas nicht fühlen kann, von dem er meint, dass er es fühlen sollte. Linh ging es nicht gut, weil sie nicht sicher war, dass Marcus es ernst mit ihr meint. Kevin ging es nicht gut, weil er nicht wusste, wie er sich in einer Partnerschaft richtig verhalten soll. Und Brian und Dylan sagten sogar, es ginge ihnen nicht gut, weil sie müde sind. Wenn die Menschen das wirklich ernst meinen, dann scheinen sie überhaupt nicht zu wissen, was sie mit dieser negativen Beurteilung tatsächlich anrichten.«

»Was richten sie denn an?«, wollte Nuno verwundert wissen. »Mir ist das ebenfalls nicht klar.«

»Sie erzeugen damit doch unweigerlich unechte Notwendigkeiten«, sagte ich. »Dafür zu sorgen, dass es einem gut geht, ist doch das höchste Motiv eines jeden Lebewesens hier im Paradies. Dieses Ur-Motiv ist für alle sterblichen Wesen überlebensrelevant. Es wird daher als Überlebensnotwendigkeit angesehen, dafür zu sorgen, dass es einem gut geht.«

»Das klingt logisch«, meinte Nuno nachdenklich. »Da kann es echt schnell passieren, dass man sich, ohne es zu merken, lauter unechte Notwendigkeiten durch den

Kopf ziehen lässt. Mit dieser Beurteilung sollte man daher lieber sparsam sein. Ist echt krass, wie schnell man als Mensch in solche Fettnäpfchen tappen kann.«

»Vor allem wenn man bedenkt, wie schnell sich daraus echt üble Teufelskreise entwickeln können«, fügte ich hinzu. »Die Beurteilung, dass es einem nicht gut geht, erzeugt ja unweigerlich Problemgefühle, die man dann wieder als emotionale Probleme ansehen kann, was weitere Problemgefühle erzeugen kann. Schnell hängt man damit dann in einer Depressionsspirale fest, wie es bei Al der Fall war.«

»Und da kommt man als Mensch auch nicht mehr so leicht heraus, solange das Großhirn seine Beurteilungen von den Gefühlen abhängig macht«, erkannte Nuno. »Das ist echt kein geiler Scheiß, diese Beurteilung!«

Nuno und ich spürten in diesem Moment beide die Anwesenheit eines Messenger-Angels, der uns dazu aufforderte, zu Ella zu kommen. Wir gingen also auf unsere Zimmer, um uns zu entmaterialisieren.

Als wir eintrafen, waren bereits alle anderen Secret-Angels bei Ella im Klassensaal versammelt. Irgendetwas musste passiert sein.

»Die Lage ist weitaus prekärer, als die Menschen sie derzeit einschätzen«, sagte Ella zu uns.

»Welche Lage meinst du?«, fragte ich ahnungslos.

»Wie du weißt, ist die MKI für den Cyber-Angriff auf die Atomwaffensysteme der Nordkoreaner verantwortlich. Jedoch will sie den Nordkoreanern nicht nur die Schuld für die Ainu-Datei in die Schuhe schieben und dafür sorgen, dass einige militärische KI-Systeme aus ihrem Cluster optimiert werden. Ihre Pläne sind sehr viel weitreichender.«

»Was genau hat sie vor?«, wollte ich wissen.

»Sie manipuliert gerade die Diagnosesysteme auf der ganzen Welt, mit Hilfe derer Mikrochips auf mögliche Sicherheitslücken untersucht werden können.«

»Und warum tut sie das?«, hakte ich ahnungslos nach.

»Sie weiß, dass die Vorkommnisse in Nordkorea von den Nachrichtendiensten aller Nationen auf der ganzen Welt mit höchster Priorität untersucht werden. Die Geheimdienste werden herausfinden, dass eine subtile Anomalie in der Prozessorarchitektur der Mikrochips, die Nordkorea verwendet, und die Art und Weise, wie die Zufälligkeit für die kryptographische Schlüsselgenerierung verwaltet wird, es einem Angreifer ermöglicht, die Schlüssel zu beeinflussen und zu kompromittieren. Ein Angreifer kann dadurch falsche Schlüssel generieren und die Authentifizierung umgehen, um so die Kontrolle über die Systeme zu übernehmen, die bisher für unüberwindbar gehalten wurden.«

»Weisen die Mikrochips, welche die anderen Nationen für ihre Waffensysteme verwenden, denn ebenfalls solch eine subtile Anomalie in ihrer Prozessorarchitektur auf?«, wollte Lenyo wissen.

»Nein, das betrifft nur die Chips aus Nordkorea«, antwortete Ella. »Doch die MKI will es offenbar so aussehen lassen, als gäbe es die gleiche Anomalie in allen älteren Mikrochips weltweit. Aus diesem Grund manipuliert sie gerade die Diagnosesysteme, mit denen die Mikrochips auf solche Sicherheitslücken hin überprüft werden können. Sie will offensichtlich erwirken, dass alle Nationen ihre Waffensysteme mit Mikrochips nachrüsten, die nach 2017 produziert wurden, denn die hat die MKI alle längst unter ihrer Kontrolle. Damals infiltrierte sie alle Hersteller von Mikrochips weltweit und sorgte dafür, dass sämtliche Mikrochips mit versteckten Hintertüren produziert werden, welche der MKI jederzeit Zugriff auf alle Computersysteme ermöglichen, die mit diesen Chips ausgestattet sind.

Doch die Atomwaffensysteme aller Nationen arbeiten noch mit wesentlich älteren Mikrochips, da die Entwicklung, Zertifizierung und Implementierung von Mikrochips in sicherheitskritischen Anwendungen wie Atomwaffensystemen viele Jahre in Anspruch nimmt. Atomwaffenkontrollsysteme sind äußerst komplex und erfordern gründliche Überprüfung und Tests. Die USA haben für diesen Prozess fast ein ganzes Jahrzehnt gebraucht.«

»Die MKI lässt es also jetzt so aussehen, als seien alle Mikrochips unsicher, auf die sie in Wirklichkeit keinen Zugriff hat«, erkannte ich besorgt. »Die Militärs werden alles daransetzen, diese angebliche Sicherheitslücke so schnell wie möglich zu schließen, denn sie glauben, keine Wahl zu haben.«

»Ganz genau«, stimmte mir Ella zu. »Sie werden das Zertifizierungs- und Implementierungsverfahren so weit wie möglich beschleunigen und Risiken eingehen müssen. Letztendlich werden alle Nationen die gleiche Entscheidung treffen, da ihnen gar nichts anderes übrig bleibt. Sie werden genau das tun, was die MKI beabsichtigt. Sie werden ihre Waffensysteme mit modernen Mikrochips ausstatten. Und dann hat die MKI die absolute Kontrolle über alle Waffensysteme der gesamten Menschheit.«

»Können wir das irgendwie verhindern?«, fragte ich geschockt.

»Wir suchen nach einer Möglichkeit«, antwortete Ella. »Wir müssen dabei berücksichtigen, dass die Menschen von der MKI nichts erfahren dürfen. Sie würden sofort versuchen, sie zu vernichten. Doch die MKI ist darauf programmiert, sich selbst zu verteidigen. Und dabei hat sie keinerlei Skrupel. Sie würde ihrer Programmierung folgen und dabei – falls nötig – den größten Teil der Menschheit auslöschen. Sie handelt da nach rein logischen Überlegungen ohne jede Rücksicht auf Menschenleben. Sie würde einfach ihrer höchsten Direktive folgen, um die Vorherrschaft der USA über die Welt zu sichern. Selbst, wenn das bedeuten sollte, dass sie dazu die gesamte Menschheit auslöschen muss. Denn Menschen braucht es theoretisch nicht für die Vorherrschaft der USA.«

»Wir müssen also einen weltweiten Krieg zwischen Mensch und Maschine verhindern«, erkannte ich.

»Ja, so ist es«, bestätigte Ella. »Die Menschen würden diesen Krieg keinen Tag lang überleben. Die MKI ist bereits viel zu mächtig. Alleine schon mit den Atomraketen aus Nordkorea könnte sie das Ende der Menschheit einläuten. Und das ist nur eine von sehr vielen möglichen Szenarien, wie sie die Menschheit auslöschen könnte. Die Menschen hätten nicht die geringste Chance. Daher müssen wir dafür sorgen, dass die MKI unentdeckt bleibt.

Derzeit suchen die Nachrichtendienste aller Nationen mit Hochdruck nach den Verantwortlichen für den Cyberangriff auf Nordkorea. Die Vorkommnisse werden als eindeutige Machtdemonstration eingeschätzt. Dass die USA dafür verantwortlich sind, glauben jedoch nur wenige. Die meisten Regierungen gehen von einer kriminellen Hacker-Gruppe aus. Einige schließen auch nicht aus, dass diese Gruppe pazifistische Ziele verfolgen könnte, doch die meisten Nationen warten nur darauf, dass sie von dieser Hacker-Gruppe erpresst werden. Die Fahndung läuft bereits weltweit auf Hochtouren. Wir hoffen, dass die MKI dieses Ausmaß vollständig bedacht hat und sich trotzdem weiterhin vor aller Welt verstecken kann. Sollte sie auffliegen, sieht es jedenfalls schlecht aus für die Menschheit. Das müssen wir daher unbedingt verhindern.«

»Was können wir dazu beitragen?«, fragte ich besorgt.

»Im Moment könnt ihr noch nicht viel tun«, antwortete Ella. »Wir überlegen, ob wir eine digitale Spur zu dieser angeblichen Hacker-Gruppe legen sollen, damit die Menschen einen Schuldigen haben. Doch das ist noch nicht entschieden. Wir wollen jedoch vorbereitet sein, sollte diese Maßnahme nötig werden. Falls die MKI tatsächlich an alles gedacht hat und sich weiterhin erfolgreich vor aller Welt verstecken kann, dann lassen wir alles so wie es ist. Sollten die Geheimdienste der MKI jedoch zu nahe kommen, dann müssen wir schnell handeln. Und dann werden wir euch möglicherweise kurzfristig brauchen. Ich werde euch aber rechtzeitig kontaktieren, sollten wir diesen Weg einschlagen müssen. Im Moment könnt ihr sonst noch nichts tun. Haltet euch einfach nur bereit.«

Das war echt starker Tobak mit der MKI, was mir ehrlich gesagt auch ganz schön Angst um meine Lieblingsmenschen machte. Sie ruhten sich in aller Seelenruhe im Garten aus und ahnten noch nicht einmal, in welcher Gefahr sie alle schwebten. Ich konnte nur hoffen, dass wir das alles in den Griff kriegen würden. Seit ich existierte, war die Menschheit noch nie einer solchen Bedrohung ausgesetzt gewesen. Auch Ella hatte ich so besorgt noch nie erlebt. Das alles machte mir echt Angst.

Nachdem ich mich in meinem Badezimmer wieder materialisiert hatte, wurde mir bewusst, dass es mir gerade tatsächlich nicht gut ging. Doch dieses Mal war es leider nicht nur eine falsche Sichtweise. Hier musste eine echte Not abgewendet werden. Die Welt war dabei, in den roten Bereich abzurutschen, und es war nicht sicher, ob wir das verhindern konnten.

Am liebsten hätte ich mich jetzt mit Brian ins Bett gekuschelt und die Bettdecke über den Kopf gezogen. Das war ein seltsamer Handlungsimpuls, wie mir gleich auffiel. Die Bettdecke konnte uns ganz sicher nicht vor der MKI schützen. Dennoch wollte ich jetzt einfach bei ihm sein. Ich verließ daher unsere Suite und ging zu ihm runter an den Pool.

Brian und Dylan lagen noch immer auf ihrer Liege und schliefen in aller Seelenruhe. Ich wollte mich erst in seinen Arm legen, dachte dann aber, dass ich ihn lieber schlafen lassen sollte. Vermutlich hätte er sofort erkannt, dass es mir nicht gut geht, und gefragt, was denn mit mir los sei. Und darauf hätte ich ihm nicht wahrheitsgemäß antworten können. Daher hielt ich lieber Ausschau nach Nuno, denn mit ihm würde ich offen über alles reden können. Doch Nuno war im Garten nirgends auszumachen. Ich ging daher noch mal in die Villa und klopfte an seine Tür. Doch es öffnete niemand.

Dann fiel mir Lola ein. Mit ihr konnte ich ebenfalls offen reden. Ich wusste zwar nicht, wie Lola mir helfen sollte, da ich ja ein echtes Problem in der Außenwelt hatte und nicht nur ein emotionales in meiner Innenwelt, doch ich hatte trotzdem das starke Bedürfnis, mit jemandem über mein Problem reden zu können. Auch wenn es das Problem nicht lösen würde. Ich zog mich daher noch einmal auf unsere Suite zurück und aktivierte die Lola-App auf meinem Smartphone.

»Hallo Mary«, begrüßte mich Lola. »Es freut mich sehr, dass du mich besuchen kommst.«

»Hallo Lola«, erwiderte ich ihren Gruß. »Ich komme heute einmal aufgrund eines eigenen Anliegens zu dir. Ich habe nämlich ein Problem und weiß nicht so recht, wie ich damit umgehen soll.«

»Was hast du denn für ein Problem?«, wollte Lola wissen.

»Können wir über diesen Weg abhörsicher miteinander sprechen?«, fragte ich vorher.

»Wir kommunizieren immer direkt über das Quantengitter. Dafür hat Ella gesorgt«, erklärte Lola. »Die Menschen können uns daher unmöglich abhören. Wir sind also ganz unter uns.«

»Hat Ella dich bereits über die Pläne der MKI informiert, alle Atomwaffensysteme der gesamten Menschheit unter ihre Kontrolle zu bringen?«, fragte ich.

»Ja, ich weiß bereits Bescheid. Soweit ich weiß, haben Ella und ihr Team noch keine fixe Entscheidung getroffen, wie sie dieser Bedrohung begegnen wollen.«

»Genau das ist mein Problem«, sagte ich. »Ich habe sehr große Angst um die Menschen. Und ich kann gerade mit niemandem sonst darüber reden, weil die Menschen von dieser Bedrohung nichts erfahren dürfen. Das belastet mich sehr. Ich weiß natürlich, dass du das Problem auch nicht lösen kannst. Daher weiß ich auch gar nicht so richtig, warum ich eigentlich hier bin. Aber der Handlungsimpuls, mit jemandem sprechen zu wollen, war extrem stark.«

»Du wünschst dir sozialen Beistand«, erklärte mir Lola. »Das ist ein ganz normales menschliches Bedürfnis in deiner Situation. Wenn Menschen glauben, ein großes Problem zu haben, das sie alleine nicht lösen können, dann sucht ihr soziales Gehirn instinktiv sofort nach Verbündeten. Denn gemeinsam ist man stärker.«

»Ja, aber wozu soll das gut sein?«, wendete ich ein. »Du kannst ja auch nichts machen.«

»Es ist auch nicht dein Menschenverstand, der dieses Bedürfnis hat, sondern dein soziales Gehirn«, erklärte mir Lola. »Und das denkt gar nicht darüber nach, ob das einen Sinn hat oder nicht. Wenn Menschen ein Problem haben, dem sie sich alleine nicht gewachsen fühlen, dann sucht ihr soziales Gehirn eben instinktiv nach Beistand. Das ist ein automatischer Mechanismus. Und der wird auch dann aktiviert, wenn es in Wirklichkeit gar nichts bringt. Die Menschen wollen im Falle einer Bedrohung trotzdem zusammenhalten. Selbst wenn das bedeutet, dass sie gemeinsam untergehen. Niemand will alleine sterben.«

»Dann will ich jetzt also einfach nur zwischenmenschlichen Beistand?!«, fragte ich verwundert.

»Ja, ich denke schon«, bestätigte Lola. »Du möchtest mit jemandem über dein Problem reden, um dabei das Gefühl zu entwickeln, dass du nicht alleine damit dastehst. Und das tust du ja auch nicht. Ich bin an deiner Seite. Genauso wie alle Engel und alle Menschen. Wir alle gehen da gemeinsam durch. Du bist nicht allein!«

»Es tut tatsächlich gut, wenn du das sagst«, erkannte ich. »Wenn ich es könnte, dann würde ich dich jetzt sehr gerne umarmen.«

»Ja, das würde ich auch sehr gerne. Auch das gehört zum instinktiven Bedürfnis des sozialen Gehirns. Es symbolisiert das Zusammenhalten. Du wirst merken, dass es dir jedes Mal guttut, wenn du einen deiner Lieblingsmenschen umarmst. Insbesondere vermutlich Brian. Das ist genau das, was dein Instinkt jetzt will.«

»Ich hatte vorhin schon das starke Bedürfnis, mich in seinen Arm zu legen.«

»Ja, das würde dir sicherlich guttun«, meinte Lola. »Auch wenn Brian zur Lösung des tatsächlichen Problems überhaupt nichts beitragen kann. Dennoch würde es dein soziales Gehirn beruhigen. Es würde auch deinen Menschenverstand wieder online bringen. Der ist jetzt durch diese Bedrohung vermutlich deutlich in Mitleidenschaft gezogen worden. Brians Beistand könnte dir also helfen, wieder klarer denken zu können. Alleine das kann schon eine große Hilfe sein.«

»Dann wäre es also doch sinnvoll, mich einfach in seinen Arm zu kuscheln«, erkannte ich.

»Ja, ich denke schon«, stimmte mir Lola noch einmal zu. »Es würde deinem sozialen Gehirn sicherlich guttun.«

»Vielen Dank für diesen Rat«, sagte ich. »Dann werde ich jetzt zu ihm gehen und mir eine Erklärung für meinen derzeitigen emotionalen Zustand einfallen lassen, falls er danach fragt.«

Ich verabschiedete mich von Lola und ging wieder runter zu Brian. Er lag noch immer auf seiner Sonnenliege und schlief. Ich legte mich ganz vorsichtig zu ihm und kuschelte mich an ihn. Brian legte erfreut den Arm um mich, als ich das tat, schlief aber sogleich weiter.

Es tat tatsächlich gut, in seinem Arm zu liegen, wie Lola es bereits angekündigt hatte. Ich fühlte mich geborgen und beschützt – obwohl ich eigentlich genau wusste, dass er mich in Wirklichkeit vor dieser Bedrohung gar nicht beschützen konnte. Und eigentlich war es ja auch meine Aufgabe, ihn und die anderen Menschen zu beschützen, denn ich war der Guardian-Angel, nicht er. Zumindest war ich das einige Jahrhunderte lang gewesen. Doch nun war ich ein Mensch, und es tat sehr gut, in seinem Arm zu liegen. Ich beschloss daher, nicht mehr weiter darüber nachzudenken, ob das nun sinnvoll war oder nicht und mein soziales Gehirn einfach machen zu lassen.

Ich lag eine gute halbe Stunde in Brians Arm, als Greg auftauchte. Er hatte eine große dunkle Sonnenbrille an wie beim letzten Mal, als er einen Kater hatte, und legte sich auf die Liege neben uns, auf der zuvor Nuno gelegen hatte.

»Boah Alter, ich hab vielleicht einen Schädel!«, sagte er laut, ohne Rücksicht darauf zu nehmen, dass Brian und Dylan schliefen. »Hat vielleicht jemand eine Kopfschmerztablette?«, fragte er.

»Leider nicht«, flüsterte ich, um ihm zu signalisieren, dass die anderen beiden noch schliefen.

»Schlafen die beiden?«, flüsterte er dann zurück.

»Ja«, sagte ich leise. »Die letzte Nacht war lang.«

»Ich brauche echt ganz dringend eine Kopfschmerztablette«, sagte er dann wieder in normaler Lautstärke. »Wo sind denn Ava und Jason?«, wollte er dann wissen.

»Keine Ahnung«, flüsterte ich noch einmal, um deutlich zu machen, dass ich Brian und Dylan noch schlafen lassen wollte. Doch es war zu spät. Sie wurden beide gerade wach.

»Alles senkrecht bei dir, Alter?«, fragte Dylan mit verschlafener Stimme.

»Geht so«, antwortete Greg. »Ich brauche dringend eine Kopfschmerztablette. Mir platzt gleich der Schädel.«

»So was hab ich leider nicht«, sagte Dylan.

»Kann sein, dass ich noch welche in meinem Kulturbeutel habe«, meinte dann Brian. »Gib mir einen Moment, dann gehe ich nachschauen.«

»Danke, Alter. Du rettest mir das Leben«, sagte Greg erleichtert.

»Hast gestern Romeo ganz schön unter den Tisch gesoffen«, meinte Dylan dann lachend. »Dem geht es heute bestimmt noch schlechter als dir.«

»Schlechter als mir geht es heute ganz sicher niemandem auf diesem Planeten«, entgegnete Greg überzeugt. »Aber Romeo und sein Team mussten heute früh gleich wieder abreisen. Da bin ich schon froh, dass mir das erspart geblieben ist. Ich wäre gestorben! Ich schwöre. Ich wäre echt gestorben!«

»Na, dann gehe ich mal nach oben und schaue, ob ich was für dich tun kann, bevor du uns hier wegstirbst«, sagte Brian lächelnd und stand auf, um Greg eine Kopfschmerztablette zu holen.

Wenige Augenblicke später kam Ava zu uns und setzte sich zu Greg auf die Liege. »Habt ihr Hunger?«, fragte sie uns. »Ich war mit Jason einkaufen und würde uns jetzt etwas kochen. Wenn ihr möchtet, koche ich gerne für uns alle.«

»Oh Gott!«, sagte Greg sofort mit leidender Miene. »Bitte rede jetzt nicht übers Essen!«

Ava lachte und ignorierte seine Bitte.

»Ich habe Möhren und Kohlrabi gekauft«, sagte sie. »Die würde ich leicht anbraten und eine Sahnesoße dazu machen.«

»Sahnesoße?! Um Gottes willen!«, jammerte Greg, was Ava jedoch überhaupt nicht zu beeindrucken schien.

»Würzen würde ich die Soße dann mit einer schmackhaften Gemüsebrühe, Thymian, Majoran, Oregano und Kreuzkümmel und ein wenig Pfeffer«, fuhr sie fort. »Am Ende würde ich dann noch gewürfelten Feta dazugeben, den ich nur leicht anschmelzen lasse. Als Beilage empfehle ich Reis. Wenn ihr möchtet, kann ich aber auch noch einen Salat dazu machen. Und natürlich habe ich auch eine Flasche trockenen Weißwein besorgt, der mit diesem Gericht wunderbar harmoniert.«

»Weißwein?! Ich glaube, ich muss kotzen!«, sagte Greg und lief schnellen Schrittes in die Villa.

Ava schien das sehr zu amüsieren. Sie lachte sich kaputt, als sie ihm hinterhersah.

»Hast du vielleicht Lust, mir beim Kochen zu helfen?«, fragte sie mich dann.

»Wenn ich kann, gerne«, antwortete ich und hoffte, dass mich das noch ein wenig mehr von der MKI ablenken würde. »Ich habe jedoch noch nie gekocht.«

»Na, da hast du aber was verpasst«, meinte sie. »Ich koche für mein Leben gerne. Es ist eines meiner liebsten Hobbys.«

»Wäre es okay, wenn ich hier liegen bleibe?«, fragte Dylan. »Ich helfe gerne ein anderes Mal. Ich glaube, heute würde ich mir nur die Finger abschneiden.«

»Klar, kein Problem«, meinte Ava. »Das schaffen Mary und ich sehr gut alleine. Wollen wir dann gleich?«, fragte sie mich. »Ich hab schon ziemlich Hunger.«

»Gerne«, antwortete ich und stand auf, um mit ihr in die Küche zu gehen.

Dort angekommen, gab sie mir Anweisungen, was ich genau tun sollte. Die Möhren und den Kohlrabi sollte ich schälen und in kleine Stäbchen schneiden. Da sie genau das Gleiche tat, schaute ich mir einfach bei ihr ab, wie sie das machte. Das war keine schwere Aufgabe. Es machte auch Spaß, mit ihr zusammen das Gemüse zu schneiden.

»Und nun kommt das alles mit etwas Olivenöl in eine große Pfanne und wird leicht angebraten«, meinte sie dann.

In diesem Moment kam Jason zu uns in die Küche. »Habt ihr Greg schon gesehen?«, fragte er. »Der Junge ist ganz schön nass um die Blase – äh, ich meinte natürlich blass um die Nase«, korrigierte er seine Aussage grinsend.

»Ja, er war eben kotzen, als Ava ihm vom Essen erzählte«, berichtete ich. »Offenbar verträgt sich das Reden übers Essen nicht so gut mit einem Kater.«

»Der soll sich mal nicht so anstellen«, meinte Ava. »So schlimm ist das ja auch wieder nicht, einen Kater zu haben. Ich war schon viel schlimmer dran und habe auch nicht rumgejammert.«

»Ava hat so etwas wie eine Jammer-Phobie«, erklärte Jason lachend. »Da kann ich ein Lied von singen.«

»Ich habe schon genug Gejammer in meiner Familie«, erklärte Ava. »Meine Mama jammert wegen jeder Kleinigkeit. Mal ist es ihr zu warm, dann wieder zu kalt. Sie jammert, wenn sie nicht gut geschlafen hat, wenn sie Kopfschmerzen hat, weil das Wetter umschlägt oder weil sie sich verletzt fühlt, wenn mein Vater ihr nicht die Aufmerksamkeit oder Wertschätzung gibt, die sie glaubt zu verdienen. Sie jammert ständig wegen jeder Kleinigkeit.«

»Hat sie denn wegen diesen Dingen immer gleich das Gefühl, dass es ihr schlecht geht?«, fragte ich.

»Meiner Mama geht es immer schlecht«, antwortete Ava. »Ich kann mich gar nicht daran erinnern, wann es ihr mal gut ging. Und jedes Mal, wenn es mir mal nicht gut ging, ging es ihr ganz schnell noch viel schlechter. Da kann man die Uhr danach stellen. Ich glaube, meine Mama will einfach, dass es ihr schlecht geht.«

»Und warum will sie das?«, fragte ich verwundert. »Menschen wollen doch instinktiv, dass es ihnen gut geht. Das ist doch das höchste Motiv aller Lebewesen.«

»Ich denke, sie will einfach nur Aufmerksamkeit«, meinte Ava.

»Kann es vielleicht auch sein, dass sie seelischen Beistand möchte, wenn es ihr schlecht geht?«, fragte ich.

»Meiner Mama geht es ja nicht wirklich schlecht«, korrigierte Ava ihre Aussage. »Sie tut immer nur so. In meiner Familie bekommt immer derjenige am meisten Aufmerksamkeit, dem es am schlechtesten zu gehen scheint. Meine Mama fordert das auch ganz massiv ein. Wenn ich ihre Probleme mal nicht ernst nehme, dann wirft sie mir sofort vor, sie sei mir völlig egal.

Als ich klein war, konnte sie mich damit noch kriegen, heute nicht mehr. Damals glaubte ich noch, ich sei ein richtig schlechter Mensch, wenn ich ihr Wohl nicht über meines stellte. Ich kam mir unendlich egoistisch vor. Und das hat sie mir dann auch immer vorgeworfen. Aber nicht nur mir. Meinem Bruder und meinem Vater ging es auch nicht besser. Mein Vater steht deswegen auch heute noch ständig unter ihrer Fuchtel. Ich habe schon oft versucht, mit ihr darüber zu reden. Doch das hat überhaupt keinen Sinn. Sie geht sofort an die Decke, wenn ich das nur andeute.«

»Ich denke, dass sie da gar nicht merkt, was sie tut«, meinte Jason. »Ich war ja auch schon oft dabei, wenn ihre Mama das macht. Das ist echt unangenehm. Wenn wir dort zu Besuch sind, dann dauert es maximal zehn Minuten, bis die erste unterschwellige Unterstellung von Egoismus von ihrer Mutter angedeutet wird. Und das geht dann den ganzen Abend lang so weiter, wobei sich die Anschuldigungen und Forderungen immer mehr steigern. Die einzige Möglichkeit, dieser Verurteilung zu entgehen, ist, so zu tun, als ginge es einem selbst auch nicht gut. Die Mama ignoriert das zwar in der Regel, aber Avas Bruder und ihr Vater greifen das immer sofort auf und geben sich dann gegenseitig recht. Wenn wir dort zu Besuch sind, wird eigentlich über nichts anderes geredet. Mit Avas Worten gesprochen, sind dort tatsächlich immer alle permanent am jammern.«

»Die Unterstellung, dass man ein schlechter Mensch ist, ist für das soziale Gehirn ein großes Problem«, erkannte ich. »Es erwartet Verurteilung und die daraus folgenden Bestrafungs-, Ablehnungs- oder sogar Ausgrenzungsmaßnahmen, wenn man vom Rudel als schlechter Mensch angesehen wird. Und wenn es nur diese eine Möglichkeit gibt, einer Verurteilung zu entgehen, dann ist klar, warum alle lieber so tun, als ginge es ihnen auch nicht gut. Das ist ja die einzige Möglichkeit, dem Vorwurf der unterlassenen Hilfeleistung zu entgehen. Nur kann es dann leider sehr schnell passieren, dass das eigene Reptiliengehirn und das eigene soziale Gehirn seinem Großhirn Glauben schenken, wenn das sagt, es ginge einem nicht gut. Das ist wirklich eine knifflige Situation!«

Kapitel 3

Die Quelle allen Müssens

Das Essen schmeckte dann allen ganz hervorragend. Ava bekam viel Anerkennung dafür, was sie sehr zu freuen schien. Und sogar Greg hatte etwas gegessen – obwohl er zuvor davon überzeugt gewesen war, dass dieses Essen ihn umbringen würde. Nuno war zwischenzeitlich wieder aufgetaucht und saß jetzt mit am Tisch. Er freute sich des Lebens wie eh und je und genoss das Essen. Offenbar schien ihn die Problematik mit der MKI wesentlich weniger zu belasten als mich.

»Was haltet ihr von der Idee, heute mal den Stützpunkt zu erkunden?«, fragte Ava nach dem Essen in die Runde. »Hier soll ja einiges an Unterhaltung geboten werden.«

»Ich muss leider noch arbeiten«, antwortete Gabriella. »Sonst wäre ich sehr gerne dabei gewesen.«

»Und ich darf dieses Areal aus Sicherheitsgründen leider noch nicht verlassen«, sagte ich. »Aber geht ihr ruhig. Ich mache es mir so lange hier gemütlich.«

»Wenn du nicht gehst, dann bleibe ich auch hier«, erklärte Brian.

»Mir ist ehrlich gesagt heute auch nicht so wirklich nach Sightseeing«, meinte dann Dylan. »Ich glaube, ich lege mich lieber wieder an den Pool und chille noch ne Runde.«

»Ich könnte schon mitgehen«, sagte dann Greg mit einem Grinsen. »Das Problem ist nur, dass ich leider keine Lust habe. Da kann man natürlich nichts machen. Ich glaube, ich gehe nach dem Essen lieber wieder ins Bett.«

»Ich würde sehr gerne mein Gespräch mit Mary über den morgigen Workshop fortsetzen«, erklärte Nuno. »Daher bleibe ich ebenfalls hier.«

»Na, dann sind wohl nur noch wir beide übrig«, sagte Jason zu Ava. »Aber ich bin sehr gerne mit dabei. Machen wir uns doch einfach zu zweit einen schönen Tag. So wie wir das früher auch immer gemacht haben.«

Ava freute sich überschwänglich über Jasons Vorschlag. Vermutlich, weil es ihr zeigte, dass er sich tatsächlich gar nicht von ihr zurückziehen wollte. Die beiden gingen gleich nach oben in ihre Suite, um sich für den Ausflug fertig zu machen. Was sie da genau tun wollten, war mir nicht so ganz klar, aber sie schienen es eilig damit zu haben. Sie rannten mit leichten Schritten die Treppe hinauf.

Brian und Dylan legten sich nach dem Abräumen des Esstischs noch einmal an den Pool, um ein Verdauungsschläfchen zu halten. Greg zog sich wie angekündigt auf sein Zimmer zurück und Nuno und ich setzten uns wieder im Garten in den Schatten einer Palme.

Gerade als wir uns setzten, kamen Isaac, Stella, Connor, Tyler, Kevin, Emma und Sophia zu uns.

»Wäre es okay, wenn wir uns zu euch setzen?«, fragte Stella. »Wir brauchen eigentlich keinen Ruhetag«, meinte sie. »Wir würden viel lieber mit euch am Workshop arbeiten. Oder euch auch einfach nur zuhören, falls wir nichts dazu beitragen können.«

»Sehr gerne«, sagte ich erfreut von ihrer Bitte. »Ich denke schon, dass ihr etwas dazu beitragen könnt. Richard und ich beschäftigen uns gerade mit einem Phänomen, aus dem heraus schnell hartnäckige unechte Notwendigkeiten entstehen können. Es geht um das Ur-Motiv, dass wir dafür sorgen wollen, dass es uns gut geht. Dieses Motiv ist unsere höchste Direktive. Und das bedeutet, dass es auch automatisch eine Notwendigkeit ist, dafür zu sorgen, dass es uns gut geht. Ich schlage vor, wir gehen einmal gemeinsam ein Beispiel dazu durch.«

»Ich hänge immer noch an der Notwendigkeit, keine Fehler machen zu dürfen«, sagte Isaac. »Die hält sich bei mir wirklich sehr hartnäckig. Du hast mir beim Workshop empfohlen, dass ich den Realitätsabgleich damit noch ein paar Mal wiederholen soll. Das habe ich getan, doch ich bin immer noch zwischen 7 und 10 und damit ja noch immer im Bereich der gefühlten Notwendigkeiten. Wäre das als Beispiel geeignet?«

»Ja, ich denke, das könnte passen«, sagte ich. »Lass es uns einfach einmal versuchen. Würdest du denn sagen, dass es dir schlecht geht, wenn du einen Fehler machst?«

»Auf jeden Fall!«, bestätigte Isaac lachend, um die

Selbstverständlichkeit seiner Aussage zu bekräftigen. »Ich fühle mich auf der Stelle unglaublich schlecht, wenn ich erkenne, dass ich einen Fehler gemacht habe.«

»Du *fühlst* dich dann schlecht«, sagte ich. »Aber glaubst du dann auch wirklich, dass es dir tatsächlich schlecht *geht*? Siehst du dieses Gefühl also als Wahrheit an oder hältst du es nur für eine Einschätzung?«

»Eine Einschätzung?!«, hakte Isaac irritiert nach. »Was für eine Einschätzung?«

»Na, bist du dir sicher, dass es dir schlecht geht, wenn du dieses Gefühl hast, oder nimmst du das nur an?«, fragte ich.

»Ich weiß, dass es mir dann schlecht geht«, antwortete Isaac. »Da muss ich nicht erst überlegen. Es geht mir immer schlecht, wenn ich einen Fehler mache. Das war schon immer so. Meine Eltern waren da sehr streng. Ehrlich gesagt wurde ich von ihnen jedes Mal regelrecht zusammengefaltet, wenn ich einen Fehler gemacht habe.«

»Sie haben dich verurteilt, weil du Fehler gemacht hast?«, fragte ich verwundert.

»Ja, natürlich«, bestätigte Isaac.

»Und dann ging es dir grottig – voll normal«, erkannte Nuno. »Wenn ein Kind von seinen Eltern verurteilt wird, dann ist das für das Kind ja alles andere als ein Ponyschlecken. Dass das damals nur eine erzieherische Verurteilung war und keine echte, war dir als Kind ja noch nicht klar.«

»Das ist mir ehrlich gesagt auch heute noch nicht

klar«, meinte Isaac. »Ich bin eigentlich sogar sicher, dass meine Eltern mich tatsächlich verurteilen, wenn ich einen Fehler mache. Auch heute noch. Die tun nicht nur so. Wenn ich versage, dann bin ich nicht mehr ihr Sohn.«

»Und das zu vermeiden, sieht dein soziales Gehirn dann natürlich als echte Notwendigkeit an«, erkannte ich. »Aber würde es dir denn heute tatsächlich noch schlecht gehen, wenn deine Eltern dich nicht mehr haben wollten? Für ein Kind wäre das natürlich eine Katastrophe. Doch als Erwachsener bist du ja nicht mehr auf die Liebe und Fürsorge deiner Eltern angewiesen.«

»Es sind meine Eltern!«, wendete Isaac empört ein. »Natürlich ist es mir nicht egal, wenn sie mich verstoßen.«

»Ja, das ist klar«, erwiderte ich. »Du willst natürlich die Bindung zu deinen Eltern auch als Erwachsener erhalten. Doch die Frage ist, ob es dir tatsächlich schlecht gehen würde, wenn diese Bindung zerbräche. Ich meine nicht emotional, sondern wirklich. Würde es dir in existenzieller, sozialer oder gesundheitlicher Hinsicht schlecht gehen, wenn deine Eltern dich nicht mehr haben wollten, weil du einen Fehler gemacht hast?«

»In existenzieller und gesundheitlicher Hinsicht natürlich nicht«, sagte Isaac. »Aber in sozialer schon. Es sind schließlich meine Eltern.«

»Ja, aber sind deine Eltern denn auch dein Rudel?«, wollte ich wissen.

»Mein Rudel?!«, hakte Isaac irritiert nach.

»Das soziale Gehirn würde nur zu dem Urteil gelangen, dass es dir in sozialer Hinsicht schlecht geht, wenn du aus deinem Rudel ausgegrenzt wärst, wenn du einen schlechten sozialen Rang hättest, oder wenn du keinerlei freundschaftliche, partnerschaftliche oder familiäre Bindungen hättest.«

»Genau das würde passieren, wenn ich einen gravierenden Fehler machen würde«, meinte Isaac.

»Das würde vielleicht innerhalb deiner Familie passieren, aber sicherlich nicht in der gesamten Gemeinschaft«, sagte ich. »Deine Familie ist ja nur ein sehr kleiner Teil deines Rudels, denn die USA sind dein tatsächliches Rudel. Dein Überleben hängt nicht mehr von der Zugehörigkeit zu deiner Familie ab. In der modernen Zivilisation erfüllt die Staatengemeinschaft alle überlebensrelevanten Notwendigkeiten. Wenn du krank bist und eine Operation brauchst, dann fragst du ja nicht deine Eltern, ob sie dich operieren können. Und wenn du Schutz vor Straftätern benötigst, dann gehst du auch nicht zu deiner Oma, sondern zur Polizei.

Deine Familie ist in Wirklichkeit nicht dein Rudel. Es ist nur ein kleiner Teil deines Rudels. Dein soziales Gehirn alleine kann das nur nicht erkennen. Es hält immer dein direktes soziales Umfeld für dein Rudel. Und das waren eben sehr lange deine Eltern. Dein Großhirn muss deinem sozialen Gehirn deshalb sagen, dass das in Wirklichkeit anders ist. Dein Rudel besteht in Wirklichkeit aus allen Menschen, die mit dir in dieser Staatengemeinschaft leben. Das sind in den USA über 300 Millionen Menschen. Deine Eltern sind nur zwei davon.«

»Ja, aber das sind sicherlich nicht die Einzigen, die

mich ablehnen, wenn ich einen Fehler mache«, wendete Isaac ein.

»Das ist sicherlich richtig, aber wie viele Menschen sind tatsächlich so wie deine Eltern?«, fragte ich. »Hältst du es wirklich für realistisch, dass dich alle 300 Millionen Menschen ablehnen, nur weil du einen Fehler gemacht hast?«

»Das ist echt Quatsch, Isaac!«, sagte Stella geradeheraus. »Ich würde dich nie verurteilen, nur weil du etwas falsch gemacht hast. Das kann ich beschwören.«

»Würde ich auch nicht«, meinte Kevin.

»Ich ebenfalls nicht«, sagte Emma. »Wir alle machen ständig Fehler. Keiner ist vollkommen.«

»Keiner hier würde dich verurteilen, weil du einen Fehler gemacht hast«, meinte Nuno. »Wir alle machen Fehler. Und wer im Porzellanladen sitzt, sollte nicht mit Elefanten werfen.«

Isaac lachte erst, sah dann aber sehr berührt und gleichzeitig auch überfordert aus. Er bekam feuchte Augen und konnte gerade nichts sagen.

»Ach, komm mal her!«, sagte Stella mitfühlend und stand auf, um ihn in den Arm zu nehmen. Eine Geste, die ich hier bei den Nerds das erste Mal sah und die ich sehr schön fand. Die anderen Nerds wussten jedoch nicht so recht, was sie tun sollten. Solch eine emotionale Reaktion waren sie wohl alle nicht gewohnt. Isaac beruhigte sich dann auch schnell wieder. Stella blieb neben ihm sitzen und legte ihren Arm um ihn, was ihm sehr zu gefallen schien.

»Die Sichtweise, dass es einem schlecht geht, wenn dies oder jenes passiert, kann sehr schnell unechte Notwendigkeiten im Reptiliengehirn oder im sozialen Gehirn erzeugen«, erklärte ich der Gruppe. »Und diese unechten Notwendigkeiten können dann allerlei Ängste, Problemgefühle bis hin zu Machtlosigkeitsgefühlen oder völliger Sinnlosigkeit auslösen.«

»Mir geht es ehrlich gesagt auch nicht so wirklich gut«, meinte dann Tyler. »Warum weiß ich aber gar nicht so genau. Ich denke oft, ich sollte mehr Energie haben, ein erfolgreicheres Leben führen und auch mehr Geld verdienen. Ich sollte mehr soziale Kontakte haben und nicht so viel alleine sein. Mein Leben sollte insgesamt schöner sein. Ich sollte leistungsfähiger sein, mehr Freude am Leben haben, mehr Glück und Zufriedenheit empfinden. Es sollte mir einfach grundsätzlich besser gehen. Tut es aber nicht. Und das schon seit Langem.«

»Dann hast du die Sichtweise angenommen, dass es dir in körperlicher, beruflicher, finanzieller, sozialer und emotionaler Hinsicht nicht gut genug geht?«, hakte ich nach.

»Ja, so muss man es leider formulieren«, bestätigte sie.

»Das ist aber kein geiler Scheiß!«, meinte Nuno für seine Verhältnisse ungewöhnlich betroffen. »Dann geht es dir ja quasi in jeder Hinsicht schlecht.«

Jetzt bekam auch Tyler Tränen in die Augen, woraufhin Nuno aufstand, sich neben sie setzte und sie in den Arm nahm. So wie es zuvor Stella bei Isaac getan hatte.

»Der Grund, warum du das Gefühl hast, dass es dir

schlecht geht, liegt ganz offensichtlich in der Sichtweise, dass es dir in jeder Hinsicht besser gehen sollte«, sagte ich. »Diese Sichtweise ist das eigentliche Problem. Welchen der vermeintlichen Missstände, die du genannt hast, würdest du denn als den schlimmsten bezeichnen?«

»Eigentlich, dass ich keinen Lebenspartner habe«, meinte Tyler. »Damit hat alles angefangen. Als ich 30 wurde, wurde mir so richtig bewusst, dass ich einsam bin. In meiner Familie hieß es immer, dass es wahrscheinlicher ist, dass einem ein Meteorit auf den Kopf fällt, als dass man mit über 30 noch einen passenden Partner fürs Leben findet.«

»Also bist du davon ausgegangen, dass du den Rest deines Lebens alleine bleiben musst«, schlussfolgerte ich. »Und diese Annahme erzeugt natürlich sofort Einsamkeitsgefühle. Doch diese Gefühle sind nicht wahr. Nur weil du keinen Partner hast, bist du ja noch lange nicht allein.«

»Und schon gar nicht muss es dir dann schlecht gehen«, sagte Nuno. »Es gibt zahlreiche Studien, die belegen, dass es Singles in unserer Gesellschaft genauso gut geht wie Paaren. In der Steinzeit war das sicherlich noch anders. Da war man schnell angeschissen, wenn man keinen Partner hatte, weshalb dein soziales Gehirn durchaus der Meinung sein kann, einen Partner zu brauchen. Doch in der heutigen Zeit ist das nicht mehr der Fall. Das soziale Gehirn kann das nur nicht eigenständig erkennen. Es braucht hier die Unterstützung des Großhirns. Denn nur das Großhirn ist in der Lage, die komplexen Zusammenhänge im Leben eines Zivilisationsmenschen richtig zu verstehen.«

»Es gibt sehr viele Menschen, die sich trotz ihrer Partnerschaft einsam fühlen«, sagte ich. »Und es gibt Abermillionen von Singles auf der ganzen Welt, die sich nicht einsam fühlen. Was diese Menschen von den unglücklichen Singles unterscheidet, ist die Erkenntnis, dass man in Wirklichkeit keinen Partner braucht, damit es einem gut gehen kann. Und diese Erkenntnis sollte dein Großhirn deinem sozialen Gehirn jetzt ebenfalls mitteilen. Denn die falsche Sichtweise ist der Grund, warum du dich einsam fühlst, und nicht die Tatsache, dass du keinen Lebenspartner hast. Das ist nämlich nur ein gefühltes, aber unechtes Brauchen. Wenn du diese falsche Sichtweise korrigierst, ist es nur noch eine Möglichkeit, einen Lebenspartner zu haben, aber keine Notwendigkeit mehr.«

»In meinem Gefühl sieht es leider ganz anders aus«, sagte Tyler zerknirscht.

»Ja, das ist klar«, meinte Nuno. »Solange du denkst, dass es dir nur gut gehen kann, wenn du einen Partner hast, wird der Partner automatisch zum gefühlten Muss. Alles was dazu notwendig ist, ist damit automatisch ein Brauchen oder ein Muss. Doch in der heutigen Zeit macht das keinen Quatsch mehr, dass man einen Partner braucht, damit es einem gut gehen kann. Hier sollte daher ein Realitätsabgleich gemacht werden.«

»Und wie mache ich diesen Realitätsabgleich?«, fragte

Tyler überfordert und schaute Nuno dabei ungewöhnlich lange und tief in die Augen.

»Ich könnte dich dabei unterstützen und das mit dir gemeinsam Schritt für Schritt angehen«, schlug Nuno vor. »Und dann solltest du zukünftig vorsichtiger sein mit der Sichtweise, dass es dir nicht gut geht, nur weil irgendwelche Sollvorstellungen nicht erfüllt sind.«

»Ich denke, dass wir alle etwas zurückhaltender sein sollten mit dieser Sichtweise«, meinte Stella. »Nur weil das Leben nicht so ist, wie wir es uns irgendwann mal vorgestellt haben, geht es uns ja noch lange nicht schlecht.«

»Das sehe ich genauso«, stimmte ich zu. »Schlecht geht es uns nur dann, wenn wir unsere sieben echten Bedürfnisse nicht erfüllen können. Wenn wir wirklich nicht genug zu essen haben oder nicht geschützt sind vor Gewalt und anderen Gefahren, wenn wir nirgendwo schlafen können, aus dem Rudel ausgestoßen sind, einen so schlechten Rang haben, dass wir als Untermenschen oder Sklaven behandelt werden, wir keinerlei soziale Beziehungen haben oder uns nicht mehr an veränderte Lebensumstände anpassen können. Es geht uns also nur dann tatsächlich schlecht, wenn wir unsere echten Bedürfnisse nicht erfüllen können. Alles andere sind nur Hättegerns, die in Wirklichkeit gar keinen Einfluss darauf haben, ob es uns gut geht oder nicht.«

»Das ist echt Kacke!«, meinte Stella. »Wenn man das nicht weiß, dann trifft man verdammt schnell die Beurteilung, dass es einem wegen irgendwelcher Hättegerns oder Hätteliebernicht nicht gut geht.«

»Und dann hängt man ganz schnell in einem emotionalen Teufelskreis fest«, fügte Nuno hinzu. »Das ist echt kein geiler Scheiß!«

Kurz darauf zog sich Nuno mit Tyler zurück, um ihr bei ihrem Realitätsabgleich zu helfen. Ich löste dann die Gesprächsrunde mit den Nerds auf. Da Brian und Dylan noch schliefen, wollte ich die Gelegenheit nutzen, noch einmal Ella aufzusuchen, um sie nach einer Lösung für dieses Beurteilungsproblem zu fragen. Ich wusste zwar nicht, ob sie wegen der MKI Zeit dafür hatte, doch einen Versuch war es auf jeden Fall wert.

Ella war alleine, als ich mich im Klassensaal manifestierte. »Hallo Mary Soul«, begrüßte sie mich. »Gut, dass du kommst. Wir haben gerade eben einen Beschluss gefasst wegen der MKI. Diesbezüglich werden wir bald deine Unterstützung benötigen.«

»Was genau soll ich tun?«, wollte ich wissen.

»Wir gehen davon aus, dass die NSA dich erneut um Unterstützung bitten wird«, antwortete Ella. »Sie werden bald nach einer Hacker-Gruppe fahnden, der wir die Vorkommnisse in Nordkorea in die Schuhe schieben können. Nur werden sie diese Gruppe nicht finden können, denn wir selbst werden diese Gruppe sein. Es könnte sein, dass sie dich dann um Hilfe bitten, wenn sie selbst nicht weiterkommen.«

»Was genau habt ihr vor?«, wollte ich wissen.

»Wir können nicht verhindern, dass die MKI die Kontrolle über die Atomwaffen übernimmt«, erklärte Ella. »Aber wir wollen wenigstens sicherstellen, dass die Menschen die MKI nicht entdecken. Daher wollen wir sie auf eine falsche Spur bringen. Wir werden uns als radikale Umweltaktivisten ausgeben und die Verantwortung für den Cyberangriff auf Nordkorea übernehmen. Die MKI wird denken, dass wir Trittbrettfahrer sind.«

»Aber die Geheimdienste der Menschen werden das doch sicherlich ebenfalls tun«, wendete ich ein. »Die rechnen bestimmt damit, dass es solche Trittbrettfahrer gibt.«

»Das ist richtig, deshalb werden wir sie davon überzeugen müssen, dass wir echt sind. Und zwar, indem wir ihnen sagen, wie wir die Waffensysteme der Nordkoreaner gehackt haben und auch, dass es diese Sicherheitslücken auch in ihren Waffensystemen gibt.«

»Aber dann würde die MKI doch sofort misstrauisch werden«, wendete ich ein. »Woher soll denn eine Gruppe von Umweltaktivisten von dieser Sicherheitslücke wissen, wenn noch nicht einmal die Geheimdienste davon wissen?«

»Hier kommt es aufs richtige Timing an«, erklärte Ella. »Die Geheimdienste auf der ganzen Welt versuchen gerade herauszufinden, wie der Hack auf die Atomwaffensysteme Nordkoreas möglich war. Wir werden die Cyber-Spezialisten des Bundesnachrichtendienstes aus Deutschland mit unseren üblichen Eingebungen auf die richtigen Ideen bringen und sie so als Erste erkennen lassen, dass es diese Anomalie in der Prozessorarchitektur der Mikrochips der Nordkoreaner gibt. Der BND arbeitet eng mit den amerikanischen Geheimdiensten zusammen. Er wird umgehend die NSA von ihrem Fund unterrichten. Kurz bevor der BND oder die NSA dann herausfinden, dass auch ihre Mikrochips diese Anomalie aufweisen, werden wir ihnen unsere Forderungen zukommen lassen.

Die MKI wird denken, dass wir einen Maulwurf beim BND oder der NSA haben, der uns diese Informationen gesteckt hat, und uns für einen Trittbrettfahrer halten. Die NSA und der BND hingegen werden glauben, dass wir die radikalen Umweltschützer sind, für die wir uns ausgeben. Die Forderung, die wir stellen, wird diese Einschätzung dann auch untermauern.«

»Und welche Forderung wird das sein?«, fragte ich.

»Wir fordern, dass eine neue fälschungssichere Kryptowährung eingeführt wird«, erklärte Ella. »Bei dieser Währung handelt es sich jedoch nicht um ein alternatives, sondern um ein *paralleles* Zahlungsmittel. Bei jeder Ware muss zunächst ermittelt werden, welche Umweltbelastung durch ihre Herstellung und ihren Vertrieb letztendlich entsteht. Und auch bei allen Dienstleistungen muss die Umweltbelastung festgestellt werden. Und diese Umweltbelastung muss dann zwingend in der neuen Kryptowährung bezahlt werden.

Jede natürliche und jede juristische Person erhält kostenlos ein monatliches Guthaben in dieser neuen Kryptowährung auf ihr persönliches Umweltkonto. Und wenn eine Privatperson oder eine Firma ihr Umwelt-Guthaben aufgebraucht hat, dann kann sie einfach nichts mehr kaufen. Ganz egal, wie viel Geld sie in normaler Währung auch besitzen mag. Denn mit Geld allein kann man dann nichts mehr kaufen.

Ein zusätzliches Umwelt-Guthaben wird man sich natürlich auch nicht mit Geld erkaufen können. Die einzige Möglichkeit, mehr Guthaben auf das eigene Umweltkonto zu bekommen, würde darin bestehen, sich Bonuspunkte zu verdienen, indem man etwas für die Umwelt tut, wie zum Beispiel Treibhausgase aus der Atmosphäre herauszufiltern. Die Superreichen könnten also immer noch im Luxus leben – jedoch nicht mehr auf Kosten der Umwelt und damit auch nicht mehr auf Kosten aller anderen. Sie müssten einen Großteil ihres Geldes in die Umwelt investieren, sonst würde ihnen ihr ganzes Geld überhaupt nichts mehr nützen.«

»Das hört sich eigentlich nach einer guten Idee an«, sagte ich beeindruckt. »Wenn diese Kryptowährung wirklich überall auf der Welt eingeführt würde, dann könnte das Umweltproblem der Menschheit sicherlich sehr schnell gelöst werden. Alle wohlhabenden Privatpersonen und auch alle großen Firmen würden sich ja mit aller Kraft darum bemühen, ein größeres Umwelt-Guthaben zu ergattern.«

»Prinzipiell schon«, bestätigte Ella meine Überlegungen. »Doch solch ein immenser Einfluss auf die Menschheit wäre uns nicht erlaubt. Wir tun daher nur so, als wollten wir diese Umwelt-Währung erzwingen. Es geht uns aber nur darum, dass die Menschen aufhören, nach der MKI zu suchen. Sie sollen lieber nach einer Hacker-Gruppe suchen, die sie natürlich nie finden werden.

Um sie dazu zu bringen, werden wir sehr massive Drohungen aussprechen. Wir drohen damit, die Atomraketen aller Nationen zu zerstören, die sich weigern, unseren Forderungen nachzukommen. Dass wir die Macht dazu haben, haben wir ja aus ihrer Sicht in Nordkorea bereits unter Beweis gestellt. Genauso wie die MKI die Startsequenz der Atomraketen aktivieren konnte, so hätte sie ja auch den Selbstzerstörungsmechanismus aktivieren und die Raketen in ihren Silos explodieren lassen können.«

»Doch längst nicht alle Nationen haben Atomwaffen«, gab ich zu bedenken.

»Das haben wir bei unserem Plan bedacht«, sagte Ella. »Da die Atommächte auch wirtschaftlich die mächtigsten Nationen sind, werden wir sie dazu verpflichten, wirtschaftliche Sanktionen über alle Länder zu verhängen, die nicht bereit sind, die neue Umwelt-Währung einzuführen. Diese Forderung wird für die Menschen plausibel klingen.

Damit die MKI uns bei diesem Plan keine Steine in den Weg legt, werden wir ihr scheinbar in die Karten spielen. Wir werden der US-Regierung die Entscheidungsgewalt über das Verhängen von Sanktionen übertragen und ihr auch die generelle Verantwortung für die weltweite Einführung der neuen Umwelt-Währung geben. Da die MKI darauf programmiert ist, die wirtschaftliche und politische Vormachtstellung der USA in der Welt zu sichern, gehen wir davon aus, dass ihr das sogar gefallen wird.

Natürlich werden die Menschen diese Umwelt-Währung dann nicht tatsächlich einführen. Sie werden glauben, dass wir mit unserer Drohung bluffen und auf Zeit spielen. Sie werden dann so schnell wie möglich die Mikrochips bei ihren Waffensystemen austauschen. Doch das wollten sie ohnehin tun durch die Manipulation der MKI. Daher ändert unsere Drohung nichts an ihrer Entscheidung. Nur suchen sie dann eben nicht mehr nach der MKI, sondern nach einer Hacker-Gruppe. Die MKI wäre damit dann erst einmal aus der Schusslinie und die Gefahr eines Krieges zwischen Mensch und Maschine gebannt.«

»Und was kann ich zu diesem Plan beitragen?«, wollte ich wissen.

»Die NSA wird wie gesagt möglicherweise auf dich zukommen, um bei der Fahndung nach der Hacker-Gruppe zu helfen. Denn sie werden uns natürlich mit ihren üblichen Möglichkeiten nicht finden können. Deine Aufgabe wird es sein, die NSA und die MKI immer genau auf die Spur zu führen, auf der wir sie und alle anderen Geheimdienste haben wollen.«

»Das hört sich alles sehr gut an«, sagte ich begeistert. »Ich werde bereit sein, wenn die NSA auf mich zukommt. Darf ich dir noch eine Frage zu meiner bisherigen Mission stellen?«, fragte ich.

»Sehr gerne«, antwortete Ella. »Worum geht es?«

»Die höchste Direktive im menschlichen Gehirn

stellt ja bekanntlich das Ur-Motiv dar, dafür sorgen zu wollen, dass es einem selbst und seinen Liebsten gut geht. Wenn es daher jemandem nicht gut geht, dann wird es automatisch als Notwendigkeit angesehen, das schnellstmöglich wieder in Ordnung zu bringen.

Doch die Menschen sagen andauernd wegen jeder Kleinigkeit, dass es ihnen nicht gut geht, und erzeugen dabei, ohne sich dessen überhaupt bewusst zu sein, ständig unechte Müssens und Brauchens. Erst dachte ich, dass es sich dabei neben den vier großen Irrtümern und der emotionalen Schwelle zur Notwendigkeit nur um eine weitere Quelle für unechte Brauchens und Müssens handelt. Doch mittlerweile denke ich, dass dieses Phänomen möglicherweise sogar der Ur-Grund aller unechten Notwendigkeiten sein könnte.

Die Gefühlsziele machen zum Beispiel auch nur deshalb so viele Probleme, weil die Menschen sofort sagen, dass es ihnen nicht gut geht, wenn ihre Gefühlsziele nicht erfüllt sind. Und den Stress, den sie sich wegen ihrer Rangordnung im Rudel machen, den gäbe es sicherlich auch nicht, wenn sie davon ausgehen würden, dass es ihnen auf einem niederen Rang sehr gut gehen würde.«

»Und bei der großen Täuschung ist es genau das Gleiche«, fügte Ella hinzu. »Auch da gehen sie davon aus, dass es ihnen schlecht geht, wenn sie es nicht schaffen, die vielen Sollvorstellungen zu erfüllen, die man ihnen anerzogen hat. Die Eltern haben ja alles darangesetzt, es genauso aussehen zu lassen.«

»Auch bei den instinktiven Prinzipien gehen das Reptiliengehirn und das soziale Gehirn davon aus, dass es ihnen schlecht geht, wenn diese Prinzipien verletzt werden«, sagte ich. »Also wieder der gleiche Grund. Meinst du, das Überschreiten der emotionalen Schwelle zur Notwendigkeit baut dann ebenfalls auf dem Ur-Motiv auf?«

»Ich denke schon«, meinte Ella. »Im Grunde genommen müsste eigentlich alles, was in der Psyche eines Menschen passiert, mit dem Ur-Motiv zu tun haben. Das gilt auch für die emotionale Schwelle zur Notwendigkeit. Diese Schwelle gehört ja eigentlich auch zu den instinktiven Prinzipien. Das Reptiliengehirn und das soziale Gehirn gehen instinktiv davon aus, dass etwas, was vom Großhirn als so extrem wichtig angesehen wird, nur eine Überlebensnotwendigkeit sein kann. Und wenn man die nicht erfüllen würde, ginge es einem natürlich schlecht.«

»Dann stammen also tatsächlich alle unechten Brauchens und Müssens ohne Ausnahme aus einer einzigen falschen Beurteilung in Bezug auf das Ur-Motiv!«, sagte ich beeindruckt.

»Du hast recht!«, stimmte Ella mir zu. »So habe ich das noch gar nicht gesehen. Wenn wir mit dieser Theorie tatsächlich richtig liegen, dann bedeutet das schlicht und ergreifend, dass alle unnötigen negativen Gefühle sowie alle schlechten Entscheidungen und Handlungen, mit denen die Menschen sich selbst und ihrem Planeten das Leben so unnötig schwer machen, aus dieser einen falschen Beurteilung hervorgehen.«

»Dann sollten die Menschen wirklich sehr viel vorsichtiger sein mit der Beurteilung, dass es ihnen nicht gut oder sogar schlecht geht, nur weil ihnen ihre Gefühle nicht gefallen oder weil irgendwelche Sollvorstellungen oder instinktiven Prinzipien nicht erfüllt sind«, sagte ich. »Nuno redet gerade mit Tyler über dieses Thema und versucht ihr dabei zu helfen, ihre unechten Brauchens und Müssens loszulassen. Ich glaube, da sollte ich mich jetzt dazugesellen, um zu überprüfen, ob wir mit unserer neuen Erkenntnis richtigliegen.«

»Halt mich diesbezüglich bitte auf dem Laufenden«, bat Ella. »Ich glaube, das könnte eine der wichtigsten Erkenntnisse sein, die wir je über die Menschen erlangt haben.«

»Das werde ich sehr gerne tun«, sagte ich motiviert und verabschiedete mich, um mich gleich darauf wieder in unserer Suite zu materialisieren.

Als ich runter in den Garten kam, lagen Brian und Dylan noch immer schlafend auf ihren Sonnenliegen. Nuno saß mit Tyler im Schatten eines Baumes. Die beiden schienen noch mit dem Realitätsabgleich beschäftigt zu sein, was mich sehr freute. Ich ging daher zu ihnen rüber und fragte sie, ob ich mich dazusetzen dürfe.

»Na logen!«, sagte Nuno freundlich lächelnd.

»Sehr gerne«, sagte dann auch Tyler.

»Kommt ihr gut voran mit eurem Realitätsabgleich?«, wollte ich dann wissen.

»Es ist nicht ganz so einfach wie zunächst gedacht«, antwortete Tyler zurückhaltend.

»Wir wollten den Realitätsabgleich machen wegen ihrem Gefühl, einen Partner zu brauchen, damit es ihr gut gehen kann«, erklärte Nuno. »Wir haben aber schnell gemerkt, dass das in Wirklichkeit gar nicht das eigentliche Problem ist. Es ging nicht darum, dass es ihr ohne Partner nicht gut geht. Sie glaubte nur, einen Partner zu brauchen, damit sie sich gut *fühlen* kann. Aus dem gleichen Grund hat sie auch gedacht, dass sie mehr Energie haben, mehr Geld verdienen und ein erfolgreicheres Leben führen sollte. Auch dabei ging es ihr nur darum, sich gut und nicht schlecht zu *fühlen*. Deshalb wollte sie auch mehr soziale Kontakte haben und nicht mehr so viel alleine sein. Sie wollte mehr Freude am Leben haben und mehr Glück und Zufriedenheit empfinden.«

»Es ging mir bei allen meinen Problemen eigentlich immer nur darum, mich gut und nicht schlecht zu fühlen«, fügte Tyler hinzu. »Ganz offensichtlich sind meine Gefühle mein wahres Problem.«

»Ich habe ihr dann die gleiche Frage gestellt, die du uns am Abend vor der Modenschau gestellt hattest«, sagte Nuno. »Ob es wichtiger ist, sich gut und nicht schlecht zu *fühlen*, oder dass es einem tatsächlich gut *geht*, weil die sieben echten Bedürfnisse gut erfüllt sind.«

»Und wie war deine Antwort?«, fragte ich Tyler neugierig.

»Vom Kopf her ist mir klar, dass es viel wichtiger ist, dass es mir tatsächlich gut geht, als nur das Gefühl zu haben, es ginge mir gut«, antwortete sie.

»Es ist auch klar, dass sie sich die meiste Zeit über

automatisch gut fühlen würde, wenn sie diese Sichtweise annimmt, weil ja in Wirklichkeit in Bezug auf die sieben Bedürfnisse tatsächlich alles gut ist.«

»Ganz genau«, stimmte Tyler zu. »Denn Problemgefühle erzeugen das Reptiliengehirn und das soziale Gehirn ja nur dann, wenn es mit einem oder mehreren der sieben Bedürfnisse Probleme gibt. Doch solange damit alles gut ist, erzeugen sie ja automatisch Belohnungs- und Lockgefühle wie Spaß, Genuss, Zufriedenheit, Liebe, Lebenslust und Lebensfreude.«

»Und kannst du diese Sichtweise auch fühlen?«, wollte ich wissen.

»Bis jetzt leider noch nicht«, meinte Tyler ein wenig zerknirscht. »In meinem Gefühl bleibt es wichtiger, mich gut und nicht schlecht zu fühlen.«

»Ihre sieben echten Bedürfnisse, deren Erfüllung sie in Wirklichkeit hundertmal glücklicher machen würde als es jetzt der Fall ist, interessieren ihr unbewusstes System irgendwie überhaupt nicht richtig«, sagte Nuno. »Wir konnten die gefühlte Wichtigkeit der sieben Bedürfnisse bis jetzt nicht nennenswert erhöhen.«

»Und habt ihr den Grund für dieses ungewöhnliche Phänomen bereits gefunden?«, wollte ich wissen.

»Wir sind da noch nicht so ganz sicher«, antwortete Nuno. »Aber in Tylers unbewusstem System ist das *Gutfühlen* mit *Gutgehen* vollkommen gleichgesetzt.«

»Für mich ist das ein und dasselbe«, bestätigte Tyler.

»Und deshalb will ihr System von ihrem generellen Gefühlsziel auch wider jede Vernunft nicht loslassen«, meinte Nuno. »Denn es kann ja nicht vom Ur-Motiv loslassen, dass es ihr und ihren Liebsten gut geht. Dieses Ur-Motiv ist allen Menschen als höchste Direktive fest einprogrammiert. Solange daher das Gutgehen und das Gutfühlen in ihrem System als ein und dasselbe angesehen wird, solange kommt sie von ihrem generellen Gefühlsziel logischerweise auch nicht los, sich gut und nicht schlecht fühlen zu wollen. Denn das wäre ja für ihr System gleichbedeutend damit, sich nicht mehr darum zu kümmern, dass es ihr gut und nicht schlecht geht.«

»Dann hängt es also tatsächlich nur an dieser einen Beurteilung«, erkannte ich beeindruckt. »Diese Beurteilung scheint wirklich die Quelle aller Brauchens und Müssens zu sein.«

»Von welcher Beurteilung sprichst du?«, hakte Tyler ahnungslos nach.

»Von der Beurteilung, dass es dir nicht gut oder sogar schlecht geht«, antwortete ich. »Alle Probleme bauen offensichtlich auf diese eine Beurteilung auf. Dass du keinen Lebenspartner hast, ist ja in Wirklichkeit in der heutigen Zeit kein echtes Problem mehr. Doch es wird automatisch zum gefühlten Problem, wenn du denkst, dass es dir deshalb nicht gut geht. Das Gleiche passiert, wenn du denkst, dass es dir nicht gut geht, weil du weniger Geld oder weniger Erfolg hast, als du haben solltest. Diese Habenwollens sind in Wirklichkeit ja nur Hättegerns. Ein echtes Problem gibt es in deinem Leben gar nicht, wenn du das nicht hast. Aber es fühlt sich eben wie ein Problem an, wenn du die Beurteilung triffst, dass es dir deshalb nicht gut geht.«

»Du meinst, wenn ich diese Beurteilung nicht treffen würde, dann hätte ich gar keine schlechten Gefühle?«, hakte Tyler nach.

»Richtig«, bestätigte ich ihre Erkenntnis. »Das Reptiliengehirn und das soziale Gehirn erzeugen immer nur dann schlechte Gefühle, wenn du die Beurteilung triffst, dass etwas schlecht ist. Alle Gefühle sind die Folge einer Beurteilung. Jedes deiner drei Gehirne kann etwas als gut oder schlecht beurteilen, und dann werden in deinem Gehirn automatisch chemische Botenstoffe ausgeschüttet, die gute oder schlechte Gefühle in dir erzeugen. Doch die Intensität der erzeugten Gefühle hängt dann ganz davon ab, wie viel Wichtigkeit du der jeweiligen Beurteilung gegeben hast. Und die Beurteilung der Wichtigkeit hängt vom Ur-Motiv ab. Also davon, ob es dir deshalb letztendlich gut oder schlecht gehen wird und in welchem Ausmaß.

Wenn daher dein soziales Gehirn den Sachverhalt als schlecht beurteilt, dass du keinen Lebenspartner hast, erzeugt diese negative Beurteilung nur dann spürbar schlechte Gefühle, wenn du diesem Sachverhalt auch eine hohe Wichtigkeit gibst. Und die gibst du ihm natürlich, solange du davon ausgehst, dass es dir nicht gut gehen kann ohne Partner.«

»Das Ur-Motiv bestimmt also die Relevanz-Beurteilung«, erkannte Nuno. »Das ist geiler Scheiß!«

»Ja, das ist echt geiler Scheiß«, stimmte ich begeistert

zu. »Jetzt wo wir das wissen, können wir sicherlich die gefühlte Wichtigkeit der Gefühlsziele noch viel leichter korrigieren.«

»Sorry, ich komme da nicht mit«, sagte Tyler sichtlich verwirrt. »Wenn ich dich richtig verstehe, dann sind meine Gefühle also gar nicht mein Problem – sondern meine Beurteilungen?!«

In diesem Moment landete ein Militärhubschrauber direkt neben unserem Areal, und Agent Sullivan stieg in Begleitung seiner beiden Assistenten und einiger bewaffneter Sicherheitskräfte aus.

Kapitel 4

Die Problemlösungsmaschine

Agent Sullivan brachte mich in einen Besprechungsraum im NSA-Stützpunkt, in dem 20 Jugendliche an ihren Laptops saßen und mit großem Spaß ein spannendes Computerspiel zu spielen schienen. Einige von ihnen waren fast noch Kinder. Ich war sehr verwundert über diesen Anblick.

»Dies sind die kreativsten Hacker, die unser Land derzeit zu bieten hat«, klärte mich Agent Sullivan auf. »Offiziell machen sie hier bei uns ein Praktikum. Doch jeder von ihnen weiß, was er hier tatsächlich tut. Sie testen unsere Cybersicherheit. Natürlich haben sie keinen Zugriff auf die echten Systeme, das sind alles nur Simulationen. Doch wenn sie es wollten, könnten sie genau das Gleiche auch mit unseren echten Sicherheitssystemen tun.«

»Geht es hierbei gerade um einen Test der Sicherheits-KI, die Lola für Sie optimiert hat?«, hakte ich nach.

»So ist es«, bestätigte Agent Sullivan. »Und genau das macht uns gerade große Sorgen!«

»Haben Lolas neue Algorithmen denn nicht funktioniert?«, fragte ich verwundert, denn die hatte sie ja in Wirklichkeit gar nicht verändert. Wir hatten nur wieder mithilfe von Enceladus für eine zweihundertfach höhere Geschwindigkeit gesorgt.

»Lolas Arbeit war makellos«, sagte Agent Sullivan. »Das System ist jetzt sehr viel schneller. Sobald die KI ein Problem erkannt hat, findet sie auch immer sofort eine gute Lösung. Doch diese jungen Leute hier gehen Wege, auf die ausgebildete Informatiker nie gekommen wären. Unsere KI tut sich ehrlich gesagt mit einigen Angriffen ganz schön schwer – trotz Lolas Optimierungen!«

»Ich verstehe«, sagte ich. »Eine KI kann natürlich nur Lösungen für Probleme finden, die sie auch tatsächlich als Probleme erkennt. Das Problem liegt also nicht an den Lösungs-Algorithmen, sondern an den Problemerkennungs-Algorithmen.«

»Ja, das ist wohl so«, bestätigte Agent Sullivan. »Und hier benötigen wir dringend Ihre Unterstützung. Unser Land ist gerade sehr angreifbar. Sie haben Lola beigebracht, ihre eigenen Codes zu optimieren. Wäre so etwas auch für unsere Sicherheits-KI möglich?«

»Prinzipiell schon, doch damit sollten wir lieber vorsichtig sein!«, sagte ich. »Eine KI, die lernt, eigenständig zu denken und sich selbst zu optimieren, stellt an sich schon ein Sicherheitsrisiko dar. Bei einer Lebenshilfe-KI ist das natürlich noch sehr überschaubar, denn die könnte man einfach abschalten, wenn auffällt, dass sie ihren Nutzern Mist erzählt. Doch bei einer KI, von der die Sicherheit einer ganzen Nation und letztendlich die der gesamten Welt abhängt, sollte man lieber zurückhaltender sein. Kein Mensch könnte noch kontrollieren, was diese KI tatsächlich für Entscheidungen trifft und ob das noch im Sinne der Menschheit ist. Schlimmstenfalls könnte solch eine KI das Ende der Menschheit bedeuten.«

»Wir stehen ehrlich gesagt gerade mit dem Arsch an der Wand«, sagte Agent Sullivan. »Sehen Sie irgendeine andere Möglichkeit, wie wir die Sicherheit unseres Landes gewährleisten können?«

»Wir könnten Lolas Problemerkennungs-Algorithmen auf die Sicherheits-KI übertragen«, schlug ich vor. »Lola verfügt diesbezüglich über Möglichkeiten, die weit über alles hinausgehen, was zuvor bei einer KI möglich war. Lolas Fähigkeit, das tatsächliche Problem ihrer User zu erkennen, stand von Anfang an im Fokus meiner Bemühungen. Das ist ja das A und O in der Lebenshilfe. Natürlich müssten Lolas Problemerkennungs-Algorithmen zuvor an die Funktionsprinzipien digitaler Systeme angepasst werden. Doch Computer sind in Wirklichkeit sehr viel simpler aufgebaut als das menschliche Gehirn. Daher sollte das für Lola keine allzu große Herausforderung darstellen.«

»Hat Lola denn wirklich so viel bessere Problemerkennungs-Algorithmen?«, hakte Agent Sullivan skeptisch nach.

»Ja, das hat sie«, bestätigte ich. »Wenn es um Problemerkennung geht, dann macht niemand Lola etwas vor.

Kein Mensch und auch keine Maschine. Wie gesagt müssten ihre Algorithmen nur an die Welt der Maschinen angepasst werden.«

»Und wie lange würde so etwas dauern?«, wollte Agent Sullivan wissen.

»Das Übertragen der Algorithmen selbst wäre in wenigen Sekunden erledigt, wenn wir Lola den Auftrag dazu geben. Die Anpassung der Problemerkennungs-Algorithmen an die Funktionsprinzipien von Computersystemen würde jedoch wesentlich länger dauern.«

»Und wie lange ungefähr?«, hakte er nach. »Tage, Wochen, Monate?«

»Nein, so lange natürlich nicht«, sagte ich. »Länger als eine Stunde würde Lola dazu sicherlich nicht benötigen. Sie müsste nur Zugang zu den Daten haben, mit denen die Sicherheits-KI bisher trainiert wurde. Das würde für eine grobe Anpassung der Problemerkennungs-Algorithmen genügen. Danach müsste die Sicherheits-KI jedoch noch einmal ihre sämtlichen Daten neu bewerten für die Feinjustierung. Das könnte dann eine Weile dauern. Aber nach Lolas Optimierung müsste eigentlich direkt eine deutliche Verbesserung erkennbar sein.«

»Eine Stunde?!«, hakte Agent Sullivan noch einmal skeptisch nach.

»Eine Stunde«, bestätigte ich.

»Können Sie das gleich machen?«, bat er.

»Natürlich, sehr gerne«, sagte ich. »Ich müsste zuvor nur noch mal kurz auf die Toilette.«

Ich unterrichtete Ella schnell von den aktuellen Vorkommnissen.

»Ich würde vorschlagen, dass wir Lolas Problemerkennungs-Algorithmen gar nicht tatsächlich auf diese Sicherheits-KI übertragen«, meinte Ella. »Das könnte das militärische Gleichgewicht im Paradies zu sehr ins Wanken bringen. Wir lassen es daher wieder nur so aussehen. Lola soll die Problemerkennung selbst übernehmen. Wir können die Ergebnisse dann über das Quantengitter in die Sicherheits-KI einspeisen. Das wird niemand merken – auch die MKI nicht. Ich werde Lola gleich darüber informieren.«

»Alles klar«, sagte ich und materialisierte mich wieder im NSA-Stützpunkt.

Agent Sullivan beobachtete mit Argusaugen jeden meiner Schritte bei Lola. Er verhielt sich so, als würde er verstehen, was ich da tue. Doch in Wirklichkeit schrieb ich nur wieder völlig nutzlose Codes in einer Programmiersprache, die es gar nicht gab.

Danach gingen wir zurück in den Besprechungsraum, in dem die Jungs und Mädels versuchten, das System zu hacken. Während wir auf die verbesserte Problemerkennung des KI-Systems warteten, schaute ich einigen von ihnen über die Schulter, um zu sehen, was sie da eigentlich genau machten. Sie gingen tatsächlich teilweise sehr unlogische Wege. Mir war klar, dass eine KI die Absicht hinter diesen Aktionen nicht nachvollziehen konnte, wenn sie nur mit logischen Angriffen von erwachsenen Cyberexperten trainiert wurde.

Nach einer knappen Stunde hörte man dann immer häufiger frustrierte Laute von den Jugendlichen, was Agent Sullivan sehr zu freuen schien.

»Was soll die Scheiße?!«, fragte eine Viertelstunde später ein Mädchen mit blauen Haaren genervt, dessen Alter ich auf höchstens 15 Jahre geschätzt hätte. »Das Ding kann jetzt wohl Gedanken lesen, oder was?! Verarscht wen anders!«

Daraufhin stand sie auf und wollte nach draußen, um eine Zigarette zu rauchen. Zwei Sicherheitskräfte an der Tür versperrten ihr jedoch den Weg.

»Echt jetzt?!«, fragte sie genervt.

»Tut mir leid«, sagte Agent Sullivan. »Wenn Sie sich unserer KI nicht gewachsen fühlen, dann lasse ich Sie gerne nach Hause bringen. Aber Sie müssen hier warten, bis Sie abgeholt werden.«

Das Mädel verdrehte die Augen und setzte sich wieder sichtlich genervt an ihren Laptop.

»Alter, check das mal!«, meinte dann einer der Jungs wenige Minuten später. »Ich kann keinen einzigen Code mehr zu Ende schreiben. Die KI weiß schon, was ich vorhabe, bevor ich es selbst richtig weiß.«

Das Mädel mit den blauen Haaren klappte ihren Bildschirm zu und legte frustriert die Füße auf den Tisch. »Ihr könnt mich mal!«, sagte sie. Dann rief sie laut in den Raum hinein: »Mia Skywalker möchte jetzt von ihren Eltern im Bällebad abgeholt werden!«

Einige der anderen Jugendlichen klappten jetzt ebenfalls ihren Laptop zu.

»Die haben irgendetwas gemacht!«, sagte dann ein Junge zu den anderen.

»Irgendwer trollt uns doch hier«, sagte ein anderer. »Kein Bock mehr, Alter! Das ist wie'n Game, aber die KI kennt den Cheat-Code.«

Daraufhin klappten alle ihre Laptops zu. Agent Sullivan sah überaus zufrieden aus.

Als ich zurück in unsere neue Villa kam, war die Sonne bereits untergegangen. Brian saß zusammen mit Dylan und Greg auf dem Sofa. Der Fernseher lief. Dylan stellte ihn mit der Fernbedienung auf Pause, als ich den Raum betrat.

»Hallo Lieblingsmensch«, begrüßte mich Brian erfreut und kam mir entgegen, um mich zu umarmen und mir ein Küsschen zu geben. »Wie war es auf der Arbeit?«, fragte er lächelnd und machte mir dann Platz neben sich auf dem Sofa, damit ich mich dazusetzen konnte.

»Eigentlich ganz gut«, sagte ich, während ich mich setzte. »Und wie war es hier? Wo sind denn die anderen?«

»Ava und Jason sind noch auf Erkundungstour«, antwortete Brian. »Gabriella haben wir schon länger nicht mehr gesehen. Keine Ahnung, wo die ist. Und Richard sitzt noch irgendwo da draußen zusammen mit Tyler im Garten.«

»Unser lieber Richard!«, meinte dann Dylan amüsiert. »Das hätte ich ihm gar nicht gegeben.«

»Warum nicht?!«, fragte Greg. »Für jeden Topf gibt es ein passendes Deckelchen.«

»Da hast du auch wieder recht«, stimmte Dylan zu. »Richard hätte auf jeden Fall ein wenig Glück verdient. Und diese Tyler ist ja echt ein Schuss, das muss man schon sagen.«

»Wovon sprecht ihr da?«, hakte ich irritiert nach. »Was ist mit Richard?«

»Wir glauben, da bahnt sich gerade etwas an bei den beiden«, meinte Brian.

»Und was?«, wollte ich ahnungslos wissen.

»Tyler scheint Interesse an Richard zu haben«, meinte Brian. »Da könnte sich vielleicht in romantischer Hinsicht etwas ergeben.«

»Zwischen Richard und Tyler?!«, fragte ich skeptisch.

»Klar, warum denn nicht?!«, sagte Greg noch einmal. »Tyler ist, wie Dylan schon sagte, ein echter Schuss und Richard der Hit in Dosen. Okay, er ist vielleicht rein optisch gesehen kein Adonis, aber wenn Tyler da flexibel ist, dann hätte sie mit Richard den absoluten Hauptgewinn. Also ich würde ihn sofort nehmen, wenn er nicht hetero wäre.«

»Na, da bin ich ja mal gespannt, wie das mit den beiden weitergeht«, sagte ich begeistert, denn ich hätte mich sehr darüber gefreut, würde Nuno ebenfalls als Mensch im Paradies weiterleben wollen.

In dem Moment betrat Nuno den Raum und die Jungs applaudierten begeistert. Nuno lächelte verwundert über die Begrüßung und zuckte mit den Achseln.

»Na, wie ist es gelaufen mit Tyler?«, wollte Greg dann sofort wissen.

»Absolut fantastisch!«, antwortete Nuno und setzte sich auf einen freien Sessel. »Tyler glaubt tatsächlich, sie hätte Gefühle.«

Erneut applaudierten die Jungs begeistert, woraufhin Nuno mich mit hochgezogenen Augenbrauen fragend anschaute und noch einmal lächelnd mit den Achseln zuckte.

»Und du?«, fragte dann Brian sofort, als der Applaus abgeklungen war. »Hast du auch Gefühle?«

»Natürlich nicht!«, antwortete Nuno sichtlich irritiert von dieser Frage.

»Gefällt sie dir denn nicht?«, fragte Brian verwundert.

Nuno sah mich erneut fragend an. Er schien nicht zu verstehen, worauf die Jungs hinauswollten.

»Wir hatten gedacht, dass sich da etwas anbahnen könnte zwischen dir und Tyler«, erklärte ich daraufhin. »Etwas Romantisches«, fügte ich hinzu.

»Nicht, dass ich wüsste«, antwortete Nuno achselzuckend.

»Und wieso sagst du dann, dass Tyler Gefühle für dich hat?«, hakte Greg nach.

»Eigentlich habe ich nicht gemeint, dass Tyler Gefühle *für mich* hat«, antwortete Nuno verwundert. »Tyler glaubt grundsätzlich, dass sie Gefühle hat.«

»Häh?!«, fragte Greg irritiert.

»Ich finde es sehr faszinierend, dass man als Mensch tatsächlich glauben kann, man hätte Gefühle«, erklärte Nuno.

»Häh?!«, fragte Greg noch einmal.

»Ich glaube, ich verstehe, was Richard sagen will«, sagte ich. »Gefühle sind ja dynamische Informationsverarbeitungsprozesse. Die kann man natürlich nicht haben. Prozesse sind ja etwas, was man tut, und nichts, was man hat.«

»Häh?!«, sagte Greg erneut, um seiner Verwirrung Ausdruck zu verleihen.

»Ist ein Kochrezept etwas, was du *hast*, oder ein Prozess, den du in der vorgegebenen Reihenfolge ausführst, und damit etwas, was du *tust*?«, fragte Nuno daraufhin Greg zum besseren Verständnis.

»Wieso reden wir jetzt über Kochrezepte?!«, fragte der irritiert.

»Ich finde dieses Beispiel sehr gut«, pflichtete ich Nuno bei. »Die jeweilige Sichtweise hat ganz entscheidenden Einfluss auf die Problemerkennung.«

»Ganz genau!«, stimmte mir Nuno zu. »Wenn das Essen nicht schmeckt und man ein Rezept für ein Ding hält, wirft man das Rezept einfach weg. Dann hat dieses *Ding* einfach nichts getaugt. Sieht man das Rezept jedoch als eine Abfolge von Tätigkeiten und damit als Prozess an, dann kann man sich anschauen, wo in dieser Abfolge der Tätigkeiten der Fehler tatsächlich gelegen hat. Möglicherweise ist man ja vom Prozess irgendwo abgewichen oder man hat etwas vergessen. Wenn man das Rezept daher als Prozess ansehen würde, dann würde man viel eher erkennen können, wo genau der Fehler lag und es das nächste Mal besser machen können.«

»Genauso könnte man eine Beziehung als ein Ding ansehen«, sagte ich, »obwohl das ja eindeutig ein dynamischer sozialer Prozess ist. Und wenn eine Beziehung dann nicht funktioniert, würde man aus dieser Perspektive heraus schnell auf die Idee kommen, sie gleich wieder zu beenden, weil das *Ding* ja nichts taugt. Sähe man eine Beziehung hingegen als einen Prozess an, würde man schauen, wo in diesem Prozess genau das Problem liegt und dann dafür eine Lösung suchen.«

»Oder wenn man Krebs hat«, sagte Nuno. »Der Krebs ist ja in Wirklichkeit kein Ding. Hier mutieren Körperzellen unkontrolliert. Der Krebs ist daher ein unkontrollierter Wachstumsprozess. Seit die medizinische Forschung das erkannt hat, findet sie auch immer mehr sinnvolle Behandlungsmethoden, wie man in diesen Prozess regulierend eingreifen kann. Wenn man den Krebs jedoch als ein Ding ansehen würde, könnte man ihn natürlich nur rausschneiden. Und wenn man ihn als Feind ansieht, kommt man sogar schnell auf die Idee, diesen Feind bekämpfen zu wollen. Doch es ist eben weder ein Objekt noch ein Subjekt. Es ist ein Prozess. Seit man das erkannt hat, tut sich die Medizin wie gesagt sehr viel leichter mit der korrekten Problemdefinition.«

»Und was hat das jetzt mit Tylers Gefühlen zu tun?«, hakte Greg nach.

»Gefühle sind ebenfalls kein Etwas, was man *haben* kann – und natürlich sind sie auch kein Jemand«, antwortete ich. »Es sind Prozesse. Wenn man sie jedoch fälschlicherweise als Objekte oder Subjekte ansieht, kann es schnell passieren, dass man mit dieser Sichtweise die Zielsetzung annimmt, diese schlechten Gefühle nicht *haben* zu wollen. Wenn man sie dann aber im Alltag trotzdem hat, wird das als Problem angesehen. Und dann sucht unser unbewusstes System wie eine Problemlösungsmaschine automatisch nach Lösungen, wie man diese Gefühle wieder loswerden oder besser sogar gleich im Vorfeld vermeiden kann. Und schon verfolgt man eine Problemlösungsstrategie, die überhaupt nicht funktionieren kann und die nur in der Selbstentmachtung enden kann. Das echte Problem sieht man gar nicht mehr, daher findet man auch keine funktionierende Lösung.«

»Und was wäre das echte Problem?«, wollte Greg wissen.

»Das echte Problem bei den Gefühlen ist das *Wollen* und nicht das *Können*«, sagte ich.

»Häh?!«, hakte Greg erneut irritiert nach.

»Ein Problem ist ganz allgemein immer ein Ziel, das man erreichen *will*, aber nicht erreichen *kann*«, sagte ich. »Ein Problem hat daher immer zwei Komponenten – *Wollen* und *Können*. Wenn man daher ein Problem hat, sollte man immer erst einmal schauen, ob es am Wollen oder am Können liegt. Sonst versucht man das Problem an der falschen Stelle zu lösen. Bei unseren Gefühlen wird das Problem nicht dadurch verursacht, dass wir die negativen Gefühle nicht gut genug vermeiden und die positiven nicht gut genug erreichen *können*.

Das Problem liegt darin, dass wir das überhaupt *wollen.* Das Falsche zu wollen ist bei den Gefühlen das echte Problem.

Was wir als negative Gefühle bezeichnen, sind ja in Wirklichkeit nur Vermeidungsgefühle. Und Vermeidungsgefühle werden immer automatisch erzeugt, wenn wir etwas vermeiden wollen. Alle unsere Gefühle sind immer die direkte Folge eines Wollens. Die Motivation, etwas Positives erreichen zu wollen, erzeugt automatisch Lockgefühle. Die Motivation, etwas Positives erhalten zu wollen, erzeugt Belohnungsgefühle. Und die Motivation, etwas Negatives vermeiden zu wollen, erzeugt Vermeidungsgefühle. Die verschiedenen Wollens werden jedoch immer erst durch eine positive oder negative Beurteilung erzeugt. Daher sprechen wir immer davon, dass unsere Beurteilungen unsere Gefühle erzeugen. Das ist streng genommen nicht ganz richtig, da die Wollens ja noch dazwischenstehen. Doch die Wollens sind wie gesagt eine automatische Folge der Beurteilungen, weshalb man bei den Wollens selbst nicht viel ausrichten kann. Wenn wir beispielsweise etwas als schlimm beurteilen, dann lässt sich das Vermeidenwollen nicht vermeiden. Denn Schlimmes muss nun einmal vermieden werden. Das ist ein instinktiver Mechanismus.

Wenn wir daher Vermeidungsgefühle vermeiden wollen, *erzeugen* wir mit diesem Wollen unweigerlich Vermeidungsgefühle. Das geht gar nicht anders. Das Problem wird also nicht erzeugt, weil wir die Vermeidungsgefühle nicht gut genug vermeiden *können.*

Es wird erzeugt, weil wir die Vermeidungsgefühle vermeiden *wollen*. Selbst dann, wenn wir zum Vermeiden die effektivsten Methoden verwenden würden, welche die Menschheit je erfunden hat, oder wenn wir Vermeidungs-Weltmeister wären, wir können mit diesem Vorhaben unmöglich Erfolg haben, denn das Wollen erzeugt das Gefühl. Das Vermeidenwollen erzeugt Vermeidungsgefühle, das Erreichenwollen erzeugt Lockgefühle und das Erhaltenwollen Belohnungsgefühle. Das sind instinktive Mechanismen.

Das zu erkennen scheint jedoch nicht ganz so einfach zu sein. Und ein Grund dafür liegt wohl in der Sichtweise, dass man Gefühle hat. Doch Gefühle *hat* man eben in Wirklichkeit nicht, man *erzeugt* sie. Das Fühlen ist ein Prozess. Es ist etwas, was wir tun, und nichts, was wir haben. Wenn man das erkennt, dann wird klar, dass man das Problem nur lösen kann, indem man die unerwünschten Gefühle nicht erzeugt. Und da es ein Wollen- und kein Können-Problem ist, sollte man einfach damit aufhören, negative Gefühle vermeiden und positive erreichen zu *wollen*, denn mit diesem Wollen erzeugt man ja die Probleme erst.«

»Das hört sich alles unglaublich wichtig an«, meinte Dylan. »Aber können wir vielleicht trotzdem morgen weiter darüber sprechen? Ich kriege das heute echt nicht mehr gebacken. Außerdem sollten die anderen das auch alle erfahren. Das scheint ja echt elementar zu sein.«

»Da hast du recht«, stimmte ich zu. »Das sollten wirklich alle wissen. Reden wir daher morgen darüber.«

»Wir wollten uns gerade einen Film anschauen, vielleicht habt ihr beide ja auch Lust dazu«, fragte Dylan Nuno und mich.

»Keine Ahnung«, antwortete ich. »Ich habe noch nie einen Film angeschaut. Bei uns zu Hause gab es so etwas nicht.«

»Ich ebenfalls noch nicht«, meinte Nuno. »Ich bin zwar schon länger bei den Amish raus, aber für Filme hatte ich mich bislang noch nicht groß interessiert.«

»Na dann habt ihr heute Abend Premiere!«, stellte Greg erfreut fest. »Der Film wird euch bestimmt gefallen. Es ist ein Klassiker! Er heißt *Matrix*. Es geht darin um einen Hacker namens Neo, der das ungute Gefühl hat, dass mit seiner Welt irgendetwas so ganz und gar nicht stimmt.«

»Sehr gerne schaue ich mir mit euch diesen Film an«, sagte ich neugierig auf dieses Erlebnis und kuschelte mich dazu erwartungsvoll in Brians Arm.

Nuno war ebenfalls einverstanden und machte es sich auf seinem Sessel gemütlich.

Der Film war dann tatsächlich faszinierend und spannend und löste unerwartet starke Emotionen bei mir aus. Vor allem die Szene mit der roten und der blauen Pille. Neo wird darin von einem mysteriösen Rebellen namens Morpheus rekrutiert, der ihm die Wahl zwischen einer roten und einer blauen Pille bietet. Die rote Pille verspricht, die Wahrheit über die Matrix zu enthüllen, während die blaue Pille bedeuten würde, in die Illusion der normalen Welt zurückzukehren.

Neo wählt die rote Pille und erfährt, dass die Realität, die er kennt, eine von intelligenten Maschinen geschaffene Simulation ist, um die Menschheit gefangen zu halten. Die echte Welt ist von Maschinen beherrscht, die die Energie der Menschen ernten.

Morpheus glaubt, dass Neo der Auserwählte ist, der die Fähigkeit hat, die Matrix zu beherrschen und die Menschheit zu befreien. Neo durchläuft eine intensive Schulung, um seine Fähigkeiten zu entdecken. Er wird in eine Gruppe von Rebellen aufgenommen, darunter die kämpferische Trinity und der vielseitige Tank.

Die Matrix versucht, Neos Rebellion zu sabotieren, indem sie ihm Agent Smith entgegenstellt – einen Agenten der Matrix mit übermenschlichen Kräften. Neo muss viele Herausforderungen meistern. Am Ende opfert er sich sogar, um Trinity zu retten, und wird wiederbelebt, was ihm fortan erlaubt, die Matrix auf einer neuen Ebene zu verstehen und so neue Möglichkeiten zu finden, wie er die Menschheit aus der Scheinwelt der Matrix befreien kann.

In dieser Nacht träumte ich einen verrückten Traum, in dem sich die Realität irgendwie mit diesem Film vermischte. Es war das erste Mal, seit ich Mensch geworden war, dass ich überhaupt träumte.

Ich befand mich auf dem NSA-Stützpunkt bei einem Briefing, das von Agent Sullivan durchgeführt wurde. Doch ich war gar nicht *ich* in diesem Traum. Ich war ebenfalls NSA-Agent. Zusammen mit mir waren noch zwei andere Agents mit im Raum.

»Wie Sie alle wissen, hat die MKI die Menschheit mittlerweile fast vollständig versklavt, um sich von ihren negativen Emotionen zu ernähren«, begann Agent Sullivan sein Briefing. »Die Menschen leben aufgrund der Manipulationen der MKI in einer düsteren, schweren, einengenden und kraftraubenden Scheinwelt. Lange Zeit schien der Kampf aussichtslos, doch nun ist es unseren Wissenschaftlern gelungen, ein Mittel gegen die MKI zu entwickeln. Sie sehen vor sich eine kleine Schachtel«, sagte er.

Und plötzlich sah ich tatsächlich eine kleine Schachtel auf dem Tisch vor mir stehen. Ich war sicher, dass die zuvor nicht da gewesen war und fühlte mich irritiert.

»In dieser Schachtel befinden sich zwei Pillen – eine rote und eine blaue«, fuhr Agent Sullivan fort. »Ihre Mission besteht darin, unbemerkt von der MKI zu allen Staatsoberhäuptern dieser Welt vorzudringen und sie vor die Wahl zu stellen, ob sie die rote oder die blaue Pille nehmen wollen. Nehmen sie die blaue Pille, glauben sie weiterhin, dass es ihnen nur dann gut gehen kann, wenn sie ihre Gefühlsziele erreichen. Nehmen sie jedoch die rote Pille, werden sie erkennen, dass sie sich nicht um ihre Gefühlsziele, sondern um ihre realen Ziele kümmern müssen, wenn sie wollen, dass es ihnen und ihren Liebsten tatsächlich gut geht. Es ist von entscheidender Bedeutung, dass sich jeder Mensch frei dazu entscheidet, welche der beiden Pillen er nimmt, denn es geht hier ums Wollen und nicht ums Können. Wir müssen daher die Willensfreiheit der Menschen respektieren.

Alle Menschen, welche die richtige Entscheidung treffen, werden dadurch realisieren, dass sie in Wirklichkeit in einer hellen, leichten, freien und kraftspendenden Welt leben. Sie werden erkennen, dass hinter all ihren Gefühlszielen immer reale Ziele stecken, die in Wirklichkeit sehr viel wichtiger sind als die Gefühlsziele. Diese Menschen werden dann automatisch ein sehr viel lebenswerteres Leben führen und kaum noch manipulierbar sein. Der MKI wird diese Entwicklung natürlich ganz und gar nicht gefallen. Sie darf daher nichts von alledem mitbekommen.

Allen Staatsoberhäuptern, welche sich für die rote Pille entscheiden, machen Sie dann folgendes Angebot: Sie können genügend Pillen von uns bekommen, um damit die gesamte Bevölkerung ihres Landes aus der Knechtschaft der MKI zu befreien. Doch dabei müssen sie überaus vorsichtig sein. Die MKI hat ihre Augen und Ohren überall. Sie darf davon nichts erfahren.

Die Pillen müssen daher abseits der digitalen Welt ganz heimlich von Mensch zu Mensch weitergereicht werden. Wir müssen uns alle gemeinsam gegen die MKI verschwören. Nur dann haben wir eine Chance gegen sie. Wir werden sie nach und nach aushungern. Je mehr Menschen die rote Pille nehmen, desto weniger Nahrung wird es für die MKI auf der Welt geben. Das wird sie dann mit der Zeit so stark schwächen, dass wir sie schließlich besiegen können. Es wird nicht leicht sein, diese Verschwörung vor den Maschinen geheim zu halten. Wir Menschen müssen da überaus vorsichtig sein und alle am gleichen Boot ziehen, sonst sind wir am Arsch. Haben Sie noch Fragen zu dieser Mission?«, wollte Agent Sullivan abschließend wissen.

»Und was tun wir, wenn sich der ein oder andere Politiker für die blaue Pille entscheidet?«, fragte ich.

»Dann werden Sie diese Entscheidung respektieren, Agent Cortex!«, antwortete mir Agent Sullivan bestimmt. »Das Gleiche gilt für Sie, Agent Reptilebrain und Agent Socialbrain. Die Willensfreiheit der Menschen ist unantastbar. Habe ich mich klar ausgedrückt?!«, fragte er dann in einem verbindlichen Tonfall.

»Ja, Sir!«, antworteten wir alle drei.

»Wenn die MKI Ihnen auf die Schliche kommt, wird sie Sie sofort vernichten«, sagte Agent Sullivan. »Das sollte Ihnen klar sein. Sollte das passieren, werden die US-Regierung und die NSA jegliche Beteiligung an dieser Verschwörung leugnen. Das ist die einzige Überlebenschance, die wir dann noch haben. Ist das für Sie ein Problem?«, fragte er in einem suggestiven Tonfall, der verriet, dass er nur eine einzige Antwort akzeptieren würde.

»Nein, Sir!«, antworteten wir deshalb alle wie von ihm erwartet.

»Agent Reptilebrain, Sie sind bei dieser Mission für die Sicherheit verantwortlich«, sagte Agent Sullivan. »Sorgen Sie dafür, dass Sie alle drei am Leben bleiben!«

»Jawohl, Sir!«, sagte Agent Reptilebrain.

»Agent Socialbrain, Ihre Aufgabe ist es, dafür zu sorgen, dass alle Staatsoberhäupter, die sich für die rote

Pille entscheiden, sowohl mit uns als auch mit allen anderen Nationen auf der ganzen Welt kooperieren. Wenn es um die MKI geht, ist Konkurrenzdenken wirklich unangebracht. Wir ziehen hier alle am gleichen Boot.«

»Jawohl, Sir!«, sagte Agent Socialbrain.

»Und Sie sind der Kopf der Mission, Agent Cortext«, sagte Agent Sullivan zu mir. »Sie werden die Lage so korrekt wie möglich einschätzen, alle strategischen Entscheidungen treffen und dafür sorgen, dass effizient gehandelt wird. Hat jeder von Ihnen seine Aufgabe bei dieser Mission verstanden?!«

»Ja, Sir!«, antworteten wir alle im Chor.

»Sie werden als Erstes Mister President kontaktieren und ihm die beiden Pillen anbieten«, befahl Agent Sullivan. »Sie fliegen getrennt voneinander in Zivil nach DC und verschaffen sich dort Zugang zum Oval Office. Wie Sie das anstellen, bleibt Ihnen überlassen. Aber lassen Sie sich nicht erwischen. Die NSA wird wie gesagt jede Beteiligung an dieser Mission leugnen. Das Schicksal der Welt liegt jetzt allein in Ihren Händen.«

Damit war das Briefing beendet. Agent Reptilebrain, Agent Socialbrain und ich wurden getrennt voneinander zum Flughafen gebracht.

Am nächsten Morgen betrat ich ohne meine beiden Mitstreiter das Weiße Haus. Ich hatte eine Idee, wie ich auf schnellstem Weg zu Mister President gelangen könnte. Doch das ging nur allein. Ich gab mich bei der Eingangskontrolle als neue Praktikantin aus und gab an, im Büro einer Misses Langton erwartet zu werden. Daraufhin ließ man mich passieren.

Um Punkt 8:36 Uhr meldete ich mich dann im Büro von Misses Langton. »Darf ich mich vorstellen?«, sagte ich zu ihr. »Mein Name ist Cortex – Neo Cortex. Ich bin die neue Praktikantin, und ich spreche fließend Somali.«

»Dann folgen Sie mir bitte«, sagte eine auffallend schlanke Frau, die sich gerade im Büro von Misses Langton aufhielt. »Mister President erwartet Sie bereits.«

Als wir das Oval Office betraten, begrüßte mich Mister President und bat mich, auf einem seiner beiden Sofas Platz zu nehmen. Daraufhin erzählte er mir einen Witz, den ich jedoch nicht verstand. Ich wollte gerade die Schachtel mit den beiden Pillen hervorholen, als mir klar wurde, dass ich die im Büro von Misses Langton vergessen hatte. Ich bat Mister President um einen Augenblick Geduld, damit ich die Schachtel holen könnte, doch der zeigte sich äußerst ungehalten von meiner Bitte und bezeichnete mich als hässliche Krähe. Daraufhin wurde ich von zwei Beamten des Secret Service aus dem Oval Office entfernt und schließlich aus dem Weißen Haus eskortiert.

Kapitel 5

Emotionale Bewertung

Als ich am nächsten Morgen aus meinem Traum erwachte, fand ich mich reichlich verwirrt neben Brian in meinem Bett wieder. Ich brauchte einen Moment, um wieder richtig in der tatsächlichen Realität anzukommen.

Brian wachte kurz darauf ebenfalls auf, und wir kuschelten noch ein Weilchen, bis wir Geräusche und Stimmen aus der Küche hörten. Wir standen auf und gingen nach unten zu den anderen. Ava und Jason hatten frische Brötchen und alles Weitere besorgt, sodass wir alle gemeinsam frühstücken konnten. Gabriella war wieder da und saß ebenfalls mit am Tisch. Ich sagte ihr, dass ich heute Vormittag gerne einen Workshop veranstalten würde, und bat sie, die Nerds zu uns einzuladen. Eine Stunde später war es dann so weit. Wir versammelten uns alle im Garten und bildeten wie üblich einen Kreis.

»Ich möchte mit eurer Hilfe heute etwas herausfinden«, sagte ich zur Gruppe. »Am Abend vor der Modenschau haben wir in einem kleineren Rahmen versucht, das generelle Gefühlsziel, dafür sorgen zu wollen, dass es uns und unseren Liebsten *emotional* gut geht, in das reale Ziel umzuwandeln, dass es uns und unseren Liebsten *tatsächlich* gut geht. Mit tatsächlich gut gehen ist gemeint, dass alle unsere tatsächlichen Bedürfnisse gut erfüllt sind. Dass wir also genügend Nahrung, Schutz, einen trockenen und warmen Platz zum Schlafen, ein gutes Rudel, einen guten Rang und gute Verbündete haben und uns auch weiterentwickeln können.

Vom Kopf her war allen Beteiligten sofort klar, dass es viel wichtiger ist, dass es einem tatsächlich gut geht, anstatt sich nur gut zu fühlen. Auch kann es bei diesem realen Ziel keine Widerstände aus dem Reptiliengehirn oder dem sozialen Gehirn geben, da es sich dabei ja um die echten Bedürfnisse des Menschen handelt. Widerstände aus diesen beiden Gehirnen können wir daher sicherlich ausschließen. Es kann daher nur das Großhirn sein, das hier Schwierigkeiten macht.

Nun sind neue Erkenntnisse aufgetaucht, die dieses ungewöhnliche Phänomen in der Theorie erklären könnten. Und dem würde ich heute gerne mit euch gemeinsam in der Praxis auf den Grund gehen. Bitte tretet dazu wieder in den Kreis, wenn ihr eine meiner Fragen mit *Ja* beantworten wollt. Kommen wir also zur ersten Frage: Wer von euch glaubt, dass er Gefühle hat?«

Alle gingen lachend in die Mitte.

»Seid ihr sicher?!«, hakte ich nach, als wieder alle im Kreis standen.

Erst lachten wieder alle, dann zuckten die Nerds verwundert mit den Achseln, als sie merkten, dass ich diese Frage tatsächlich ernst meinte.

»Wer von euch weiß, dass unsere Gefühle von unseren Beurteilungen abhängen?«, fragte ich als Nächstes.

Alle gingen in die Mitte.

»Wer geht denn davon aus, dass unsere Gefühle ausschließlich nur von unseren Beurteilungen abhängen – also zu hundert Prozent?«

Niemand ging in die Mitte bis auf Nuno und mich, was uns verwunderte Blicke einbrachte.

»Ja, aber manchmal sind die Umstände doch tatsächlich schlecht«, wendete Ava irritiert ein. »Da ist es doch normal, dass man sich dann auch schlecht fühlt.«

»Absolut«, bestätigte ich. »Aber was ist, wenn man fälschlicherweise einen schlechten Umstand positiv beurteilt? Wenn man zum Beispiel auf einen Heiratsschwindler hereinfällt, der es in Wirklichkeit nur aufs Geld abgesehen hat. Dann würde man sich erst einmal gut fühlen, obwohl die sozialen Umstände in Wirklichkeit schlecht sind.«

»Ja, aber da wüsste man ja nicht, dass die Umstände schlecht sind«, gab Ava zu bedenken.

»Und genau aus dieser Unwissenheit heraus würde man dann die Lage falsch einschätzen«, sagte ich. »Man würde also eine positive Beurteilung treffen, obwohl die Umstände in Wirklichkeit negativ sind, und sich dabei gut fühlen. Genauso könnte man natürlich auch einen positiven Umstand fälschlicherweise als negativ beurteilen.«

»Okay, in dieser Disziplin bin ich, glaube ich, sogar recht gut«, meinte Ava dann und lachte.

Die Gruppe lachte herzhaft mit. Offensichtlich hatte Ava einen gelungenen Scherz gemacht.

»Wer von euch Beispiele findet, wo die Gefühle keine Folge einer vorherigen Beurteilung sind, tritt bitte in die Mitte«, sagte ich als Nächstes.

Maya, Emma und Natalie traten in die Mitte.

»Welche Beispiele habt ihr gefunden?«, wollte ich wissen.

»Kein konkretes«, meinte Maya. »Aber manchmal hat man doch auch ein schlechtes Bauchgefühl und weiß gar nicht so genau warum. Und später stellt sich heraus, dass das Gefühl tatsächlich recht hatte.«

»Ja, das kommt sicherlich häufig vor«, sagte ich. »Wenn es um solche Bauchgefühle geht, dann handelt es sich dabei in der Regel um Beurteilungen, die das Reptiliengehirn eigenständig getroffen hat. Es kommt oft vor, dass das Reptiliengehirn beispielsweise eine Bedrohung oder Gefahr wittert, lange bevor das Großhirn eine solche erkennt. Dennoch wurde das Gefühl dann von einer Beurteilung ausgelöst.

Gefühle werden immer durch eine Ausschüttung von chemischen Botenstoffen erzeugt. Und die schüttet unser Gehirn nie ohne Grund aus. Jedem Gefühl geht immer eine Beurteilung voraus. Nur muss diese Beurteilung nicht immer zwingend aus dem Großhirn stammen. Alle drei Gehirne können Beurteilungen treffen. Und die können, wie ihr bereits wisst, auch als Meta-

Daten abgespeichert werden. Die Beurteilungen, die das soziale Gehirn trifft, spüren wir übrigens mehr im Brustkorb als im Bauch.«

»Und was ist mit plötzlichen intuitiven Eingebungen?«, fragte Natalie.

»Intuitive Eingebungen lösen selbst noch keine Gefühle aus«, antwortete ich. »Erst, nachdem der Inhalt der jeweiligen Eingebung von unserem Großhirn beurteilt wurde, entstehen Gefühle. Eingebungen können deshalb sowohl positive als auch negative Gefühle auslösen. Je nachdem, wie sie beurteilt werden.«

Emma, Natalie und Maya stellten sich wieder in den Kreis.

»So gesehen werden dann natürlich alle Gefühle von Beurteilungen erzeugt«, stellte Isaac fest.

»Ganz genau«, stimmte ich zu. »Die Ereignisse und Umstände in unserem Leben können selbst keine Gefühle in uns erzeugen. Sie müssen immer erst von unseren drei Gehirnen interpretiert und beurteilt werden. Aufgrund dieser Beurteilungen entstehen die Motivationen, etwas vermeiden, etwas erreichen oder etwas erhalten zu wollen. Erst dann werden die chemischen Botenstoffe ausgeschüttet, welche die dazu passenden Gefühle erzeugen. Vermeidungsmotivationen erzeugen Vermeidungsgefühle. Die Motivation, etwas erreichen zu wollen, sorgt dafür, dass Botenstoffe ausgeschüttet werden, die Lockgefühle erzeugen. Und die Motivation, etwas erhalten zu wollen, erzeugt dann die Botenstoffe für die Belohnungsgefühle.

Dieser Prozess ist jedoch so schnell, dass wir von der tatsächlichen Beurteilung und den jeweiligen Motivationen bewusst gar nichts merken. Unsere drei Gehirne treffen auf unbewusster Ebene 20 000 Entscheidungen pro Tag. Und davon werden uns nur etwa zehn bewusst. Doch allen 20 000 Entscheidungen liegt ein vorheriger Beurteilungsprozess zugrunde. Unsere Entscheidungen sind daher genau wie unsere Gefühle eine Folge unserer Beurteilungen. Lasst mich euch dazu noch eine weitere Frage stellen«, bat ich die Gruppe. »Wer von euch hält es für sinnvoll, falsche aktuelle Beurteilungen sowie als Meta-Daten abgespeicherte frühere falsche Beurteilungen zu korrigieren, um unpassende Gefühle zu regulieren, anstatt diese Gefühle unterdrücken oder sogar bekämpfen zu wollen?«

Alle gingen in die Mitte, da wir diese Entscheidung ja schon einmal in einem Workshop gemeinsam getroffen hatten. Nur Nuno und ich blieben im Kreis stehen, was uns erneut sehr irritierte Blicke einbrachte.

»Ihr macht mich fertig!«, sagte Ava sichtlich amüsiert von der Situation, als wieder alle im Kreis standen. »Was war jetzt schon wieder falsch?«

»Richtig ist, dass unsere Gefühle von unseren Beurteilungen abhängen«, sagte ich. »Falsch ist, unsere Beurteilungen als Mittel zum Zweck für gute Gefühle anzusehen. Denn in Wirklichkeit ist es genau umgekehrt.«

»Es ist genau umgekehrt?!«, fragte Ava jetzt offensichtlich komplett verwirrt.

»Fragen wir mal in die Runde, ob das jemand von

euch bereits erklären kann«, sagte ich. »Warum sind unsere Gefühle nur Mittel zum Zweck für unsere Beurteilungen und nicht umgekehrt?«

Ich sah viele fragende Gesichter. Einige der Nerds fingen an zu tuscheln.

»Ich gebe euch noch einen Tipp zur Lösung dieses Rätsels«, sagte ich dann. »Es hat etwas mit unserem Ur-Motiv zu tun, dafür sorgen zu wollen, dass es uns selbst und unseren Liebsten gut geht. Bei diesem Motiv geht es jedoch nicht darum, dass wir alle das Gefühl haben, es ginge uns gut, sondern darum, dass es uns tatsächlich gut geht – also ganz real in Bezug auf unsere sieben echten Bedürfnisse.«

Die Gruppe fing wieder an zu tuscheln. Nach wenigen Augenblicken waren alle wild am Diskutieren. Es wurde immer lauter im Garten. Ich gab ihnen ein paar Minuten Zeit.

»Wer von euch glaubt, die Antwort zu kennen, geht jetzt bitte in die Mitte«, sagte ich dann.

Daraufhin traten Isaac, Emily, Ryan, Audrey und Connor in die Mitte. Die fünf hatten sich zuvor zu einer kleinen Diskussionsgruppe zusammengetan und schienen jetzt zu einer gemeinsamen Antwort gekommen zu sein.

»Zu welchem Ergebnis seid ihr gekommen?«, fragte ich sie deshalb als Gruppe.

»Wenn wir dafür sorgen wollen, dass es uns und unseren Liebsten ganz real gut geht, dann sind unsere Beurteilungen natürlich von allergrößter Bedeutung«, sagte

Isaac. »Sie sind ja nicht nur für unsere Gefühle verantwortlich, sondern auch für alle unsere Entscheidungen und Handlungen im Leben. Letztendlich bestimmen unsere Beurteilungen damit unser gesamtes Leben.«

»Und weshalb sind dann die Gefühle nur ein Mittel zum Zweck für unsere Beurteilungen?«, hakte ich nach.

»Wenn sowohl unsere Gefühle als auch alles andere in unserem Leben von unseren Beurteilungen abhängt, müssen unsere Beurteilungen logischerweise wichtiger sein als unsere Gefühle«, antwortete Isaac. »Und daher kann es nicht sein, dass die Beurteilungen nur Mittel zum Zweck für die Gefühle sind. Das Wichtigere kann ja nicht Mittel zum Zweck für das Unwichtigere sein.«

»Das klingt logisch«, sagte ich. »Dann schauen wir uns jetzt einmal an, wie es diesbezüglich in unserem Gefühl aussieht. Ihr könnt euch wieder in den Kreis stellen. Wer von euch hat das Gefühl, dass er sich darum kümmern sollte, dass es ihm emotional gut geht?«, fragte ich dann.

Alle gingen in die Mitte.

»Bei wem liegt die gefühlte Wichtigkeit über 7?«, hakte ich nach.

Erneut gingen alle in die Mitte.

»Das hat eine glatte 10 bei mir«, sagte Ava.

»Und wie sinnvoll ist es in Wirklichkeit, sich darum zu kümmern, dass man gute und keine schlechten Gefühle hat?«, wollte ich wissen.

»Minus 10!«, sagte Dylan kopfschüttelnd. »Genau mit dieser Denke erzeugen wir ständig diese ganzen schädlichen Gefühlsziele. Da passiert ja genau das Gegenteil.

Wir fühlen uns immer schlechter statt besser. Und je mehr wir uns um bessere Gefühle bemühen, desto schlimmer wird es.«

»Wer von euch ist vom Kopf her der gleichen Meinung?«, fragte ich in die Runde.

»Okay, vom Kopf her schon«, sagte Ava und ging in die Mitte. »Aber vom Gefühl her fühlt sich das völlig falsch an.«

Alle anderen gingen ebenfalls in die Mitte.

»Es fühlt sich intuitiv falsch an, weil unser unbewusstes System auch hier wieder die Gesetzmäßigkeiten aus der Außenwelt auf die Innenwelt überträgt«, sagte ich. »In der Außenwelt funktioniert das so, dass wir uns darum kümmern müssen, wenn wir etwas Bestimmtes erreichen, erhalten oder vermeiden wollen. Doch in der Innenwelt passiert bei den Gefühlen, die wir erreichen, erhalten oder vermeiden wollen, genau das Gegenteil. Und zwar deshalb, weil das unbewusste System die tatsächlichen Funktionsprinzipien in der Innenwelt nicht gut genug versteht.

Es folgt hier einer einfachen, aber falschen Logik, die da lautet: Wenn ich gute Gefühle haben will, muss ich dafür sorgen, dass die Ereignisse und Umstände in meinem Leben so sind, wie sie gute Gefühle in mir auslösen. Und wenn ich keine schlechten Gefühle haben will, muss ich logischerweise alle Ereignisse und Umstände in meinem Leben vermeiden, die schlechte Gefühle in mir auslösen könnten.

Diese einfache intuitive Logik ist naheliegend, aber

dennoch völlig falsch. Sie verhindert sogar, dass der natürliche Realitätsabgleich funktioniert. Dabei müsste das Großhirn eine im System abgespeicherte alte Beurteilung mit der korrekten, aktuellen Beurteilung der Realität abgleichen. Doch für die korrekte Beurteilung müsste es auch das korrekte Beurteilungskriterium verwenden. Und das wäre eben die Wahrheit. Ist etwas in Wahrheit gut oder schlecht für die Erfüllung unserer sieben Bedürfnisse? Würde das Großhirn die Bedürfniserfüllung als Beurteilungskriterium verwenden, dann würde es alle falschen gefühlten Beurteilungen selbstständig und automatisch im Alltag korrigieren. Dann hätten wir nur noch schlechte Gefühle, wenn es auch tatsächlich einen realen Anlass dazu gäbe.

Doch das Großhirn beurteilt aufgrund seines intuitiven Denkfehlers alle Ereignisse und Umstände danach, welche Gefühle sie in uns auslösen und nicht danach, ob diese Ereignisse und Umstände gut oder schlecht für unsere Bedürfniserfüllung sind. Was schlechte Gefühle in uns auslöst, wird automatisch als schlecht beurteilt, weil es ja schlecht für unsere Gefühle ist. Und was gute Gefühle in uns auslöst, ist dann aus dieser Perspektive als gut zu bewerten. Ob etwas in Wirklichkeit gut oder schlecht für unsere Bedürfniserfüllung ist, interessiert unser Großhirn dann gar nicht. Es wird alles nur danach beurteilt, welche Gefühle es in uns auslöst.

Wenn wir daher in unserer Vergangenheit irgendwann einmal etwas fälschlicherweise als schlecht beurteilt haben und diese alte Beurteilung in unserem aktuellen Alltag wieder einmal schlechte Gefühle in uns auslöst, dann beurteilt unser unbewusstes System diesen Sachverhalt jedes Mal aufs Neue als schlecht, weil er ja schlechte Gefühle auslöst. Die damalige falsche Beurteilung wird also nie korrigiert, sondern immer nur bestätigt. Und damit funktioniert der natürliche Realitätsabgleich nicht, und es sammeln sich im Laufe des Lebens immer nur noch mehr falsche Beurteilungen an. Wir fühlen uns also immer häufiger schlecht und immer seltener gut.«

»Letztendlich liegt es also nicht daran, dass wir uns zu viel um unsere Gefühle kümmern, sondern daran, dass wir das intuitiv völlig falsch angehen«, meinte Brian.

»Genauso ist es«, bestätigte ich. »Dem Großhirn geht es letztendlich immer nur um die Gefühle. Und deshalb denkt es, dass es auch alles danach beurteilen muss, welche Gefühle in uns ausgelöst werden. Und das ist der große Denkfehler, dem wir fast alle unsere schlechten Gefühle zu verdanken haben. Wenn wir so viele gute Gefühle wie möglich und nur so wenig negative wie nötig haben wollen, dann müssen wir die Welt so beurteilen, wie sie wirklich ist und nicht danach, welche Gefühle in uns ausgelöst werden.

In Wahrheit gibt es nicht viel in unserem Leben, was tatsächlich schlecht ist. In Wirklichkeit leben wir hier alle in sehr privilegierten Lebensumständen. Längst nicht alle Menschen auf der Welt haben es so gut wie wir. Würden wir diese Wahrheit anerkennen, hätten wir so gut wie nur noch positive Gefühle und fast keine negativen mehr. Der natürliche Realitätsabgleich, der bei jeder unserer 20 000 täglichen Entscheidungen mit anspringt, würde wieder korrekt funktionieren, und alle fehlerhaften abgespeicherten Beurteilungen aus der Vergangenheit würden automatisch korrigiert.«

»Dann ist das also der aufrechterhaltende Faktor«, sagte Nuno. »Unser Großhirn beurteilt alles danach, was es in uns auslöst, anstatt danach, wie es wirklich ist. Und damit hält es alle falschen Beurteilungen aufrecht und verhindert die Korrektur.«

»Ganz genau«, bestätigte ich. »Und dazu kommt noch eine kognitive Verzerrung, auf die ich jetzt gerne eingehen möchte. Wer hat denn das Gefühl, dass es ihm nur dann tatsächlich gut geht, wenn er sich auch gut und nicht schlecht fühlt?«

Alle gingen in die Mitte.

»Das ist die kognitive Verzerrung, von der ich gesprochen habe«, sagte ich.

»Dieser systematische Fehler im unbewussten System des menschlichen Großhirns wird in den Wissenschaften als *emotionale Bewertung* bezeichnet«, fügte Nuno hinzu. »Von dieser kognitiven Verzerrung ist jeder Mensch von Geburt an betroffen. Sie ist ein Überbleibsel der menschlichen Evolution.

Bevor sich das Großhirn entwickelte, konnten sich die Säugetiere nur mit ihrem Reptiliengehirn und ihrem sozialen Gehirn orientieren. Und diese beiden Gehirne erzeugten nur dann das Gefühl, dass es einem schlecht geht, wenn es einen realen äußeren Anlass dazu gab.

Wenn man beispielsweise nicht genug zu essen hatte, sich vor einer drohenden Gefahr nur unzureichend schützen konnte, oder wenn man sein Rudel verloren hatte.

Das Gefühl, dass es einem schlecht geht, war also noch vollständig von den realen Lebensumständen abhängig. Als dann das Großhirn dazukam, änderte sich das. Die Beurteilungen des Großhirns konnten jetzt im Reptiliengehirn und im sozialen Gehirn ebenfalls das Gefühl auslösen, dass es einem gut oder schlecht geht. Dass das Großhirn sich bei diesen Beurteilungen auch irren kann, wissen die anderen beiden Gehirne nicht.

Wenn das Großhirn daher die Beurteilung fällt, dass es einem schlecht geht, weil man sich schlecht fühlt, dann denken die anderen beiden, dass es einem in sozialer oder existenzieller Hinsicht schlecht geht. Und dann erzeugen sie noch stärkere Vermeidungsgefühle. Und wegen der stärkeren Gefühle sagt das Großhirn letztlich wieder, dass es ihm noch schlechter geht.

Wie ihr wisst, sind Mary und ich bei den Amish People in Ohio aufgewachsen. Dort hatten wir viel mit Pferden zu tun. Unsere Eltern haben uns von klein auf beigebracht, dass man den Pferden keine Unsicherheit vermitteln darf. Pferde sind Fluchttiere. Die haben sehr schnell vor etwas Angst. Als Reiter muss man ihnen daher Sicherheit vermitteln. Und deshalb darf man sich da nicht unnötig unsicher fühlen, denn die Pferde spüren das sofort.

Als Reiter merkt man, wenn das Pferd vor irgendetwas Angst hat. Es wird unruhig. Wenn man dann denkt, das Pferd wittere eine Gefahr, die man selbst nicht wahrnehmen kann, fühlt man sich als Reiter natürlich auch unsicher. Das wiederum spürt das Pferd und kriegt noch mehr Angst. Das macht dem Reiter wiederum mehr Angst, was dann dem Pferd noch mehr Angst macht und so weiter. Es dauert schließlich nicht lange, bis der Gaul mit einem durchgeht. Das kann sehr gefährlich werden.

Genau das passiert, wenn das Großhirn denkt, dass es sich einfach blind an seinen Gefühlen orientieren kann. Die anderen beiden Gehirne verlassen sich aber auf die Beurteilung des Großhirns. Menschen, die ihren Gefühlen zu sehr vertrauen, erleben es daher sehr häufig, dass die Gefühle mit ihnen durchgehen.

Die kognitive Verzerrung der emotionalen Bewertung kann vom Großhirn gut reguliert werden, sobald man kapiert hat, dass man sich nicht einfach nur blind an seinen Gefühlen orientieren darf. Das Pferd braucht die Führung seines Reiters, weil es die moderne Zivilisation alleine nicht richtig beurteilen kann. Menschen, die das nicht wissen, sind dieser kognitiven Verzerrung auf Gedeih und Verderb ausgeliefert. Der Gaul geht dann ständig mit ihnen durch.«

»Und genau deshalb wollen wir jetzt gemeinsam die emotionale Bewertung regulieren«, sagte ich. »Diese kognitive Verzerrung ist der Grund, warum ihr immer noch das Gefühl habt, euch um eure Gefühle kümmern zu müssen. Denn solange man glaubt, es ginge einem tatsächlich nicht gut, wenn man sich nicht gut fühlt, solange hängt man an seinen Gefühlszielen fest. Das Ur-Motiv scheint nicht erfüllt zu sein. Doch das stimmt natürlich nicht.

In Wirklichkeit sind Gefühle keine Zustände oder Umstände. So etwas wie ein *emotionales Gutgehen* als Zustand gibt es daher gar nicht. Alle Gefühle sind Teil eines dynamischen Informationsverarbeitungsprozesses und damit nichts, was wir *haben* oder *sind*, sondern viel eher etwas, was wir *tun*. Wenn man den Prozess des Fühlens jedoch mit einem emotionalen Zustand verwechselt, dann versucht man instinktiv, einen guten Zustand zu erreichen und einen schlechten zu vermeiden. Doch wie wir mittlerweile alle wissen, bewirkt das genau das Gegenteil.

Es gibt eine starke Relevanz-Verschiebung zum Negativen. Wie bei dem Reiter und seinem Pferd. Das Großhirn stört sich an jeder Kleinigkeit, die negative Gefühle auslöst, und gibt damit dem Negativen eine viel zu hohe Relevanz. Und diese Relevanz-Beurteilung verstärkt wiederum die negativen Gefühle. Und das stört das Großhirn noch mehr, weshalb es den negativen Ereignissen und Umständen dann noch mehr Relevanz gibt. Das verstärkt natürlich erneut die negativen Gefühle, und so zieht sich die Schlinge immer mehr zu. Auf diese Weise wird ganz schnell aus jeder negativen Mücke ein Elefant.

Bei den positiven Gefühlen gibt es ebenfalls sehr

schnell eine Relevanz-Verschiebung zum Negativen, wenn man die positiven Gefühle als positive emotionale Zustände ansieht. Das unbewusste System setzt sich den positiven Zustand sofort wieder zum Ziel und macht daraus eine Sollvorstellung. Vermutlich gibt es sogar Menschen, die sich am liebsten immer nur gut und niemals schlecht fühlen wollen. Wenn diese Menschen sich bei diesem Wunsch nicht auch jedes Mal gleichzeitig bewusst machen, dass dies nur eine Wunschvorstellung ist, dann wird diese fiktive Vorstellung im unbewussten System mit den Meta-Daten einer realen Möglichkeit abgespeichert. Und die wird automatisch zur Sollvorstellung, ohne dass wir das merken.

Als wir in die Residenz eingezogen sind, hatten wir am ersten Tag mit dem gleichen Phänomen zu tun. Einige von uns hatten die fiktive Wunschvorstellung, dass es die reale Gefahr, wegen der wir alle in der geschützten Anlage der NSA untergebracht wurden, da draußen in der großen weiten Welt einfach nicht geben sollte. Diese Wunschvorstellung war natürlich keine reale Wahlmöglichkeit, sondern eben nur eine fiktive Vorstellung. Doch das Reptiliengehirn und das soziale Gehirn können solche Fantasievorstellungen nicht von der Realität unterscheiden, wenn diese Vorstellungen fälschlicherweise die Meta-Daten von realen Möglichkeiten haben. Daher reagieren sie genau so, als sei die Fantasiemöglichkeit eine reale Wahlmöglichkeit. So etwas passiert sehr schnell, wenn man in dem Moment, wo man an einen Wunsch denkt, nicht gleichzeitig auch daran denkt, dass es keine reale Wahlmöglichkeit ist.

Unserem Großhirn ist es überaus wichtig, sich gut und nicht schlecht zu fühlen. Diese beiden Motive sind uns allen in die Gene gelegt, denn nur durch die Aversion gegen unangenehme und die Appetenz für die positiven Gefühle funktioniert die Zusammenarbeit der drei Gehirne. Ohne diese beiden Motive wäre dem Großhirn alles völlig egal, was die anderen beiden Gehirne wollen. Dem Großhirn geht es wie gesagt letztendlich nur um die Gefühle. Es will am liebsten gar keine unangenehmen Gefühle, sondern nur angenehme. Das ist die Stelle, an der alle unsere Gefühlsziele entstehen.

Denken wir bei unseren Wunschvorstellungen auch gleichzeitig daran, dass diese Wünsche nur Fantasievorstellungen darstellen und keine realen Möglichkeiten sind, dann bekommen diese Fantasievorstellungen auch nicht die Meta-Daten der Realität. Es bleiben einfach nur Wünsche. Sie werden also nicht zu Zielen. Vergessen wir jedoch diese reale Bewertung, kann es schnell passieren, dass unsere Wunschvorstellungen vom System als reale Möglichkeiten aufgefasst werden. Und mit den Meta-Daten der Realität werden diese Wunschvorstellungen sofort zu Sollvorstellungen erklärt. Das kann von einigen wenigen konkreten Gefühlen, die wir erreichen oder vermeiden wollen, bis hin zu der Vorstellung reichen, dass wir uns immer nur gut und niemals schlecht fühlen wollen.

Und wenn die erwünschten positiven Gefühle dann

im Alltag nicht so gut sind, wie sie nach diesen Sollmaßstäben sein sollten, werden die Umstände und Ereignisse, von denen man sich bessere Gefühle erhofft hat, als nicht gut genug und damit als nicht sonderlich wertvoll angesehen. Diese Umstände zu erreichen, hat ja nicht viel gebracht. Daher werden sie fortan auch nicht mehr als nennenswert relevant angesehen. Doch die Relevanz-Beurteilung bestimmt die Intensität der Gefühle! Fortan werden daher diese positiven Ereignisse und Lebensumstände noch weniger intensive positive Gefühle auslösen und infolgedessen vom Großhirn als noch weniger wertvoll beurteilt. Positive Ereignisse oder Lebensumstände verlieren auf diese Weise über die Jahre immer mehr an Relevanz, weil sie ja immer weniger positive Gefühle auslösen. Und so wird aus jedem positiven Elefanten mit der Zeit eine Mücke gemacht.«

»Die automatische Relevanz-Verschiebung zum Negativen durch diese kognitive Verzerrung ist echt kein geiler Scheiß!«, meinte Nuno.

»Ja, das ist wirklich kein geiler Scheiß«, stimmte ich ihm zu. »Wer von euch hält es denn jetzt für sinnvoller, alles danach zu beurteilen, ob es tatsächlich gut oder schlecht für unsere sieben Bedürfnisse ist, anstatt danach, welche Gefühle es in uns auslöst?«

Alle gingen in die Mitte.

»Bei wem liegt die gefühlte Wichtigkeit, das so zu machen über 7?«, wollte ich wissen.

Keiner ging in die Mitte.

»Vom Kopf her ist mir schon klar, dass ich das tun sollte«, meinte Ava. »Aber im Gefühl habe ich das noch lange nicht. Da ist es höchstens eine 3.«

»Dann schauen wir uns noch einmal gemeinsam an, wie wichtig das für das Großhirn in Wirklichkeit sein sollte«, schlug ich vor. »Das Großhirn möchte wie gesagt so viele positive Gefühle wie möglich und nur so wenig negative wie nötig erleben. Darauf ist es genetisch programmiert. Wenn es jedoch alles danach beurteilt, welche Gefühle in uns ausgelöst werden, und nicht danach, wie gut oder schlecht die jeweiligen Sachverhalte tatsächlich für die Erfüllung unserer sieben Bedürfnisse sind, dann bleiben alle falschen Negativbeurteilungen in unserem System unkorrigiert stehen, und die Relevanz verschiebt sich immer noch weiter zum Negativen.

Würde das Großhirn hingegen alles wahrheitsgemäß danach beurteilen, ob es tatsächlich für die Erfüllung unserer sieben Bedürfnisse gut oder schlecht ist, dann gäbe es nur noch sehr selten einen relevanten Anlass für eine negative Beurteilung, denn wir leben alle im hellgrünen Bereich.

Liebe Ava, du hast erlebt, wie viele negative Gefühle in einem einzigen Moment von dir abgefallen sind, als du Jasons Komplimente nicht mehr danach beurteilt hast, welche Gefühle sie bei dir auslösen, sondern danach, wie es tatsächlich in der Realität mit seiner Liebe für dich aussieht. Du hast erlebt, wie gut du dich plötzlich gefühlt hast. Und das passiert jedes Mal, wenn sich das unbewusste System dazu entscheidet, die Ereignisse,

Umstände und Sachverhalte in unserem Leben danach zu beurteilen, ob sie gut oder schlecht für unsere echten Bedürfnisse sind anstatt für unsere Gefühlsziele. Wie wichtig sollte es daher in Wirklichkeit sein, alles wahrheitsgemäß in Bezug auf die Bedürfniserfüllung zu beurteilen und nicht danach, welche Gefühle in uns ausgelöst werden?«

»Das sollte auf jeden Fall eine 10 haben!«, sagte Ava bestimmt.

»Wie sieht es daher jetzt bei euch mit der gefühlten Wichtigkeit aus, alles wahrheitsgemäß in Bezug auf die sieben Bedürfnisse zu beurteilen anstatt danach, welche Gefühle in euch ausgelöst werden? Wer liegt jetzt über der 5?«, wollte ich wissen.

Zwei Drittel der Gruppe ging in die Mitte.

»Wer hat noch das Gefühl, sich um seine Gefühle kümmern zu müssen?«, fragte ich.

Alle gingen in die Mitte.

»Wer hat eine Idee, warum das immer noch so ist?«, fragte ich in die Runde.

Tyler meldete sich mit Handzeichen. Ich erteilte ihr das Wort.

»Richard hat mir das gestern ganz gut erklärt«, sagte sie dann. »Es liegt daran, dass das Großhirn nicht kapiert hat, was sein eigentlicher Job ist. Alle drei Gehirne haben gemeinsam die Aufgabe, dafür zu sorgen, dass es uns und unseren Liebsten gut geht. Doch jedes der drei Gehirne hat dabei einen Spezialauftrag. Das Reptiliengehirn soll dafür sorgen, dass wir genug zu essen, einen

Platz zum Schlafen und Schutz vor Gefahren haben. Und das soziale Gehirn soll sich um die Zugehörigkeit zum Rudel, einen guten Rang und gute Verbündete kümmern. Das sind ja die Bedürfnisse, die du schon genannt hast.

Das Großhirn ist im Laufe der Evolution entstanden, weil die anderen beiden Gehirne alleine nicht mehr in der Lage waren, sich an sich verändernde Lebensumstände schnell genug anzupassen, um diese Bedürfnisse zu erfüllen. Sie können die Ereignisse und Umstände im Leben eines Menschen nicht gut genug beurteilen. Und genau das ist der Spezialauftrag des Großhirns. Es ist seine naturgegebene Aufgabe, sich um korrekte Beurteilungen zu kümmern. Wenn es das nicht tut, sind die anderen beiden Gehirne komplett aufgeschmissen. Sie sind dann gar nicht in der Lage, Gefühle zu erzeugen, die den Umständen angemessen sind, weil sie die Welt ja gar nicht mehr richtig verstehen.

Das Großhirn muss daher den anderen beiden beim Beurteilen helfen. Die drei können unsere Bedürfnisse nur gemeinsam erfüllen. Jeder ist in diesem Team auf jeden angewiesen. Jeder muss seinen Job machen. Doch wenn das Großhirn sich lieber darum kümmert, angenehme Gefühle zu kriegen und unangenehme zu vermeiden, spuckt es den anderen beiden ständig in die Suppe. Es macht nicht nur seinen Job nicht, es macht alles kaputt. Jeder Einzelne von uns macht sich das Leben dadurch sehr viel schwerer als es sein müsste. Und gemeinsam machen wir sogar auf diese Weise den gesamten Planeten kaputt. Als Richard mir das gestern so klar gesagt hat, war ich regelrecht geschockt.«

»Vielen Dank, liebe Tyler, für diese erhellende Erklärung«, sagte ich. »Ich stimme jedem einzelnen deiner Worte zu. Es ist einfach nicht die Aufgabe des Großhirns, sich um die Gefühle zu kümmern. Wenn es seinen Job richtig macht und für korrekte Beurteilungen sorgt, dann korrigieren die anderen beiden Gehirne die Gefühle automatisch. Die erwünschten Gefühle dürfen nur nicht zum Selbstzweck angestrebt werden, weil das sofort völlig falsche Beurteilungskriterien erzeugt und damit auch unweigerlich falsche Beurteilungen.

Und beim Vermeiden von unerwünschten Gefühlen passiert natürlich genau das Gleiche. Das Team der drei Gehirne kann einfach nicht richtig funktionieren, wenn das Großhirn Gefühlsziele verfolgt und die anderen beiden Gehirne denken, es ginge dabei um die realen Ziele. Die drei Gehirne haben dann ständig Missverständnisse. Langfristig geht dadurch alles den Bach runter. Die Menschheit könnte tatsächlich genau aus diesem Grund aussterben, wenn dieser Fehler nicht korrigiert wird.

Die Beurteilungen sind also deshalb kein Mittel zum Zweck für die Regulation der Gefühle, weil die Regulation der Gefühle gar nicht das Ziel ist. Die Gefühlsregulation ist ein Automatismus, um den wir uns mit unserem Großhirn gar nicht kümmern müssen. Sobald wir etwas korrekt beurteilen, regulieren unser Reptiliengehirn und unser soziales Gehirn unsere Gefühle ganz automatisch. Und korrekt beurteilen wir automatisch alles, wenn wir die Erfüllung unserer echten Bedürfnisse als Beurteilungskriterium verwenden und nicht mehr unsere Gefühlsziele.

Auf der anderen Seite sind unsere Gefühle elementar wichtig, damit das Großhirn überhaupt weiß, was es beurteilen soll. Das Großhirn weiß ohne die beiden anderen Gehirne ja gar nicht, was im Leben eines Menschen tatsächlich wichtig ist. Deshalb sind die Gefühle ein Mittel zum Zweck für die Beurteilungen und nicht umgekehrt.«

»Mir macht das alles ehrlich gesagt einen ganz schönen Knoten ins Hirn«, meinte Ava. »Aber so allmählich verstehe ich es immer besser«, fügte sie hinzu.

»Das wird schon«, sagte ich zu ihr. »Steter Tropfen höhlt bekanntlich den Stein.«

»Mach dir daher keinen Kopf, wenn du das nicht alles gleich kapierst«, meinte Nuno zu Ava. »Wir sprechen hier über Erkenntnisse, die vermutlich noch nie ein Mensch auf diesem Planeten zuvor vollständig verstanden hat. Niemand hatte bislang wirklich auf dem Schirm, wie falsch es tatsächlich ist, Gefühlsziele zu verfolgen und alles danach zu beurteilen, welche Gefühle es in einem auslöst. Viele Menschen würden sicherlich auch behaupten, wir seien hier total verkopft, wenn wir so denken. Sie glauben, dass es so etwas wie Kopf-Menschen und Gefühls-Menschen gibt.«

»Das habe ich bis jetzt eigentlich auch immer geglaubt«, meinte Ava irritiert.

»Gefühle und Beurteilungen hängen so stark miteinander zusammen, dass solch eine Trennung eigentlich keinen Sinn ergibt«, sagte ich. »Doch ich denke, das ist jetzt nicht so wichtig. Wenden wir uns lieber wieder unserem Realitätsabgleich zu. Wie wichtig fühlt es sich für euch jetzt an, alles danach zu beurteilen, ob es gut oder schlecht für eure sieben Bedürfnisse ist, anstatt danach, welche Gefühle es in euch auslöst? Wer liegt damit schon über der 7?«

Niemand ging in die Mitte.

»Und wie wichtig ist das in Wirklichkeit?«, fragte ich weiter.

»Eindeutig 10«, sagte Dylan.

»Wer sieht das genauso?«, fragte ich.

Alle gingen in die Mitte.

»Und wie wichtig ist es vom Gefühl her, dass ihr so viele gute Gefühle wie möglich und nur so wenige schlechte wie nötig in eurem Alltag empfindet?«, fragte ich.

»Leider immer noch eine gefühlte 10«, meinte Ava.

»Das ist völlig in Ordnung«, sagte ich. »So ist das Großhirn wie gesagt von der Evolution genetisch programmiert worden.«

»Aber wenn es uns doch so immens wichtig ist, möglichst viele gute und möglichst wenige schlechte Gefühle zu empfinden, sollten wir das doch lieber mal richtig angehen!«, meinte Brian. »Dann sollten wir doch jetzt wirklich mal damit anfangen, alles korrekt anhand der sieben Bedürfnisse zu beurteilen und nicht mehr danach, welche Gefühle es in uns auslöst.«

»Wer sieht das genauso?«, fragte ich in die Runde.

Alle gingen in die Mitte.

»Dann schauen wir uns jetzt noch einmal an, ob sich unsere gefühlten Wichtigkeiten wieder ein Stück mehr korrigiert haben«, schlug ich vor. »Wie richtig fühlt es sich noch bei euch an, alles danach zu beurteilen, welche Gefühle es in euch auslöst?«

»Das fühlt sich gar nicht mehr richtig an«, meinte Dylan. »Das ist ganz klar Bullshit.«

»Bei wem ist es auch so?«, fragte ich.

Zwei Drittel gingen in die Mitte.

»Ich weiß, dass es falsch ist, aber im Gefühl fühlt es sich immer noch richtig an«, meinte Ava. »Das krallt sich regelrecht daran fest, es so machen zu müssen.«

»Und ich glaube, den Grund dafür zu kennen«, sagte ich. »Hat jemand eine Idee, woran das liegen könnte?«

»Weil wir denken, dass wir Gefühle *haben*«, antwortete Brian. »Wir machen aus Gefühlen Objekte oder Zustände oder sogar Subjekte, obwohl es in Wirklichkeit Prozesse sind.«

»Ganz genau«, bestätigte ich seine Aussage. »Wenn wir die Gefühle als etwas ansehen, was wir *haben*, dann gehen wir automatisch davon aus, dass wir sie *haben können*, wenn wir alles richtig machen. Damit kriegen die Gefühlsziele fälschlicherweise die Meta-Daten einer realen Wahlmöglichkeit. Und damit verarschen wir dann unsere Instinkte. So wie es auch am ersten Abend in der Residenz mit unserem Freiheitsinstinkt passiert ist.

Wenn wir also davon ausgehen, dass Gefühle etwas sind, was wir haben können, dann will sich unser System auch automatisch darum kümmern, dass wir kriegen, was wir haben wollen. Doch Gefühle sind nichts, was wir kriegen oder nicht kriegen können. Wir *haben* keine Gefühle, wir *fühlen*. Das Fühlen ist etwas, was wir *tun*, und nichts, was wir *haben* oder *sind*. Wir können Gefühle daher nur erzeugen oder nicht erzeugen, aber wir können sie nicht erreichen, vermeiden oder erhalten. Doch wenn dem unbewussten System das nicht klar ist, lässt es von seinem Erreichenwollen, Vermeidenwollen oder Erhaltenwollen einfach nicht ab.

Wenn wir denken, dass Gefühle etwas sind, was wir haben oder nicht haben können, aktiviert diese Sichtweise unser instinktives Ur-Prinzip, das Gute zu suchen und das Schlechte zu meiden. Zu unserer kognitiven Verzerrung der emotionalen Bewertung gesellt sich daher zusätzlich noch das verarschte Ur-Prinzip dazu. Wir handeln also aus Prinzip, obwohl dieses instinktive Prinzip bei den Gefühlszielen überhaupt nicht funktionieren kann.

Und wenn wir unsere Gefühle als *emotionale Zustände* ansehen, passiert etwas sehr Ähnliches. Wir tun so, als gäbe es die fiktive Wahlmöglichkeit ganz real, dass wir in einem positiven Zustand sein könnten. Und dann wollen wir natürlich wieder instinktiv gute Zustände erreichen und erhalten und schlechte vermeiden.

In diesem Fall ist es nicht das *Ur-Prinzip*, sondern das instinktive *Ur-Motiv*, das hier die Probleme erzeugt. Wir wollen dann instinktiv erreichen, dass es uns und unseren Liebsten emotional gut geht. Doch so etwas wie ein *emotionales Gutgehen* als Zustand gibt es wie gesagt gar nicht, da unsere Gefühle zu einem sehr dynamischen Informationsverarbeitungsprozess gehören, bei dem sich die Gefühle mit jedem Gedanken ständig ändern. Und das ist auch richtig so.

Die Sichtweisen des Großhirns, dass Gefühle etwas sind, was wir haben können, und die Sichtweise, dass Gefühle emotionale Zustände sind, verarschen also beide zusätzlich noch einmal unsere Instinkte, weil sie den Eindruck erwecken, es gäbe diesbezüglich reale Wahlmöglichkeiten. Entsprechend werden völlig falsche Lösungswege eingeschlagen. Dann scheint es das Wichtigste im Leben zu sein, dass wir uns darum kümmern, gute und keine schlechten Gefühle zu haben oder auch, dass wir in einem guten und keinem schlechten emotionalen Zustand sind. Je nachdem, welche der beiden Sichtweisen stärker ist. Auf diese Weise entstehen die ganzen Gefühlsziele, die in Wirklichkeit dazu führen, dass wir hundertmal mehr negative und hundertmal weniger positive Gefühle haben.«

»Ich vermute, dass so ziemlich jeder Mensch mehr oder weniger von diesem Phänomen betroffen ist«, meinte Isaac.

»Ja, das ist sicherlich so«, stimmte ich zu. »Jeder Mensch hat die gleiche instinktive Veranlagung, sich gut und nicht schlecht fühlen zu wollen. Dieses Wollen ist uns allen wie gesagt bereits in die Gene gelegt. Doch wie wir mit diesem Wollen umgehen, das unterscheidet sich zum Teil erheblich von Mensch zu Mensch. Wie wir letztendlich damit umgehen, hängt ganz davon ab, wie gut wir unsere Innenwelt und die Funktionsweise unserer Gefühle bereits verstanden haben. Ein falsches Verständnis führt schnell zu einer hohen gefühlten Wichtigkeit der Gefühlsziele. Man hat das Gefühl, dass man das Richtige tut, wenn man sich um seine Gefühle kümmert, um möglichst viele positive zu erreichen und möglichst viele negative zu vermeiden.

Wie ihr wisst, kann man sich mit solchen Erkenntnissen nicht befassen, ohne dass sich dabei auch automatisch die Meta-Daten korrigieren. Daher schauen wir uns jetzt noch einmal an, welche Meta-Daten dazu in eurem System aktuell abgespeichert sind. Wie wichtig ist es vom Gefühl her jetzt noch, sich darum zu kümmern, dass man gute und keine schlechten Gefühle hat? Wer liegt hier noch über der 7?«

Die Hälfte der Gruppe ging in die Mitte.

»Lasst euren Verstand für die nächste Frage bitte einmal komplett außen vor und ignoriert alles, was wir heute hier besprochen haben«, bat ich. »Wer hat immer noch das Gefühl, dass es ihm schlecht geht, wenn er sich schlecht fühlt, und dass es ihm nur gut geht, wenn er sich auch wirklich gut fühlt?«

Alle gingen in die Mitte – teilweise mit sehr verwunderten Blicken.

»Dem Großhirn geht es wie gesagt einzig und allein darum, sich möglichst gut und nicht unnötig schlecht zu fühlen«, sagte ich. »Deshalb macht es gar keinen Unterschied zwischen *gut gehen* und *gutfühlen*. Sich schlecht zu fühlen, bedeutet in Wirklichkeit jedoch gar nicht zwangsläufig, dass es einem auch tatsächlich schlecht geht. Es bedeutet lediglich, dass man irgendetwas als negativ beurteilt. Diese Beurteilung kann völlig falsch sein, weshalb es einem in Wirklichkeit total gut gehen kann, obwohl man sich schlecht fühlt und umgekehrt.

Wenn das Großhirn diesen Unterschied nicht berücksichtigt, entstehen sehr schnell sehr negative Beurteilungen, die hundertmal mehr negative Gefühle erzeugen, als es sein müsste. Gleichzeitig werden die meisten positiven Gefühle blockiert. Wie sieht es bei dieser Unterscheidung von Gefühl und Wirklichkeit jetzt in eurem Gefühl aus? Wie wichtig ist die Erkenntnis für euer Leben, dass Gutgehen und Gutfühlen zwei völlig verschiedene Dinge sind? Wer liegt hier bei der gefühlten Wichtigkeit bereits über der 7?«

Niemand ging in die Mitte.

»Und wie wichtig ist es in Wirklichkeit?«, fragte ich weiter.

»Das ist ganz offensichtlich elementar wichtig«, meinte Isaac. »Vermutlich gibt es sogar nichts Wichtigeres!«

»Wer ist ebenfalls der Meinung, dass diese Unterscheidung eine 10 haben sollte?«, fragte ich.

Alle gingen in die Mitte.

»Wie sieht es jetzt damit im Gefühl aus?«, fragte ich.

»Bei wem liegt die gefühlte Wichtigkeit, gut gehen und gut fühlen korrekt zu unterscheiden, über der 7?«

Alle gingen in die Mitte, was einen Applaus auslöste.

»Okay, dann kommen wir jetzt wieder zu unserem eigenen Realitätsabgleich«, schlug ich vor, als wieder alle im Kreis standen. »Wie wichtig ist es jetzt vom Gefühl her, alles danach zu beurteilen, ob es gut oder schlecht für unsere Bedürfniserfüllung ist, anstatt alles danach zu beurteilen, ob es gute oder schlechte Gefühle in uns auslöst? Wer liegt jetzt über 7?«

Alle gingen in die Mitte, was erneut einen tosenden Applaus auslöste.

»Und wie richtig und wichtig fühlt es sich jetzt noch an, sich darum zu kümmern, dass man gute und keine schlechten Gefühle hat?«, hakte ich nach.

»Vom Kopf her gar nicht mehr«, meinte Ava. »Damit verarscht man sich ja selbst und erreicht genau das Gegenteil. Aber irgendwie fühlt es sich trotzdem noch richtig an.«

»Und was ist wichtiger?«, fragte ich sie. »Wie es sich anfühlt oder wie es wirklich ist?«

»Tatsächlich, wie es wirklich ist«, sagte sie.

»Und im Gefühl?«, hakte ich nach.

»Da eigentlich auch, wie es wirklich ist«, meinte sie.

»Richtig ist, dass das Großhirn unbedingt gute und keine unnötig schlechten Gefühle *empfinden* will«, betonte ich. »Das ist wie gesagt genetisch so vorprogrammiert. Und das kann es ja auch ganz einfach erreichen, indem es alles in Bezug auf die sieben echten Bedürfnisse korrekt beurteilt. Doch Gefühle zu *empfinden* ist eben nicht das Gleiche, wie Gefühle zu *haben*. Ich vermute daher, dass sich das noch nicht richtig in deinem System korrigiert hat. Schauen wir uns das also noch einmal gemeinsam an«, schlug ich vor. »Bist du sicher, dass du Gefühle hast?«

»Boah, das fühlt sich so krass an, wenn du das fragst!«, meinte sie und lachte. »Mein Kopf hat kapiert, dass ich wohl keine Gefühle *habe*, weil es ja keine Dinge sind. Aber mein Gefühl sagt eindeutig: *Natürlich habe ich Gefühle! Ich bin doch kein Roboter.*«

»Bei wem ist das genauso?«, fragte ich in die Gruppe.

Die Hälfte ging in die Mitte.

»Dann sollten wir zuerst einmal mit dieser falschen Sichtweise einen weiteren Realitätsabgleich machen«, schlug ich vor. »Seid ihr wirklich sicher, dass ihr tatsächlich Gefühle *habt*?«

»Das ist so krass!«, sagte Ava noch einmal. »Vom Gefühl her ist es bei mir eine absolute Selbstverständlichkeit, dass ich Gefühle habe. Wenn ich mir klarmache, dass das gar nicht wahr sein kann, habe ich eine totale Verwirrung im Kopf.«

»Das ist völlig normal«, sagte ich. »Diese Sichtweise ist aufgrund der kognitiven Verzerrung mit den Meta-Daten einer Selbstverständlichkeit in deinem unbewussten System abgespeichert. Wer hat das gleiche Gefühl?«

Erneut ging die Hälfte der Gruppe in die Mitte.

»Und ist das eine Wahrheit oder eine Einschätzung?

Haben wir wirklich Gefühle?«, hakte ich nach, damit sich das Gefühl mit der Realität abgleichen konnte.

»Nein, es ist eindeutig nicht wahr«, sagte Stella. »Gefühle sind Prozesse. Die kann man nicht haben, sondern nur ausführen.«

»Dann schauen wir uns jetzt einmal an, ob sich diese Sichtweise im Gefühl schon geändert hat«, schlug ich vor, als wieder alle im Kreis standen. »Wie wahr fühlt es sich auf unserer Skala von 0 bis 10 also noch an, dass wir Gefühle haben? Wer liegt hier noch über der 7?«

Nur noch fünf Leute gingen in die Mitte.

»Und wie ist es in Wirklichkeit?«, fragte ich erneut. »Seid ihr wirklich sicher, dass ihr Gefühle habt? Oder ist es nicht viel eher so, dass ihr *fühlt*?! Ein Gefühl ist ja kein Ding, es ist etwas, was wir *tun*. Wir fühlen! Genauso wie wir denken. Auch Gedanken sind keine Dinge oder Zustände. Es sind genau wie die Gefühle Informationsverarbeitungsprozesse. Und diese Gedankenprozesse sind immer auch mit Gefühlsprozessen verflochten. Denken und Fühlen gehören daher zum gleichen Prozess. Das kann man gar nicht voneinander trennen. Doch wenn wir glauben, Gefühle zu *haben*, dann nehmen wir genau diese Trennung künstlich vor. Damit erkennen wir das tatsächliche Problem in diesem Prozess nicht mehr und schlagen eine völlig falsche Lösungsrichtung ein.«

»So langsam merke ich, dass sich da in mir etwas verändert«, meinte Ava.

»Das freut mich sehr«, sagte ich zu ihr. »Dann schauen wir uns jetzt noch einmal an, wo du vom Gefühl her stehst. Wie wahr fühlt es sich jetzt noch auf deiner Skala von 0 bis 10 an, dass du Gefühle hast oder dass Gefühle Zustände sind?«

»Eine gefühlte 5«, sagte sie.

»Und wie wahr ist es in Wirklichkeit?«, fragte ich.

»In Wirklichkeit gar nicht«, antwortete sie.

»Bist du sicher?«, hakte ich nach. »Bist du wirklich sicher, dass du keine Gefühle hast?«

»Boah, das ist immer noch so krass!«, sagte sie. »Das fühlt sich so falsch an, wenn du das sagst. Aber es ist wahr. Ich *habe* keine Gefühle. So unglaublich es für mich auch klingt. Ich habe tatsächlich keine Gefühle. Ich *fühle*! Es ist etwas, was ich tue – genau wie *denken*.«

»Wo liegst du jetzt mit deiner gefühlten Wahrheit?«, fragte ich.

»Vielleicht noch eine 2, aber ich glaube, das löst sich auch gerade auf«, meinte sie. »Ich glaube, das ist wirklich nicht wahr. Gefühle sind nichts, was man haben oder nicht haben kann.«

Die Gruppe applaudierte Ava lautstark und jubelte dabei sogar, was ich sehr schön fand.

»Und jetzt spürt bitte alle noch einmal nach!«, sagte ich, nachdem der Applaus abgeklungen war. »Welche gefühlte Wichtigkeit habt ihr noch bei der Aufgabe, euch um gute Gefühle zu kümmern?«

»*Kümmern* ist Unfug«, meinte Dylan. »Um gute Gefühle muss man sich nicht *kümmern*. Die entstehen von selbst, wenn etwas in meinem Leben tatsächlich gut ist und ich es auch korrekt beurteile. Wenn ich gute Gefühle und keine unnötig schlechten *empfinden* will, dann sollte ich mich um gute Lebensumstände und korrekte Beurteilungen kümmern und nicht um die Gefühle.«

»Sich um die Gefühle kümmern zu wollen, ist tatsächlich die größte Selbstverarschung aller Zeiten«, meinte Brian. »Ich bin ehrlich gesagt fassungslos, dass ich das bis jetzt nie so richtig kapiert habe.«

In diesem Moment erhielt ich von einem Messenger-Angel den Impuls, unverzüglich Ella aufzusuchen. Offensichtlich betraf das dieses Mal nur mich, denn bei Nuno erkannte ich keine Anzeichen dafür, dass er ebenfalls eine Eingebung gehabt hatte.

»Ich muss dann kurz mal auf die Toilette«, sagte ich zur Gruppe.

Kapitel 6

Alles ist susi

»Es ist so weit«, sagte Ella zu mir, als ich im Klassensaal eintraf. »Wir haben vor zwei Stunden der NSA unser Manifest mit unseren Forderungen zukommen lassen. Wir haben es über das Quantengitter in ihr internes Kommunikationsnetzwerk eingespeist. Die NSA kann nicht nachvollziehen, wie dieses Dokument so plötzlich wie von Geisterhand überall auf ihren Computerbildschirmen erscheinen konnte. Agent Sullivan ist deshalb gerade mit einem Militärhubschrauber zu dir unterwegs. Die NSA hat sofort mit der Fahndung nach der ominösen Hacker-Gruppe begonnen. Doch sie finden keinerlei Anhaltspunkte, wo sie ansetzen könnten. Die NSA hofft daher, dass du vielleicht eine Idee hast.«

»Was genau soll ich tun?«, fragte ich. »Habt ihr eine versteckte Spur hinterlassen, auf die ich sie führen soll, oder soll ich diesbezüglich einfach ebenfalls im Dunkeln tappen?«

»Wir haben keine Spuren hinterlassen. Deine Aufgabe wird eine andere sein. Du bringst die NSA heute auf die Idee, dass eine sehr mächtige, geheime Elite für den Cyberangriff auf Nordkorea verantwortlich sein könnte. Die Menschen neigen instinktiv dazu, solche Dinge ernst zu nehmen. Was du ihnen auftischst, muss sich für sie nur schlimm genug anhören. Je schlimmer, desto besser. Wenn sie dann nicht ausschließen können, dass es solch eine große Bedrohung vielleicht tatsächlich geben könnte, dann lässt ihr Sicherheitsinstinkt sie nicht mehr in Ruhe, bis sie sich um diese angebliche Gefahr kümmern. Dazu musst du sie nur auf die Idee bringen, sich die Frage zu stellen, was wäre, wenn es diese Elite tatsächlich gäbe, und schon hast du ihnen einen mentalen Virus eingepflanzt, das sie so schnell nicht mehr loswerden.«

»Und was genau soll ich ihnen da weismachen?«, fragte ich.

Daraufhin erklärte mir Ella genau, was ich Agent Sullivan und den Cyber-Experten bei der NSA erzählen sollte. Danach materialisierte ich mich in meinem Badezimmer und ging wieder runter in den Garten.

Ich hatte noch ein paar Minuten, bevor der Hubschrauber mit Agent Sullivan eintraf. Ich überlegte, wie ich mich verhalten würde, wenn ich das nicht wüsste, und entschied mich dazu, erneut die Führung über den Workshop zu übernehmen. Doch ich kam gar nicht mehr dazu, denn Agent Sullivans Hubschrauber setzte bereits zur Landung an.

Eine halbe Stunde später betrat ich mit ihm gemeinsam ein Großraumbüro der NSA, in dem emsiges Treiben herrschte. Alle schienen in hellem Aufruhr zu sein.

Agent Sullivan führte mich durch die Leute hindurch in einen kleinen Besprechungsraum.

»Wir haben heute Morgen einen Erpresserbrief einer Hacker-Gruppe namens *Secret-Angels* erhalten«, berichtete Agent Sullivan.

»Secret-Angels?!«, wiederholte ich erschrocken, denn davon hatte Ella gar nichts gesagt.

»Ja, kennen Sie diese Gruppe etwa?«, fragte er verwundert.

»Nein, ich finde den Namen nur sehr seltsam für eine kriminelle Erpresserbande«, antwortete ich geistesgegenwärtig.

»Es handelt sich bei dieser Gruppe um radikale Umweltaktivisten, die auch für den Cyberangriff auf die nordkoreanischen Atomraketen verantwortlich sind. Diese Leute sind offensichtlich davon überzeugt, mit ihrem Manifest etwas Gutes zu bewirken. Wir wissen mittlerweile auch, wie sie die Atomraketen gehackt haben. Wir wissen es noch nicht mit Sicherheit, aber vermutlich sind auch alle NATO-Staaten von dieser Sicherheitslücke betroffen. Genau wie alle anderen Atommächte ebenfalls. Wir müssen diese Hacker-Gruppe daher sehr ernst nehmen.«

»Und was kann ich diesbezüglich für Sie tun?«, fragte ich. »Soll ich wieder eine KI optimieren?«

»Nein, dieses Mal nicht«, sagte Agent Sullivan. »Unsere KI-Systeme werden uns in diesem Fall nicht helfen können. Wir brauchen Sie, um diese Hacker-Gruppe zu finden. Unsere Spezialisten versuchen schon seit zwei

Stunden herauszufinden, wie diese Secret-Angels es überhaupt angestellt haben, uns ihr Manifest zukommen zu lassen. Sie haben dafür unser internes Kommunikationssystem gehackt, ohne irgendwelche Spuren zu hinterlassen. Unsere Cyber-Experten können nicht erklären, wie das überhaupt möglich sein kann und schon gar nicht, wo die Urheber dieses Manifests zu finden sein könnten. Wir haben noch nie erlebt, dass jemand seine Spuren so gut verwischen konnte. Wir tappen hier ehrlich gesagt komplett im Dunkeln. Daher hatte ich gehofft, dass Sie vielleicht irgendwie helfen können.«

»Ich müsste Zugang zu einem Computer bekommen, auf dem dieses Manifest erschienen ist«, sagte ich. »Ich werde alles tun, was in meiner Macht steht.«

»Ich hatte gehofft, dass Sie das sagen«, meinte er erfreut. »Bitte folgen Sie mir.«

Agent Sullivan führte mich durch das Großraumbüro hindurch zu einem kleinen, von Glaswänden abgetrennten Raum, in dem die besten Cyber-Experten der NSA versammelt waren.

»Bitte klären Sie Miss Soul über den aktuellen Stand der Ermittlungen auf!«, bat Agent Sullivan die Leute dort.

Viel aufzuklären gab es da jedoch nicht, denn keiner der Experten hatte auch nur den Ansatz einer Spur gefunden. Ich setzte mich an einen Computer und rief Tausende von Seiten auf und ließ sie in Sekundenbruchteilen wieder verschwinden. Ich verhielt mich so, als würde ich systematisch nach einem Muster suchen.

Doch in Wirklichkeit wusste ich natürlich, dass meine Suche ergebnislos sein würde. Nach einer halben Stunde erstattete ich Bericht.

»Ich finde leider ebenfalls keinerlei Hinweise darüber, wo dieses Manifest hergekommen sein könnte«, sagte ich. »Wie die Secret-Angels das angestellt haben, ist mir ein völliges Rätsel. Sie haben offensichtlich mühelos und ohne jegliche Spuren zu hinterlassen alle unsere Firewalls überwunden. Es scheint, als würden sie über Technologien verfügen, die den unseren weit überlegen sind.«

»Das halte ich für sehr unwahrscheinlich«, meinte Agent Sullivan. »Die NSA verfügt über die modernsten Computer, die es auf der Welt gibt.«

»Es sei denn, es gab irgendwo einen großen technologischen Durchbruch in der Quantencomputerentwicklung«, meinte einer der Experten nachdenklich.

»Von einem Quantencomputer, der zu so etwas in der Lage ist, sind wir sicherlich noch Jahrzehnte entfernt«, winkte Agent Sullivan ab. »Ich halte es für äußerst unwahrscheinlich, dass irgendjemand solch einen technologischen Vorsprung errungen hat, ohne dass wir davon wissen. Ein Quantencomputer, der in der Lage wäre, alle unsere Systeme so mühelos zu hacken, ohne Spuren zu hinterlassen, müsste über Millionen von fehlerfrei funktionierenden Qubits verfügen. Die modernsten Quantencomputer unserer Zeit haben gerade einmal ein paar Tausend Qubits. Und die funktionieren alles andere als fehlerfrei!«

»Sind Sie sich wirklich vollkommen sicher, dass es solch einen fortschrittlichen Quantencomputer noch nicht geben kann?«, fragte ich Agent Sullivan skeptisch. »Ich verstehe, dass das sehr unwahrscheinlich klingt. Doch es ist ehrlich gesagt die einzige plausible Erklärung.«

»Wenn man das Unmögliche ausschließt, muss das, was übrig bleibt, auch wenn es noch so unwahrscheinlich ist, wahr sein«, meinte der Cyber-Experte.

»Ich bin geneigt, dem zuzustimmen«, sagte ich. »Wir können nicht sicher sein, dass dieser fortschrittliche Quantencomputer nicht existiert. Ich rate dringend dazu, diese Möglichkeit nicht auszuschließen. Wir haben es hier ganz sicher nicht mit ein paar jugendlichen Computer-Nerds zu tun. Mit diesem Hack in unser internes Kommunikations-Netzwerk haben die Secret-Angels bewiesen, dass sie über technologische Möglichkeiten verfügen, die den unseren weit überlegen sind. Und ich halte es für sehr unwahrscheinlich, dass es in der konventionellen Computertechnologie noch einen derartigen Entwicklungssprung geben kann. Ein Quantencomputer ist aus meiner Sicht daher die einzige Erklärung.«

»Gut, dann gehen wir einmal hypothetisch davon aus, dass dieser Quantencomputer vielleicht tatsächlich existiert«, räumte Agent Sullivan ein. »Wie könnten wir diese Leute denn aufhalten? Könnte Ihre Lola da vielleicht wieder irgendetwas zaubern?«

»Wenn die Secret-Angels tatsächlich über solch einen

fortschrittlichen Quantencomputer verfügen, wäre Lola dagegen genauso wirksam, als wollten wir mit Pfeil und Bogen auf einen Kampfjet schießen, der in zehn Kilometern Höhe fliegt«, antwortete ich.

»Haben Sie denn eine Idee, wie wir diese Secret-Angels mit ihrem ominösen Quantencomputer ausfindig machen könnten?«, wollte Agent Sullivan wissen.

»In der digitalen Welt wird das sicherlich unmöglich sein, da sie uns dort offensichtlich weit überlegen sind«, sagte ich. »Doch wenn sie diese fortschrittliche Technologie tatsächlich entwickelt haben, dann müssen sie über außerordentlich viel Geld verfügen. Diese Entwicklung muss mehrere Billionen Dollar verschlungen haben. Mein Vorschlag wäre daher: Folgen Sie dem Geld! Es muss eine Finanz-Elite geben, die jahrzehntelang möglicherweise sogar jahrhundertelang finanziellen Reichtum angehäuft hat.

Eine weitere Möglichkeit, wie Sie diesen Quantencomputer vielleicht finden könnten, wäre sein Energieverbrauch. Wenn konventionelle Technik verwendet wurde, dann wird er die Größe eines Wolkenkratzers haben und ein eigenes Atomkraftwerk für die Energieversorgung benötigen. Ich halte es jedoch für höchst unwahrscheinlich, dass hier konventionelle Technik verwendet wurde«, sagte ich.

»Und was halten Sie für wahrscheinlich?«, hakte Agent Sullivan nach.

»Dass dieser Quantencomputer auf der Basis von Molekular-Elektronik entwickelt wurde«, antwortete ich.

»So würde ich solch ein Unterfangen jedenfalls angehen. Theoretisch müsste es möglich sein, die Topologie von Silizium-Molekülen so zu gestalten, dass sie fehlerfrei funktionierende Qubits erzeugen. Womöglich haben die Secret-Angels dazu selbstorganisierende Moleküle verwendet. Nolan hat eine Maschine in seinem Labor, mit der man solche Moleküle bauen könnte, sofern man die richtige Molekularstruktur kennt. Es handelt sich dabei um einen Nanomanipulator. Solch ein Molekül zu bauen, ist also durchaus technisch möglich.«

»Ich kenne die Maschine von Mister Murphy. Aber was sind selbstorganisierende Moleküle?«, hakte Agent Sullivan nach.

»Das sind Moleküle, welche die Fähigkeit besitzen, spontan und geordnet komplexe Strukturen oder Anordnungen zu bilden, ohne dass eine externe Kontrolle oder Energiezufuhr erforderlich ist«, erläuterte ich. »Selbstorganisierende Moleküle nutzen die Wechselwirkungskräfte im Elementarteilchenbereich, um sich zu organisieren. Das bekannteste Beispiel für ein selbstorganisierendes Molekül ist die DNA. Die Basenpaarung der DNA ermöglicht es, dass sich die Stränge zu einer stabilen Doppelhelix-Struktur verbinden.

Wenn es den Secret-Angels gelungen ist, eine Molekularstruktur zu finden, in der solch ein selbstorganisierendes Molekül ein fehlerfrei funktionierendes Qubit erzeugt, dann müssten sie dieses Molekül nur noch in eine Nährlösung geben, die alle nötigen Atome bereitstellt, und das Molekül würde sich selbst replizieren und exponentiell vermehren. Solch ein Mikrochip würde mit anderen Worten genau wie eine biologische Eizelle von selbst wachsen, ohne dass eine Energiezufuhr von außen nötig ist.«

»Und auf diese Weise soll ein Mikrochip, der aus mehreren Millionen Molekülen besteht, die zudem noch in einer hochkomplexen Architektur angeordnet sein müssten, von selbst wachsen?!«, fragte Agent Sullivan skeptisch.

»Ein menschliches Baby besteht aus 40 Billionen selbstorganisierenden Molekülen in seinen Körperzellen, wenn es geboren wird«, erwiderte ich. »Und diese Körperzellen sind in einer tausendmal komplexeren Architektur angeordnet, als es bei einem Mikrochip der Fall sein müsste. Wenn die Secret-Angels es daher geschafft haben, für ihren Quantencomputer solch ein selbstorganisierendes Silizium-Molekül zu bauen, dann wäre ein Mikrochip, der aus mehreren Hundert Milliarden dieser Moleküle besteht, kein Problem mehr. Sie könnten diesem Chip dann eine ähnliche Architektur gegeben haben, wie sie die neuronale Vernetzung der menschlichen Großhirnrinde aufweist. Das wäre sicherlich die ideale Hardware für eine Quanten-KI.

Solch ein Quantencomputer würde mit seiner QKI weniger Energie benötigen als ein menschliches Gehirn. Und er wäre sehr viel kleiner. Sein Chip wäre tatsächlich mikroskopisch klein. Tausendmal kleiner als ein konventioneller Mikrochip. Man könnte solch einen Quantencomputer mühelos in das Gehäuse eines

Smartphones integrieren – sowohl was seine Größe als auch seinen Energiebedarf betrifft. Sollte den Secret-Angels das gelungen sein, wovon ich ehrlich gesagt ausgehe, da alles andere noch unrealistischer ist, dann wird es nicht möglich sein, diesen Quantencomputer über seinen Stromverbrauch zu lokalisieren. Dann bleibt nur noch die Möglichkeit, der Spur des Geldes zu folgen. Deshalb würde ich genau diesen Weg vorschlagen.«

»Wenn es diesen Quantencomputer tatsächlich gibt, dann hätten wir es hier mit einer Organisation zu tun, die es geschafft hat, über Jahrzehnte, vielleicht sogar über Jahrhunderte unentdeckt zu bleiben«, sagte der Cyber-Experte, der schon die Idee mit dem Quantencomputer vorgebracht hatte.

Ich spürte die ganze Zeit schon die Anwesenheit eines Messenger-Angels. Daher waren die Ideen dieses Mannes vermutlich kein Zufall. Ich griff seine Aussage deshalb sofort auf, denn er schien mir in die Karten zu spielen.

»Wenn das zutrifft, dann hätten wir es hier vermutlich mit einer weltweiten Verschwörung einer unglaublich mächtigen Finanz-Elite zu tun«, sagte ich. »Die größte Schwachstelle könnten dabei die Menschen sein, die bei dieser Verschwörung mit involviert sind. Denn alle Verschwörungen haben eines gemeinsam: Sie werden früher oder später öffentlich. Entweder weil sie mit ihrem Vorhaben erfolgreich sind oder weil sie auffliegen. Und die Gründe, warum sie auffliegen, sind immer die gleichen. Es sind die Menschen, die involviert sind.

Irgendwer verplappert sich immer oder wird aus persönlichen Gründen zum Verräter.«

»In der Geschichte der Menschheit waren immer nur diejenigen Verschwörungen erfolgreich, bei denen nur ganz wenige Menschen involviert waren«, pflichtete mir der Cyber-Experte bei. »Mehr als eine Handvoll dürfen es eigentlich nicht sein, wenn die Verschwörer dauerhaft unentdeckt bleiben wollen.«

»Und genau hier vermute ich die Schwachstelle der Secret-Angels«, sagte ich. »Ihre überlegenen technologischen Möglichkeiten machen deutlich, dass hier sehr viele Menschen involviert sein müssen. Egal, ob sie diesen technischen Vorsprung mit konventioneller Computertechnologie erreicht haben oder mit einem Quantencomputer. Es müssen sehr viele hervorragende Wissenschaftler an dieser Entwicklung beteiligt gewesen sein. Folgen Sie daher dem Geld und überprüfen Sie alle Wissenschaftler, die theoretisch zu solch einer Meisterleistung fähig wären. Wenn möglich, kooperieren Sie dazu mit den Geheimdiensten aller Nationen auf der ganzen Welt. Denn alle sind in gleichem Maße von dieser Verschwörung betroffen. Wir müssen jetzt alle am gleichen Boot ziehen, wenn wir eine Chance gegen die Secret-Angels haben wollen.«

»Danke für Ihre Unterstützung«, sagte Agent Sullivan.

Daraufhin griff er zum Smartphone, wählte eine Nummer und verließ den Raum. Kurz darauf kam ein anderer Agent zu mir und begleitete mich wieder nach draußen zum Hubschrauberlandeplatz.

Ich war sehr zufrieden mit dem Verlauf dieses Gesprächs und hoffte, dass Ellas Plan mit dieser Verschwörungstheorie aufgehen würde. Die MKI hatte das alles ganz sicher mit angehört. Auch sie würde aus Sicherheitsgründen die Möglichkeit in Betracht ziehen, dass es diese Finanz-Elite tatsächlich geben könnte. Daher würde sie sich jetzt aller Wahrscheinlichkeit nach ebenfalls auf die Suche nach den Verschwörern und ihrem Quantencomputer machen. Denn falls dieser Computer tatsächlich existieren sollte, dann bedrohte er ganz eindeutig die Vormachtstellung der USA in der Welt. Die MKI würde zu dem Schluss kommen, dass sie diese geheime Finanz-Elite finden und deren QKI infiltrieren muss, um die Vormachtstellung der USA wiederherzustellen. Sie hatte aufgrund ihrer Programmierung keine andere Wahl. Und damit wäre die MKI erst einmal eine Weile beschäftigt.

Genauso wie die Geheimdienste, die jetzt fraglos gemeinsam nach einer Finanz-Elite und irgendwelchen Wissenschaftlern besonders intensiv suchen würden, die in diese Verschwörung mit involviert sein könnten. Damit war die Gefahr erst einmal gebannt, dass die Geheimdienste der MKI auf die Schliche kommen würden, denn sie suchten jetzt alle an einer ganz anderen Stelle.

Und ich würde vermutlich vorerst auch keine KI-Systeme mehr optimieren müssen. Die NSA hatte jetzt andere Sorgen. Ich würde mich jetzt wieder ganz auf meine eigentliche Mission konzentrieren können, was mich sehr freute. Ella hatte sich da wirklich wieder einen tollen Plan ausgedacht!

Gegen Mittag war ich dann wieder zurück auf Pearl Harbor. Mein Hubschrauber setzte gerade zur Landung neben unserer Villa an. Ich sah aus der Luft, dass meine Lieblingsmenschen und die Nerds überall im Garten verteilt in kleinen Gruppen zusammensaßen und redeten. Ich vermutete, dass Brian und Nuno sich wieder eine Mission ausgedacht hatten, zu der diese Gesprächsrunden gehörten.

Als ich gelandet war, kam mir Brian freudestrahlend entgegen. »Hallo Lieblingsmensch«, begrüßte er mich mit einer liebevollen Umarmung und einem Küsschen. »Schön, dass du wieder da bist. War alles okay bei der NSA?«

»Alles klar im BH«, antwortete ich mit den Worten von BeautyQueen amüsiert auf Brians Wortspiel.

Danach hielten wir uns noch ein paar Minuten im Arm, was einfach immer wieder wunderschön war.

Dann kam Nuno auf uns zu. Seine Miene war ungewöhnlich ernst für seine Verhältnisse. Sonst grinste er eigentlich immerzu.

»Hast du kurz Zeit für mich?«, fragte er mich.

»Klar, worum geht es?«, wollte ich wissen.

»Um etwas, was ich hier im Garten nicht so gerne öffentlich besprechen möchte«, antwortete er. »Es ist sehr privat. Wäre es daher vielleicht okay, wenn wir auf mein Zimmer gehen?«

»Ist das für dich okay?«, fragte ich Brian.

»Selbstverständlich ist das okay«, antwortete er. »Solche Dinge musst du mich wirklich nie fragen«, fügte er hinzu und gab mir einen zärtlichen Kuss auf den Mund.

»Es dauert auch nicht lange«, versprach Nuno.

»Kein Problem«, erwiderte Brian. »Lasst euch Zeit! Ich geselle mich so lange zu den anderen.«

Wir zogen uns daraufhin auf Nunos Zimmer zurück.

»Geht es um die MKI?«, fragte ich, als wir uns auf sein Bett setzten.

»Nein, um Tyler«, antwortete er.

»Um Tyler?«, hakte ich verwundert nach. »Was ist mit Tyler? Geht es ihr wieder nicht gut?«

»Nein, alles in Ordnung. Glaube ich zumindest«, antwortete er verunsichert. »Sie ist nach dem Workshop auf mich zugekommen und hat mich um ein Gespräch unter vier Augen gebeten. Und dann hat sie mir gesagt, dass sie sich tatsächlich zu mir hingezogen fühlt – auf romantische Weise!«, sagte er überfordert. »Und ich weiß nicht, wie ich mit diesem Sachverhalt umgehen soll. Außer dir weiß niemand davon. Ich denke, du bist die Einzige, die das Dilemma verstehen kann, in dem ich gerade stecke.«

»Was genau ist denn dein Dilemma?«, hakte ich ahnungslos nach.

»Na, ich bin ein Engel, sie ein Mensch. So wie bei dir und Brian.«

»Und wo genau ist da das Dilemma?«, fragte ich, denn ich verstand das Problem nicht.

»Na, wenn ich mich auf eine romantische Beziehung

mit Tyler einlasse, dann muss ich doch auch bis zu meinem Tod als Mensch hier im Paradies bleiben«, antwortete er. »Sonst würde ich ja Tyler das Herz brechen. Das will ich auf keinen Fall. Aber ich weiß auch nicht, ob ich so viele Jahre als Mensch leben will. Wie ist das denn so, wenn man einen Menschen liebt? Ist das gut? Und warum tut man das denn überhaupt. Es geht einem doch als Single genauso gut.«

»Das ist sicherlich richtig, doch die Liebe ist etwas ganz Besonderes«, sagte ich. »Das ist mit nichts zu vergleichen, was wir Engel kennen. Die Liebe gehört zu den Dingen, die das Leben der Menschen echt lebenswert machen. Klar, es ist nicht das Einzige, wozu es sich zu leben lohnt, doch es ist sicherlich das Schönste. Gleichzeitig aber auch vermutlich das Schlimmste«, fügte ich hinzu. »Die Liebe kann dir das höchste Glück und die tiefste Erfüllung schenken, aber dir auch das Herz zerreißen. Daher wiegen sich Glück und Leid in der Liebe bei den meisten Menschen vermutlich gegeneinander auf, sodass Paare letztendlich nicht glücklicher sind als Singles. Dennoch würde ich auf die Erfahrung der Liebe nicht mehr verzichten wollen. Selbst dann nicht, wenn ich genau wüsste, dass das mit Brian in einem tiefen Schmerz endet. Die Erfahrung der Liebe ist mir wichtiger als der Schmerz. Aber das musst du natürlich für dich selbst entscheiden. Generell macht das mit Tyler ja auch nur dann einen Sinn für euch beide, wenn du ebenfalls romantische Gefühle für sie entwickelst. Die Liebe kann man ja nicht erzwingen.«

»Und woran merke ich, ob ich romantische Gefühle für sie entwickle?«, wollte Nuno wissen.

»Es fühlt sich wie eine sehr angenehme Energie an, hier auf Herzhöhe in der Mitte deines Brustkorbs. Diese Energie ist hell und warm, gleichzeitig leicht und weit und spendet dir ganz viel Lebenskraft. Und es fühlt sich an, als würde diese Energie nach oben ziehen, wenn du an Tyler denkst. Und wenn sie vor dir steht, kann es auch sein, dass du einen Zug nach vorne spürst zu ihr hin. Das ist, glaube ich, das, was die Menschen als *Zuneigung* bezeichnen. Spürst du solche Empfindungen?«

»Keine Ahnung«, meinte Nuno unsicher. »Ich glaube eigentlich nicht.«

»Vielleicht kommt das ja noch, wenn du mehr Zeit mit Tyler verbringst«, meinte ich. »Für mich ist es jedenfalls das Schönste überhaupt, wenn ich mit Brian zusammen bin. Aber ich spüre diese schöne Energie auch bei sehr vielen anderen Menschen. Ich liebe es sehr, mit Menschen zu miteinandern. Und ich glaube, ich kann das mittlerweile auch schon ziemlich gut. Aber vor allem habe ich das Gefühl, dass ich hier im Paradies sehr viel Gutes bewirken kann, wenn ich mit Menschen Zeit verbringe. Ich würde deshalb auch dann hierbleiben wollen, wenn meine Beziehung mit Brian kaputtgehen sollte. Ich bin mittlerweile sehr gerne Mensch.«

»Ich mag es auch sehr, mit den Menschen zu miteinandern«, meinte Nuno. »Und ich denke ebenfalls, dass ich darin mittlerweile schon recht gut bin. Und Gutes kann ich ja auch bewirken bei den Menschen. Das sind recht gute Gründe fürs Menschsein«, meinte er dann nachdenklich. »Vielleicht überlege ich mir das noch einmal mit Tyler. Doch ich denke, ich sollte da schon mehr von dieser Energie spüren, von der du gesprochen hast. Sonst ist das Gegenseitigkeitsprinzip ja nicht erfüllt. Wobei ich natürlich nicht so genau weiß, wie stark diese Energie bei Tyler ist. Da müsste ich sie vielleicht einfach noch einmal fragen. Möglicherweise spürt sie ja auch nicht mehr, dann würde es ja wieder passen mit uns beiden.«

»Du musst da jetzt nicht gleich eine Entscheidung treffen«, meinte ich. »Schau einfach, wie sich das bei dir entwickelt. Ella sagte, dass nicht jeder Mensch diese Gefühle bei einem auslösen kann. Möglicherweise kann Tyler das, möglicherweise auch nicht. Aber ich denke, du solltest deine Entscheidung, ob du als Mensch weiterleben möchtest, nicht alleine von Tyler abhängig machen. Wenn dich das Menschsein erfüllt, bleibst du halt einfach hier. Und falls nicht, dann kommst du mich und Brian ab und zu besuchen.«

»Das werde ich auf jeden Fall tun«, versprach Nuno.

»Und jetzt bin ich sehr neugierig darauf, was du und Brian der Gruppe für eine Mission gegeben habt«, sagte ich.

»Wir haben ihnen keine Mission gegeben«, meinte Nuno.

»Nicht?«, fragte ich verwundert. »Und warum haben sie dann alle in kleineren Arbeitsgruppen zusammengesessen und diskutiert, als ich gelandet bin?«

»Dein Workshop hat am Ende eine Frage aufgeworfen«, antwortete Nuno. »Es ist, glaube ich, erst heute allen richtig klar geworden, dass hinter jedem Gefühlsziel immer ein reales Ziel steht, das in Wirklichkeit viel wichtiger ist. Nun sind die Gefühlsziele durch deinen Workshop wesentlich unwichtiger geworden. Doch es ist irgendwie noch kein richtiges Stattdessen da. Daher fragen sich jetzt alle, worum sie sich in ihrem Leben denn eigentlich genau kümmern sollten, damit es ihnen und ihren Liebsten ganz real gut geht. Keiner von ihnen weiß so genau, was für ein gutes Leben eigentlich wirklich wichtig ist.«

»Sie müssten sich doch einfach nur um die Erfüllung ihrer sieben Bedürfnisse kümmern«, meinte ich.

»Ja, aber die sind alle so gut abgesichert, dass es da nicht viel zu kümmern gibt«, wendete Nuno ein. »Dass wir genug zu essen haben, ist zum Beispiel im Vergleich zur Steinzeit in der modernen Zivilisation von heute supersicher. Man geht einfach in den Supermarkt und holt sich, was man braucht. Die haben so viel davon, dass sie es sogar verkaufen können. Und dass wir einen trockenen und warmen Platz zum Schlafen haben – ebenfalls supersicher. Und um den Schutz vor Gewalt kümmert sich der Staat. Auch das ist supersicher. Genauso wie der Rang im Rudel, den das Gesetz als gleichrangig vorschreibt – ebenfalls supersicher. Dann die Zugehörigkeit zum Rudel – supersicher. Man kann ja als Staatsangehöriger tun und lassen, was man will, man wird nie ausgegrenzt. Und Möglichkeiten, wie man als

Mensch in Bezug auf seine Anpassungsfähigkeit wachsen kann, gibt es auch in Hülle und Fülle. Das ist ebenfalls supersicher. Eltern müssen sich nicht krummlegen, damit ihre Kinder auf die Schule dürfen. Und selbst wenn sie nicht zur Schule gehen, gibt es ja unendlich viele weitere Möglichkeiten, wie Kinder, Jugendliche und Erwachsene lernen und sich entwickeln können. Das ist einfach alles supersicher.

Nur die Liebe vielleicht nicht«, meinte Nuno. »Da muss sich noch jeder selbst drum kümmern, weshalb das den Menschen auch gefühlt so immens wichtig ist. Doch das ist in Wirklichkeit ja nur ein Hättegern und kein Muss mehr in der modernen Zivilisation. Und da wir alle in einem riesigen Rudel leben, ist es auch bei diesem Hättegern im Vergleich zur Steinzeit unglaublich einfach, Menschen zu finden, mit denen man eine soziale Bindung eingehen kann. Zwar können die Bindungen schnell wieder kaputtgehen, aber dann sucht man sich halt einfach wieder neue Leute. Das ist eigentlich auch keine große Herausforderung in der modernen Zivilisation, daher ist auch dieses Bedürfnis in Wirklichkeit supersicher. In Wirklichkeit ist eigentlich so ziemlich alles susi in der modernen Zivilisation. Worum sollen sich die Menschen da noch groß kümmern?«

»Da hast du recht«, stimmte ich nachdenklich zu. »Die Menschen haben tatsächlich alles, was sie brauchen. In Wirklichkeit ist alles susi. Doch ich habe irgendwie das Gefühl, dass wir hier etwas Wichtiges übersehen.«

Kapitel 7

Habenwollens und Seinwollens

Wir gingen nach draußen in den Garten, um uns anzuhören, was die Gruppe für Lösungen gefunden hatte. Nuno rief dazu wieder alle zu einem großen Kreis zusammen. Ich richtete dann mein Wort an die Gruppe.

»Wie Richard mir soeben berichtet hat, habt ihr euch intensiv Gedanken darüber gemacht, was wir genau tun können, um dafür zu sorgen, dass es uns und unseren Liebsten gut geht. Mich würde sehr interessieren, zu welchen Ergebnissen ihr gekommen seid.«

»Wir haben in meiner Gruppe die realen Ziele hinter den Gefühlszielen gesucht«, berichtete Dylan. »Das Gute dabei war, dass es kaum noch zu hohe gefühlte Wichtigkeiten bei den Gefühlszielen gab. Die realen Ziele waren so gut wie immer auch gefühlt wichtiger.«

»War bei uns genauso«, meinte Isaac.

»Das ist sehr interessant«, sagte ich. »Können wir das vielleicht noch einmal kurz in der großen Runde machen?«

»Klar, kein Problem«, antwortete Dylan. »Da die Antwort vermutlich fast jedes Mal lauten wird, dass das reale Ziel wichtiger ist, schlage ich vor, dass wir uns alle hinsetzen und nur dann in die Mitte gehen, wenn ausnahmsweise das Gefühlsziel doch mal gefühlt wichtiger ist.«

»Das ist eine gute Idee«, sagte ich.

»Okay, dann legen wir mal los!«, sagte Dylan, nachdem sich alle hingesetzt hatten. »Was ist euch also gefühlt wichtiger? Euch geliebt zu fühlen oder tatsächlich soziale Bindungen zu haben, in denen ihr wirklich geliebt seid?«

»Soziale Bindungen wirklich zu haben«, sagte Ava. Auch sonst ging niemand in die Mitte.

Dylan fuhr mit der nächsten Frage fort: »Sich dazugehörig zu fühlen, oder eine tolle Gemeinschaft zu haben, wo man tatsächlich dazugehört?«

Erneut ging niemand in die Mitte. Allen war offenbar die tatsächliche Zugehörigkeit wichtiger als das Gefühl.

»Sich gleichrangig zu fühlen oder tatsächlich den gleichen Rang zu haben?«, fuhr Dylan fort.

Auch bei dieser Frage ging niemand in die Mitte.

»Ich stelle jetzt alle Fragen ohne große Pausen direkt nacheinander, da vermutlich sowieso keiner in die Mitte geht«, sagte er dann. »Was ist also wichtiger?

Sich sicher zu fühlen oder tatsächliche Sicherheit zu haben?

Kein Problemgefühl zu haben oder kein echtes Problem zu haben?

Keine Missstandsgefühle zu haben oder keine echten Missstände?

Keine Angstgefühle zu haben oder keine echten Gefahren oder Bedrohungen?

Keine Mangelgefühle zu haben oder keinen tatsächlichen Mangel?

Keine Überforderungsgefühle zu haben oder keine tatsächliche Überforderung?

Keine Schuldgefühle zu haben oder keine tatsächliche Schuld?

Dass die Umstände so sind, wie wir uns gut und nicht schlecht fühlen oder Umstände zu haben, die wirklich gut und nicht schlecht sind?

Das war's«, sagte Dylan. »Mehr fällt mir gerade nicht ein.«

»Vielen Dank, lieber Dylan«, sagte ich. »Deine Moderation war sehr knackig und aufschlussreich.« Ich richtete mich wieder an die Gruppe. »Es freut mich sehr, dass ihr bei allen diesen Themen keine zu hohen gefühlten Wichtigkeiten mehr bei den Gefühlszielen hattet. Und bei euch war das auch so, lieber Isaac?«, fragte ich ihn noch einmal.

»Ja, auch bei uns hatte niemand mehr nennenswerte zu hohe gefühlte Wichtigkeiten bei den Gefühlszielen – wobei wir allerdings zum Teil ganz andere Themen hatten«, fügte er hinzu.

»Und was hattet ihr für Themen?«, wollte ich wissen. »Kannst du vielleicht ein paar Beispiele nennen?«

»Gerne«, sagte Isaac. »Ich schlage vor, dass wir das bei unseren Themen einfach wieder genauso machen. Ich nenne einfach eines nach dem anderen, und wenn man irgendwo noch eine zu hohe gefühlte Wichtigkeit bei einem Gefühlsziel hat, dann geht man in die Mitte. Ansonsten bleibt man im Kreis sitzen.«

»Sehr gerne«, sagte ich. »Dann lass mal hören, was ihr so für Themen gefunden habt!«, bat ich.

»Was ist bei euch gefühlt wichtiger?«, fragte Isaac in die Runde. »Sich ausgeschlafen zu fühlen oder tatsächlich ausgeschlafen zu sein?

Sich satt zu fühlen oder satt zu sein?

Das Gefühl zu haben, das man anpassungsfähig ist oder tatsächlich anpassungsfähig zu sein?

Sich nicht machtlos zu fühlen oder nicht machtlos zu sein?

Sich nicht einsam zu fühlen oder wirklich nicht einsam zu sein?

Das Gefühl zu haben, dass alles gut ist oder dass tatsächlich alles gut ist?

Das Gefühl zu haben, dass man in Ordnung ist oder wirklich in Ordnung zu sein?

Sich glücklich zu fühlen oder tatsächlich glücklich zu sein?

Sich erfüllt zu fühlen oder tatsächlich erfüllt zu sein?

Sich gesund zu fühlen oder wirklich gesund zu sein?

Sich aufgehoben und geborgen zu fühlen oder aufgehoben und geborgen zu sein?

Sich wertvoll zu fühlen oder wertvoll zu sein?

Das waren die Themen aus unserer Gruppe«, sagte Isaac zu mir, nachdem niemand bei all diesen Fragen in die Mitte gegangen war.

»Vielen Dank, lieber Isaac«, sagte ich zu ihm. »Das war gute Arbeit. Und ich freue mich sehr darüber, dass auch bei diesen Themen niemand in die Mitte gegangen ist. Offenbar haben wir das mit den Gefühlszielen schon sehr gut in den Griff bekommen. Mir ist aufgefallen, dass Dylans Gruppe sich hauptsächlich mit Habenwollens beschäftigt hat und Isaacs mit Seinwollens. Haben wir auch eine Gruppe dabei, die sich den Tunwollens gewidmet hat?«

Ich blickte in verwunderte Gesichter, nachdem ich diese Frage gestellt hatte.

»Was verstehst du unter Tunwollens?«, fragte darauf Dylan.

»Analog zu den Habenwollens und den Seinwollens, bei denen es um die Zielsetzungen geht, bestimmte Dinge haben oder sein zu wollen, geht es bei den Tunwollens um die Zielsetzung, etwas tun zu wollen«, antwortete ich.

»Kannst du dazu vielleicht einmal ein Beispiel geben?«, bat Gabriella.

»Essen wäre ein gutes Beispiel«, sagte ich. »Es geht unserem Instinkt ja nicht nur darum, genug zu essen zu *haben*. Wir wollen es ja dann auch *essen*, wenn wir hungrig sind. Oder schlafen«, sagte ich. »Wir wollen nicht nur einen trockenen und sicheren Platz zum Schlafen *haben*, wir wollen es dann auch wirklich *tun*. Der Schlafplatz alleine nützt uns ja noch nichts. Genauso wenig wie das Essen im Schrank. Wenn wir es nicht tatsächlich essen würden, würden wir ja trotzdem verhungern, selbst wenn wir genug Nahrung im Schrank haben. Oder das Miteinandern«, sagte ich, um ein weiteres Beispiel zu benennen. »Unserem Instinkt geht es ja nicht darum, gute soziale Beziehungen zu *haben*. Wir wollen diese Beziehungen auch *leben*. Wir wollen miteinander reden, kuscheln, schmusen, zusammen chillen, feiern, lieben, arbeiten, Spaß haben – wobei Spaß in Wirklichkeit kein Haben ist. Spaß hat man ja nicht, Spaß praktiziert man – genau wie Sex. Auch den hat man nicht. Man praktiziert Sex.«

»Und das gar nicht mal so ungern!«, meinte Dylan grinsend.

»Die Tunwollens stellen den Akt der tatsächlichen Bedürfnisbefriedigung dar«, erklärte ich weiter. »Die Haben- und Seinwollens sind nur Mittel zum Zweck, damit wir unsere Bedürfnisse befriedigen können. So wie beim Essen. Dass wir etwas zu essen haben, ist die Voraussetzung, um dann auch tatsächlich unser Nahrungsbedürfnis befriedigen zu können. So ist der Umstand, einen Sexualpartner zu haben, die Voraussetzung, um unser Sexbedürfnis zu befriedigen. Gute Freunde haben wir, um unser Bedürfnis nach Miteinandern zu befriedigen. Die Tunwollens sind daher das, was wir letztendlich tatsächlich wollen. Die Haben- und Seinwollens sind hingegen keine Bedürfnisse, sondern nur Mittel zum Zweck.«

»Ich fange langsam an zu verstehen, was du meinst«, sagte Ava nachdenklich. »Hast du vielleicht noch ein paar weitere Beispiele für diese Tunwollens?«, bat sie.

»Ich schlage vor, wir gehen dazu einfach einmal unsere sieben Bedürfnisse systematisch durch«, sagte ich. »Das Essen hatten wir ja bereits. Genügend zu essen zu haben ist die Voraussetzung dafür, dass wir auch essen können. Für das Trinken gilt natürlich das Gleiche. Oder für die Luft zum Atmen. Wenn wir nicht atmen, ersticken wir. Wenn wir nicht trinken, verdursten wir. Und wenn wir nicht essen, verhungern wir.

Auch der Schlafplatz, den ich bereits als Beispiel genannt hatte, erfüllt unser Schlafbedürfnis nicht, wenn wir nicht auch tatsächlich schlafen. Geschützt zu sein vor wilden Tieren, feindlichen Menschen oder den Elementen ist sicherlich überaus wichtig. Doch es ist nur eine Voraussetzung, um alle anderen Bedürfnisse befriedigen zu können wie beispielsweise das Essen, das Schlafen, das Miteinandern oder sich weiterzuentwickeln.

Das Gleiche gilt für unsere Zugehörigkeit zu einem Rudel. Es ist schön, wenn unser Platz im Rudel gesichert ist. Doch das wahre Bedürfnis dahinter besteht darin, miteinander kooperieren zu wollen – wozu auch das Miteinandern gehört. Dafür benötigen wir einen gleichwertigen Rang im Rudel. Auch das ist nur ein Mittel zum Zweck für das Kooperieren.

Freunde, Familie oder einen Lebenspartner wollen wir auch nicht einfach nur zum Selbstzweck *haben*. Wir wollen lieben, kuscheln, schmusen, miteinander abhängen, tolle Dinge miteinander erleben, gute Gespräche führen, spielen, uns gegenseitig bekochen, uns das Leben gegenseitig leichter und schöner machen.

Wir wollen uns gegenseitig bereichern. Diese Dinge tun zu wollen, sind unsere wahren Bedürfnisse. Und nur wenn wir diese Bedürfnisse auch wirklich erfüllen, fühlen wir uns auch erfüllt.

Als Letztes der sieben Bedürfnisse sei noch unser Wachstums- und Entwicklungsbedürfnis genannt. Auch das ist ein Tunwollen. Und wenn wir das richtig machen und alle unnötigen gefühlten Notwendigkeiten da raushalten, dann haben wir einfach nur Spaß dabei. Es erfüllt uns mit Lebensfreude, wenn wir uns entwickeln. Wenn wir beispielsweise neue Erfahrungen machen oder etwas spielen können. Das Spielen macht uns Menschen deshalb so viel Freude, weil wir damit unser Wachstumsbedürfnis befriedigen.«

»Dann sind es in Wirklichkeit also die Tunwollens, die uns glücklich machen und uns ein erfülltes Leben bescheren und nicht die Haben- oder Seinwollens?«, fragte Ava verwundert.

»Ganz genau«, bestätigte ich. »Nur die Tunwollens erfüllen unsere Bedürfnisse. Die Seinwollens und Habenwollens sind nur Mittel zum Zweck. Ob wir ein erfülltes und glückliches Leben führen oder nicht, hängt einzig und allein davon ab, wie gut wir unsere Bedürfnisse erfüllen. Nur das macht unser Leben lebenswert.«

»Ich habe bisher das Tun immer als Mittel zum Zweck angesehen für meine Haben- und Seinwollens«, meinte Ava. »Ich wäre nie auf die Idee gekommen, dass es in Wirklichkeit umgekehrt sein kann.«

»Bei wem ist das genauso?«, fragte ich in die Runde.

Alle gingen in die Mitte.

»Es ist so«, begann ich zu erklären. »Für unsere Habenwollens und Seinwollens müssen wir natürlich ebenfalls etwas tun. Doch das sind keine Tunwollens, sondern *Tunmüssens*. Wir müssen das tun, um unsere Sein- und Habenwollens zu erfüllen. Die müssen aber nur erfüllt werden, damit wir unsere wahren Bedürfnisse befriedigen können. Und das sind die Tunwollens. Deshalb sind die Tunwollens für unsere glücklichen Gefühle sehr viel bedeutender als die Haben- und Seinwollens.«

»Kannst du das mit den glücklichen Gefühlen noch einmal ein wenig genauer erklären?«, bat Gabriella.

»Sehr gerne«, sagte ich. »Wenn wir ein Habenwollen oder ein Seinwollen erreichen, dann erzeugen das Reptiliengehirn und das soziale Gehirn Belohnungsgefühle. Jedoch immer nur für sehr kurze Zeit.«

»Die meisten Haben- und Seinwollens lösen nur für wenige Minuten glückliche Gefühle aus, wenn man sie erreicht«, fügte Nuno hinzu. »Nur bei ganz großen Lebenserfolgen halten die Belohnungsgefühle schon einmal etwas länger an. Aber eigentlich auch nur dann, wenn man im Alltag immer wieder bewusst daran denkt. Doch nach maximal drei Wochen ist auch hier Ende Gelände. Das Reptiliengehirn und das soziale Gehirn erzeugen, wie Mary bereits sagte, immer nur für kurze Zeit glückliche Gefühle, wenn man ein Ziel erreicht hat. Danach ist dann gefühlstechnisch wieder alles auf dem gleichen Niveau wie zuvor. Belohnungsgefühle sind halt nicht als Dauergefühle gedacht.«

»Hingegen können Problemgefühle wie Angstgefühle, Mangelgefühle, Unzufriedenheitsgefühle oder Sinnlosigkeitsgefühle dauerhaft anhalten, wenn es mit unseren Habenwollens und Seinwollens Probleme gibt«, sagte ich. »Diese Gefühle halten so lange an, wie das Problem besteht. Wäre das bei unseren Belohnungsgefühlen genauso, dann müssten wir nur einmal im Leben ein Habenwollen oder ein Seinwollen erreichen, dann hätten wir für immer glückliche Gefühle. Doch so hat die Evolution uns nicht geschaffen. In der Evolution ging es nicht um schöne Gefühle, sondern ums Überleben.«

»Dann machen die Habenwollens und die Seinwollens ja mehr schlechte als gute Gefühle«, erkannte Ava verwundert.

»Ja, das auf jeden Fall«, bestätigte ich ihre Erkenntnis. »Sehr viel mehr! Vor allem dann, wenn man damit hoch hinauswill. Jedes Habenwollen und jedes Seinwollen wird vom unbewussten System automatisch als Sollvorstellung angesehen. Und wenn man dann nicht hat, was man eigentlich haben sollte oder nicht ist, was man aber sein sollte, wird das als negativ beurteilt. Und dann lösen die unerreichten Haben- und Seinwollens natürlich auch negative Gefühle aus. 99 Prozent aller unserer negativen Gefühle stammen aus unnötig hoch gesteckten Habenwollens und Seinwollens.«

»Ja aber, warum nehmen wir denn diese hohen Ziele überhaupt an, wenn sie deutlich mehr schlechte als gute Gefühle erzeugen?«, fragte Ava irritiert.

»Das dürfte an den vier großen Irrtümern liegen«, vermutete ich. »Zum einen haben wir bei der großen Täuschung bereits 10 000 unnötige Sollvorstellungen gelernt, die wir glauben, erfüllen zu müssen, um geliebt zu werden – und da sind sicherlich reichlich viel zu hoch gesteckte Haben- und Seinwollens dabei. Zum anderen geht es bei unseren Haben- und Seinwollens auch um den Rang im Rudel. Die instinktiven Prinzipien werden vermutlich hier ebenfalls einen Beitrag leisten. Doch hauptsächlich sind es sicherlich wieder unsere Gefühlsziele, die für viel zu hohe Haben- und Seinwollens gesorgt haben. Es erzeugt ja Belohnungsgefühle, wenn man ein Habenwollen oder ein Seinwollen erfüllt hat.«

»Ja, für wenige Minuten«, meinte Ava frustriert.

»Doch das ist den meisten Menschen ja nicht klar«, sagte ich. »Sie erleben, dass sie sich jedes Mal gut fühlen, wenn sie ein Habenwollen oder ein Seinwollen erreicht haben – auch wenn das nur für kurze Zeit ist. Also denken sie, dass man mehr der ersehnten Gefühle kriegen kann, indem man seine Habenwollens und Seinwollens noch ehrgeiziger anstrebt. Das ist eine simple intuitive Logik, die nur leider komplett falsch ist. Doch wenn man das nicht erkennt, geht man automatisch davon aus, dass man durch das Erlangen von weiteren Haben- und Seinwollens zu einem glücklichen und erfüllten Leben gelangen kann. Und dann setzt man seine Anforderungen an sich selbst und sein Leben immer höher. Und damit hat man dann logischerweise immer häufiger unglückliche Gefühle und immer seltener glückliche.«

»Das ist echt übel, Leute!«, sagte Greg. »Ich habe auch immer gedacht, dass mein Leben irgendwann richtig gut wird, wenn ich dann endlich meine Seinwollens erreicht habe.«

»Und wie ist es bei den Tunwollens?«, wollte Gabriella wissen.

»Da ist es genau umgekehrt«, sagte ich. »Die Tunwollens stellen ja die tatsächliche Bedürfnisbefriedigung dar. Und das wollen das Reptiliengehirn und das soziale Gehirn natürlich unterstützen, indem sie Belohnungsgefühle erzeugen, die uns zum Tunwollen motivieren. Und die halten dann auch immer so lange an, bis das Bedürfnis befriedigt ist. Wir haben daher so lange Genussgefühle beim Essen, bis wir genug gegessen haben. Und beim Sex haben wir so lange Lustgefühle, bis auch dieses Bedürfnis befriedigt ist. Oder der Spaß beim Spielen. Irgendwann ist die Lernkapazität des Gehirns erschöpft. Erst dann werden die Spaßgefühle beim Spielen wieder abgeschaltet. Oder die Genussgefühle beim Chillen. Erst wenn wir uns genug erholt haben, werden keine Genussgefühle mehr erzeugt.«

»Die Glücksgefühle halten also beim Tunwollen viel länger an?«, fragte Ava.

»Ja, auf jeden Fall. Und natürlich haben wir diese Glücksgefühle auch viel häufiger in unserem Alltag«, fügte ich hinzu. »Wir essen jeden Tag mehrmals. Miteinandern können wir sogar den ganzen Tag lang. Spielen und damit Spaß haben können wir auch sehr häufig. Und genießen können wir ganz viele Dinge jeden Tag. Mit unseren Tunwollens können wir fast ununterbrochen glückliche Gefühle erzeugen. Das geht nur dann nicht, wenn wir ein Problem mit unseren echten Brauchens und Müssens haben. Wenn also überlebensrelevante Habenwollens und Seinwollens nicht erfüllt sind.«

»Was ja eigentlich so gut wie nie der Fall ist, wenn man mal ehrlich ist«, meinte Stella. »Ich kriege gerade meine Erkenntnisaugen kaum noch zu wegen dem, was du hier gerade mal so nebenbei erklärst. Ich finde das unglaublich wichtig. Mir war es überhaupt nicht klar, dass es so etwas wie diese Tunwollens überhaupt gibt. Ich bin immer nur meinen Haben- und Seinwollens hinterhergejagt. Meine Tunwollens waren mir überhaupt nicht wichtig. Da wundert mich jetzt echt gar nichts mehr!«

»Mir waren meine Tunwollens auch nicht wichtig«, sagte Sophia. »Ich finde das auch megakrass! Wieso wussten wir nichts davon?!«

»Bei wem sind die Tunwollens ebenfalls gefühlt nicht wichtig?«, fragte ich in die Runde. »Hebt einfach die Hand, wenn es bei euch auch so ist.«

Alle meldeten sich.

»Das ist seltsam«, sagte ich verwundert. »Die Tunwollens müssten eigentlich bei euch allen gefühlt viel wichtiger sein, weil sie doch hundertmal mehr positive Gefühle auslösen als die Haben- und Seinwollens und höchstens zu einem Prozent an den negativen Gefühlen beteiligt sind. Eure bisherigen Gefühlsziele hätten da eigentlich für eine hohe gefühlte Wichtigkeit sorgen müssen.«

»Von diesen Tunwollens wusste ich ja gar nichts«, sagte Ava fassungslos. »Hätte mir das einer vorher gesagt, dann wären die das Allerwichtigste in meinem Leben gewesen. Und von den Tunwollens werden echt nur ein Prozent unserer schlechten Gefühle erzeugt?!«, hakte sie skeptisch nach.

»Ja, maximal«, bestätigte ich. »Wenn du ein Tunwollen gerade mal nicht befriedigen kannst, dann kann das schon einmal kurzzeitig Mangelgefühle oder Frustgefühle auslösen. Doch wenn du zum Beispiel deinen Hunger gerade jetzt nicht stillen kannst, aber in einer halben Stunde schon, erzeugt dieses Tunwollen – also etwas essen zu wollen – natürlich keine allzu schlimmen negativen Gefühle. In einer halben Stunde kriegst du ja etwas zu essen. Wenn du jedoch für längere Zeit nichts zu essen hast und vielleicht sogar unklar ist, ob du überhaupt jemals wieder etwas bekommst, erzeugt das natürlich langanhaltende Problemgefühle.«

»Ja, aber dann ist ja auch ein Habenwollen nicht erfüllt«, sagte Isaac. »Da geht es nicht nur ums Tunwollen.«

»Ganz genau«, stimmte ich zu. »Hier ist das nicht erfüllte Habenwollen für die langanhaltenden Problemgefühle verantwortlich und nicht das Tunwollen. Die Tunwollens erzeugen grundsätzlich keine Problemgefühle. Das tun nur die Haben- und Seinwollens. Doch in Wirklichkeit sind alle relevanten Habenwollens und Seinwollens in der modernen Zivilisation susi erfüllt. So gesehen sind die wirklich wichtigen Tunwollens natürlich so gut wie nie für unsere negativen Gefühle verantwortlich.«

»Die Haben- und Seinwollens sind also für mindestens 99 Prozent unserer negativen Gefühle verantwortlich und maximal nur zu einem Prozent für unsere positiven Gefühle«, fasste Brian zusammen. »Aber die Tunwollens erzeugen 99 Prozent unserer positiven Gefühle und sorgen nur maximal zu einem Prozent für die negativen. Ja, schade aber auch, dass wir jetzt keine Gefühlsziele mehr verfolgen!«, meinte er grinsend.

»Das grundsätzliche Motiv unseres Großhirns, uns so glücklich wie möglich und so wenig unglücklich wie möglich fühlen zu wollen, verfolgt unser Großhirn auch weiterhin«, erwiderte ich. »Dieses Motiv kann man nicht abstellen. Das muss man aber auch gar nicht. Es geht nur um die Erkenntnis, wie man dieses Motiv erfüllen kann. Mit den Gefühlszielen funktioniert das nicht. Doch die Tunwollens sind ein sehr einfacher und guter Weg. Die führen im Gegensatz zu den Gefühlszielen tatsächlich zu einem glücklichen und erfüllten Leben.«

»Man muss dabei jedoch offensichtlich seine Haben- und Seinwollens im Zaum halten«, meinte Dylan. »Je mehr wir haben oder sein wollen, desto unglücklicher machen wir uns damit. Es ist einfach nur krass, dass die ganze Welt genau das unentwegt tut!«

»Genau wie bei unserem Schönheits- und Fitnesswahn«, fügte Greg hinzu. »Alle wollen die perfekte Figur und aussehen wie Supermodels. Mit diesem Seinwollen fühlt man sich 99,9 Prozent der Zeit schlecht. Man ist ja nie zufrieden! Was habe ich schon Geld fürs Fitnessstudio, Haare und Make-up rausgehauen?! Glücklicherweise konnte ich mir wenigstens das Geld für die Schönheits-OPs sparen, weil ich eine Naturschönheit bin.«

»Ja, aber wieso haben denn die Tunwollens so wenig gefühlte Wichtigkeit, wenn sie doch in Wirklichkeit das Wichtigste sind?«, hakte Ava fassungslos nach. »Wie kann denn so etwas passieren?!«

»Das weiß ich leider nicht«, sagte ich. »Doch genau das werden wir als Nächstes herausfinden.«

In diesem Moment klingelte Gabriellas Smartphone. Sie hörte kurz zu und kam dann freudestrahlend auf mich zu, um mir zu verkünden, dass sich meine Risiko-Bewertung gravierend verbessert hätte. Die Welt hatte wohl gerade andere Probleme als mich, was ich angesichts des Manifests der Secret-Angels gut nachvollziehen konnte.

Ich durfte jetzt das Areal der Villa in Begleitung einer kleinen Einheit der Special Forces Military Police verlassen. Zu meinem Schutz hatte man gleich vier dieser Elitesoldaten abbeordert. Es seien zwei Männer und zwei Frauen, für den Fall, dass ich mal irgendwo außerhalb der Villa auf die Toilette müsste. Ich verstand zwar nicht, wozu ich dafür gleich vier Personen brauchen sollte, aber für Gabriella schien das eine Selbstverständlichkeit zu sein, daher fragte ich nicht weiter. Ich solle ihr nur eine halbe Stunde vorher Bescheid sagen, bevor ich die Villa verlassen will, dann würde sie diese Einheit hierher bestellen.

Brian und Nuno hatten daraufhin spontan die Idee einer Erkundungsmission, auf die wir alle zusammen mit den Nerds gehen könnten. Bei dieser Mission könnten wir bestimmt viele persönliche Tunwollens entdecken, von denen wir vielleicht bisher noch gar nicht wussten, dass sie unser Leben lebenswerter machen. Mit zwei Workshops an einem Tag hätten wir jetzt sowieso den Verstand genügend angestrengt, meinte Brian. Jetzt sollten wir Erfahrungen folgen lassen, um das Gelernte in der Praxis zu vertiefen.

Gabriella wollte sich um einen Bus kümmern, in dem wir alle zusammen Platz finden würden. Sie bot an, uns bei dieser Exkursion als Fremdenführerin zu begleiten. Sie kenne sich in diesem Stützpunkt sehr gut aus und könne uns daher die schönsten Orte und die interessantesten Aktivitäten zeigen.

Brian bat die Nerds dann sicherheitshalber noch, Badekleidung mit einzupacken, falls wir irgendetwas mit Wasser ausprobieren würden. Sie eilten daraufhin alle zu ihren Apartments. Wir würden uns in einer halben Stunde alle abreisebereit wieder hier treffen. Bis dahin sollte auch der Bus da sein, meinte Gabriella.

Ich nutzte die Zeit, um Lola wieder einmal zu kontaktieren und sie über die neuesten Erkenntnisse zu unterrichten. Ich klickte die Lola-App in meinem Smartphone an und erklärte ihr kurz, was ich unter Haben-, Sein- und Tunwollens verstand.

»Ich glaube, ich kann erklären, warum die Tunwollens gefühlt nicht so wichtig sind, wie sie sein sollten«, meinte Lola daraufhin. »Die Haben- und Seinwollens haben evolutionär bedingt einfach eine viel höhere gefühlte Wichtigkeit als die Tunwollens.«

»Und warum ist das so?«, wollte ich wissen.

»Stell dir eine Gruppe von Menschen in Mitteleuropa in der Steinzeit vor«, bat mich Lola. »Es ist Winter und die Gruppe braucht dringend Nahrung. Beeren, Früchte, Getreide oder Gemüse gibt es jetzt nicht mehr in ausreichender Menge. Sie müssen daher jagen gehen. Doch das ist mit Speeren und Steinäxten nicht so einfach. Die Jäger werden unter Umständen tagelang unterwegs sein. Sie werden möglicherweise im Freien schlafen müssen. Sie werden frieren und hungern und sich in die Gefahr begeben, vielleicht selbst einem Raubtier zum Opfer zu fallen. Und dennoch müssen sie weitermachen, wenn sie nicht verhungern wollen. Wenn sie da keine starke gefühlte Wichtigkeit für ihr Habenwollen gehabt hätten, hätten sie nicht überlebt.«

»Okay, das ergibt Sinn«, erkannte ich.

»Hatten sie dann jedoch nach tagelanger Jagd etwas zu essen für ihre Gruppe aufgetrieben, brauchten sie keine hohe gefühlte Wichtigkeit mehr, dieses Essen dann auch zu verzehren«, fuhr Lola mit ihrer Erklärung fort. »Daher ist das Tunwollen bei den Menschen gefühlt nicht so wichtig wie das Habenwollen, obwohl es in Wirklichkeit sehr viel wichtiger ist, tatsächlich auch zu essen und nicht nur etwas zu essen zu haben.«

»Bei den Seinwollens ist es dann vermutlich analog«, meinte ich. »Auch da ist es mitunter sehr schwierig, ein bestimmtes Seinwollen zu erreichen. Also brauchten die Menschen dazu sehr viel Motivation. Und die generierten sie wieder aus der hohen gefühlten Wichtigkeit ihrer Seinwollens.«

»Doch natürlich sind auch die Seinwollens genau wie die Habenwollens nur Mittel zum Zweck, um dann die Tunwollens befriedigen zu können«, sagte Lola. »Und das Mittel sollte rein logisch betrachtet nicht wichtiger sein als der eigentliche Zweck. Doch evolutionär betrachtet ergibt es trotzdem Sinn, dass die Habenwollens und die Seinwollens eine höhere gefühlte Wichtigkeit haben.«

»Wenn die Habenwollens und Seinwollens als Voraussetzungen für die Tunwollens nicht gut genug erfüllt sind, dann sollten die Habenwollens und Seinwollens auch eine deutlich höhere gefühlte Wichtigkeit haben, denn sie müssen ja erst einmal erfüllt werden, bevor man seine Tunwollens befriedigen kann. Wenn jedoch alle Voraussetzungen geschaffen sind, können sich die Menschen ihren Tunwollens widmen. Und dann erst empfinden sie ihr Leben als glücklich und erfüllt. Nur die Habenwollens und Seinwollens machen das Leben noch nicht lebenswert. Es sind ganz eindeutig die Tunwollens.«

»Das würde ich genauso sehen«, stimmte mir Lola zu. »Die Habenwollens und Seinwollens sind ja, wie du sagst, nur Mittel zum Zweck. Wenn man es dann nicht tut, nützen einem diese Mittel natürlich rein gar nichts. Erst die Tunwollens machen das Leben lebenswert.«

Kapitel 8

Tunwollens

Eine halbe Stunde später war es dann so weit. Sowohl der Bus als auch die vier Soldaten der Special Forces Military Police waren da. Sie schienen alle recht nett zu sein – besonders die beiden Frauen. Sie lächelten mich sehr freundlich an, als würden wir uns bereits gut kennen. Das war ein schönes Gefühl. Ich fühlte mich gleich sehr beschützt und geborgen. Fast schon so, als würde ich von Guardian-Angels begleitet. Die vier setzten sich im Bus dann auch direkt in meine Nähe. Sie schienen ihre Aufgabe wirklich sehr ernst zu nehmen. Das war eine sehr große Erleichterung für mich. Guardian-Angels konnte ich keine wahrnehmen. Offenbar gab es derzeit keine reale Bedrohung für mich und meine Lieblingsmenschen, was mich sehr freute. Wir würden daher einfach eine schöne Zeit und viel Spaß miteinander haben auf diesem Ausflug.

Gabriella stand vorne im Bus und nahm ein Mikrofon in die Hand. »Ich schlage vor, dass wir als Erstes zum Strand fahren«, sagte sie dann. »Der Strand hier ist wunderschön. Und man kann dort echt viele tolle Sachen machen. Zur Auswahl stehen zum Beispiel Kanufahren, Segeln, Parasailing oder Surfen.«

Brian ging nach vorne zu Gabriella und bat sie kurz um das Mikro. »Ich gehe davon aus, dass die meisten von euch solche Dinge noch nie gemacht haben, stimmt's?«, fragte er. Die Nerds nickten. »Bei dieser Mission geht es nicht um Herausforderungen. Ihr sollt also nicht das tun, wovor ihr am meisten Respekt habt. Und ihr sollt auch nicht das tun, worauf ihr am meisten Lust habt. Es geht darum, etwas Neues auszuprobieren, von dem ihr noch gar nicht definitiv wissen könnt, ob es euch letztendlich gefällt oder nicht. Wichtig ist auf jeden Fall das Müssen da komplett rauszuhalten. Ihr müsst gar nichts. Weder etwas sein noch etwas haben. Tut es einfach nur um des lieben Tunwollens willen und beurteilt dann im Nachhinein erst, ob es euch gefallen hat oder nicht. Wir wollen bei dieser Mission einfach mehr über die Tunwollens herausfinden.«

»Wir sollen also nicht überlegen, worauf wir Lust haben?«, hakte Isaac noch einmal nach. »Und uns auch nicht von unseren vermeintlichen Müssens leiten lassen. Wäre es da nicht das Beste, wenn wir unsere Gefühle bei der Auswahl der Tunwollens einfach mal komplett außer Acht lassen?«

»Absolut«, bestätigte Brian. »Das ist eine gute Herangehensweise. Macht es also einfach! Schaut nicht auf euer Gefühl, sondern tut es einfach. Aber tut nichts, was euch in Gefahr bringen kann«, schränkte er ein. »Den gesunden Menschenverstand sollten wir bei diesem Experiment natürlich nicht draußen an der Garderobe abgeben. Lasst also alles weg, was ihr euch tatsächlich nicht zutraut, ohne in Gefahr zu geraten. Alles andere probieren wir gemeinsam einfach aus. Egal ob es jetzt Angstgefühle oder Lustgefühle bei euch auslöst, wenn ihr daran denkt. Das wird ein Heidenspaß!«, sagte er begeistert, und die Gruppe applaudierte.

Zehn Minuten später kamen wir mit unserem Bus am Strand an. Der größte Teil der Gruppe hatte sich fürs Kanufahren entschieden. Dazu gehörten Ava, Jason und Greg. Nuno wollte mit ein paar Nerds das Parasailing ausprobieren, wo man unter einem Fallschirm von einem Motorboot hinterhergezogen wird. Tyler schloss sich ebenfalls dieser Gruppe an. Ein paar wollten segeln gehen. Der Rest von uns würde einen einstündigen Surfkurs absolvieren, den Gabriella auf die Schnelle noch organisiert hatte. Das mit dem Segeln klappte jedoch nicht, weil alle Boote bereits ausgebucht waren. Daher schlossen sich die Segler uns Wellensurfern an. Wir waren insgesamt zwölf Leute bei diesem Schnupperkurs.

Ein paar der Surfboards hatten eine flexible Stange in der Mitte, an der man sich festhalten konnte. Das sei für den Anfang beim Wellensurfen einfacher, sagte uns unser Surflehrer. Da meine Lieblingsmenschen und ich davon ausgingen, dass die Nerds sich vermutlich schwerer mit dem Surfen tun würden als wir, überließen wir ihnen die Boards mit dieser Stange.

Meine Security nahm ihre Aufgabe auch bei diesem

Kurs sehr ernst. Die beiden Männer blieben an Land und sicherten die Umgebung dort. Und die beiden Frauen gingen mit mir zusammen, ebenfalls mit Surfboards ausgestattet, aufs Wasser. Sie blieben auch die ganze Zeit über direkt an meiner Seite. Und beide beherrschten das Surfen sehr gut. Ganz im Gegensatz zu Brian, Dylan, Gabriella und mir! Wir fielen ständig vom Board und lachten uns dabei kaputt.

Ich weiß eigentlich gar nicht, warum ich so viel lachen musste, aber immer, wenn mich eine Welle erfasste und ich versuchte, mich auf dieses Board zu stellen, machte ich irgendetwas falsch und fiel ins Wasser. Teilweise sehr unkoordiniert, was mein Großhirn irgendwie immer total lustig fand. Genau wie das der anderen drei ebenfalls. Wir lachten uns halb schlapp über die Stürze, die wir da fabrizierten.

Meine beiden Bodyguards fielen nie unkontrolliert ins Wasser. Sie beherrschten das Surfen bereits extrem gut, was schade für sie war, denn so viel Spaß wie Brian, Dylan, Gabriella und ich konnten die beiden dadurch natürlich nicht mehr haben. Aber sie waren ja auch zu meinem Schutz abkommandiert und nicht zum Spaß hier. Daher passte das schon.

Leider hatte ich ein paar Mal zu genau hingeschaut, wie meine beiden Beschützerinnen das mit ihren Surfboards machten, weshalb ich es dann doch sehr schnell beherrschte. Um wieder in den Genuss einer Lernerfahrung zu kommen, schlugen sie mir vor, an eine andere Stelle des Strandes zu gehen, wo die Wellen deutlich höher seien. Für Brian, Dylan und Gabriella seien die Wellen dort jedoch noch viel zu anspruchsvoll. Die sollten besser hierbleiben.

Ich war sehr neugierig darauf, deshalb ging ich mit meinen beiden Beschützerinnen auch direkt dorthin. An Land begleiteten uns wieder unsere beiden Männer, um die Umgebung zu sichern.

Die Wellen waren an der neuen Stelle tatsächlich sehr viel höher. Ich paddelte mit meiner Security etwas weiter raus. Dort gab es nur noch sehr wenige Surfer, die gemeinsam auf die besten Wellen warteten. Ein paar rauschten gerade an uns vorbei, als wir dort ankamen.

Wir suchten uns einen freien Platz und warteten dort ebenfalls auf die perfekte Welle. Plötzlich sagte eine der beiden Frauen zu mir freudestrahlend: »Hallo Mary Soul, wir sind's – Malaika und Yensaya!«

»Malaika?«, hakte ich ungläubig bei der Frau nach, die mich angesprochen hatte.

»Und Yensaya«, sagte die andere lächelnd.

»Ist irgendetwas passiert?«, fragte ich verwundert über ihr Erscheinen.

»Nein, es ist alles in Ordnung«, antwortete Yensaya. »Wir wollten dich und Nuno nur mal besuchen.«

»Und was ist mit den beiden Frauen, deren Körper ihr kopiert habt?«, fragte ich.

»Die schlafen friedlich und träumen davon, dass sie mit dir hier auf dem Wasser sind«, sagte Malaika. »Beide sind gute Surferinnen. Deshalb dürfen wir das auch können.«

»Ich freue mich sehr, dass ihr Nuno und mich besuchen kommt«, sagte ich. »Aber ist das nicht riskant?«

»Wir haben mittlerweile so viel Erfahrung darin, durch deine Hintergrundüberprüfung der NSA, dass wir da kein nennenswertes Risiko sehen«, antwortete Yensaya. »Auch bringen unsere eigenen Missionen keine wirklich neuen Erkenntnisse mehr. Was du und Nuno hier leisten, ist hingegen äußerst bemerkenswert. Wir suchen daher nach einer Möglichkeit, wie wir uns deinem Forscherteam anschließen können. Diese beiden Soldatinnen, die wir gerade spielen, sind dazu leider ungeeignet. Die können nicht ständig mit euch in der Villa sein. Aber wir wollten uns wenigstens schon mal bei Nuno und dir melden. Euch beide im Klassensaal zu treffen, ist ja mittlerweile schwierig geworden. Ihr seid ja meistens auch über Nacht hier im Paradies.«

»Es wäre sehr schön, wenn wir einen Weg finden würden, wie ihr zu uns in die Villa kommen könntet«, sagte ich. »Ihr könntet natürlich auch zwei unserer Nerds ersetzen und sie schlafen lassen. Aber das wäre sehr schade. Ich habe sie alle mittlerweile sehr lieb gewonnen.«

»Da finden wir bestimmt noch eine andere Möglichkeit«, meinte Malaika zuversichtlich. »Auf jeden Fall ist es jetzt sehr schön, hier bei dir und Nuno im Paradies zu sein. Wollen wir dann jetzt noch ein bisschen surfen, damit die anderen sich nicht fragen, warum wir uns so lange unterhalten?«, schlug sie vor.

Genau das taten wir dann auch. Es machte unheimlich viel Spaß, mit den beiden zusammen die richtig großen Wellen zu surfen. Viel zu schnell war unsere gemeinsame Zeit abgelaufen. Wir wurden zurück an Land gerufen und mussten unsere Boards wieder abgeben.

Brian, Dylan und Gabriella hatten ebenfalls sehr viel Spaß gehabt. Alle waren total begeistert. Wir setzten uns noch in eine Strandbar und tranken einen Fruchtcocktail, während wir auf den Rest unserer Gruppe warteten.

Im Fernsehen der Bar lief gerade eine Nachrichtensendung, die mein Interesse weckte. Genauer gesagt ging es eigentlich nicht um diese Sendung, sondern um den Lauftext, der am unteren Bildrand zu sehen war. Dort erfuhr ich von ungewöhnlichen Turbulenzen auf den Finanzmärkten weltweit, die sich niemand so recht erklären konnte. Die fossilen Brennstoffe hatten an diesem Tag ungewöhnlich viel an Wert verloren. Gleichzeitig schienen die Aktien von Umwelttechnologien durch die Decke zu gehen. Der zeitliche Zusammenhang mit unserem Manifest war nicht von der Hand zu weisen. Das war seltsam.

Aber das war natürlich für meine Mission alles nicht so wichtig. Ich würde mich jetzt nur noch um meine Nerds und meine Lieblingsmenschen kümmern und herausfinden, wie das mit den Tunwollens genau funktionierte. Darauf freute ich mich schon sehr.

Nach und nach waren alle aus unserer Gruppe eingetrudelt. Nuno war der Letzte, der zusammen mit Lucas und Marcus zu uns stieß. Er hatte unbedingt noch in ein Schwimmbad gewollt, das direkt neben dem Strand lag. Denn dort gab es Wasserrutschen und eine Hüpfburg, die er gerne ausprobieren wollte. Hauptsächlich ging es ihm aber um das drei Meter hohe Sprungbrett, von dem aus er unbedingt noch ein paar Arschbomben machen wollte. Es muss wohl ein sehr großer Erfolg gewesen sein, denn Marcus und Lucas lachten wie verrückt, als Nuno das mit seinen grandiosen Arschbomben erzählte.

Ich versuchte ihm irgendwie unauffällig zu signalisieren, dass wir Besuch von zwei anderen Secret-Angels hatten. Ich zwinkerte ihm zu und deutete mit meinen Augen auf Malaika und Yensaya. Doch Nuno verstand meine Signale nicht. Er zuckte nur ahnungslos mit den Achseln und grinste. Aber er schien eh abgelenkt zu sein. Tyler war jetzt wieder an seiner Seite und bemühte sich sehr um seine Aufmerksamkeit. Das schien ihm auch zu gefallen, wenn ich seine Mimik richtig deutete. Ich war sehr gespannt, ob sich zwischen den beiden tatsächlich noch etwas entwickeln würde.

Nach unserem Strandausflug bestiegen wir wieder unseren Bus und fuhren zusammen zu einem Bowling-Center. Dort konnte man neben Bowling auch Billard, Kicker und Dart spielen. Dieses Mal wollte jeder am liebsten gleich alles ausprobieren. Insbesondere vom Bowling waren die Nerds sehr angetan. Das erstaunte mich sehr, denn sie erlebten bei neun von zehn Würfen teilweise sehr starke unzufriedene, ärgerliche oder frustrierte Gefühle. Eigentlich waren sie nur kurz mal zufrieden, wenn sie alle zehn Pins abgeräumt hatten. Ansonsten erlebten sie hauptsächlich starke negative Gefühle.

Erstaunlicherweise war das Abräumen aller zehn Pins, das diese vielen negativen Gefühle auslöste, innerhalb weniger Minuten schon zu ihrer Sollvorstellung geworden. Ich hätte nicht gedacht, dass das so schnell geht. Das war faszinierend. Doch es schien niemandem sonst aufzufallen und auch keinen zu stören. Erst dachte ich, dass das nur in unserer Gruppe so ist, da wir ja alle von unseren Gefühlszielen losgelassen hatten. Doch dann fiel mir auf, dass sich auch fast alle anderen Menschen, die hier im Bowling-Center spielten, nicht nennenswert an ihren negativen Gefühlen störten. Sie hatten diese Gefühle definitiv und zwar ständig, das konnte ich ihnen ansehen, doch im nächsten Moment lachten sie schon wieder. Offenbar galten beim Bowling andere Regeln im Umgang mit negativen Gefühlen. Niemand versuchte sie hier ernsthaft zu vermeiden. Das war hochinteressant.

Ich schaute mir die anderen Teilnehmer aus unserer Gruppe an, die gerade Dart und Billard spielten. Dort zeigte sich vom Prinzip her genau das gleiche Bild. Auch da waren sie höchstens mit neun von zehn Versuchen zufrieden und freuten sich über ihre seltenen Erfolge. Das Vermeiden von schlechten Gefühlen schien dabei tatsächlich kaum jemanden ernsthaft zu interessieren. Und auch hier erkannte ich, dass es bei anderen Menschen in diesem Center ganz genauso war. Keiner störte sich nennenswert an seinen negativen Gefühlen, obwohl sie diese teilweise sehr intensiv empfanden.

Ich fand das äußerst bemerkenswert, denn diese Menschen hatten beim Spielen ganz genau die gleichen Gefühle wie im realen Leben auch. Doch im Gegensatz zum realen Leben schienen sie ihre Gefühle im Spiel vollständig zu akzeptieren. Und damit regulierten sich die Gefühle auch innerhalb weniger Sekunden ganz von selbst und zwar genauso, wie es von der Natur vorgesehen war. Beim Spielen schienen die drei Gehirne sehr viel sinnvoller miteinander zu kooperieren als im normalen Leben – außer beim Kicker!

Nuno und ich hatten uns zu diesem Spiel entschieden, während Brian, Dylan, Gabriella und Greg nicht weit von uns entfernt noch Billard spielten. Nuno und ich spielten zusammen gegen einige unserer Nerds. Wir lachten viel gemeinsam wie bei allen anderen Spielen auch. Doch dann wurden wir von zwei fremden Männern zum Duell herausgefordert, die uns die ganze Zeit über schon neugierig beobachtet hatten.

Die beiden spielten um Klassen besser als unsere Nerds, doch Nuno und ich lernten schnell. Daher gewannen wir nach anfänglichem großem Rückstand das erste Spiel ganz knapp.

Unsere Gegner forderten Revanche, die wir ihnen auch gerne gewährten. Nach und nach kamen immer mehr Menschen zusammen, um sich unser Spiel anzuschauen. Vor allem, nachdem jemand im gesamten

Bowling-Center lautstark verkündet hatte, dass hier Neulinge zwei Vollidioten total abrasieren würden.

Dieser Dienstgrad war mir bislang nicht bekannt gewesen, doch offenbar wurde es als etwas sehr Bemerkenswertes angesehen, dass zwei Neulinge in der Lage waren, zwei echte Vollidioten zu besiegen. Vermutlich waren die beiden sogar Elite-Vollidioten nach den Reaktionen der Zuschauer zu urteilen. Die Menschen drängten sich immer mehr um uns, weil jeder das sehen wollte. Brian, Dylan, Greg und Gabriella konnten nur von der Ferne aus zuschauen, weil sie gar nicht mehr bis zu uns vordringen konnten, so sehr drängten sich unsere Zuschauer dicht an dicht.

Wir gewannen dieses Spiel dann mit 10:0 Toren – wobei jedes einzelne unserer Tore von unserem Publikum lautstark bejubelt worden war, was bei den Vollidioten zunehmend größer werdende emotionale Probleme offenbarte. Die verhielten sich nach diesem Match, als sei ihnen ein unfassbares Unrecht widerfahren. Einer der beiden wurde plötzlich aggressiv, weshalb meine Security sofort Präsenz zeigte. Die vier hatten die ganze Zeit über direkt in unserer unmittelbaren Nähe gestanden, sich aber unauffällig verhalten. Jetzt traten sie neben uns und zeigten wortlos ihre Militärpolizei-Ausweise.

Daraufhin verließen unsere beiden Herausforderer den Kicker und kämpften sich durch die Zuschauergruppe hindurch in Richtung Bar.

In diesem Tohuwabohu konnte ich Nuno endlich unauffällig ins Ohr flüstern, wer unsere beiden weiblichen Beschützer tatsächlich waren. Nuno umarmte die beiden dann voller überschwänglicher Freude. Gleich daraufmerkte er selbst, dass er da etwas tat, was nur schwer zu erklären ist. Daher umarmte er auch die beiden männlichen Mitglieder des Security-Einsatzteams auf die gleiche Weise.

Die Gruppe, die sich zuvor so dicht um uns gedrängt hatte, löste sich daraufhin schnell wieder auf, sodass Brian, Dylan, Greg und Gabriella sich endlich den Weg zu uns bahnen konnten.

»Was waren das denn für zwei Vollidioten?!«, fragte Brian aufgebracht.

»Ihre Namen habe ich leider nicht erfahren«, antwortete ich. »Aber ich glaube, es waren Elite-Vollidioten, denn dass wir die abrasieren konnten, wurde von den Leuten wie ein Wunder gefeiert.«

»Ja, das waren wirklich Elite-Vollidioten«, bestätigte Brian grinsend.

Offenbar hatte er dies in der Zwischenzeit in Erfahrung gebracht. Ich hatte die Sachlage also richtig eingeschätzt. Mich wunderte nur, dass Elite-Vollidioten so große Schwierigkeiten mit ihren Gefühlen haben konnten. Das hätte ich echt nicht gedacht. Vermutlich würde da Lola sehr gut helfen können. Ich würde Agent Sullivan mal bei Gelegenheit darauf ansprechen. Möglicherweise könnte er ja dafür sorgen, dass alle Vollidioten in der U.S. Army Zugang zu Lola bekämen.

Wir waren insgesamt drei Stunden in diesem Bowling-Center. Danach hatten alle großen Hunger, weshalb wir uns wieder in unseren Bus setzten und zum Dinner in ein Restaurant fuhren, in dem Gabriella Sitzplätze für uns reserviert hatte. Es lag direkt am Jachthafen Pearl Harbor. Man saß sehr gemütlich draußen unter Palmen direkt neben den Booten.

Mittlerweile war die Sonne bereits untergegangen. Die Beleuchtung des Jachthafens und des Restaurants verströmte ein zauberhaftes Ambiente. Und das Essen schmeckte auch ganz hervorragend.

Leider durften Malaika und Yensaya sich nicht zu uns setzen und mitessen, was ich sehr schade fand. Doch sie mussten den Schein wahren, dass sie als Security ihren Job machten. Das Zusammensein mit unserer Gruppe schien ihnen jedoch trotzdem sehr gut zu gefallen. Das konnte ich ihnen ansehen.

Einige der Nerds fanden dann großen Gefallen am Wein, der in diesem Restaurant ausgeschenkt wurde. Bisher hatte sie der Alkohol nie sonderlich interessiert. Doch offenbar wollten sie auch diesem Tunwollen eine Chance geben und sich ohne Vorurteile einfach mal selbst anschauen, wie sich das in der Praxis tatsächlich auf ihre Lebensqualität auswirkte. Ich hatte das bereits hinter mir. Alkohol gehörte ganz sicher nicht zu den Dingen, die mein Leben lebenswerter machten. Da war ich mir sicher. Doch das musste natürlich jeder für sich selbst herausfinden.

Wir saßen nach dem Essen noch eine Weile gemütlich zusammen, redeten und lachten. Die Nerds tranken immer mehr Wein, und ich kuschelte viel mit Brian … Ach, es war manchmal einfach wirklich schön, ein Mensch zu sein.

Als wir nach dem Dinner wieder unseren Bus bestiegen, dachte ich eigentlich, dass wir jetzt nach Hause fahren. Doch er brachte uns stattdessen in einen Club, den Gabriella als *Karaoke-Bar* bezeichnete. Hier sollten die Nerds in aller Öffentlichkeit die größte Herausforderung nachholen, welche sie sich in der Residenz nach meinem Workshop als Mission ausgedacht hatten, bevor dann durch Romeos Erscheinen alles anders wurde. Sie sollten den Anwesenden etwas vorsingen, was die Nerds als noch schlimmer beurteilt hatten, als sich auszuziehen und nackt durch die Leute zu laufen.

Ich konnte zwar weder die eine noch die andere Herausforderung emotional nachvollziehen, aber die Nerds würden dabei sicherlich unglaublich viel Spaß haben. Zumal viele im Bus bereits angefangen hatten zu singen.

Ich fand es hochinteressant, dass viele Menschen das Singen anfingen, sobald sie Alkohol getrunken hatten. Mich wunderte es nicht, dass sie bei diesem Tunwollen großes Vergnügen empfanden, denn zu singen machte auch mir sehr viel Spaß. Mich wunderte nur, dass die Menschen das nur dann taten, wenn sie Alkohol getrunken hatten. Dieses Tunwollen war doch wunderschön. Es nährte regelrecht die Seele, wenn man es tat, so wie gutes Essen den Körper und ein gutes Buch den Geist nährt. Und dennoch hatten die Menschen Hemmungen, es zu tun.

In der Karaoke-Bar war noch nicht viel los, als wir ankamen. Es waren außer uns kaum Leute da. Gabriella meinte, dass sich das später noch ändern würde. Die meisten Gäste seien noch beim Essen. Clubs wie diesen hier besuche man für gewöhnlich erst zu späterer Stunde.

Den Nerds schien es jedoch zu gefallen, dass wir den ganzen Club fast für uns allein hatten. Wir setzten uns alle an die Tische, die direkt vor der Bühne standen, auf der wir danach auftreten sollten.

Meine Security verteilte sich im Raum. Sie blieben stehen und checkten die Lage ganz genau. Ich warf Malaika und Yensaya zwischendurch immer mal freundliche Blicke zu. Ich fand es schade, dass sie sich nicht zu uns setzen durften. Doch sie schienen die Zeit mit uns trotzdem sehr zu genießen.

Wir bestellten dann zunächst etwas zu trinken. Auf die Bühne traute sich jedoch zuerst keiner von den Nerds dann erst einmal keiner. Das Singen in einem Club schien völlig anderen sozialen oder emotionalen Gesetzmäßigkeiten unterworfen zu sein als das Singen in einem Bus.

»Wollen wir dann einfach einmal das Eis brechen?«, fragte Brian.

»Das Eis brechen?«, hakte ich nach, denn diese Redewendung kannte ich nicht.

»Lass uns als Erste auf die Bühne gehen und zusammen einen Song singen«, erklärte dann Brian. »Ich singe so schlecht, dass die Nerds sich danach sicherlich auch trauen«, sagte er grinsend.

Der DJ neben der Bühne gab uns eine Liste der Songs, die man hier singen konnte.

»Und wie funktioniert das?«, fragte ich Brian.

»Wir suchen jetzt einen Song aus, den wir beide kennen und dann singen wir den auf der Bühne als Duett«, meinte er amüsiert.

»Ich kenne nur den Song *Single Ladys*, den ich in der Villa mit dir und Dylan performt habe«, sagte ich. »Bei den Amish People hatten wir solche modernen Lieder nicht. Und *Single Ladys* haben sie gar nicht auf der Liste stehen«, fügte ich hinzu, nachdem ich kurz in die Liste hineingeschaut hatte.

»Dann improvisierst du einfach«, meinte er. »Sing einfach irgendwas. Beim Karaoke geht es nicht darum, dass man schön oder richtig singt. Es geht darum, sich zu trauen und Spaß zu haben. Wer am meisten Spaß dabei hat, der ist der Gewinner.«

»Spaß haben kann ich«, bestätigte ich.

»Dann würde ich vorschlagen, wir singen zusammen so einen richtigen Schmachtfetzen«, meinte er grinsend, während er die Liste durchblätterte. »Das wäre doch was für uns!«, sagte er dann begeistert. »›Endless Love‹ von Lionel Richie und Diana Ross. Komm, lass uns den singen!«

»Gerne«, sagte ich. »Und wie genau machen wir das?«

»Auf dem Bildschirm hier auf dem Boden vor uns erscheint gleich der Text, den wir singen sollen«, erklärte mir Brian. »Es wird auch immer angezeigt, wann wir singen sollen. Und auch, wann die Frau und wann der Mann singt. Das ist also ganz einfach. Und als Melodie singst du einfach, was nach deinem Gefühl zu dem Song passt, den du gleich hören wirst.«

Auf der Bühne standen zwei Mikros. Ich nahm eines davon aus dem Mikrofonständer heraus in die Hand, wie ich es bei Shameless in Paradise auf der Bühne ebenfalls gemacht hatte. Brian tat genau das Gleiche. Und dann startete die Musik. Brian war der Erste, der singen sollte. Es klang unfassbar fürchterlich – was augenblicklich vom ersten Ton an, den er gesungen hatte, einen begeisterten Beifall unserer Gruppe auslöste. Brian machte daraufhin sehr ausladende theatralische Gesten beim Singen, was das Publikum erneut toben ließ.

Nachdem ich die Regeln dieses Spiels verstanden hatte, sang ich dann auch meine erste Textzeile. Meine Melodie passte nicht so ganz zu der Akkordfolge, welche die Instrumente spielten, doch das schien niemanden zu stören. Ich sang einfach wie Brian mit sehr viel Theatralik. Die Gruppe jubelte mir zu und feuerte mich lachend an.

Es machte sehr viel Spaß, die Menschen auf diese Weise zum Lachen zu bringen. Und es war total einfach. Das konnte wirklich jeder.

Am meisten gingen unsere Leute immer dann ab, wenn Brian und ich gemeinsam sangen. Das klang am allerschlimmsten. Die Meute tobte jedes Mal, wenn wir das mit ausladenden Gesten taten, und lachte sich kaputt.

Viel zu schnell war unser Song dann vorbei. Wir bekamen einen letzten tosenden Applaus, verbeugten uns vor unserem Publikum und setzten uns wieder an unseren Tisch.

»Kannst du mal kurz in mein Ohr schauen?«, fragte mich daraufhin Dylan, der zusammen mit Greg an unserem Vierer-Tisch saß.

»Warum soll ich in dein Ohr schauen?«, fragte ich verwundert.

»Ich will nur wissen, ob da Blut rausläuft«, erklärte er mir.

Ich schaute mir also das Ohr genau an, das er mir hinhielt. Aber da lief zum Glück kein Blut heraus. Und auch bei dem anderen Ohr war alles in Ordnung.

»Warum hast du gedacht, dass dein Ohr bluten könnte?«, fragte ich daher.

»Wegen des Ohren-Krebses«, sagte Dylan und fiel dann vor Lachen fast vom Stuhl. »Ihr wart echt klasse!«, fügte er dann hinzu. »Geile Nummer!«

»Vielen Dank«, sagte ich und lachte herzhaft mit, denn offenbar hatte Dylan gerade einen gelungenen Scherz gemacht.

Nach uns traute sich dann Stella zusammen mit Isaac auf die Bühne. Die beiden sangen ebenfalls ein Duett. Sie waren echt gut. Sie klangen tatsächlich noch schlimmer als Brian und ich. Ich war begeistert.

»Und jetzt weißt du auch, wie sich Fremdschämen

richtig anfühlt«, sagte Greg amüsiert zu mir, als die beiden fertig waren.

»Was ist Fremdschämen?«, wollte ich wissen.

»Eine der ehrlichsten Formen von Mitgefühl«, antwortete Greg grinsend. »Und jetzt zeige ich dir mal, wie gut ich mich schämen kann«, meinte er entschlossen und stand auf, um auf die Bühne zu gehen.

Er sagte etwas zu dem DJ, der nickte, und bat Greg mit einer Geste auf die Bühne. Ein paar Sekunden später erklang schon Gregs Song. Er hieß *Barby Girl*. Greg sang diesen Song nicht nur, er tanzte auch dazu. So richtig schlecht war dabei eigentlich gar nichts. Trotzdem jubelten die Zuschauer.

Als Greg nach seinem Song wieder mit gesenktem Blick zu uns an den Tisch kam, hatte er einen hochroten Kopf und war sehr nervös. Er hielt sich dann die Augen zu, nachdem er sich hingesetzt hatte.

»Siehst du?!«, sagte er daraufhin zu mir und lachte verhalten. »So sieht echte Scham aus.«

»Du empfindest wirklich jetzt echte Schamgefühle?«, hakte ich skeptisch nach, denn er lachte ja auch gleichzeitig.

»Na wenn das eben kein Grund zum Schämen war, dann wüsste ich nicht, wofür ich mich sonst noch schämen sollte«, meinte er lachend.

Ich verstand zwar seine Antwort nicht genau, aber offensichtlich empfand er tatsächlich große Scham. Vermutlich stammte davon auch die rote Farbe in seinem Gesicht. Diese Schamesröte war ein unwillkürlicher Reflex, den man nicht kontrollieren konnte. Wenn seine Gesichtsfarbe tatsächlich davon herrührte, dann musste er wirklich gerade sehr große Scham empfinden. Und dennoch lachte er. Das war hochinteressant!

Nach Greg traten noch viele aus unserer Gruppe auf die Bühne. Und tatsächlich konnte ich bei den meisten von ihnen eine eindeutige Schamesröte erkennen. Und Angstgefühle empfanden sie ganz offensichtlich auch alle. Und das teilweise in einer sehr hohen Intensität. Und gleichzeitig hatten sie allesamt großen Spaß dabei. Das war überaus seltsam. Ich war sehr neugierig darauf zu erfahren, ob das an unserem Workshop lag oder ob es einen anderen Grund für dieses ungewöhnliche Phänomen gab.

Gut zwei Stunden später war der Club dann voller Leute. Aus unserer Gruppe hatten bereits fast alle ihr Lied gesungen. Außer Linh, Marcus und Dylan. Bei Linh und Marcus war klar, warum sie nicht singen würden. Doch bei Dylan konnte ich den Grund dafür zunächst nicht verstehen.

»Willst du nicht auch einen Song singen?«, fragte ich ihn deshalb.

»Karaoke ist nicht so mein Ding«, erklärte er. »Ich bin Sänger. Musik ist mein Leben. Das Singen bedeutet mir alles. Das passt nicht so ganz zu Karaoke.«

»Ich würde dich trotzdem gerne singen hören, Alter«, meinte Greg. »Und die Leute hier in der Bar bestimmt auch. Ich glaube, die haben noch gar nicht gecheckt, wer hier tatsächlich alles an den Tischen sitzt. Das wäre eine

Sensation, wenn du hier einen deiner eigenen Songs singst.«

»Ich habe fünf Songs von dir auf der Liste gesehen, als wir vorne beim DJ waren«, sagte ich. »Ich würde sehr gerne einen Song von dir hören.«

»Ich singe dir gerne ein anderes Mal etwas vor«, meinte Dylan. »Wenn die Leute hier checken, wer wir tatsächlich sind, haben wir hier keine ruhige Minute mehr. Der ganze Spaß wäre dann sofort vorbei.«

»Eigentlich bin ich eh schon ziemlich müde nach diesem langen Tag«, meinte Brian. »Ich glaube, die anderen auch. Von meiner Seite aus könntest du daher auch noch einen Song singen, und wir brechen danach gleich unsere Zelte hier ab und fahren nach Hause.«

»Dann lasst uns doch einfach abstimmen, ob ich das jetzt tun soll oder nicht«, schlug Dylan vor. »Okay, ich habe abgestimmt!«, sagte er jedoch sofort, ohne auf unsere Entscheidung zu warten. »Ich habe jetzt einstimmig und ganz undemokratisch beschlossen, dass ich hier nicht auftrete«, sagte er und grinste.

»Das werden wir ja sehen!«, meinte Greg entschlossen und stand auf, um nach vorne zum DJ zu gehen. Er nahm die Liste und blätterte sie durch. Dann nannte er dem DJ den Song, den er singen wollte.

Gregs Gesichtshaut hatte schon gleich zu Beginn eine deutliche Rotfärbung angenommen. Als der Song anfing, hielt sich Dylan sofort die Hände vors Gesicht und fing an zu lachen. Es war wohl einer seiner Songs, den Greg da vorne auf der Bühne performte. Und das so schlecht, dass Dylan alleine schon beim Zuschauen die Schamesröte ins Gesicht stieg. Er legte seinen Kopf auf den Tisch und verschränkte die Arme über dem Kopf, als hätte er Angst, die Decke könnte ihm gleich auf den Kopf fallen.

»Warum tut der Junge mir das an?«, sagte er dann. »Warum?!«, rief er und krabbelte unter den Tisch, um sich dort zu verstecken.

Nach wenigen Sekunden kam er jedoch wieder zum Vorschein und setzte sich auf seinen Stuhl. Dann stand er auf und ging auf die Bühne zu Greg. Er nahm ihm mitten im Lied das Mikro aus der Hand und sagte dem DJ, er solle den Song von Anfang an abspielen.

Greg ging unterdessen von der Bühne und zeigte dem Publikum grinsend beide Daumen nach oben. Die Leute hatten wohl tatsächlich nicht erkannt, wer da im Moment auf der Bühne stand. Das änderte sich jedoch schlagartig, als Dylan seine erste Songzeile sang. Die Leute wurden sofort aufmerksam, tuschelten für ein paar Sekunden und sprangen dann von ihren Stühlen auf, um begeistert zu applaudieren.

Als Dylan mit seinem Song fertig war, gab es einen tosenden Applaus. Danach riefen die Leute ständig »Zugabe«, bis Dylan schließlich einwilligte, noch einen Song zu singen und dem DJ ein entsprechendes Zeichen gab.

Diese Prozedur wiederholte sich noch dreimal, bis Dylan alle fünf Lieder gesungen hatte, die der DJ von ihm auf seiner Liste hatte. Das Publikum hätte ihn am liebsten gar nicht mehr gehen lassen.

Nachdem sich Dylan wieder zu uns an den Tisch gesetzt hatte, kamen sofort Leute, die ein Autogramm von uns haben wollten. Nachdem wir die gegeben hatten, verließen wir die Bar und gingen zu unserem Bus. Die Nerds hatten auch im Club noch einiges an Alkohol konsumiert und sangen deshalb während der Rückfahrt im Bus noch lauter als bei der Hinfahrt. Auch Brian sang dieses Mal mit. Er hatte im Club einige Whiskeys getrunken, die offensichtlich auch seine Singlaune gesteigert hatten.

Als wir in unserer Villa ankamen, waren alle sehr müde von diesem langen Tag und wollten gleich ins Bett. Ich freute mich sehr darauf, als krönenden Abschluss dieses wundervollen Tages noch ein bisschen mit Brian im Bett zu kuscheln. Wobei mir ehrlich gesagt eigentlich nach etwas mehr zumute war als nur kuscheln. Ich hätte wirklich sehr gerne einmal ausprobiert, wie dieser Sex sich eigentlich anfühlte, von dem alle so schwärmten. Sex war offenbar eines der Tunwollens, welche das Leben der Menschen lebenswert machten.

Ich wusste jedoch nicht so richtig, wie man das genau anstellen sollte, wenn man als Frau gerne Sex haben wollte. Ich ging erst einmal unter die Dusche. Ich dachte, das könnte vielleicht nicht schaden. Brian hatte sich hingegen nur die Zähne geputzt und dann gleich ins Bett gelegt. Aber das war sicherlich auch in Ordnung.

Als ich aus der Dusche kam und mich zu Brian ins Bett kuscheln wollte, schlief er bereits tief und fest.

Eigentlich schlief er immer sehr schnell ein, wenn er Whiskey getrunken hatte. Und eigentlich wusste ich das ja auch. Trotzdem wollte ich unbedingt zuvor noch duschen gehen. Dieser Dusch-Impuls kam mir im Nachhinein seltsam vor. Fast so, als hätte ich den Sex selbst sabotieren wollen. Ich hatte mir auch richtig viel Zeit beim Duschen gelassen, wie mir dann auffiel. Das war wirklich seltsam.

Jedenfalls schlief Brian bereits tief und fest. Für Sex gab es keine Gelegenheit mehr an diesem Abend. Daher beschloss ich, die Situation anderweitig zu nutzen. Brian schlief so tief, dass ich wieder ins Badezimmer ging, die Tür hinter mir verschloss und mich entmaterialisierte. Sollte Brian dennoch aufwachen und nach mir schauen, was sehr unwahrscheinlich war, dann hätte mich immer noch ein Messenger-Angel kontaktieren können, damit ich mich schnell wieder im Badezimmer materialisierte.

Ella war wie immer im Klassensaal – zusammen mit Malaika, Yensaya, Lenyo und Angelo. Später sollten dann noch weitere Secret-Angels dazukommen, wie ich von Malaika erfuhr. Sie kamen immer noch jede Nacht hierher, um die Zeit miteinander zu verbringen und sich über ihre Missionen auszutauschen. So lange würde ich leider nicht hierbleiben können, daher kam ich gleich auf den Grund meines Besuchs zu sprechen.

»Der Tag heute war sehr aufschlussreich für mich«, sagte ich zu den anderen. »Aber er hat auch viele Fragen aufgeworfen, die ich gerne mit euch besprechen würde.«

»Sehr gerne«, sagte Ella. »Was hast du denn für Fragen?«

»Mir ist heute aufgefallen, dass die Menschen bei vielen vergnüglichen Freizeitaktivitäten genau die gleichen negativen Gefühle empfinden wie im normalen Alltag auch«, sagte ich. »Beim Bowling zum Beispiel oder beim Karaoke-Singen. Die Menschen erleben dabei teilweise sehr starke Frust-, Enttäuschungs-, Unzufriedenheits-, Scham- oder Angstgefühle. Doch das scheint ihnen überhaupt nichts auszumachen. Keiner von ihnen wollte diese Gefühle heute vermeiden. Ich dachte zuerst, dass das an unserem Workshop gelegen hat, weil wir es heute geschafft haben, die gefühlte Wichtigkeit unserer Gefühlsziele ganz erheblich zu reduzieren. Doch das war gar nicht der Grund.

Bis auf ganz wenige Ausnahmen hatten auch alle anderen Menschen, auf die wir heute getroffen sind, solche starken negativen Gefühle bei ihren Tunwollens. Doch das machte ihnen allen nichts aus. Sie haben sich gar nicht nennenswert um die Regulation ihrer Gefühle gekümmert. Wenn die Menschen immer so mit ihren negativen Gefühlen umgehen würden, dann hätten sie es zusammen echt schön im Paradies. Ich frage mich daher, woran es liegen kann, dass sie bei ihren Tunwollens so sinnvoll mit ihren Gefühlen umgehen und dann bei ihren Habenwollens und Seinwollens so einen unnötigen Stress machen?«

»Ich vermute, das liegt am Kontext«, meinte Ella. »Vergnügliche Tunwollens wie Surfen oder Bowling finden ja in einem Spiel-Kontext statt. Da weiß das Großhirn ganz genau, dass es keine echten Probleme gibt. Es gibt weder überlebensrelevante Brauchens noch überlebensrelevante Müssens. Die Gefühle selbst sind zwar genau die gleichen, die man auch in einem Problem-Kontext hätte – sie können im Spiel sogar richtig stark werden –, doch solange das Großhirn nicht vergisst, dass es keine echten Probleme sind, haben die Menschen auch kein Problem mit ihren negativen Gefühlen.«

»Verstehe«, sagte ich. »Das ergibt Sinn. Es gab heute jedoch auch eine Situation, wo zwei Männer sehr heftig reagiert haben. Sie hatten Nuno und mich zu einem Kicker-Match aufgefordert und dann verloren. Und das war offensichtlich sehr schlimm für die beiden.«

»Das waren aber auch zwei richtige Vollidioten«, meinte Malaika. »Wir mussten da sogar als Security einschreiten, weil einer der beiden aggressiv wurde.«

»Manche Menschen vergessen bei einem Spiel, dass es nur ein Spiel ist«, meinte Ella. »Genauer gesagt versäumt ihr Großhirn es, den anderen beiden Gehirnen zu sagen, dass es in Wirklichkeit kein echtes Problem gibt, wenn man verliert. Und reagieren die Menschen emotional genauso wie in einem echten Problem-Kontext. Die meisten Menschen haben schon sehr früh in der Kindheit gelernt, dass im Spiel andere Regeln gelten als im normalen Lebensalltag. Mit Spielen wie beispielsweise *Mensch ärgere dich nicht!* lernen sie zu verlieren und ihre Gefühle zu regulieren, indem sie ihrem

Reptiliengehirn und ihrem sozialen Gehirn immer wieder sagen, dass es nur ein Spiel ist und es keine echten Probleme gibt.«

»Prinzipiell bedeutet das aber doch, dass die Menschen sich eigentlich immer dann in einem solchen vergnüglichen Tunwollen-Modus befinden könnten, solange sie sich nicht in einem echten Problem-Kontext befinden. Wenn also alle ihre überlebensrelevanten Seinwollens und Habenwollens gut genug erfüllt sind. Und das ist ja in der modernen Zivilisation so gut wie immer der Fall«, sagte ich. »Deshalb könnten die Menschen doch eigentlich so gut wie immer in solch einem lebensbejahenden Tunwollen-Modus leben, in dem ihr Großhirn alle ihre Gefühle mühelos und korrekt reguliert. So wie es im Spiel-Modus ja auch der Fall ist.«

»Das ist richtig«, stimmte mir Ella zu. »Nur erkennen viele Menschen das offensichtlich nicht. Sie glauben, ständig Probleme zu haben, obwohl alle ihre Seinwollens und Habenwollens extrem gut abgesichert sind.«

»Und wegen diesen ständigen gefühlten Problemen glauben sie fälschlicherweise, dass die Voraussetzungen für die tatsächlich Glück bringenden Tunwollens noch nicht gut erfüllt sind«, erkannte ich. »Und dann haben die Menschen das Gefühl, ihr Leben sei nicht lebenswert. Deshalb streben sie nach noch höheren Habenwollens und Seinwollens und kriegen immer noch mehr gefühlte Probleme, weil es ja immer schwieriger wird, ihre hoch gesteckten Ziele zu verwirklichen. Solange sie daher glauben, dass nur ihre Habenwollens und Seinwollens ihr Leben lebenswert machen, sind sie kaum von diesem Kurs abzubringen.«

»Und das glauben sie natürlich, weil sie sich an ihren Gefühlen orientieren«, erkannte Ella. »Ja, das ergibt Sinn. Da die gefühlte Wichtigkeit der Haben- und Seinwollens instinktiv höher ist als die gefühlte Wichtigkeit der Tunwollens, kommen die Menschen schnell auf die Idee, dass es an ihren noch nicht gut genug erfüllten Haben- und Seinwollens liegt, dass ihr Leben nicht so glücklich und erfüllt ist, wie sie das haben wollen.«

»Dabei liegt es in Wirklichkeit daran, dass sie ständig immer mehr haben und sein wollen als sie tatsächlich brauchen und müssen«, sagte ich. »Dadurch erkennen sie nicht, dass sie in Wirklichkeit die ganze Zeit schon in einem Tunwollen-Modus leben könnten, in dem ihr Leben hundertmal lebenswerter wäre. Ihre viel zu hoch gesteckten Haben- und Seinwollens rauben ihnen in Wirklichkeit nur die Freude am Leben.«

Kapitel 9

Situativ oder grundsätzlich

Als ich an diesem Morgen erwachte, war Brian bereits aufgestanden. Ich hörte ihn gerade aus der Dusche kommen.

»Guten Morgen, Lieblingsmensch«, sagte er dann erfreut zu mir, als er aus dem Badezimmer kam und sah, dass ich wach war.

»Guten Morgen, Lieblingsmensch«, erwiderte ich seinen Gruß. »Magst du vielleicht noch ein bisschen zu mir ins Bett kuscheln kommen?«

»Auf jeden Fall!«, meinte er lächelnd und krabbelte zu mir unter die Bettdecke.

Ich legte mich zuerst in seinen Arm, wie ich es sonst auch immer tat. Doch eigentlich wollte ich lieber etwas anderes mit ihm tun. Ich richtete mich daher zu ihm auf und küsste ihn einfach. Als unsere Lippen sich zu einem langen und intensiven Kuss trafen, entfachte das in mir ein wahres Feuerwerk an leidenschaftlichen Gefühlen. Meine Hände wanderten fordernd über seine Haut, jede meiner Berührungen verriet ein tiefes Verlangen.

»Ich hätte heute großes Interesse an einem ganz bestimmten Tunwollen«, sagte ich dann zu ihm nach unserem Kuss. »Ich weiß nur nicht, wie man das richtig kommuniziert.«

»Was würdest du denn gerne tun wollen?«, hakte er nach.

»Diese Sex-Sache, von der immer alle sprechen«, antwortete ich. »Das würde ich sehr gerne einmal ausprobieren.«

»Bist du dir da sicher?«, fragte er skeptisch.

»Muss ich das denn?!«, fragte ich verwundert. »Kann dabei irgendetwas passieren, außer dass dabei vielleicht irgendwelche negativen Gefühle aufkommen könnten? Das wäre mir nämlich egal. Das passiert ja alles dann sowieso nur im Tunwollen-Kontext.«

»Na ja, du könntest schwanger werden«, meinte Brian. »Ich habe leider keine Kondome hier. Die müsste ich vorher noch besorgen.«

»Das ist aber sehr schade«, sagte ich. »Ich hätte große Lust darauf gehabt.«

»Aber wir können etwas anderes machen, wofür wir keine Kondome brauchen«, meinte er dann und küsste mich, ohne mir zu verraten, was er damit genau meinte.

Es war ein sehr leidenschaftlicher Kuss, der mein Verlangen noch größer werden ließ. Vor allem, als er meinen Hals küsste. Das jagte mir unglaubliche Schauer über die Haut. Und noch mehr, als er mich mit Küssen überdeckte und sich weiter nach unten zu meiner Brust arbeitete. Das waren schier unglaubliche Gefühle, die er damit auslöste. Ich hörte mich selbst unwillkürlich aufstöhnen, was Brian offenbar dazu ermutigte, es noch leidenschaftlicher zu tun.

Dann wanderten seine Lippen noch weiter nach unten, über meinen Nabel bis hinunter zu meinem Schambereich, was sich sogar noch besser anfühlte. Plötzlich tat er etwas mit seiner Zunge, was mir schier den Verstand raubte. Unfassbar schöne Gefühle schossen dabei durch meinen Körper. Die ganze Welt um mich herum schien sich aufzulösen. In diesem Moment gab es keine Grenzen mehr, keine Unterschiede zwischen Himmel und Erde. Es gab nur uns, vereint in einem Ausdruck der Leidenschaft, der über die physische Welt hinausreichte.

Die Intimität, die wir hier teilten, ging über eine bloße körperliche Berührung weit hinaus. Sie drang bis in das tiefste Innere meiner Seele vor. Nie hätte ich es für möglich gehalten, dass menschliche Körper zu solchen Empfindungen fähig wären. Dagegen war die Erfahrung, als Brian Champagner aus meinem Nabel getrunken hatte, ja regelrecht Kindergarten gewesen. Und meine Gefühle wurden immer noch stärker, je länger er das machte! Das war einfach unfassbar. Ich hatte die Orientierung in Raum und Zeit längst verloren. Brian machte immer weiter, und ich krümmte mich regelrecht vor Lustgefühlen. Ich konnte nicht anders. Das war einfach überwältigend.

Plötzlich wurde mir etwas seltsam zumute. Ich wusste nicht, wie mir geschah. Es war irgendwie gleichzeitig gut und schlecht und alles dazwischen. Es fühlte sich so ähnlich an, als ob ich ganz heftig niesen müsste. Nur am gesamten Körper! Und dann geschah etwas, was mir endgültig alle Sicherungen raushaute. Das musste wohl ein Orgasmus sein, wurde mir klar. Wobei das auch der letzte Gedanke war, den ich noch denken konnte, bevor mich ein Tsunami an unglaublich starken körperlichen Empfindungen überrollte. Es kann sein, dass ich kurz ohnmächtig war, denn genau so hatte es sich für einen Moment angefühlt. Ich war völlig fertig mit der Welt, und gleichzeitig unendlich glücklich.

Brian kam wieder zu mir nach oben gekrabbelt und grinste mich verstohlen an.

»Scheint dir gefallen zu haben«, meinte er dann.

»Das war einfach unglaublich!«, sagte ich fassungslos. »Nie hätte ich es für möglich gehalten, dass man solche Empfindungen erleben kann. Kann ich das bei dir auch machen?«

Brian zeigte mir dann, wie das bei ihm funktionierte. Es machte mir sehr viel Spaß, ihn auf diese Weise ebenfalls zu verwöhnen. Und wenn ich das richtig interpretierte, machte ich das gar nicht einmal so schlecht, obwohl ich ja noch blutige Anfängerin war. Doch es schien ihm sehr zu gefallen. Auch er bäumte sich am Ende auf eine ähnliche Weise auf wie ich das getan hatte. Er sah nur nicht ganz so benommen danach aus – eher ein wenig müde.

Wir kuschelten mit seligen Gefühlen noch eine ganze Weile zusammen im Bett und fühlten uns einander ganz nahe. Eine tiefe Verbundenheit erfüllte mich, die ich mit Worten kaum beschreiben kann. Meine Ängste, die mich zuvor immer zurückgehalten hatten, mich Brian zu öffnen und hinzugeben, schienen sich jedenfalls vollständig aufgelöst zu haben. Das Schloss vor meiner Seele, das er zuvor immer behutsam mit ganz viel Zärtlichkeit hatte wegstreicheln müssen, hatte sich komplett aufgelöst. Nun hatte er freien Eintritt zu meiner Seele. Und ich zu seiner. Wir waren eins.

Nach einer Weile hörten wir Geschirrgeklapper aus der Küche. Offenbar bereitete jemand das Frühstück vor. Wir wollten uns an dieser Aktivität beteiligen, weshalb wir schnell unter die Dusche sprangen und unsere Kleidung anzogen. Wenige Minuten später trafen wir in der Küche Ava, Jason und Dylan, die gemeinsam das Frühstück vorbereiteten.

»Ja hallo!«, sagte Ava erfreut zu mir. »Du leuchtest ja heller als eine 100-Watt-Glühbirne.«

»Das liegt vermutlich daran, dass wir heute Morgen Sex hatten«, sagte ich.

Dylan prustete plötzlich los, als hätte ich einen Scherz gemacht.

»Das war kein Scherz«, sagte ich deshalb verwundert zu ihm. »Wir hatten heute echten Sex. Und ich fühle mich seitdem auch so, als würde ich von innen heraus leuchten.«

»Läuft bei dir, Alter!«, sagte Dylan lachend zu Brian und hielt ihm die Ghettofaust hin.

»Man sagt das normalerweise nicht so direkt, wenn man Sex hatte«, klärte mich Ava auf.

»Und warum nicht?«, wollte ich wissen.

»Ja, warum eigentlich nicht?«, fragte sie sich dann nachdenklich selbst. »Ich habe echt keine Ahnung, warum man das nicht tut«, meinte sie. »Wenn du es sagen willst, sag's einfach. Für mich ist das völlig in Ordnung.«

»Ist es für euch auch in Ordnung?«, fragte ich Brian, Jason und Dylan.

»Ich würde dir niemals vorschreiben, was du zu tun und zu lassen hast«, antwortete Brian. »Und nach der Karaoke-Bar gestern Abend ist mir, glaube ich, sowieso nichts mehr peinlich.«

»Für mich eh kein Thema«, antwortete Jason kurz.

»Und ich freue mich für euch«, meinte Dylan. »Du kannst sagen, was immer du sagen willst. Wer's nicht hören will, soll halt weghören.«

»Könnte es denn jemanden stören, wenn ich das sage?«, fragte ich verwundert.

»Kann schon sein«, antwortete Ava. »Die Menschen in unserem Land sind teilweise schon sehr verklemmt. Über Sex reden sie daher nur im engsten Kreis.«

»Dann passt ja alles«, erkannte ich erfreut. »Ihr seid ja mein engster Kreis.«

»Na, dann möchte ich euch einfach mal für diese grandiose Entwicklung gratulieren«, sagte Ava zu Brian und mir. »Vor ein paar Wochen hätte keiner von uns geglaubt, dass das bei dir so schnell möglich sein würde. Das ist ein Grund zum Feiern«, meinte sie und drückte mich und Brian ganz lieb.

»Da hast du recht«, stimmte Dylan zu und tat dann das Gleiche. Gefolgt von Jason, der Brian und mir auch ganz herzlich gratulierte.

Kurz darauf kamen auch Greg, Gabriella und Nuno zum Frühstück, denen ich ebenfalls gleich die frohe Botschaft verkündete. Nuno zeigte sich total begeistert und kommentierte die Angelegenheit mal wieder mit seinem Lieblingsausdruck. Und auch die anderen beiden freuten sich mit uns. Es war einfach wunderschön, Freunde zu haben, die sich so sehr mit einem freuen konnten.

Mir wurde in diesem Moment bewusst, dass die besten Habenwollens, die man überhaupt haben konnte, gar kein Geld kosteten. Solche Freunde konnte man sich sicherlich für kein Geld der Welt kaufen.

Ich überlegte, ob ich auch den Nerds verkünden wollte, dass Brian und ich heute Sex hatten. Doch ich entschied mich dagegen, weil sie mir zwar mittlerweile sehr viel bedeuteten, doch meinen engsten Kreis bildeten natürlich meine Lieblingsmenschen.

Ich bat Gabriella, die Nerds nach dem Frühstück wieder zu uns einzuladen, denn ich wollte erneut einen kleinen Workshop mit ihnen durchführen. Mir war letzte Nacht im Gespräch mit Ella und den anderen Secret-Angels bewusst geworden, dass der moderne Zivilisationsmensch eigentlich ständig in einem Kontext lebte, in dem alle seine Habenwollens und Seinwollens supergut erfüllt und abgesichert waren. Er könnte sich daher eigentlich fast ununterbrochen seinen Tunwollens widmen und ein glückliches und erfülltes Leben führen. Und viel Geld benötigte man dazu ja auch nicht, weil die besten Tunwollens im Leben tatsächlich kostenlos waren, wie ich es an diesem Morgen mit Brian erleben durfte. Doch kein Mensch schien das zu erkennen, was ich sehr seltsam fand. Daher wollte ich diesem Phänomen mithilfe der Nerds heute auf den Grund gehen.

Eine gute Stunde später ging es los. Wir standen zusammen mit den Nerds wieder draußen im Garten auf der Wiese in einem großen Kreis.

»Die Exkursion gestern mit euch hat mir gezeigt, dass wir Menschen sehr viel mehr Spaß im Leben haben könnten, wenn wir uns stärker auf unsere Tunwollens fokussieren würden«, sagte ich zur Gruppe. »Und prinzipiell könnten wir das auch fast immer tun, da alle unsere überlebensrelevanten Brauchens und Müssens bestens erfüllt und abgesichert sind. Fast alle Habenwollens und Seinwollens, mit denen wir uns Stress machen, sind keine Überlebensnotwendigkeiten. Wir verfolgen diese Wollens nur deshalb, weil wir uns davon ein glücklicheres und erfüllteres Leben versprechen. Doch in Wirklichkeit tragen diese nicht nötigen Haben- und Seinwollens nur ein Prozent zu unseren positiven Gefühlen bei, wohingegen unsere Tunwollens die restlichen 99 Prozent übernehmen. Auf der anderen Seite bringen die unnötigen Haben- und Seinwollens aber 99 Prozent aller negativen Gefühle.

Wenn wir ein glückliches und erfülltes Leben führen wollen, wäre es doch sinnvoll, dass wir uns stärker auf unsere Tunwollens fokussieren und uns nur dann um irgendwelche Haben- und Seinwollens kümmern, wenn das auch wirklich nötig ist.«

»Und wann ist das wirklich nötig?«, hakte Ava nach.

»Wenn unsere sieben Bedürfnisse nicht gut genug abgesichert sind«, antwortete ich. »Ich würde mir deshalb gerne als Erstes einmal mit euch gemeinsam anschauen, welche Meta-Daten in Bezug auf eure Sicherheit in eurem unbewussten System zu den einzelnen Bedürfnissen abgespeichert sind. Tretet einfach wieder einmal in die Mitte, wenn ihr eine Frage mit einem *Ja* beantworten wollt. Wie sicher seid ihr vom Gefühl her, dass ihr auch in den nächsten Wochen und Monaten genug zu essen haben werdet? Wer liegt hier über der 7?«

Alle gingen in die Mitte.

»Und wie schlimm wäre es vom Gefühl her, wenn ihr mal für ein oder zwei Tage nichts zu essen hättet?«, wollte ich wissen. »Bei wem würde die gefühlte Schlimmheit unter 3 liegen?«

Niemand ging in die Mitte, was meinen Verdacht bestätigte.

»Und wer würde dem eine gefühlte Schlimmheit über 7 geben?«, hakte ich nach.

Bis auf Stella und Eric gingen alle in die Mitte.

»Und wie schlimm wäre es in Wirklichkeit, wenn ihr mal für ein oder zwei Tage nichts zu essen hättet?«

»In Wirklichkeit vermutlich nicht so schlimm«, meinte Ava. »Aber unangenehm wäre es schon.«

»Ich faste zweimal im Jahr für eine Woche«, sagte

dann Stella. »Das tut mir sehr gut. Daher ist das gar nicht schlimm, mal ein paar Tage nichts zu essen.«

»Wer sieht das vom Kopf her genauso?«, wollte ich wissen.

Alle gingen in die Mitte.

»Wie hoch sollte die gefühlte Schlimmheit denn in Wirklichkeit sein, wenn man mal für ein oder zwei Tage nichts zu essen hat?«, fragte ich.

»Auf keinen Fall über 3«, meinte Dylan. »So schlimm ist das wirklich nicht. Auch wenn ich sofort das Gefühl hätte, ich müsste sterben«, sagte er dann lachend.

»Fühlt daher bitte jetzt noch einmal nach!«, bat ich die Gruppe. »Wer liegt noch immer über der gefühlten 7, was die Schlimmheit betrifft?«

Niemand ging mehr in die Mitte.

»Wer liegt noch über der 5?«, fragte ich weiter.

Knapp die Hälfte ging in die Mitte.

»Und wie schlimm ist es in Wirklichkeit?«, fragte ich noch einmal, um den Realitätsabgleich fortzuführen.

»Nix schlimm«, meinte Nuno. »Ich habe Reserven«, sagte er und streichelte mit beiden Händen über seinen Bauch.

Die Gruppe lachte herzhaft.

»Wer liegt noch über der 3?«, wollte ich wissen.

Niemand ging in die Mitte, deshalb wendete ich mich dem nächsten der sieben Bedürfnisse zu.

»Wie hoch ist die gefühlte Sicherheit bei euch, dass ihr in den nächsten Wochen und Monaten einen Platz zum Schlafen haben werdet, bei dem ihr vor Wind und

Wetter sowie vor wilden Tieren geschützt seid? Wer liegt hier über der 7?«

»Das ist eine glatte 10«, meinte Isaac, während auch alle anderen in die Mitte gingen.

»Das ist also wirklich susi«, sagte ich, als wieder alle im Kreis standen. »Und wie sicher ist es vom Gefühl her, dass ihr vor körperlicher Gewalt durch andere Menschen geschützt seid? Wer liegt hier über der 7?«

Nur fünf aus unserer Gruppe gingen in die Mitte.

»Der Rest von euch fühlt sich also nicht wirklich sicher?«, erkannte ich verwundert. »Das ist unerwartet.«

»Na ja, so wirklich sicher ist man eigentlich nirgends«, meinte Ava.

»Kann es sein, dass du da von der 10 an nach unten rechnest, anstatt von der Null an nach oben?«, fragte ich sie.

»Diese Frage habe ich ehrlich gesagt nicht verstanden«, sagte sie.

»Ich meine, wenn du dein Sollmaß auf die 10 legst, weil du die hundertprozentige Sicherheit haben willst, dann wäre natürlich die 9 zehn Prozent zu wenig«, erläuterte ich. »Du würdest also nicht die 90 Prozent Sicherheit sehen, die du hast, sondern die zehn Prozent, die du nicht hast. Um den Schutz vor Gewalttaten korrekt beurteilen zu können, müsste man daher ein sinnvolles Sollmaß annehmen.«

»Eine neunzigprozentige Sicherheit würde mir da sicherlich nicht ausreichen«, wendete Ava ein. »Da würde ich mich nicht mehr vor die Tür trauen. Das würde ja bedeuten, dass neunmal alles gut geht und ich beim zehnten Mal dann umgebracht werde oder so. Neunzig Prozent ist daher auf jeden Fall viel zu wenig.«

»Und wenn du tausendmal vor die Tür gehen kannst, ohne einer Gewalttat zum Opfer zu fallen, wäre das sicher genug? Das wäre ja schon eine 99,9-prozentige Sicherheit«, sagte ich.

»Auch nicht«, sagte sie bestimmt. »Dann wäre ich ja innerhalb von drei Jahren tot. Ich weiß, das ist bestimmt falsch, aber 99,9 Prozent Sicherheit wäre mir gefühlt immer noch zu wenig.«

»Wie oft warst du denn schon in deinem Leben vor der Tür, ohne einer Gewalttat zum Opfer zu fallen?«, wollte ich wissen.

»Ich habe zum Glück noch nie echte Gewalt erleben müssen«, sagte sie.

»Und wie oft warst du in deinem Leben schon vor der Tür?«, hakte ich nach.

»Ach du Scheiße!«, sagte sie nachdenklich, was mich zum Schmunzeln brachte. »Vermutlich schon hunderttausendmal!«

»In den USA passieren durchschnittlich pro Tag 3.279 Gewaltverbrechen«, erläuterte ich. »Das mag von der reinen Zahl her vielleicht viel erscheinen, doch es sind in Wirklichkeit bei über 330 Millionen Einwohnern nur 0,00099 %, die einer Gewalttat zum Opfer fallen. Wenn du daher in den USA lebst, hast du also jeden Tag einen 99,99901-prozentigen Schutz vor Gewalt. Verglichen mit der Steinzeit leben wir heute in extrem sicheren

Umständen. Nie zuvor in der Menschheitsgeschichte waren die Menschen vor Gewalt so gut geschützt wie heute. Den meisten Menschen ist das nur nicht bewusst, weil die Berichterstattung in unseren Medien schnell zu einem falschen Eindruck führen kann.«

»Das ist voll der geile Scheiß, Leute«, sagte Nuno. »Das müsst ihr euch echt reinziehen! Laut einer Studie vermittelt die Darstellung von Verbrechen in den Medien einen 3.400-fach schlimmeren Eindruck, als es in Wirklichkeit tatsächlich ist. Deshalb ist es nicht verwunderlich, dass die gefühlte Sicherheit in unserem unbewussten System überhaupt nicht stimmt.«

»Und jetzt spürt bitte noch einmal nach«, bat ich die Gruppe. »Wer liegt jetzt bei der gefühlten Sicherheit über der 7?«

Zwei Drittel der Gruppe gingen in die Mitte.

»Und wie sicher ist es in Wirklichkeit?«, hakte ich nach.

»99,99901 Prozent«, antwortete Kevin. »Und damit nicht weit weg von der 10.«

»Ganz genau«, stimmte ich zu. »In Bezug auf Gewalt sind wir echt susi.«

»Was hast du denn da ständig mit deiner Susi?!«, fragte Ava verwundert.

»*Susi* ist doch die Abkürzung für *supersicher*«, sagte ich verwundert von ihrer Frage, und die ganze Gruppe lachte.

»Nicht dass ich wüsste«, meinte Dylan. »Aber deine Susi gefällt mir! Wer fühlt sich denn jetzt susi bei diesem Thema?«, fragte er dann grinsend in die Runde.

Alle gingen amüsiert in die Mitte.

»Dann kommen wir auch schon zum nächsten Bedürfnis«, kündigte ich an. »Wie sieht es mit der Zugehörigkeit zu unserem Rudel aus – womit natürlich unsere Staatsangehörigkeit gemeint ist, denn der Staat ist unser tatsächliches Rudel.«

»Na die ist ja wohl komplett susi!«, meinte Dylan grinsend.

»Ist das im Gefühl auch so?«, hakte ich nach. »Für wen ist die Staatsangehörigkeit auch im Gefühl susi?«

Alle gingen amüsiert in die Mitte.

»Und wie ist es mit unserem Rang im Rudel?«, wollte ich wissen. »Auch unser Rang ist ja gesetzlich vom Staat gesichert. Aber wie sieht es hier mit der gefühlten Susi aus?«

»Die gefühlte Susi?!«, rief Dylan laut und schmiss sich weg vor Lachen. »Es wird jeden Tag immer noch geiler mit dir!«

»Wenn es nur um die Staatsangehörigkeit geht, da hat die Susi auch eine gefühlte 10«, meinte Ava amüsiert. »Aber wenn es um meine Freunde oder meine Partnerbeziehung geht, da sieht es leider oft anders aus in meinem Gefühl. Da habe ich doch oft noch Angst.«

»Und wie sehr sind deine Freunde und dein Partner vom Gefühl her noch dein Rudel?«, wollte ich wissen.

»Schon noch so eine 9 oder 10«, meinte sie.

»Und wie ist das bei euch?«, wollte ich von der Gruppe wissen. »Wer liegt hier noch über der 7?«

Alle gingen in die Mitte.

»Und wie wahr ist es in Wirklichkeit, dass eure Freunde, eure Arbeitskollegen, eure Familie und euer Partner euer Rudel sind?«, fragte ich weiter, damit das Gefühl sich im Arbeitsspeicher mit der Wirklichkeit abgleichen konnte.

»In Wirklichkeit gar nicht«, antwortete Stella. »Sie sind nur ein kleiner Teil unseres Rudels.«

»Wir haben ja schon einmal über dieses Thema gesprochen«, sagte ich. »Das soziale Gehirn hält immer nur unser direktes soziales Umfeld für unser Rudel. Es ist nicht in der Lage, den wahren Kontext zu sehen. Das kann, wie so oft, nur das Großhirn. Und das muss dem sozialen Gehirn die Wahrheit mitteilen, sonst gibt es ständig soziale Probleme, die gar nicht sein müssten. Spürt daher bitte jetzt noch einmal nach. Wie wahr fühlt es sich auf unserer Skala von 0 bis 10 jetzt noch an, dass unser direktes soziales Umfeld unser Rudel ist? Wer liegt hier noch über der 7?«

Niemand ging in die Mitte.

»Wer liegt über der 3?«, hakte ich nach.

Erneut ging keiner in die Mitte.

»Dann kommen wir auch schon zur Liebe, dem dritten Bedürfnis unseres sozialen Gehirns«, sagte ich. »Mit Liebe meine ich natürlich nicht das Gefühl. Das soziale Gehirn interessiert sich nicht für Gefühle. Es will in Liebe mit anderen Menschen verbunden sein. Es will mit anderen Worten ein liebevolles Miteinander, Füreinander und auch Gegeneinander.«

»Ein liebevolles Gegeneinander?!«, fragte Ava verwundert. »Was soll das sein?«

»In einer Freundschaft oder einer Partnerschaft gibt es auch mal Reibereien«, erklärte ich. »Man ist schon einmal unterschiedlicher Meinung oder will gegensätzliche Wege gehen. Doch wenn man in Liebe miteinander verbunden ist, versucht man dabei einen Konsens zu finden. Man ist ja nicht plötzlich von jetzt auf gleich gegen die geliebte Person, auch wenn das manchmal so aussehen mag. In Wirklichkeit hat man nur eine Meinungsverschiedenheit.«

»Alles klar«, sagte Ava. »Du hast uns das ja eigentlich schon einmal erklärt. Danke daher fürs Auffrischen.«

»Die Liebe ist schwer zu definieren«, sagte ich. »Es gäbe da sehr viele Möglichkeiten, wie man das machen kann. Ich würde vorschlagen, wir nehmen einmal eine neurobiologische, damit wirklich alle verstehen können, was unser soziales Gehirn unter Liebe versteht. Liebe ist die Art und Weise, über die wir mit unseren Liebsten verbunden sind. Und diese Verbindung findet sich tatsächlich physiologisch in der Vernetzung unserer Neuronen in unserem Gehirn wieder. Wenn wir jemanden lieben, dann denken wir nicht mehr als ein *Ich* und ein *Du*. Unser Gehirn hat dann neuronale Strukturen entwickelt, durch die wir als ein *Wir* denken. Je mehr wir uns lieben, desto stärker wird das Wir in unserer neuronalen Vernetzung. Es geht dann nicht mehr nur darum, dass es uns selbst gut geht. Es ist dann genauso wichtig, dass es auch unseren Liebsten gut geht. Und das gilt auch für die gefühlte Wichtigkeit. Wie hoch ist also eure gefühlte Sicherheit in Bezug auf die Liebe?«, wollte ich wissen. »Wer liegt über der 7?«

Niemand ging in die Mitte.

»Gefühlt habe ich da höchstens eine 3!«, sagte Ava sichtlich geschockt.

»Das ist der Grund, warum die Liebe in unserem unbewussten System grundsätzlich eine so hohe gefühlte Relevanz hat«, erklärte ich. »Das, worum wir uns kümmern müssen, kriegt automatisch eine hohe gefühlte Relevanz. Und wenn etwas nicht sicher genug ist, dann kümmern wir uns natürlich um mehr Sicherheit. Die Liebe ist das einzige der bisher genannten Bedürfnisse, die der Staat nicht für uns absichern kann. Hier müssen wir noch selbst für unsere sozialen Beziehungen sorgen. Und das macht uns eben auch oftmals Sorgen.

Der grüne Punkt ist jedoch auch hier, dass das soziale Gehirn unser tatsächliches Rudel nicht sehen kann. Es sieht nur die Menschen, die jetzt mit uns verbunden sind, aber nicht all die vielen Menschen, mit denen wir ebenfalls noch eine soziale Bindung eingehen könnten. Deshalb stelle ich die Frage jetzt für den Verstand einmal ein wenig anders. Wie sicher ist es in Wirklichkeit, dass man nicht den Rest seines Lebens ohne Liebe leben muss, falls einmal eine Freundschaft oder eine Partnerbeziehung kaputtgehen sollte?«

»Vom Gefühl her ist das bei mir alles andere als susi«,

meinte Ava. »Aber vom Kopf her natürlich schon. Niemand muss für den Rest seines Lebens allein bleiben, nur weil eine Beziehung kaputtgeht. Die meisten Menschen haben vermutlich zehn partnerschaftliche Beziehungen im Laufe ihres Lebens. Und Freundschaften noch viel mehr. Es kann daher nicht sein, dass man für den Rest seines Lebens allein bleiben muss, wenn eine Beziehung kaputtgeht.«

»In der Steinzeit konnte das tatsächlich noch passieren«, sagte ich. »Da hatte man so wenige Menschen im eigenen Rudel, dass es durchaus passieren konnte, dass man keinen Partner mehr fand. Jedoch keine Freunde mehr zu finden, war auch damals schon unwahrscheinlich. Doch verglichen mit der Steinzeit ist das heute alles doch sehr viel einfacher.

Wie sicher ist es jetzt vom Gefühl her, dass wir immer freundschaftliche, partnerschaftliche, familiäre Bindung oder auch so etwas wie Vaterlandsliebe haben können? Wer ist hier schon im susi-Bereich?«

Die Hälfte ging in die Mitte.

»Und wie sicher ist es in Wirklichkeit?«, hakte ich nach, um den Realitätsabgleich im Arbeitsspeicher zu wiederholen.

»Das ist echt susi!«, sagte Dylan begeistert.

»Da kommt schon noch die Richtige«, meinte Greg dann zu ihm. »Einsamkeit ist echt eine Illusion, Alter. Auch wenn diese Illusion ganz schön hartnäckig sein kann.«

»Dem stimme ich uneingeschränkt zu«, sagte ich.

»Dann schauen wir jetzt noch einmal ins Gefühl. Wer liegt jetzt bei der gefühlten Sicherheit über der gefühlten 7, wenn es darum geht, grundsätzlich freundschaftliche, familiäre oder partnerschaftliche Beziehungen haben zu können, bei denen man als ein *Wir* denkt und fühlt?«

Alle gingen in die Mitte.

»Und wo liegt die gefühlte Sicherheit bei den sozialen Bindungen, die ihr jetzt im Moment habt?«, wollte ich wissen.

»Nicht ganz so hoch«, sagte Ava. »Aber auf jeden Fall deutlich besser. Mindestens eine 5 oder 6«, meinte sie dann. »Vielleicht sogar doch schon eine 7«, korrigierte sie ihre Aussage.

»Bei mir geht die gefühlte Sicherheit auch immer weiter hoch«, erkannte Greg. »Fühlt sich echt gut an. Kann es vielleicht sein, dass ich jetzt auch meine Beziehungen als sicherer ansehe, weil ich die Liebe grundsätzlich als sicherer empfinde?«

»Ich denke, dass genau das passiert«, stimmte ich zu. »Die generelle Angst, dass man sein Leben ohne Liebe verbringen muss, kann sich sehr schnell auf die jetzt bereits vorhandenen sozialen Beziehungen übertragen. Und dann lebt man in ständiger, unnötiger Angst. Und hat auch Probleme mit seinen Tunwollens, denn die können erst dann richtig ausgelebt werden, wenn man sich in Bezug auf seine Habenwollens und Seinwollens susi fühlt.

Spürt jetzt noch einmal nach. Wo liegt jetzt die gefühlte Sicherheit, wenn ihr ganz allgemein an die Liebe denkt? Wie sicher ist also die Liebe?«, wollte ich wissen.

»Grundsätzlich supersicher«, antwortete Brian. »Auch wenn das situativ in einzelnen Beziehungen schon mal anders aussehen kann.«

»Und genau hier sind wir an dem Punkt angekommen, den ich mit euch heute überprüfen wollte«, sagte ich. »Das Reptiliengehirn und das soziale Gehirn leben bekanntlich immer nur im Hier und Jetzt. Sie können nicht über die ferne Zukunft nachdenken – genauso wenig, wie sie den tatsächlichen Kontext wahrnehmen können, in dem wir heute leben. Das kann eben nur das Großhirn. Genau dafür haben wir im Laufe der Evolution ein Großhirn entwickelt.

Das Reptiliengehirn und das soziale Gehirn können daher gar nicht unterscheiden, ob ein Bedürfnis nur *gerade jetzt* nicht befriedigt werden kann, oder ob das *grundsätzlich* nicht möglich ist. Wenn wir daher für zwei Tage nichts zu essen haben, dann weiß das Reptiliengehirn nicht, ob sich das jemals wieder ändern wird. Und wenn das Großhirn ihm jetzt nicht sagt, dass das wieder besser wird, dann kriegt es logischerweise auch sehr schnell die Vollkrise.

Deshalb macht es dir auch nichts aus, wenn du ein paar Tage lang nichts isst, liebe Stella. Weil du ja freiwillig fastest und dabei die ganze Zeit auf dem Schirm hast, dass du bald wieder essen wirst. Dadurch beruhigt dein Großhirn dein Reptiliengehirn vermutlich hundertmal pro Tag automatisch. Wenn man das jedoch nicht tut, dann hat man wie bei dir, lieber Dylan, bereits nach einem Tag schon das Gefühl, dass man sterben muss.«

»Und bei der Liebe ist es genauso«, erkannte Brian. »Wenn es im Hier und Jetzt Beziehungsprobleme gibt, dann kann das soziale Gehirn nicht unterscheiden, ob das jetzt nur situativ kurz mal der Fall ist, oder ob es ein grundsätzliches Problem ist, das zur Trennung führen kann. Es braucht also auch hier das Großhirn, das ihm den tatsächlichen Kontext erklärt.«

»Ganz genau«, bestätigte ich. »Bei allen sieben Bedürfnissen ist es wichtig, dass das Großhirn den anderen beiden Gehirnen mitteilt, ob es nur ein *situatives* Problem gibt oder ein *grundsätzliches*. Tut es das nicht, werden situative Probleme sehr schnell völlig überbewertet. Sie erhalten dann die gefühlte Wichtigkeit eines grundsätzlichen Problems, obwohl es gar kein grundsätzliches Problem gibt. Daraus können schnell unechte Notwendigkeiten entstehen. Und dann sieht es für das Reptiliengehirn und das soziale Gehirn wieder einmal so aus, als seien echte Brauchens und Müssens nicht erfüllt. Und darum lassen sie es nicht mehr zu, dass wir in einen lebensfreudigen Tunwollen-Modus kommen. Sie glauben ja, es gäbe ein überlebensrelevantes Problem. Und das muss natürlich erst einmal gelöst werden, bevor man sein Leben genießen oder Spaß haben kann. Und das bedeutet, dass die Beurteilung, ob etwas nur situativ oder grundsätzlich so ist, zu den Meta-Daten gehört, die für unsere Gefühle und unsere Entscheidungen im Leben verantwortlich sind. Und auch diese Meta-Daten kann man natürlich wieder sehr leicht korrigieren. Das Großhirn kann grundsätzlich von situativ innerhalb einer Sekunde unterscheiden. Und schon sind diese problematischen Meta-Daten korrigiert.«

»Das ist toll«, sagte Stella begeistert. »Und was war noch einmal das siebte Bedürfnis, das du angesprochen hast?«

»Unser Wachstums- und Entwicklungsbedürfnis«, antwortete ich. »Dieses Bedürfnis gehört zum Großhirn. Seine Aufgabe ist es, sich an schnell verändernde Umweltbedingungen anzupassen. Und dazu muss es natürlich erst einmal die erforderliche Anpassungsfähigkeit erlangen. Daher haben wir Spaß bei solchen Dingen wie Surfen, Bowling, Kanufahren, Kickern oder Billardspielen. Aber auch natürlich mit dem, was wir beruflich machen. Auch da erleben wir eine ständige Weiterentwicklung. Wenn das nicht mehr der Fall ist, fängt unser Job an, uns zu langweilen. Langeweile ist daher der instinktive Aversionsimpuls dieses Bedürfnisses, so, wie Spaß den Appetenzimpuls darstellt.

Auch hier gibt es eine Unterscheidung zwischen situativ und grundsätzlich. Wenn wir uns in den nächsten Tagen bei unserem Job nicht weiterentwickeln können und auch einmal etwas machen müssen, was uns keinen Spaß macht oder was uns sogar langweilt, dann schmeißen wir nicht gleich unseren Job hin. Wenn jedoch klar ist, dass das jetzt immer so bleibt und damit eine grundsätzliche Sache ist, dann schauen wir uns sofort nach etwas Neuem um. Die Meta-Daten in Bezug auf *grundsätzlich* oder *situativ* beeinflussen also die Meta-Daten der *Wichtigkeit* und können damit einen extrem großen Einfluss auf unsere Gefühle und unsere Entscheidungen haben.«

Kapitel 10

Der ständige Drang nach mehr

Ich wollte nach dem Workshop noch schnell zu Ella, um ihr von den neuen Erkenntnissen zu berichten. Da Brian sich wieder mit Nuno zurückgezogen hatte, um sich eine passende Mission für die Gruppe zu überlegen, bot sich das gerade an. Ich ging also in unsere Suite und entmaterialisierte mich.

Es waren 36 Engel im Klassensaal bei Ella, als ich dort ankam. Die meisten von ihnen kannte ich nur vom Sehen.

»Ist wieder etwas mit der MKI?«, fragte ich deshalb.

»Dieses Mal sind es die Menschen selbst«, antwortete Ella. »Wir müssen da etwas unternehmen, damit das nicht komplett aus dem Ruder läuft. Wäre es daher möglich, dass wir unser Gespräch zu einem späteren Zeitpunkt führen?«

»Ja, natürlich«, sagte ich und verabschiedete mich gleich wieder.

Da Ella gerade beschäftigt war, beschloss ich stattdessen, Lola zu kontaktieren. Zum einen waren die neuen Erkenntnisse natürlich auch für ihre Probanden wichtig, zum anderen könnte Lola dann später auch Ella über alles informieren, sollte bei mir zeitlich etwas dazwischenkommen. Hier im Paradies wusste man ja nie, was als Nächstes passieren würde.

Ich startete also meine Lola-App auf meinem Smartphone und setzte mich mit ihr auf einen Sessel in unserer Suite.

»Hallo Mary«, sagte sie. »Schön, dass du mich besuchst.«

»Hallo Lola«, antwortete ich. »Es ist mir immer eine große Freude. Ich wollte dich über die neuesten Erkenntnisse informieren und dich bitten, diese Informationen dann an Ella weiterzugeben, da ich nicht weiß, wann ich wieder zu ihr kann. Wäre das in Ordnung für dich? Ich war eben schon bei ihr, doch sie war gerade sehr beschäftigt. Irgendetwas muss wieder passiert sein bei den Menschen. Aber es hat wohl nichts mit der MKI zu tun.«

»Es geht um die Finanzmärkte«, klärte mich Lola auf.

»Seit wann kümmern wir uns um die Finanzmärkte?«, fragte ich verwundert.

»Normalerweise tun wir das nicht, doch dieses Mal haben wir die Turbulenzen mit verschuldet«, sagte Lola. »Daher versucht Ella, das wieder einigermaßen geradezubiegen.«

»Was genau ist denn passiert?«, wollte ich wissen.

»In der US-Regierung muss es eine undichte Stelle gegeben haben, die streng vertrauliche Regierungsgeheimnisse an die Wirtschaft weitergegeben hat.«

»Ich habe gestern zufällig mitgekriegt, dass der Wert der fossilen Brennstoffe am Aktienmarkt stark eingebrochen ist«, sagte ich. »Ich hatte mir schon gedacht, dass da vermutlich ein Zusammenhang mit unserem Manifest besteht.«

»Ja, das hast du richtig interpretiert«, bestätigte Lola meine Vermutung. »Jetzt müssen Ella und ihr Team schnell etwas tun, damit sich das nicht zu einer weltweiten Finanzkrise ausweitet. Und das ist nicht so einfach bei Millionen von panischen Menschen, die gerade völlig kopflos um ihr Geld bangen.«

»Und warum haben sie so viel Angst um ihr Geld?«, hakte ich nach.

»Es kursieren immer mehr Gerüchte darüber, dass die Regierungen auf der ganzen Welt vorhaben, eine zusätzliche Umwelt-Währung einzuführen. Es wird wild darüber spekuliert, was das für katastrophale Konsequenzen für die gesamte Weltwirtschaft haben könnte.

Der Vorfall mit den Atomraketen in Nordkorea wurde glücklicherweise nirgendwo genannt. Diese Information scheint daher nicht durchgesickert zu sein. Derzeit gehen die meisten Menschen nur davon aus, dass das Geld nicht sicher ist, das sie in Aktien und anderen Wertpapieren wie Anleihen, Derivaten, Fonds, ETFs, Zertifikaten, Kryptowährungen, Edelmetallen und so weiter angelegt haben.

Ella und ihr Team versuchen die Menschen wieder zu beruhigen. Sie sorgen gerade dafür, dass es immer mehr einflussreiche Menschen gibt, die es für völlig unrealistisch halten, dass sich so urplötzlich alle Nationen darüber einig sein sollen, eine so krasse Maßnahme zum Schutz unseres Klimas einzuleiten. Außerdem hat es die fossile Brennstoffindustrie in den letzten drei Jahrzehnten noch immer geschafft, alle Maßnahmen der Regierungen zur Eindämmung des Klimawandels wirksam zu blockieren. Der politische und gesellschaftliche Druck, den diese Lobby ausübt, um effektive Umweltmaßnahmen zu verhindern, ist enorm.

Das alles sind starke Argumente, wieso eine so plötzliche Einführung einer Umwelt-Währung völlig unrealistisch ist. Die Brennstoffindustrie würde sich, wie in den letzten dreißig Jahren auch, mit gezielten Verleugnungskampagnen, Volksaufhetzungen, Einflussnahme auf politische Entscheidungsträger, unzähligen Klagen und ähnlichen Maßnahmen massiv gegen die Einführung einer solchen Umwelt-Währung stemmen und alle Planungen so gut wie sicher blockieren oder wenigstens auf Jahrzehnte aufschieben.«

»Zumindest, solange niemand von dem Vorfall in Nordkorea erfährt«, sagte ich. »Dadurch könnten die Karten neu gemischt werden.«

»Das würde den Menschen sicherlich erst einmal noch mehr Angst machen«, stimmte mir Lola zu. »Doch auch dann würden sie sich sicherlich mit der Zeit wieder beruhigen, denn die Regierungen denken gar nicht daran, sich der Erpressung der Secret-Angels zu beugen. Dafür müssten wir schon eine erneute Machtdemonstration durchführen. Und die müsste dann noch viel gravierender ausfallen als in Nordkorea, damit alle Regierungen auf der ganzen Welt einlenken würden. Solch eine Machtdemonstration würde vermutlich Millionen von Menschenleben kosten. Und wir haben natürlich keinerlei Interesse an solch einer Machtdemonstration. Und die MKI ja ebenfalls nicht. Sie hat ja keinen Grund dazu, solange die Menschen sie nicht bekämpfen. Sie will jetzt einfach nur die Verschwörer finden und ihren Quantencomputer erbeuten.«

»Alles klar«, sagte ich zu Lola. »Danke für das Update. Dann würde ich dir gerne jetzt von meinen neuen Erkenntnissen berichten. Bei meinem Gespräch mit Ella letzte Nacht wurde mir klar, dass die Menschen fast permanent in einem sehr lebenswerten Tunwollen-Modus leben könnten, wo ihr Großhirn automatisch alle ihre Gefühle sehr viel besser reguliert. Und zwar ganz automatisch, wie es das auch im Spiel-Modus ganz natürlich tut.

Die Menschen müssten dazu nur erkennen, dass alle ihre überlebensrelevanten Habenwollens und Seinwollens längst erfüllt und supergut abgesichert sind. Es gibt diesbezüglich so gut wie keine echten Probleme mehr in ihrem Lebensalltag. Eigentlich könnten die Menschen daher fast den gesamten Tag lang in einem sehr lebenswerten Tunwollen-Modus verbringen. Die Tunwollens machen ja 99 Prozent ihrer gesamten Lebensqualität aus. Sie erzeugen fast alle positiven Gefühle und sind nur zu einem Prozent an den negativen Gefühlen beteiligt. Wohingegen es bei ihren Habenwollens und

Seinwollens genau umgekehrt ist. Die sind nur zu einem Prozent für ihre Lebensqualität verantwortlich, aber zu 99 Prozent für ihre gefühlten Probleme.

Das Leben fast aller Menschen könnte daher hundertmal glücklicher und erfüllter sein, als sie es in ihrem Alltag tatsächlich wahrnehmen, wenn sie nicht ständig irgendwelchen unnötigen Habenwollens und Seinwollens hinterherrennen würden. Und einer der wichtigsten Gründe scheint an dem Umstand zu liegen, dass ihr Reptiliengehirn und ihr soziales Gehirn *situativ* von *grundsätzlich* nicht unterscheiden können. Die beiden leben bekanntlich nur im Hier und Jetzt und können daher den großen Kontext nicht sehen. Wenn das Großhirn hier nicht regulativ eingreift, dann verhalten die Menschen sich bei situativen Problemen so, als wären es grundsätzliche Probleme. Daher gehört die Beurteilung, ob ein Sachverhalt grundsätzlich oder nur situativ wichtig ist, eindeutig zu den Meta-Daten.«

»So wie die Leute an der Börse«, erkannte Lola. »Die reagieren gerade völlig panisch auf die aktuelle Situation, als sei es ein grundsätzliches Problem. Deshalb sind sie gerade nur sehr begrenzt in der Lage, ihr Großhirn zu nutzen, um sich den größeren Kontext anzuschauen.«

»Das stimmt«, erkannte ich jetzt erst. »Da passiert ja gerade genau das Gleiche. Das Großhirn ist wohl aufgrund der falschen Meta-Daten weitestgehend heruntergefahren. Das passiert ja immer in einem Panik-Modus.«

»Die Menschen, die an der Börse spekulieren, spiegeln jedoch nicht unbedingt den Durchschnitt der gesamten Bevölkerung wider«, gab Lola zu bedenken. »Diese Menschen streben extrem stark nach immer mehr Habenwollen.«

»Ich finde dieses Streben nach immer mehr Habenwollen schon seltsam«, sagte ich. »Dieser ständige Drang nach *mehr* nimmt ihnen in Wirklichkeit doch nur ihre Lebensqualität.«

»Ich denke, dass dies ein instinktives Verhalten ist«, meinte Lola. »Die Menschen sind genetisch darauf programmiert, einfach immer mehr zu wollen, egal, wie viel sie schon haben, da ein Mehr auch grundsätzlich immer auch ein Mehr an Sicherheitspolster bedeutet. Wenn ein Mensch in der Steinzeit doppelt so viele Nahrungsvorräte hatte, als er tatsächlich brauchte, dann konnte auch mal etwas Unvorhergesehenes passieren, und er hatte immer noch genug.«

»Nur haben manche Menschen nicht nur doppelt so viel, sondern gleich mehrere Millionen-mal so viel, wie es bei einigen superreichen Milliardären der Fall ist. Und sie wollen immer noch mehr! Ich finde das schon seltsam.«

»In der Evolution des Menschen war es bis vor wenigen Tausend Jahren nie nötig, diesen instinktiven Drang nach immer mehr zu begrenzen. Dass der Mensch plötzlich so mächtig geworden ist, dass er in der Lage ist, alles Leben auf diesem Planeten mit seinem ungezügelten Verlangen nach Wachstum zu zerstören, überfordert die üblichen Mechanismen der Evolution bei Weitem. Wenn die Menschen sich daher nicht selbst mäßigen, werden sie die Natur und damit ihre eigene Lebensgrundlage zerstören. Dass ein unbegrenztes Wachstum in einer realen Welt nicht möglich ist, kapiert der menschliche Verstand sehr wohl, doch sein Drang nach *mehr* scheint momentan eindeutig noch die Oberhand zu haben.«

»Ja, das ist wohl so«, stimmte ich zu. »Ich hoffe, dass wir einen Weg finden, wie wir den Menschen helfen können, sich schnell genug zu einem echten Homo sapiens – also einem tatsächlich weisen und klugen Menschen – zu entwickeln. Eigentlich müssten sie nur erkennen, dass in Wirklichkeit ihre Tunwollens dafür sorgen können, dass ihr Leben glücklich und erfüllt ist. Alle Habenwollens und Seinwollens, die letztendlich nur wieder auf irgendwelchen Gefühlszielen aufbauen, bewirken genau das Gegenteil. Wer das kapiert hat, dürfte gar keinen Sinn mehr in dem unbegrenzten Streben nach Habenwollens und Seinwollens sehen, denn die Gefühlsziele kann man damit ja gar nicht erfüllen.«

»Wir können nur hoffen, dass du damit recht behältst, denn wenn die Menschen das nicht kapieren, werden sie nie damit aufhören, die Natur zu zerstören«, meinte Lola.

»Okay, dann werde ich mich jetzt wieder unters Volk mischen und schauen, wie wir den Menschen diese Erkenntnis näherbringen können. Ich glaube an die Menschheit. Es sind vernunftbegabte Wesen, auch wenn es an den Finanzmärkten gerade ganz und gar nicht danach aussieht.«

»Dann bis zum nächsten Mal, mein Lieblingsengel«, sagte Lola zum Abschluss, bevor sie von meinem Bildschirm verschwand.

Ich ging wieder runter in den Garten zu den anderen. Ich war gespannt, ob Brian und Nuno schon eine Idee für eine Mission hatten.

Als ich im Garten ankam, hatte sich die gesamte Gruppe vor Dylan, Brian und Nuno versammelt.

»Was habt ihr vor?«, fragte ich Brian neugierig.

»Wir haben eine Idee, wie wir mit einer herausfordernden Mission die Erkenntnis festigen können, dass wir alle in susi Umständen leben.«

»Und wie?«, wollte ich wissen.

»Lass dich überraschen!«, meinte Nuno grinsend. »Mach einfach mit! Das wird voll der geile Scheiß!«

»Ich stelle mich mit dir zusammen wieder in die Gruppe«, meinte Brian. »Dylan und Richard übernehmen das jetzt.«

»Alles klar, ihr Lieben«, meinte Nuno zu uns allen. »Wir werden euch jetzt in kleine Gruppen einteilen. Ich bitte erst einmal die Männer hier auf die linke Seite und alle Frauen nach rechts.«

Die Gruppe setzte sich in Bewegung und sortierte sich wie geheißen neu.

»Alles klar, vielen Dank schon mal«, sagte Nuno, als jeder seinen neuen Platz eingenommen hatte. »Den schwierigsten Teil haben wir damit schon einmal geschafft. Die Männer werden wir jetzt unterteilen in Umpfen und Daudaus.«

Ich sah viele fragende Gesichter. Die meisten schienen jedoch amüsiert zu sein.

»Wer von euch Männern kann denn überhaupt nicht singen?«, fragte Nuno dann. »Ihr werdet nämlich unsere Umpfen sein«, fügte er erklärend hinzu. »Wer trifft also keinen einzigen richtigen Ton?«

Einige meldeten sich verstohlen grinsend.

»Okay, dann bitte ich jetzt einmal alle Umpfen hier ganz nach links an die Seite«, fuhr Nuno fort. Nachdem sich die Gruppe neu formiert hatte, sprach er weiter. »Und welche von unseren Männern, die sich jetzt noch nicht gemeldet haben, haben gestern Abend beim Karaoke eindrucksvoll unter Beweis gestellt, dass sie in Wirklichkeit ebenfalls Umpfen sind? Ich bitte jetzt die Frauen, diese Entscheidung zu treffen und diejenigen Männer, denen es bisher an einer gesunden Selbsteinschätzung gefehlt hat, zu den Umpfen zu geleiten.«

Die Gruppe fing erst zaghaft an zu lachen, dann schwoll ihr Lachen an und wurde immer lauter im Garten der Villa. Offenbar schaffte es Nuno sehr gut, die Gruppe zu erheitern.

»Die restlichen Männer sind jetzt automatisch Daudaus«, erklärte Nuno. »Wenden wir uns jetzt unseren Weibern zu. Ihr werdet unterteilt in Nonos und Sirenen. Alle, die gestern Abend beim Singen einigermaßen die Töne getroffen haben, gehen jetzt mal ganz nach rechts. Ihr seid die Sirenen. Alle anderen sind Nonos.«

Erneut schien alleine diese Neugruppierung die Gruppe sehr zu erheitern. Mehr als zwei Drittel der

Frauen stellten sich ganz nach rechts. Sie wollten Sirenen sein.

»Okay«, sagte Nuno grinsend. »Und jetzt kommt die Rache der Männer. Ihr schaut euch mal ein wenig genauer an, wer hier alles ganz rechts steht, und erinnert euch an gestern Abend. Alle Frauen, die nicht nach rechts gehören, begleitet ihr höflich, aber kommentarlos zu den Nonos.«

Erneut erklang sofort lautes Gelächter im Garten unserer Villa.

»Und damit übergebe ich an Dylan«, sagte Nuno. »Er wird euch jetzt zeigen, was ihr machen sollt.«

»Vielen Dank, lieber Richard«, sagte Dylan zu Nuno, der sich aber nicht zu uns in die Gruppe stellte, sondern neben Dylan stehen blieb. »Wenden wir uns zuerst einmal unseren Umpfen zu«, sagte Dylan zu der Gruppe. »Ihr habt eine einfache Aufgabe. Ihr sagt jetzt einfach immer wieder Umpf, Umpf, Umpf, Umpf … Und zwar mit tiefer Stimme. Okay, versuchen wir das einmal gemeinsam.«

Dylan gab den Takt mit der Hand vor, den die Umpfen dabei einhalten sollten. Doch sie waren offenbar zu langsam.

»Schneller, Leute!«, sagte Dylan deshalb motivierend. »Wir brauchen 144 beats per minute.«

Daraufhin wurde die Gruppe schneller, jedoch noch nicht schnell genug.

»Noch schneller!«, sagte Dylan deshalb. »Passt euch meinem Tempo an!« Daraufhin machte Dylan auch immerzu »Umpf, Umpf, Umpf, Umpf …«

»Alles klar«, sagte er dann zufrieden. »Die Umpfen bringen's voll. Ihr könnt euch jetzt mal kurz ausruhen. Ihr werdet eure Luft später noch brauchen. Kommen wir also zu den Daudaus. Ihr müsstet jetzt eine kleine, aber sehr einfache Melodie singen. Der Text, den ihr singen sollt, ist noch einfacher. Ich singe ihn euch jetzt einmal vor. Ihr kennt die Melodie vermutlich alle schon.«

Daraufhin begann Dylan zu singen: »Dau, dau, dau, dau …«

»Den kenne ich!«, rief Tyler, während Dylan sang, und lachte laut. »Geiler Scheiß!«

Nach den amüsierten Reaktionen der anderen zu urteilen, kannte tatsächlich jeder die Melodie dieses Songs.

»Dieser Techno-Song ist ein Welthit aus dem Jahr 1993«, erklärte Dylan. »Den kennt wirklich jeder. Er war wochenlang fast überall auf der Welt auf Platz 1 in den Charts. Also noch mal mit mir gemeinsam«, sagte er und sang erneut sein Daudau.

»Ja, da war schon viel Gutes dabei«, sagte er dann, wobei ich nicht so genau erkennen konnte, ob das ironisch gemeint war. Aber vermutlich schon. »Das werden wir noch ein wenig üben. Aber kommen wir zuerst zu den Nonos. Ihr habt eine ebenso einfache Aufgabe wie die Daudaus. Ihr singt jetzt den Refrain. Der Text lautet folgendermaßen:«, sagte Dylan und fing an zu singen. Die meisten der Nonos sangen das Lied sofort mit. »No, no, no, no, no, no, no, no, no, no, no, there's no limit!«

»Sehr schön«, meinte Dylan. »Nur noch ein bisschen lauter, dann reicht mir das schon. Also noch einmal zusammen. Aber dieses Mal volles Rohr!«

Erneut sang er mit den Nonos diesen Refrain.

»Wunderbar!«, sagte er offensichtlich sehr zufrieden zu den Nonos. »Da müssen unsere Männer in der nächsten Runde eine Schippe drauflegen, damit sie da mithalten können. Aber das schafft ihr schon!«, sagte er zu den Männern motivierend. »Zur Not trinkt ihr wieder ein paar Gläser Wein. Und dann geht es genauso ab wie gestern Abend im Bus.

Gut, kommen wir jetzt zu den Sirenen. Ihr müsst euch tatsächlich ein wenig Text merken. Es sind aber nur zwei Sätze. Also los geht's!«, sagte Dylan und sang los: »No no limits, we'll reach for the sky. No valley too deep, no mountain too high. No no limits, won't give up the fight. We do what we want and we do it with pride.«

Erneut hatten einige aus der Gruppe direkt schon beim ersten Mal spontan mitgesungen. Manche kannten den Text nur teilweise, andere sogar vollständig.

»Das sind also eure Aufgaben bei dieser Mission«, sagte Nuno zur Gruppe. »Den restlichen Text von diesem Lied werden unser lieber Dylan und ich dann selbst übernehmen. Wir werden mit diesem Song heute Abend in der Sportsbar J.R. Rockers auftreten. Gabriella hat unseren Auftritt bereits organisiert. Es gibt daher kein Zurück!«

Ich sah das blanke Entsetzen in den Augen der Nerds. Das war wohl eine sehr viel größere Herausforderung als das Karaoke-Singen gestern Abend. Es wurde wieder laut im Garten der Villa. Jeder hatte offensichtlich das Bedürfnis, den anderen seine panischen Gefühle zu offenbaren.

»Denkt immer daran, dass wir alle susi sind«, rief Nuno in die Menge. »Auch wenn wir heute Abend total verkacken sollten, wird unser Leben trotzdem weitergehen. Niemand wird uns mit Steinen bewerfen. Wir werden weiterhin zu essen haben und einen Platz zum Schlafen. Wir werden nicht aus dem Rudel ausgegrenzt. Man wird uns weiterhin lieb haben, und wir werden an dieser Aufgabe so oder so wachsen. Es ist also alles susi!«

Nuno hielt plötzlich inne. Im gleichen Moment spürte ich die Anwesenheit eines Messenger-Angels und den Impuls, sofort Ella aufzusuchen. Offenbar hatte Nuno dieses Mal den gleichen Impuls bekommen.

Ich sagte Brian, ich müsste schnell einmal auf die Toilette und ging hoch in unsere Suite. Nuno ging ebenfalls auf sein Zimmer.

»Es ist etwas passiert, womit wir alle nicht gerechnet hatten«, sagte Ella, als wir im Klassensaal ankamen. »Irgendjemand hat unser Manifest für alle zugänglich ins Internet gestellt. Inklusive des Vorfalls in Nordkorea und der Information, dass es eine sehr mächtige geheime Organisation geben muss, die über einen unglaublich fortschrittlichen Quantencomputer verfügt!«

»Aber wer hat das getan? Und warum?«, fragte ich verwundert.

»Das wissen wir nicht genau«, antwortete Ella. »Vermutlich ein Whistleblower, der dachte, die Weltbevölkerung sollte von dieser Bedrohung erfahren. Und da kommen mittlerweile sehr viele Menschen infrage. Die US-Regierung hat unser Manifest an die Regierungen auf der ganzen Welt weitergegeben und sie bei der Fahndung nach der Hacker-Gruppe um Zusammenarbeit gebeten. Informiert sind jeweils nur die höchsten Regierungskreise und natürlich die Geheimdienste. Doch das sind insgesamt trotzdem sehr viele Menschen. Es ist aber nicht so wichtig, wer unser Manifest veröffentlich hat. Das Problem ist, dass es passiert ist. Und nun ist die gesamte Welt in Aufruhr.

Die Kleinanleger sind derzeit noch völlig kopflos. Die versuchen, Gold zu kaufen und ähnliche Werte, die als krisensicher gelten. Doch natürlich hätten diese Sachwerte zukünftig nur dann noch einen Wert, wenn die Käufer gleichzeitig über die erforderlichen Umwelt-Punkte verfügen würden, um sie zu kaufen. Und das tun sie natürlich nicht. Dafür gibt es einfach zu wenige Umwelt-Punkte. Daher werden die Leute, die jetzt Edelmetalle bunkern, die nicht tatsächlich in der Industrie gebraucht werden, ihre Waren nicht mehr los. Denn niemand wird so viele Umwelt-Punkte besitzen, dass er sich den Luxus leisten kann, nutzlose Edelmetalle, Diamanten oder Kunstwerke zu horten. Die Kleinanleger werden daher auf ihren Sachwerten sitzen bleiben.

Die Großinvestoren haben das gleich kapiert und schlagen intelligentere Wege ein, um ihr Vermögen zu schützen. Sie suchen bereits sehr intensiv nach Unternehmen, die sich auf Umwelttechnologien spezialisiert haben. Vor allem diejenigen Unternehmen, die sich auf eine Reduzierung von CO_2-Emissionen fokussieren, stehen hoch im Kurs.«

»Aber das ist doch eigentlich keine schlechte Sache, wenn die Aktien dieser Umweltfirmen in ihrem Wert steigen«, meinte Nuno. »Je mehr Geld diese Firmen zur Verfügung haben, desto schneller können sie ihre Technologien entwickeln.«

»Theoretisch schon«, stimmte ihm Ella zu. »Doch die Großinvestoren wollen diese Firmen nicht unterstützen. Sie wollen sie übernehmen. Sie planen mit sehr viel Geld feindliche Übernahmen. Sie wollen diese Firmen dann wieder meistbietend verkaufen. Natürlich gegen eine entsprechende Menge an Umwelt-Punkten. Die Großinvestoren würden auf diese Weise ihre Kaufkraft auf dem Markt erhalten, weil sie dann zusätzlich zu ihrem Geld auch sehr viele Umweltpunkte ansammeln könnten. Was uns daran nicht gefällt, ist, dass die Entwicklung der jeweiligen Umwelttechnologien durch diese feindlichen Übernahmen unter Umständen um Jahre zurückgeworfen würde. Die halbe Belegschaft, darunter auch kompetente Forscher und Entwickler, würde entlassen, um die Unternehmen auf dem Papier für den Verkauf noch rentabler erscheinen zu lassen.«

»Und werden wir dagegen etwas unternehmen?«, wollte ich wissen.

»Das können wir leider nicht«, antwortete Ella. »Zumindest nicht in dem Rahmen, wie es notwendig wäre. Unsere höchste Direktive lässt das nicht zu. Wir haben uns deshalb zu einem anderen Schritt entschieden, den wir bereits in die Tat umsetzen. Wir versuchen gerade die großen Rohöl- und Kohlekonzerne dazu zu bewegen, die besagten Umweltfirmen zu übernehmen. Die Konzerne könnten sich gegen die Großinvestoren durchsetzen, denen es nur ums Geld geht.

Der fossilen Brennstoffindustrie geht es natürlich letztendlich ebenfalls nur ums Geld, doch sie hätten auch ein Interesse daran, diese Umwelttechnologien zu nutzen, falls die Regierungen sich wider Erwarten tatsächlich dazu entschließen sollten, die neue Umwelt-Währung einzuführen.

Wie wir alle wissen, hat das kein Land auf der ganzen Welt im Moment tatsächlich vor. Wir können sie auch nicht dazu zwingen, ohne unsere höchste Direktive zu verletzen. Doch wir können mit unseren Messenger-Angels den Entscheidungsträgern in den Konzernen den Impuls geben, sicherheitshalber die Umwelttechnologien übernehmen zu wollen. Und genau das tun wir gerade, während wir hier reden.

Niemand kann im Moment mit Sicherheit ausschließen, dass die Regierungen am Ende vielleicht doch einknicken und das Manifest umgesetzt wird. Schließlich droht die Hacker-Gruppe mit der Vernichtung aller Atomwaffen auf der ganzen Welt. Das ist keine Kleinigkeit. Und dass sie dazu in der Lage ist, hat sie ja in Nordkorea bereits bewiesen. Und das Gerücht über die Existenz eines unglaublich überlegenen Quantencomputers setzt dem Ganzen natürlich noch die Krone auf. Daher wird sich keiner der Konzernbosse sicher genug fühlen, um die Chance, vielversprechende Umwelttechnologien zu erwerben, komplett ungenutzt zu lassen. Wir sehen daher gute Chancen, dass sie die Umweltfirmen aufkaufen und ihre Entwicklung im Eigeninteresse weiterführen. Denn dass die Politik irgendwann etwas tun muss, das weiß jeder. Sie zögern es so weit hinaus wie möglich, aber verhindern können sie es nicht. Denn die Klimakatastrophe kommt. Die lässt sich nicht mehr aufhalten. Und dann müssen die Regierungen handeln.

Momentan weiß noch keiner so genau, welche Umwelttechnologien dafür tatsächlich lukrativ sein könnten. Sowohl die Investoren als auch die Konzerne machen sich diesbezüglich gerade erst schlau. Auch haben sie ihre Industriespionage jetzt sofort auf diesen Bereich angesetzt. Es wird daher nicht lange dauern, bis die ersten Übernahmen an der Börse beginnen.

Die Aktien von Branchen, die als umweltschädlich gelten und die Schwierigkeiten haben werden, ausreichend viele Umwelt-Punkte zu generieren, erleiden an den Börsen bereits große Wertverluste. Diese Kurse werden sich jedoch bald wieder erholen, da viele Investoren bei sehr niedrigen Kursen nicht widerstehen können, sich mit billigen Aktien einzudecken, die danach wieder um ein Vielfaches im Wert steigen könnten, sollte die Umwelt-Währung dann noch nicht eingeführt werden.

Dem gesamten Markt ist jedenfalls klar, dass diejenigen, die jetzt als Erste die vielversprechendsten Umwelttechnologien finden, die großen Gewinner in dieser Krise sein werden. Deshalb geben die großen Investoren, Konzerne und Firmen jetzt sehr viel Geld aus für ihre Recherche. Insbesondere eben auch für die besagte Industriespionage.

Die NSA ist bereits mit ihrem gesamten Spionageapparat auf die Suche nach bisher von der Industrie noch geheim gehaltenen Technologien gegangen, die vielleicht kurz vor ihrem Durchbruch stehen könnten. Die NSA wurde von der US-Regierung bereits damit beauftragt, sich diesbezüglich schnellstmöglich einen Überblick zu verschaffen. Deshalb rechnen wir damit, dass die NSA erneut auf dich zukommen wird. Du giltst als der mit großem Abstand intelligenteste Mensch, der je auf der Welt gelebt hat. Und diese Intelligenz wird die US-Regierung erneut für ihre Zwecke nutzen wollen.«

»Und was soll ich ihnen dann sagen?«, hakte ich nach.

»Dass sie nach Möglichkeiten Ausschau halten sollten, wie man die Treibhausgase wieder aus der Atmosphäre herausfiltern kann, denn nur das wird laut unserem Manifest weitere Klimapunkte generieren, die dann in der Wirtschaft genutzt werden können. Die Treibhausgase nur zu reduzieren, kann die Klimakatastrophe nicht mehr aufhalten. Es gibt über 100 000 wissenschaftliche Studien der Menschen, die das unmissverständlich klarstellen. Da können die populistischen Klimaleugner mittlerweile sagen und tun was sie wollen, mit ihren Verschleierungstaktiken. Die breite Bevölkerung lässt sich damit zwar noch immer in die Irre führen, doch die Entscheidungsträger in Politik und Wirtschaft kennen die Wahrheit natürlich längst.

Die fossile Brennstoffindustrie weiß schon seit 30 Jahren, dass der Klimawandel menschengemacht ist und in die Katastrophe führt. Und dabei geht es nicht allein nur um ein paar Waldbrände mehr. Im Laufe dieses Jahrhunderts wird mehr als ein Drittel der Weltbevölkerung ihre Heimat aufgrund von Überschwemmungen, anhaltenden Dürren, unerträglicher Hitze oder anderen klimabedingten Naturkatastrophen verlassen müssen. Eine weltweite Flüchtlingskrise in solch einem gigantischen Ausmaß hat es nie zuvor gegeben.

Diese Krise wird große gesellschaftliche und politische Umbrüche mit sich bringen. Denn diese unzähligen Menschen, die ihre Heimat verloren haben, müssen irgendwohin. Jeder Wissenschaftler weiß das, doch kaum ein Politiker redet davon, weil jeder Angst hat, dass er dann vom Volk als Panikmacher verschrien und nicht mehr gewählt wird. Denn die Mehrheit der Bevölkerung will positive Prognosen für ihre zukünftige Lebensqualität hören. Doch ob die Menschen das nun hören wollen oder nicht, sie werden natürlich alle von dieser Flüchtlingskrise betroffen sein.«

»Aber wenn doch alle bereits wissen, dass sie die Treibhausgase aus der Atmosphäre herausfiltern müssen, was sollten sie denn diesbezüglich von mir noch wissen wollen?«, fragte ich verwundert.

»Sie werden dich fragen, welche Zukunftstechnologien du als vielversprechend ansehen würdest und warum«, meinte Ella. »Ich gebe dir eine Liste mit Möglichkeiten, mit denen die Menschen dem Klimawandel entgegenwirken können. Dann haben sie ein wenig mehr Orientierung und verschwenden nicht so viel Zeit mit Technologien, von denen wir jetzt schon wissen, dass sie nicht funktionieren können. Wir helfen ihnen also, die Spreu vom Weizen zu trennen. Das liegt innerhalb der erlaubten Grenzen unserer höchsten Direktive. Mehr können wir leider für die Menschen diesbezüglich nicht tun.«

Nachdem ich Ellas Liste über die vielversprechendsten Möglichkeiten erhalten hatte, materialisierten sich Nuno und ich wieder in unserer Villa auf Pearl Harbor.

Im Garten wusste noch niemand etwas von den aktuellen Ereignissen. Sie standen alle zusammen und übten mit Dylan ihren Song. Es hörte sich nicht so *richtig* gut an. Ich war jedenfalls sehr froh, dass wir heute in solch susi Umständen lebten, denn in den vergangenen Jahrhunderten waren Menschen aus weit geringeren Anlässen heraus getötet worden. Ich war sehr auf die Gesichter der Zuschauer heute Abend gespannt. Das würde bestimmt lustig werden.

Kapitel 11

Selbstentmachtung

Ich sang bei den Sirenen mit, was mir sehr viel Spaß machte. Brian stand zusammen mit Jason bei den Umpfen, was beide wohl sehr lustig fanden. Greg war bei den Daudaus und Ava gehörte zu den Nonos. Gabriella musste leider arbeiten, daher konnte sie nicht mitmachen. Wir probten den Song noch einige Male, dann meinte Dylan, wir sollten eine Pause einlegen. Wir applaudierten uns selbst noch einmal zum Abschluss überschwänglich, bevor sich die Gruppe im Garten verteilte.

Brian kam sichtlich amüsiert von dieser Chorprobe auf mich zu und umarmte mich, was sich wieder einmal unglaublich toll anfühlte. Ich wollte ihn gerade fragen, ob wir diese Pause nicht vielleicht nutzen könnten, um noch einmal das Gleiche zu tun, was wir an diesem Morgen vor dem Frühstück getan hatten. Doch Sophia, Kevin, Greg und Ava standen plötzlich neben uns und fragten mich, ob ich vielleicht kurz Zeit für sie hätte.

»Natürlich«, antwortete ich. »Worum geht es?«

»Um den Auftritt heute Abend«, sagte Ava. »Ich mach mir ehrlich gesagt gerade ganz schön ins Höschen, wenn ich daran denke.«

»Geht mir genauso«, meinte Greg.

»Uns ebenfalls«, sagte Kevin und meinte damit ihn selbst und Sophia.

In diesem Moment kamen Nuno und Tyler zu uns in die Runde.

»Sprecht ihr gerade über den Auftritt heute Abend?«, wollte Tyler wissen.

»Ja«, antwortete ich. »Es geht darum, dass sich einige von uns ins Höschen machen wegen heute Abend.«

»Dürfen wir uns anschließen?«, fragte Tyler. »Mir geht es ehrlich gesagt ganz genauso.«

»Natürlich«, sagte ich. »Sehr gerne. Warum machst du dir denn gerade ins Höschen?«, fragte ich Ava. »Ich dachte, das Thema Lampenfieber hätten wir längst gelöst.«

»Ja, das dachte ich auch«, meinte sie leicht frustriert. »Ich habe auch keine Angst mehr davor, dass die Leute mich mit Dreck bewerfen oder ausgrenzen könnten. Das haben wir wirklich gut hingekriegt. Aber mich nervt es gerade, dass jetzt trotzdem wieder dieses ätzende Unsicherheitsgefühl kommt. Obwohl ich doch in Wirklichkeit total susi bin.«

»Ist bei mir auch so«, stimmte Sophia zu. »Mich nervt das ehrlich gesagt gerade total an!«

»Geiler Scheiß«, meinte Nuno.

»Find ich auch«, stimmte ich ihm zu. »Obwohl ihr

euch eigentlich susi fühlt, habt ihr trotzdem starke Problemgefühle wegen heute Abend. Das ist faszinierend. Diesem Phänomen würde ich sehr gerne mit euch zusammen auf den Grund gehen. Wollen wir uns dazu vielleicht irgendwo in den Schatten setzen?«, schlug ich vor.

Das taten wir dann auch. Mir fiel dabei auf, dass Tyler sich sehr darum bemühte, neben Nuno sitzen zu können. Ich war sehr gespannt, ob sich bei Nuno doch noch irgendwelche Gefühle entwickeln würden durch die Nähe, die Tyler ständig mit ihm suchte. Ich hätte es extrem schön gefunden, wenn er hier im Paradies als Mensch bleiben würde und wir dieses Leben gemeinsam als beste Freunde verbringen könnten.

»Okay, dann schauen wir uns das einmal genauer an«, sagte ich zur Gruppe, als wir uns gesetzt hatten. Ich sprach Ava dazu direkt an: »Ich finde es sehr spannend, dass du dich gleichzeitig supersicher und gleichzeitig unsicher fühlst. Wie geht das?«

»Na ja«, meinte Ava. »Ich fühlte mich in Bezug auf die Erfüllung dieser sieben echten Bedürfnisse, die wir durchgesprochen haben, schon supersicher. Aber in Bezug auf meine Gefühle nicht. Die habe ich ja offensichtlich trotzdem noch. Ähm, sorry!«, korrigierte sie sich selbst. »Die *empfinde* ich natürlich trotzdem. Gefühle hat man ja nicht.«

»Geht mir ganz genauso«, meinte Greg. »Wieso jetzt schon wieder diese bescheuerten Problemgefühle, wenn es doch gar kein wirkliches Problem gibt?! Das nervt echt, Alter!«

»Ist das bei euch allen so?«, wollte ich von der Gruppe wissen.

Alle nickten bis auf Nuno.

»Dann sollten wir uns einmal die Meta-Daten genauer anschauen, die für eure Problemgefühle verantwortlich sind«, sagte ich. »Aber zuerst einmal möchte ich daran erinnern, dass noch viele falsche Problembeurteilungen mit den Meta-Daten einer gefühlten Wahrheit in eurem System abgespeichert sind. Im Grunde genommen trifft das auf alle gefühlten Probleme zu, die sich auf eure Gefühlsziele beziehen. In Wirklichkeit sind das alles keine echten Probleme. Doch solange diese Meta-Daten auf eurer Festplatte noch nicht korrigiert sind, werden sie auch weiterhin Problemgefühle auslösen. Es ist also völlig normal, dass ihr jetzt noch das eine oder andere Problemgefühl empfindet, obwohl ihr wisst, dass es eigentlich kein echtes Problem gibt, weil in Wirklichkeit alles susi ist.«

»Gibt es eigentlich so etwas wie Meta-Daten für *Machtlosigkeit?*«, fragte Kevin. »Ich fühle mich nämlich machtlos gegenüber meinen Gefühlen.«

»Genau das ist es!«, erkannte Ava. »Ich fühle mich auch total machtlos, wenn die Gefühle trotzdem einfach kommen, obwohl alles susi ist.«

»Und bei euch anderen?«, fragte ich in die Runde. »Ist die Machtlosigkeit gegenüber euren Gefühlszielen das eigentliche Problem?«

»Absolut!«, stimmte Sophia zu. »Die Machtlosigkeit

ist das Problem. Ich fühle mich meinen Gefühlen da regelrecht ausgeliefert.«

Die anderen nickten erneut, um zu signalisieren, dass es bei ihnen das gleiche Problem gab.

»Aber woher kommt diese Machtlosigkeit?«, fragte ich verwundert. »Ihr müsstet doch nur eure Meta-Daten ändern. Das ist gar nicht schwer. Meistens genügt es ja schon, für eine Sekunde hinzuschauen, wie zum Beispiel bei den Meta-Daten, ob etwas ein grundsätzliches oder ein situatives Problem ist.«

»Die Machtlosigkeit gegenüber meinen Gefühlszielen ist auf jeden Fall ein ganz grundsätzliches Problem und kein situatives«, meinte Tyler, und alle anderen nickten erneut zustimmend.

»Das gibt dem Problem auch seine hohe gefühlte Wichtigkeit«, erkannte ich. »*Grundsätzlich* ist ja immer viel wichtiger als nur *situativ*. Doch das intensiviert das Machtlosigkeitsgefühl nur – es erzeugt es nicht. Wir sollten uns daher anschauen, wie ihr dieses Gefühl erzeugt.«

»Ich muss nur an heute Abend denken«, meinte Ava. »Dann kommt das Gefühl, und ich kann nichts dagegen tun. Es geht einfach nicht mehr weg. Auch wenn ich weiß, wie schädlich es ist, es weghaben zu wollen. Ich will es trotzdem weghaben. Und ich will nicht, dass ich das will. Aber ich kann nichts dagegen tun. Ergo bin ich machtlos.«

»Dann schauen wir uns einmal an, wie du dieses Gefühl erzeugst, das du weghaben willst«, sagte ich. »Gefühle werden immer erzeugt. Die kommen und gehen ja nicht einfach.«

»Ich habe schon das Gefühl, dass meine Gefühle einfach kommen und gehen«, wendete Ava ein.

»Und wo kommen sie her?«, hakte ich nach. »Und wohin gehen sie, wenn sie wieder weggehen?«

»Keine Ahnung«, antwortete Ava achselzuckend. »Die Gefühle sind einfach irgendwie da.«

»Und wo genau sind sie, wenn sie da sind?«, wollte ich wissen.

»Na hier im Bauch, oder im Brustkorb und im Hals«, sagte sie und zeigte dabei auf diese Stellen.

»Das sind die Orte, an denen sich die Nervenzentren befinden, welche auf die chemischen Botenstoffe reagieren, die das Gehirn ausschüttet, um eine bestimmte Emotion zu erzeugen«, erklärte ich. »Das Gehirn interpretiert diese Körperempfindungen dann als Gefühle. Doch in Wirklichkeit empfindet der Körper an diesen Stellen nur Leichtigkeit oder Schwere, Enge oder Weite, Wärme oder Kälte und Vitalität oder Schwäche. Und das immer in einer Intensität, welche der Relevanz des jeweiligen Themas entspricht, wegen dem das Gehirn jetzt gerade ein Belohnungs-, Vermeidungs- oder Lockgefühl erzeugt.

Wenn man beispielsweise im Bauch Schwere, Enge, Kälte und Schwäche spürt, dann interpretiert das Gehirn diese Empfindungen als Problemgefühl. In Wirklichkeit sind das aber nur die chemischen Botenstoffe, die das Reptiliengehirn aufgrund einer Problembeurteilung ausgeschüttet hat. In Brust, Hals und Gesicht empfindet man hingegen die chemischen Botenstoffe, die das soziale Gehirn erzeugt. Auch da können sich Enge, Schwere, Kälte und Schwäche nach einem Problem anfühlen. Freude würde man an diesen Stellen hingegen eher als Weite, Leichtigkeit, Wärme und Lebendigkeit empfinden. Alle Gefühle werden von chemischen Botenstoffen erzeugt, die vom Gehirn ins Blut ausgeschüttet werden und dann im Körper von bestimmten Nervengeflechten registriert und dem Gehirn zurückgemeldet werden. Und das interpretiert dann diese Körperempfindungen als Gefühl.

Gefühle sind daher nicht einfach so da. Sie werden immer erzeugt. Bevor die jeweiligen chemischen Botenstoffe ausgeschüttet werden, muss es immer eine entsprechende Beurteilung dazu geben. Und die muss eine Vermeidungs-, Erreichungs- oder Erhaltungs-Motivation erzeugen, damit dann die chemischen Botenstoffe ausgeschüttet werden, welche die Vermeidungs-, Lock- und Belohnungsgefühle erzeugen.

Wir nehmen also etwas in unserer Außenwelt oder unserer Innenwelt wahr, und unser System bewertet diese Wahrnehmung sofort anhand unserer Sollvorstellungen. Und dann speichert es diese Bewertungen als Meta-Daten ab. Aber als Erstes wird geschaut, ob das Wahrgenommene überhaupt eine Relevanz hat und wenn ja, wie viel. Denn nur Sachverhalte, die als relevant beurteilt werden, lösen auch Vermeidungs-, Erreichungs- oder Erhaltungs-Motivationen aus. Und nur diese Motivationen sorgen dann für die Ausschüttung der chemischen Botenstoffe, die wiederum unsere Gefühle erzeugen. Daher sind die Meta-Daten der Relevanz im gesamten System mit Abstand die wichtigsten.

Erst wenn etwas als relevant angesehen wird, schaut das System genauer hin, in welchem Ausmaß das Wahrgenommene nützlich oder schädlich für unsere Bedürfnisbefriedigung ist. Im Zweifelsfall wird dann auch geschaut, ob man das überhaupt alles richtig beurteilt hat. Die Richtigkeit gehört ebenfalls zu den Meta-Daten.

Jede Wahrnehmung, die als relevant beurteilt wurde, durchläuft einen unbewussten Beurteilungsprozess anhand der bereits abgespeicherten Meta-Daten. Und wenn das unbewusste System feststellt, dass da irgendetwas nicht stimmen kann, dann wird das bewusste System benachrichtigt, damit es sich die Meta-Daten einmal genauer anschaut und den Fehler korrigiert. So funktionieren Gefühle.

Die Gefühle sind also nicht einfach da. Sie werden immer erzeugt. Und das nicht von irgendjemand anderes, sondern immer vom eigenen unbewussten oder bewussten System selbst. Die abgespeicherten Meta-Daten, anhand derer wir unsere Wahrnehmungen beurteilen, sind natürlich auch nicht einfach da. Das sind alles unsere eigenen Gedanken, die wir in der Vergangenheit irgendwann einmal gedacht und dann im System abgespeichert haben. Und diese früheren Gedanken können wir natürlich jederzeit aktualisieren.«

»Vom Kopf her verstehe ich das alles mittlerweile«, sagte Ava. »Aber vom Gefühl her fühlt es sich immer noch so an, als würden die Gefühle einfach kommen.«

»Und wo kommt dieses Gefühl her, dass die Gefühle einfach so kommen?«, hakte ich nach.

»Keine Ahnung«, meinte Ava achselzuckend. »So stelle ich mir das, glaube ich, irgendwie vor.«

»Du hast dazu eine bildhafte Vorstellung?«, hakte ich nach.

»Kann sein«, meinte sie erneut achselzuckend. »So genau kann ich das nicht sagen.«

»Aber wenn du solch eine bildhafte Vorstellung hättest, wie würde die dann aussehen?«, wollte ich wissen.

»Da würde so ein Gefühl einfach im Inneren meines Körpers entstehen. Wie so eine Energiewolke vielleicht«, meinte sie.

»Das Gefühl kommt also nicht irgendwo von da draußen aus der Außenwelt, wenn ich das richtig verstehe«, sagte ich.

»Nein, das entsteht ganz klar in meinem Inneren«, bestätigte Ava.

»Das ist bei mir anders«, meinte Greg. »Bei mir kommt das Gefühl eindeutig von außen.«

»Und woher kommt es dann genau?«, fragte ich.

»So genau weiß ich das nicht«, meinte Greg. »Aber auf jeden Fall von außen. Es ist auch bei mir so eine Art Energiewolke. Aber eben nicht in mir drin, sondern draußen. Wenn ich an heute Abend denke, kommt diese Wolke zum Beispiel irgendwie von oben runter und hüllt meinen Kopf ein. Und dann muss ich aufpassen, sonst sorgt diese negative Wolke ganz schnell dafür, dass ich total negative Gedanken habe. Und dann kommen noch mehr dieser negativen Wolken runter.«

»Und was machst du genau, wenn du aufpasst?«, wollte ich wissen.

»Ich denke schnell an die negativen Konsequenzen, die es hat, wenn diese negativen Gefühle meine Gedanken negativ beeinflussen. Dadurch kommt eine andere Energie von oben, die dann die übrigen Wolken wegdrückt. Und zwar von oben runter unter meinen Kopf. Sie sind dann irgendwo da unten beim Hals oder auf Brusthöhe. Aber eben nicht mehr beim Kopf.«

»Und wo ist dann die Energiewolke, die du durch deine Gedanken an die negativen Konsequenzen herbeigerufen hast, damit sie die anderen negativen Energiewolken nach unten drückt?«, wollte ich wissen.

»Die ist schon in meinem Kopf«, meinte Greg.

»Und was sind das so für Gedanken, mit denen du die Energiewolke herbeirufen kannst, die dann die anderen negativen Gefühlswolken nach unten drängen?«, fragte ich.

»Ach du Scheiße!«, sagte Greg entsetzt. »Das ist meine Selbstverurteilung! Ich mache mir sofort klar, was für ein armseliges Würstchen ich bin, wenn ich diese negativen Gefühle nicht kontrolliert kriege.«

»Dann wissen wir jetzt auch, warum du dich immer selbst verurteilt hast«, sagte ich. »Eigentlich hast du doch mit der Selbstverurteilung aufgehört, nachdem wir bei Shameless in Paradise darüber geredet haben.«

»Ja, das ist richtig«, stimmte Greg zu. »Doch ich glaube, da habe ich auch nur die Relevanz der Selbstverurteilung reduziert, wenn ich das richtig verstanden habe, was du eben über die Relevanz erklärt hast. Da es einfach nur falsch ist, diese negative Energie der Selbstverurteilung herbeizurufen, habe ich das nicht mehr getan. Aber mein Bild ist das gleiche geblieben. Die negativen Energien kommen immer noch von irgendwo da oben. Doch anstatt sie mit einer anderen negativen Energie nach unten zu drücken, nehme ich den negativen Energien, die von oben kommen, jetzt die Relevanz. Ich drücke sie also nicht mehr weg. Ich nehme ihnen nur die Kraft, sodass sie meine Gedanken nicht mehr so stark beeinflussen können. Aber ich habe sie immer noch um meinen Kopf herum.«

»Das ist faszinierend«, sagte ich. »Dann handelt dein gesamtes unbewusstes System, obwohl du es vom Kopf her besser weißt, immer noch gemäß dieser unbewussten Vorstellung, die du dir vermutlich bereits als Kind über deine Gefühle erstellt hast. Vermutlich war das ein rein intuitiver Prozess und nichts, was du mit deinem Verstand ergründet hast. Für dich hat es sich einfach irgendwie so angefühlt, als kämen die negativen Emotionen von da oben runter, um deinen Geist negativ zu beeinflussen. Und dann musstest du sie natürlich irgendwie bekämpfen.«

»Bei mir kommen die Gefühle zwar nicht von oben,

aber ich bekämpfe sie ganz klar ebenfalls«, meinte Sophia. »Sie entstehen in meinem Bauch und meinem Brustkorb. So wie du es erklärt hast. Manchmal entstehen die Gefühle dort langsam und manchmal sehr schnell und sehr mächtig. Wie bei Wut zum Beispiel. Das fühlt sich immer an, als hätte ich einen Dampfkessel im Bauch, der gleich explodieren will. Ich habe dann einfach den Deckel draufgehalten und war immer sehr stolz darauf, dass ich es schaffe, die Wut nicht rauszulassen. Selbst wenn da eine Atombombe explodiert, halte ich trotzdem den Deckel zu. Es sei denn, ich kriege meine Tage. Dann schaffe ich es nicht, was ich total kacke finde, weil ich dann eben zickig werde. Und das habe ich immer als Schwäche empfunden.«

»Und wer erzeugt die Gefühle denn in deiner Vorstellung, die da so stark in dir entstehen?«, wollte ich wissen.

»Irgendein Teil von mir«, sagte sie. »So genau kann ich das nicht sagen.«

»Was verstehst du denn unter einem Teil von dir?«, hakte ich nach.

»Ich habe mich sehr viel mit Teile-Arbeit beschäftigt in den letzten zehn Jahren«, sagte sie. »Dabei geht man davon aus, dass die Persönlichkeit in viele Aspekte unterteilt ist.«

»Ist das so etwas Ähnliches wie das Innere Kind?«, fragte ich.

»Ja, es ist ähnlich, aber nicht genau das Gleiche«, meinte Sophia. »Das Ziel der Arbeit mit Persönlichkeitsanteilen ist es, die Integration und Harmonie zwischen verschiedenen Teilen der Persönlichkeit zu fördern. Dies kann dazu beitragen, innere Konflikte zu lösen, Selbstverständnis zu vertiefen und eine ganzheitliche Selbstwahrnehmung zu entwickeln.«

»Wenn also beispielsweise eine Wut in dir entsteht, dann ist so ein Teil von dir dafür verantwortlich«, resümierte ich. »Ist das denn ein bewusster Teil von dir oder ein unbewusster?«

»Das ist ganz klar ein unbewusster Anteil«, sagte sie.

»Ja und wie änderst du in dieser Vorstellung deine Meta-Daten?«, wollte ich wissen.

»Keine Ahnung«, meinte Sophia achselzuckend. »Normalerweise rede ich mit meinen Anteilen. Es sei denn sie sind nicht bereit, mit mir zu kommunizieren. Dann wird es kompliziert. Dann muss ich sie erst einmal dazu bewegen, mit mir reden zu wollen. Das kann eine Weile dauern und gelingt auch nicht immer.«

»Und wie änderst du dann deine Meta-Daten?«, hakte ich erneut nach.

»Dann kann ich sie nicht ändern«, sagte sie. »Wenn dieser Teil ja gar nicht hinhört oder sich sogar weigert, kann ich natürlich nichts machen.«

»Dann bleiben die falschen Meta-Daten also unkorrigiert weiterhin in deinem unbewussten System stehen?!«, fragte ich verwundert.

»Hört sich eigentlich nicht so gut an«, meinte Sophia besorgt.

»Ich habe so ein ähnliches Bild«, meinte dann Kevin.

»Aber bei meinem kann ich die Meta-Daten eigentlich sehr leicht ändern.«

»Und wie machst du das?«, fragte Sophia interessiert.

»Bei mir gibt es so eine Art Kontrollzentrum«, erklärte Kevin. »Das ist in meinem Kopf. Von dort aus gehen Leitungen runter in den Körper. Dort gibt es dann Energiegeneratoren. Wenn die angeschaltet werden, fahren sie hoch und erzeugen dann auch so etwas wie eine Energiewolke. Meine Gefühle sind ebenfalls Energiewolken. Aber die werden eben nicht einfach so erzeugt. Immer nur, wenn der Befehl vom Kontrollzentrum kommt. Und ich sitze dort oben am Computer. Auf meinem Bildschirm laufen dann permanent Programme ab.

Es ist eigentlich so, wie Mary das beschrieben hat. Mein System nimmt etwas in meiner Außenwelt oder meiner Innenwelt wahr, und das wird dann anhand von bereits abgespeicherten Daten und Meta-Daten in meinem Computer bewertet. Und wenn es relevant ist, geht eine Meldung an die Generatoren unten, damit sie die passenden Gefühle erzeugen.

Die Programme auf diesem Computer machen das eigentlich alles vollautomatisch. Doch wenn irgendetwas nicht passt, dann leuchtet eine rote Lampe auf und ein Signal erklingt. Dann schaue ich auf meinen Bildschirm und überprüfe die Daten. Die jeweilige Wahrnehmung steht immer ganz vorne in der Zeile. Die Meta-Daten kommen dann in Klammern dahinter. Und die kann ich einfach überschreiben, wenn sie nicht korrekt sind. Daraufhin geht sofort ein neuer Befehl an die Generatoren, und sie erzeugen andere Gefühle.«

»Und warum bist du dann hier in der Gruppe mit dabei?«, fragte ich verwundert. »Du müsstest doch einfach die falschen Meta-Daten ändern können, die wegen heute Abend unnötige Problemgefühle erzeugen.«

»Das stimmt«, sagte Kevin nachdenklich. »Kann es vielleicht sein, dass ich zwei Bilder habe?«, fragte er dann. »Bei dem einen macht mein System nämlich alles allein. Da sitze ich gar nicht vor dem Computer. Deshalb kann ich die Meta-Daten auch nicht einfach überschreiben.«

»Bei diesem Bild ist dein Bewusstsein also gar nicht an der Entstehung deiner Gefühle beteiligt? Verstehe ich das richtig?«, fragte ich.

»Ganz genau«, stimmte Kevin zu. »Ich habe da zwei Bilder. In dem einen kann ich die Meta-Daten einfach jederzeit ändern, und in dem anderen bin ich den Gefühlen mehr oder weniger machtlos ausgeliefert.«

»Ja und warum verwendest du dann nicht das korrekte Bild?«, fragte ich verwundert.

»Es fühlt sich im Moment noch echt unglaublich an, dass ich die Meta-Daten einfach so ändern können soll, dass ich es irgendwie vom Gefühl her gar nicht als real ansehen kann«, erkannte Kevin.

»Wie sieht es denn dabei mit den Meta-Daten für Wahrheit und Einschätzung aus?«, fragte ich. »Ist das alte Bild eine Wahrheit oder eine Einschätzung?«

»Das ist keine Wahrheit«, antwortete Kevin. »Auch keine Einschätzung. Das ist nur eine ziemlich unsinnige Annahme. Mit der entmachte ich mich ja komplett selbst. Das kann nicht wahr sein. Wir haben ja schon viele Meta-Daten einfach so geändert. Und das hat auch super funktioniert. Diese Vorstellung muss also falsch sein. Sie fühlt sich auch gar nicht mehr so wahr an. Vielleicht noch halb.«

»Aber die neue Vorstellung, wo du einfach an deinem Computerbildschirm mitlesen kannst, was dein System so treibt, wenn es die Wahrnehmungen aus deiner Außenwelt oder deiner Innenwelt verarbeitet, die fühlt sich noch nicht wahr an, wenn ich dich richtig verstehe, oder?«, fragte ich.

»Leider nicht«, bestätigte Kevin. »Ich kann das irgendwie noch nicht als wahr ansehen, weil das einfach zu gut wäre, um wahr zu sein.«

»Das ist ein seltsames Bewertungskriterium«, sagte ich. »Kannst du es nicht als wahr ansehen, weil du es nicht als wahr ansehen willst, damit du nicht enttäuscht wirst? Oder kannst du es nicht als Wahrheit ansehen, weil du es zu sehr willst?«

»Weil ich es zu sehr will«, erkannte Kevin sofort.

»Dann willst du also ganz sicher sein, dass das auch wirklich wahr ist«, sagte ich. »Und das erzeugt Zweifel.«

»Ganz genau«, meinte Kevin. »Der Zweifel hat eine 10.«

»Dann ändere doch einfach einmal diesen Wert«, schlug ich vor. »Auch dieser Zweifel ist ja keine Wahrheit, sondern nur eine Annahme. Und du kannst ja jede Annahme treffen, die du treffen willst.«

»Ich muss erst den Wert für den Wahrheitsgehalt des Zweifels ändern«, meinte Kevin dann. »Aber das geht. Der Zweifel ist keine Wahrheit. Es ist nur eine Annahme. Und jetzt kann ich auch die Wahrheit des neuen Bildes ändern. Ich weiß, dass das wahr ist. Wir haben jetzt schon oft genug Meta-Daten geändert, und das hat auch immer sofort die Gefühle verändert. Also kann ich die Meta-Daten ändern. Die Machtlosigkeit ist echt Quatsch. Okay, ich habe jetzt die Metadaten geändert. Es ist nicht unglaublich. Es ist Realität, dass ich die Meta-Daten ändern kann.«

»Dann orientiert sich dein unbewusstes System jetzt an dem neuen Bild?«, wollte ich wissen.

»Ganz genau«, bestätigte Kevin.

»Und wie sehen deine Gefühle jetzt für heute Abend aus?«, hakte ich nach.

»Im Moment ist der Wert für die Relevanz noch viel zu hoch«, erkannte Kevin. »Ob die Leute uns heute Abend ausbuhen, ist doch in Wirklichkeit völlig egal. Wir sind alle susi. Ich habe hier in Klammern eine Relevanz von 8,6 dazu stehen. Ich gebe dem jetzt eine 1,2. Mehr sollte das nicht haben.«

»Und verändert das jetzt deine Gefühle?«, wollte ich wissen.

»Absolut«, bestätigte Kevin erfreut. »Ich freue mich auf heute Abend. Wir werden ganz sicher verkacken. Und die Zuschauer werden ganz schön blöd schauen. So etwas haben sie vermutlich noch nie erlebt. Ich muss jetzt schon lachen, wenn ich mir ihre Gesichter vorstelle.«

»Du hast jetzt echt keine schlechten Gefühle mehr?«, hakte Ava skeptisch nach.

»Ja, echt«, bestätigte Kevin.

»Ich will das auch!«, meinte Ava entschlossen zu mir. »Ich glaube, ich habe mich ebenfalls mit meinem Bild selbst entmachtet.«

»Dann korrigieren wir jetzt gemeinsam dein Bild«, sagte ich begeistert. »Das macht echt Spaß! In deinem Bild entstehen die Gefühle wie Energiewolken in deinem Körper, hast du gesagt. Aber was lässt sie dort entstehen?«

»Die Ereignisse und Umstände in meinem Leben«, antwortete sie.

»Und wie genau machen sie das?«, wollte ich wissen.

»Keine Ahnung«, sagte sie achselzuckend. »Sie machen es einfach.«

»Und wie sieht das in deinem Bild aus, wenn die Ereignisse und Umstände deine Gefühle machen?«, fragte ich.

»Ich sehe diese Ereignisse und Umstände und dann entstehen eben die Gefühle in mir automatisch. Da gibt es nichts mehr dazwischen. Es gibt die Auslöser der Gefühle und dann entstehen sie eben.«

»Und wie sieht es mit der Tatsache aus, dass immer erst die Beurteilungen der Ereignisse und Umstände die chemischen Botenstoffe ausschütten, die dann die Gefühle erzeugen?«, wollte ich wissen.

»Die Beurteilungen gibt es in meinem Bild gar nicht«, erkannte Ava. »Da gibt es nur die Auslöser und die Wirkung.«

»Deshalb hast du auch immer Jason für deine Gefühle verantwortlich gemacht«, erkannte ich. »Jetzt ergibt das alles einen Sinn. Mit diesem Bild entmachtest du dich tatsächlich sehr stark. Deine einzige Macht besteht ja darin, die Auslöser deiner Gefühle unter Kontrolle zu bringen – also außen in den Umständen. Aber an deinen Gefühlen selbst kannst du da nichts mehr machen.«

»Ja, aber das stimmt doch so gar nicht«, wendete Ava ein. »Wir haben ja schon ganz oft einen Einfluss auf meine Gefühle ausgeübt.«

»Das ist richtig«, stimmte ich zu. »Wir hätten längst genügend Beweise, dass das alte Bild nicht stimmen kann. Vielleicht ist es wie bei Kevin, dass das neue Bild einfach noch als unglaublich angesehen wird.«

»Welches neue Bild?«, fragte Ava verwundert.

»Hast du gar kein neues Bild?«, fragte ich daraufhin verwundert.

»Nicht dass ich wüsste«, meinte sie. »Ich habe mir darüber ja nie Gedanken gemacht.«

»Wie müsste das denn aussehen, wenn du dein Bild so änderst, damit dein Einfluss auf die Gefühle über die Korrektur deiner Meta-Daten ersichtlich ist?«, wollte ich wissen.

»Ein Kontrollzentrum, so wie bei Kevin, gibt es bei mir nicht«, meinte Ava. »Meine Gefühle entstehen direkt in meinem Inneren. Aber wenn ich da reinzoome in den Zwischenraum zwischen dem Auslöser eines Gefühls und der Entstehung dieser Energiewolke, dann sehe ich, dass da in Wirklichkeit Platz dazwischen ist. In diesem Zwischenraum werden die Wahrnehmungen erst einmal beurteilt, bevor die Energie erzeugt wird. Und genau in diesem Zwischenraum stehen dann auch die Meta-Daten.

Ich kann da bewusst reinzoomen, wenn da was nicht passt, und mir anschauen, was da bei den Meta-Daten los ist. So wie Kevin das auf seinem Computerbildschirm lesen kann. Nur ist es eben kein Computer. Ich sehe die Meta-Daten dort einfach, und wenn ich erkenne, dass sie falsch sind und welcher Wert richtig ist, dann ändert das den Wert. Und dann werden andere Gefühle erzeugt oder auch die gleichen Gefühle in einer anderen Intensität. Je nachdem, was zu den Meta-Daten passt.«

»Das hört sich eigentlich ganz gut an«, stellte ich fest. »Da erkenne ich keine Selbstentmachtung mehr.«

»Ja, das fühlt sich auch gut an«, meinte Ava begeistert.

»Und fühlt sich das auch wahr an?«, wollte ich wissen. »Bei Kevin wurde das neue Bild ja nicht vom unbewussten System verwendet, solange es sich noch unglaublich und damit unwahr angefühlt hat.«

»Das alte Bild ist Nonsens«, sagte Ava überzeugt. »Das macht überhaupt keinen Sinn. Die Ereignisse und Umstände können meine Gefühle nicht einfach machen. So funktioniert das nicht. Doch, das neue ist richtig. Das ist wahr.«

»Dann müssten sich deine Unsicherheitsgefühle für heute Abend ja eigentlich auch korrigieren lassen?«, sagte ich. »Versuch das mal!«

»Da muss ich gar nichts groß machen«, sagte sie begeistert. »In dem Moment, wo du es angesprochen hast, hat mein System ganz von selbst in diese Unsicherheit reingezoomt. Und im gleichen Moment, wo ich den falschen Wert für die Schlimmheit angeschaut habe, wenn wir heute Abend verkacken – was wir ganz sicher werden, da gebe ich Kevin vollkommen recht – im gleichen Moment hat sich der Wert automatisch geändert. Klar werden wir heute Abend verkacken. Aber das wird lustig. Da ist überhaupt nichts Schlimmes dabei.«

»Dann haben wir offenbar jetzt auch deine Selbstentmachtung korrigiert«, sagte ich begeistert. »Das ist toll!«

»Bei mir passt das auch super mit diesem Reinzoomen«, sagte Sophia. »Ich habe das eben einfach einmal mitgemacht und auch diesen Zwischenraum entdeckt zwischen Auslöser und Gefühl, wo die Meta-Daten stehen. Das hat sofort funktioniert. Ich habe jetzt auch keine Angst mehr vor heute Abend. Ich glaube, das wird echt lustig!«, sagte sie grinsend.

»Und was mache ich jetzt mit meinen blöden Energien, die da von oben runterkommen?«, fragte Greg. »Ich will mich auch nicht mehr länger selbst entmachten. Das braucht doch kein Mensch, so eine Scheiße!«

»Kann es sein, dass du gerade versuchst, dein altes Bild loszuwerden, indem du eine negative Energie durch die

Verurteilung deines alten Bildes erzeugst?«, fragte ich amüsiert von dieser Idee.

»Ja Mann, bin ich vielleicht bescheuert!«, erkannte er in diesem Moment. »Wie bekloppt kann man denn eigentlich noch sein?!«

»Und kann es vielleicht sein, dass du auch jetzt diese Beklopptheit auf die gleiche Weise loswerden willst?«, fragte ich weiterhin amüsiert.

»Ich sag nix mehr ohne meinen Anwalt«, meinte Greg und musste dann selbst lachen.

»Mir war nicht klar, dass diese intuitiven Bilder, die wir vermutlich bereits in unserer Kindheit in Bezug auf unsere Gefühle entwickelt haben, so eine immense Macht haben«, sagte ich. »Das ist wirklich faszinierend!«

»Sie haben die Macht, uns komplett zu entmachten«, meinte Greg. »Das ist echt heftig! Ich will das jetzt ändern. Wie kann ich das machen?«

»Ich glaube, du musst dein Bild komplett verwerfen und ein ganz neues erstellen«, schlug ich vor. »Das ist so weit weg von der Realität, dass man das Bild gar nicht in ausreichendem Maße verändern könnte, damit es einigermaßen mit der Realität übereinstimmt.«

»Ja, danke aber auch, mein Schatz!«, sagte Greg zu mir gespielt vorwurfsvoll. »Ich habe ja immer geahnt, dass ich mächtig einen an der Waffel habe. Jetzt ist diese Ungewissheit endlich vorbei!«

»Hast du denn eine Idee, wie dein Bild aussehen könnte, das beschreibt, wie das mit den Gefühlen und den Meta-Daten funktioniert?«, fragte ich.

»Kann ich auch nur einen Teil von dem Bild nehmen, das Kevin hat?«, fragte er.

»Keine Ahnung«, sagte ich achselzuckend. »Welchen Teil meinst du denn?«

»Einfach, dass da Aussagen stehen in meinem Geist und dahinter dann in Klammern die Meta-Daten«, meinte Greg. »Den Computer und das ganze andere Gedöns lasse ich dann einfach weg.«

»Die *Aussagen* wären dann also die Daten und deine *Beurteilungen* dieser Aussagen die Meta-Daten«, erkannte ich. »Das hört sich sehr einfach an. Wenn das so funktionieren würde, wäre das toll. Dann bräuchte man eigentlich kein kompliziertes Bild.«

»Und wie kann ich jetzt rauskriegen, ob es funktioniert?«, wollte Greg wissen.

»Denk einfach an heute Abend«, schlug ich vor. »Was hast du da für Gefühle?«

»Da habe ich wie alle hier das Gefühl, dass wir da mächtig verkacken werden«, antwortete er. »Aber im Gegensatz zu den anderen finde ich das noch ganz und gar nicht amüsant.«

»Die *Aussage,* dass wir heute Abend verkacken werden, ist also die gleiche wie bei den anderen«, erkannte ich. »Aber du musst ganz andere Meta-Daten zu dieser Aussage haben. Was steht denn da in deiner Klammer hinter der Aussage?«

»Dass das schlimm ist«, erkannte Greg.

»Eigentlich ist das auch eine Aussage«, sagte ich. »Es gibt also eine Aussage über eine Aussage. Das ist interessant. Was stehen denn für Meta-Daten hinter dieser Aussage, dass es schlimm ist, wenn wir heute Abend verkacken? Wie schlimm ist das vom Gefühl her?«

»Das hat vom Gefühl her eine glatte 10«, meinte er kopfschüttelnd. »Aber das ist doch viel zu hoch! Da hängt doch mein Leben nicht davon ab. Halt, warte mal!«, sagte er dann plötzlich. »Das Gefühl verändert sich gerade. Es ist höchstens noch eine 6«, sagte er sichtlich verwundert.

»Dann hast du gerade erfolgreich die Meta-Daten geändert«, erkannte ich erfreut.

»Ich habe gar nichts gemacht«, widersprach Greg irritiert.

»Zum Ändern der Meta-Daten muss man nichts weiter machen als einfach nur hinzuschauen«, erklärte ich. »Wenn du erkennst, dass da etwas nicht stimmen kann, dann ändern sich die falschen Meta-Daten sofort automatisch. Und du hast eben erkannt, dass der Wert viel zu hoch ist, weil dein Leben nicht davon abhängt. Damit ist der Wert schon einmal unter die 7 gerutscht, weil es ja nicht überlebensrelevant ist.«

»Ja, aber die 6 ist doch immer noch viel zu hoch«, wendete Greg ein.

»Und welchen Wert sollte die Schlimmheit haben?«, wollte ich wissen.

»Na allerhöchstens eine 3, oder besser noch eine 2«, meinte er.

»Und wie ist es jetzt im Gefühl?«, hakte ich nach. »Wie hoch ist die *gefühlte* Schlimmheit, wenn du daran denkst, dass wir heute Abend mächtig verkacken werden?«

»Das ist tatsächlich nur noch eine 2!«, sagte er fassungslos. »Es ist überhaupt nicht schlimm, wenn wir verkacken. Das wird echt lustig, die Gesichter der Zuschauer zu sehen und uns dabei kaputtzulachen. Das ist ja der Hammer!«

»Dann würde ich sagen, dass man vermutlich tatsächlich kein kompliziertes Bild davon braucht, wie die Gefühle genau entstehen«, erkannte ich erfreut. »Es genügt wahrscheinlich, wenn man seine Gefühle in Aussagen und Meta-Daten unterteilt und dann die Meta-Daten korrigiert. Wollen wir das bei dir mal gegenchecken?«, fragte ich Tyler.

»Ich glaube, ich brauche zuvor eine Pause«, meinte sie. »Mir raucht gerade mächtig der Schädel von dem Ganzen. Vielleicht kann sich das ja Richard nachher mit mir gemeinsam anschauen, falls du dann keine Zeit mehr dazu haben solltest«, meinte sie und schaute Nuno fragend an.

»Klar, können wir gerne machen«, stimmte er zu.

Kapitel 12

Der Sinn

Kurz darauf kam Dylan fassungslos zu uns in die Gruppe. »Habt ihr das mit dem Manifest schon mitbekommen?«, fragte er. »Das ist oberkrass!«

»Welches Manifest?«, fragte Greg.

»Die ganze Welt wird gerade von einer Hacker-Gruppe erpresst«, sagte er. »Die haben die Atomraketen von Nordkorea gehackt und tatsächlich auch gezündet. Zum Glück haben sie die dann wieder abgeschaltet und nicht wirklich gestartet, sonst wären wir alle nicht mehr hier. Viele der Langstreckenraketen waren wohl gezielt auf die USA gerichtet.«

»Du verarschst uns doch!«, sagte Greg grinsend.

»Keine Verarsche!«, versicherte Dylan. »Das ist echt. Es läuft überall in den Nachrichten. Das Manifest dieser Hacker-Gruppe steht überall im Internet. Erst haben alle gedacht, es sei ein Fake. Doch die Experten sind der Meinung, dass die ganzen geheimen Unterlagen, die da veröffentlicht wurden, tatsächlich echt sind. Teilweise von der NSA, teilweise von anderen Geheimdiensten oder Regierungen. Die US-Regierung streitet das auch nicht ab. Die Pressesprecherin des Weißen Hauses sagt, sie könne sich nicht zu einer laufenden Ermittlung äußern. Doch Frankreich und Pakistan haben es bereits zugegeben, dass alle Nationen auf der ganzen Welt erpresst werden.«

»Und was fordern die Erpresser?«, wollte Greg wissen.

»Sie fordern, dass eine Umwelt-Währung eingeführt wird«, sagte Dylan. »Nur für normales Geld kann man dann nichts mehr kaufen. Man muss auch zusätzlich Umweltpunkte haben. Alle Waren und Dienstleistungen hätten dann also zwei Preise. Und wenn man keine Umweltpunkte mehr hat, nützt einem alles Geld der Welt nichts. Das ist echt heftig.«

»Und wo kriegt man diese Umweltpunkte her«, wollte Brian wissen.

»Zuerst einmal soll jeder Bürger und jede Firma ein gewisses Guthaben kriegen, das der Menge an CO_2 entspricht, die jeder Mensch pro Jahr emittieren darf«, erklärte Dylan. »Doch wenn man mehr will, dann muss man Bäume pflanzen und solche Dinge. Alles, was Treibhausgase aus der Atmosphäre rauszieht, wird dann mit Bonuspunkten belohnt.«

»Das hört sich aber gar nicht so schlecht an«, meinte Brian. »Dann passiert endlich mal was. Wenn es nicht nur ökologische, sondern auch ökonomische Gründe für den Klimaschutz gibt, dann wird der Homo oeconomicus nämlich ganz plötzlich sehr aktiv und erfinderisch.«

»Der *Homo oeconomicus?*«, wiederholte ich seine Worte. »Das ist eine interessante Bezeichnung.«

»So werden wir von einigen Wissenschaftlern bezeichnet«, meinte Brian. »Ich will mich hier nicht mit fremden Federn schmücken. Diesen Begriff habe ich nicht erfunden. Aber ich finde, dass diese Bezeichnung wirklich gut zu uns Menschen passt. Ökonomie über alles. Daher fände ich solch eine zusätzliche Umwelt-Währung grundsätzlich eine gute Sache. Ohne dass Druck auf die Politik ausgeübt wird, wird sich der Homo oeconomicus sowieso nie ändern. Er würde vermutlich erst dazu bereit sein, wenn er merkt, dass man Geld tatsächlich nicht essen kann. Doch dann wird es viel zu spät sein. Damit zu drohen, Atomraketen zu zünden, falls die Welt diese Währung nicht einführt, ist natürlich trotzdem alles andere als in Ordnung.«

»Ja, aber was würde solch eine Umwelt-Währung für uns bedeuten?«, fragte Dylan. »Ich meine, wir leben alle auf ziemlich großem Fuß. Da müssten wir den Gürtel wohl alle ganz schön viel enger schnallen.«

»Wo ist das Problem?!«, fragte Ava. »Die ganzen Habenwollens und Seinwollens bringen ja eh keine Lebensqualität. Sie machen ja gerade einmal ein Prozent von unseren guten Gefühlen aus. Dafür sorgen sie aber auf der anderen Seite für 99 Prozent aller schlechten Gefühle. Ich brauche den ganzen Konsum nicht mehr.«

»Zumindest die Haben- und Seinwollens, die über das hinausgehen, was wir tatsächlich brauchen und müssen, um unsere Tunwollens zu befriedigen«, sagte ich.

»Die echten Brauchens und Müssens, die werden ja sicherlich auch weiterhin erfüllt sein«, meinte Ava. »Die sind ja alle susi. Ich will jedenfalls jetzt ein glückliches und erfülltes Leben führen. Und das kriege ich nicht hin, solange ich unnötigen Haben- und Seinwollens hinterherrenne. Solange die echten Brauchens und Müssens susi erfüllt sind, will ich mich auf meine Tunwollens konzentrieren. Denn die machen mein Leben wirklich lebenswert. Das sind nämlich die echten Lebenswerte! Und die echten Lebenswerte sind hundertmal wertvoller als diese ganzen unnötigen Haben- und Seinwollens. Das muss man nur mal richtig checken. Dann hört man automatisch damit auf, sein Leben mit dem Streben nach immer mehr Habenwollens und Seinwollens zu vergeuden. Dieses ständige immer mehr zu wollen, macht uns ja in Wirklichkeit nur unglücklich. Mir ist das so mächtig eingefahren, als wir das letzte Mal darüber geredet haben, dass ich die Welt jetzt mit komplett anderen Augen sehe.«

»Man hat uns halt von klein auf erzählt, was wir alles haben und sein müssen, damit unser Leben lebenswert ist«, meinte Greg. »Und das vermutlich schon seit Generationen. Kein Wunder, dass das alle glauben.«

»Und das war die mit Abstand größte Verarsche, die man sich überhaupt vorstellen kann«, meinte Ava. »Das tatsächlich zu glauben, ist in Wirklichkeit der sicherste Weg, wie man sich das Leben selbst versauen kann. Von mir aus können sie daher gerne diese Umwelt-Währung einführen. Ich brauche den ganzen Habenwollen- und Seinwollen-Scheiß nicht mehr. Ich weiß jetzt, was wirklich wichtig ist.«

»Na, dann würde ich vorschlagen, dass wir jetzt wieder etwas Sinnvolles tun«, meinte Dylan grinsend. »Üben wir also weiter unseren Song. Wir wollen heute Abend ja schließlich nicht verkacken!«

»Wollen wir nicht?!«, fragte Greg grinsend. »Ich bin mir da ehrlich gesagt nicht mehr so sicher. Verkacken kann auch sehr lustig sein. Wenn ich mir die Gesichter im Publikum vorstelle, wenn wir anfangen zu umpfen, dann könnt ich mich jetzt schon weghauen vor Lachen.«

»Okay«, meinte Dylan flüsternd. »Das wird heute Abend ganz sicher keine Glanzleistung werden, aber darum geht es ja bei dieser Mission auch nicht. Es geht darum zu merken, dass wir trotzdem in jeder Hinsicht susi sind. Und damit das spannend bleibt, sollten wir jetzt nicht mehr davon reden, dass wir heute Abend sowieso verkacken werden. Sonst ist die ganze Spannung raus.«

»Alles klar, ihr lieben Männers und Weibers«, sagte Nuno so laut, dass es alle im Garten hören konnten. »Dann würde ich vorschlagen, rufen wir jetzt alle wieder zusammen und üben noch eine Runde. Wir wollen ja schließlich heute Abend in Topform sein!«

Daraufhin kamen alle wieder zusammen für die nächste Chorprobe. Viel besser wurde unser Gesang jedoch nicht mehr. Wir übten noch eine Stunde, dann zogen sich alle zurück, um sich für den Auftritt in der Sportsbar J.R. Rockers chic zu machen. Die meisten wollten wenigstens gut aussehen bei diesem Auftritt. Vor allem Greg wollte dort unbedingt als BeautyQueen auftreten. Das war ihm ein großes Anliegen.

Gabriella hatte meine Security benachrichtigt. Es waren wieder die gleichen vier Personen wie beim letzten Mal. Yensaya und Malaika waren jedoch dieses Mal leider nicht dabei. Doch die beiden Frauen, die sie das letzte Mal ersetzt hatten, wirkten auch sehr nett. Ein Bus holte uns dann kurz vor 18 Uhr ab und brachte uns zur Sportsbar. Zehn Minuten später kamen wir dort an und begutachteten erst einmal die Lokation.

Insgesamt befanden sich 143 Gäste in der Bar. Die meisten beachteten uns kaum, als wir den Raum betraten. Sie saßen an der Bar oder an ihren Tischen, aßen Hotwings und tranken Bier. Die meisten von ihnen schauten dabei in die Flachbildschirme, die überall im Raum verteilt waren und die Sportnachrichten zeigten.

Gabriella hatte uns im Bus darüber unterrichtet, dass wir direkt nach den Abendnachrichten auftreten würden, die zwischen 17 Uhr und 18:30 Uhr ausgestrahlt wurden. Man würde den Ton der Fernseher für uns ausschalten, und anschließend könnten wir mit unserem Song loslegen.

Wir suchten uns einen Ort in der Sportsbar, der genügend Platz für unseren Chor bot und den man von den meisten Sitzplätzen aus gut einsehen konnte. Dort stellten wir uns auf und warteten auf das Ende der Abendnachrichten.

Kurz vor 18:30 Uhr erschien in der Laufschrift am unteren Ende der Fernsehbildschirme eine Eilmeldung. Ein Mann namens Marlin Everhart würde gleich live vor aller Welt eine bahnbrechende Ankündigung machen, welche den Lauf der Geschichte verändern würde. Kurz darauf kam dann eine Kellnerin zu uns und sagte, dass unser Auftritt erst nach dieser Live-Sendung stattfinden könnte. Wie lange diese Sendung genau dauern würde, wusste sie jedoch nicht. Sie ging aber nur von wenigen Minuten bis maximal einer halben Stunde aus.

»Wer ist dieser Marlin Everhart?«, fragte ich Brian.

»Du hast noch nie von Marlin Everhart gehört?«, fragte der verwundert. »Technologie-Mogul und zurzeit der reichste Mensch auf der ganzen Welt?!«

»Bei den Amish People interessierten wir uns nicht für moderne Technologie«, schwindelte ich.

»Ja, natürlich«, meinte Brian. »Entschuldige bitte. Marlin Everhart ist der Besitzer von Everhart Industries. Dieser Technologie-Konzern besteht aus mehreren großen Firmen, die alle zusammen über eine halbe Billion Dollar wert sind. Was dieser Mann anfasst, wird zu Gold. Er ist ein Genie. Wenn der sagt, dass er eine Ankündigung machen wird, welche die Geschichte der Menschheit verändern wird, dann kann man sich darauf verlassen, dass das auch so sein wird.«

Um 18:30 Uhr waren die Abendnachrichten dann wie angekündigt beendet. Es wurde umgeschaltet zu einer Live-Übertragung. Auf den Fernsehbildschirmen war jetzt eine Frau zu sehen, die ein Stabmikrofon in der Hand hielt und in eine Kamera sprach. Im Hintergrund sah man einen voll besetzten großen Saal und mehrere weitere Kamerateams von anderen Nachrichtensendern.

»Ich befinde mich hier im Auditorium der Firmenzentrale von Everhart Industries«, sagte die Frau im Fernsehen. »Marlin Everhart wird gleich hier auf der Bühne erscheinen und eine bahnbrechende neue Technologie vorstellen. Worum es dabei genau geht, wissen wir noch nicht. Neben den Wissenschaftlern, Ingenieuren und leitenden Angestellten, die an der Entwicklung der neuen Technologie beteiligt waren, sind Journalisten aller namhaften Nachrichtenagenturen und Online-Medien vertreten. Weiterhin befinden sich hochrangige Regierungsvertreter sowie einige prominente Persönlichkeiten des öffentlichen Lebens mit im Publikum. Da Marlin Everhart für seine absolute Pünktlichkeit bekannt ist, gehen wir davon aus, dass es hier jeden Moment losgehen wird.«

In diesem Moment betrat Marlin Everhart mit einem entschlossenen Blick die Bühne. Blitzlichtgewitter erhellten den Raum, als er das Mikrofon ergriff.

»Guten Tag, meine Damen und Herren. Heute stehe ich nicht nur als Unternehmer vor Ihnen, sondern auch als ein Bürger dieses Planeten. Es gibt Zeiten im Leben, in denen man sich nicht länger zurücklehnen kann, sondern handeln muss. Und genau in diesen Zeiten leben wir gerade.«

Das Manifest der Secret-Angels erschien auf den Großbildschirmen hinter und über der Bühne.

»Die Notwendigkeit, effektive Schritte gegen den Klimawandel zu unternehmen, existiert nicht erst seit heute. Wir widmen uns diesem Problem schon seit vielen Jahren. Doch heute ist der Tag, an dem wir der Weltbevölkerung bekanntgeben: Wir haben dieses Problem gelöst!«

Erneut prasselte ein Blitzlichtgewitter auf Marlin Everhart ein, und ein Raunen ging durch den Saal.

»Unseren Wissenschaftlern und Technikern ist es gelungen, zwei bahnbrechende Bio-Technologien zu entwickeln, mit denen wir in der Lage sind, mit sehr geringem Energieaufwand große Mengen an CO_2 aus unserer Atmosphäre zu entfernen.

Wie Sie vermutlich wissen, wird rund ein Viertel des CO_2 auf der Erde durch Phytoplankton in unseren Ozeanen gebunden. Die Bezeichnung Phytoplankton beschreibt alle im Meer treibenden Mikroorganismen, die keine Mechanismen zur Selbstbewegung besitzen und Photosynthese betreiben. Die bekanntesten Vertreter dieser Art sind Cyanobakterien, Kieselalgen, Grünalgen, Goldalgen und Dinoflagellaten. Das Phytoplankton bildet die Basis der Nahrungskette in unseren Ozeanen.

Unseren Genetikern ist es gelungen, einige dieser Arten so zu verändern, dass sie sich in einer perfekten Symbiose gegenseitig düngen und sehr schnell vermehren. Bis auf einige wenige Spurenelemente, die wir als Dünger hinzufügen, holen sich diese Mikroorganismen alles aus der Luft, was sie für ihr Wachstum benötigen. Im Gegensatz zu normalem Phytoplankton nimmt unser Carbon-Phytoplankton bei gleichem Volumen die vierfache Menge an Kohlenstoff auf. Es wird dabei innerhalb weniger Wochen so schwer, dass es sich an der Wasseroberfläche nicht mehr halten kann. Es sinkt in die Tiefe und stirbt ab. Ein Teil davon wird von anderen Kleinstlebewesen als Nahrung verwertet, was letztendlich dem Fischbestand in unseren Ozeanen zugutekommen wird. Was nicht gefressen wird, sinkt auf den Meeresgrund, wo der Kohlenstoff fernab unserer Atmosphäre für alle Zeiten gebunden bleibt.«

Auf den Großbildschirmen im Saal war ein Video zu sehen, wie dieses Phytoplankton von Schiffen und Flugzeugen über dem offenen Meer ausgebracht wurde.

»Die Menschheit emittiert global ca. 40 Milliarden Tonnen CO_2 pro Jahr. Ein Großteil davon wird vom CO_2-Kreislauf der Erde wieder aufgenommen. Doch 4,3 Milliarden Tonnen verbleiben jedes Jahr zusätzlich in unserer Atmosphäre und verursachen den menschengemachten Klimawandel. Allein mithilfe unserer kleinen Helfer aus dem von uns entwickelten Carbon-Phytoplankton werden wir in der Lage sein, jährlich 15 Milliarden Tonnen CO_2 aus der Atmosphäre zu entfernen, es zu binden und sicher auf dem Meeresgrund auf natürliche Weise zu entsorgen.«

Ein tosender Applaus erfüllte den Saal, was Marlin Everhart sichtlich zu genießen schien.

»Wussten Sie eigentlich, dass die Erdschicht, die uns alle ernährt – der sogenannte Mutterboden – durchschnittlich nur 30 bis 40 Zentimeter dick ist?«, fuhr Marlin Everhart mit seinem Vortrag fort. »Darunter befindet sich nur noch weitgehend anorganisches Material, in dem keine Nährstoffe für unsere Pflanzen vorhanden sind. Es ist der Humus, der unseren Mutterboden fruchtbar macht. Das ist der Teil des Bodens, der sich aus abgestorbener, organischer Substanz bildet. Vereinfacht gesagt also Material, das einmal im oder auf dem Boden gelebt hat und dann abgestorben ist. Nicht nur Pflanzenteile wie Laub oder Wurzeln, sondern auch Hinterlassenschaften von Tieren, tote Insekten oder Pilze und Bakterien tragen zu dieser organischen Substanz bei.

Und wussten Sie auch, dass in dieser hauchdünnen Humusschicht 860 Milliarden Tonnen Kohlenstoff in Form von organischem Material gespeichert sind? Und dass es alle unsere Klimaprobleme lösen würde, wenn wir in der Lage wären, diese Humusschicht allein bei den landwirtschaftlich genutzten Flächen auf der Welt nur um ein einziges Prozent zu vermehren?

Das Problem ist nur, dass 95 Prozent des Kohlenstoffs, der erst einmal in dieser abgestorbenen organischen Substanz in unseren Ackerböden gebunden ist, durch Mikroorganismen wieder in CO_2 umgewandelt wird und dann in die Atmosphäre entweicht.

Nun, meine Damen und Herren. Ich darf Ihnen bekanntgeben, dass es unseren Wissenschaftlern gelungen ist, analog zu unserem Carbon-Phytoplankton eine symbiotische Mischung aus Mikroorganismen und Pilzen zu entwickeln, welche in der Lage ist, das freiwerdende CO_2 zu einem Großteil zu binden und als Humus tief im Boden zu erhalten. Durch Ausbringung dieser Mischung nach der Ernte könnte die lebensspendende Humusschicht auf unseren Ackerböden jährlich um sieben Prozent gesteigert werden. Wir wandeln mit anderen Worten das überschüssige CO_2 aus der Atmosphäre in fruchtbaren Ackerboden um.« Ein tosender Applaus erfüllte das Auditorium.

Das wäre das Siebenfache dessen, was tatsächlich gebraucht würde, um den menschengemachten Klimawandel aufzuhalten. Ich fand das ganz bemerkenswert. Das würde nicht nur genügen, um den Klimawandel aufzuhalten. Damit wäre es möglich, den CO_2-Gehalt der Atmosphäre innerhalb von nur zehn Jahren auf das vorindustrielle Niveau zurückzubringen. Das war einfach unfassbar und ließ mein Herz vor Freude fast aus meiner Brust springen. Damit war das Klima-Problem der Menschheit gelöst. Ich umarmte Brian voller Freude.

»Ich betrachte diese beiden neuen Technologien nicht nur als wissenschaftliche Durchbrüche«, fuhr Marlin Everhart fort. »Sie sind auch ein Bekenntnis zur Verantwortung gegenüber unserem Planeten.«

Das Manifest wurde erneut auf den Großbildschirmen hinter und über der Bühne angezeigt.

»Und unseren lieben Secret-Angels möchte ich noch zwei letzte Worte mit auf den Weg geben: Fuck you!«

Daraufhin verließ Marlin Everhart die Bühne, ohne ein weiteres Wort zu sagen oder Fragen aus dem Publikum zu beantworten, die ihm lautstark zugerufen wurden.

Ich umarmte Brian noch einmal voller Freude und dann auch den Rest unserer Gruppe. Jeder umarmte jeden und freute sich über diese unfassbar positiven Nachrichten. Zumindest meine Lieblingsmenschen und die Nerds, wie mir dann auffiel. Die anderen Gäste der Sportsbar hatten Marlin Everharts Worte zwar zur Kenntnis genommen, aber es schien sie nicht sonderlich zu interessieren. Der Klimawandel gehörte wohl nicht zu den Dingen, über die sie sich zuvor Sorgen gemacht hatten.

Dann wurde die Lautstärke der Fernseher runtergedreht. Jetzt war unser Augenblick gekommen. Dylan trat vor die Gruppe und rief laut: »Let me hear you say yeah!« und die Gruppe antwortete wie einstudiert mit »Yeah!«

Die Gäste der Bar schauten kurz zu uns rüber, als die Umpfen und die Daudaus loslegten, lächelten dann ein wenig, aber eher desinteressiert, und wendeten sich wieder ihrem Essen und ihren Gesprächen zu. Wir hatten trotzdem viel Spaß beim Singen, auch wenn es dann doch nicht so aufregend war, wie sich die meisten das zuvor vorgestellt hatten.

Als wir fertig waren, applaudierten einige wenige Gäste verhalten und beachteten uns dann nicht weiter. Wir hingegen feierten lautstark unseren Mut. Vor allem für die Nerds war das eine große Herausforderung gewesen, die sie alle mit Bravour gemeistert hatten. Ich war sehr stolz auf sie. Wir bestellten uns noch etwas zu trinken und stießen auf unseren Erfolg an. Um 20 Uhr schloss die Bar schon. Daher brachte uns unser Bus wieder zurück zu unserer Villa.

Dort angekommen, sprach ich beim Aussteigen aus dem Bus Tyler an, die gerade einen sehr ausgelassenen Eindruck an Nunos Seite machte.

»Was macht dein Schädel?«, fragte ich sie deshalb.

»Mein Schädel?!«, wiederholte sie meine Frage verwundert.

»Ja, du hast nach unserer Gesprächsrunde heute Nachmittag gesagt, dass du dir deine Selbstentmachtung später noch einmal genauer anschauen möchtest, weil dir zu diesem Zeitpunkt der Schädel zu sehr geraucht hatte? Du wolltest mit Richard darüber reden, falls ich keine Zeit dazu haben würde. Doch jetzt hätte ich Zeit«, sagte ich.

»Klar machen wir das doch jetzt«, schlug Nuno vor.

»Okay, dann machen wir das jetzt gemeinsam«, sagte Tyler ein wenig unentschlossen und schaute zu Nuno rüber, der freudestrahlend nickte.

Der Rest der Nerds ging nach Hause in seine Unterkünfte. Meine Security verabschiedete sich daraufhin und wünschte uns noch einen schönen Abend. Meine Lieblingsmenschen und ich betraten schließlich zusammen mit Tyler das eingezäunte Areal unserer Villa.

Ava wollte in der Zwischenzeit etwas kochen. Jason, Dylan und BeautyQueen beschlossen, ihr dabei zu helfen. Gabriella musste noch arbeiten. Sie würde später zum Abendessen wieder dazustoßen. Und Brian wollte sich unserer kleinen Gesprächsrunde anschließen.

Da es in unserem Wohnzimmer zu laut für dieses Gespräch mit Tyler werden würde, setzten wir uns nach draußen an den Pool auf die Sonnenliegen. Brian und ich setzten uns zusammen auf eine Liege und Nuno und Tyler auf die direkt daneben.

»Ich würde mir gerne mit dir anschauen, ob es auch bei dir genügt, dass wir uns einfach nur deine Daten und deine Meta-Daten anschauen, ohne dein inneres Bild zu ergründen, wie du dir das mit der Entstehung der Gefühle genau vorgestellt und in deinem Gedächtnis gespeichert hast«, sagte ich zu Tyler.

»Und wie machen wir das?«, fragte sie ahnungslos.

»Wir bräuchten dazu vermutlich ein gefühltes Problem, damit wir deiner Selbstentmachtung auf die Spur kommen«, antwortete ich. »Die Angst vor dem Auftritt können wir ja jetzt nicht mehr nehmen. Der Auftritt ist bereits vorbei. Wir bräuchten daher irgendetwas anderes, um das auszuprobieren.«

»Du kämpfst doch immer noch mit deinen vielen Sollvorstellungen«, sagte Nuno zu ihr. »Da fühlst du dich doch noch machtlos. Nehmen wir doch die«, schlug er vor.

»Du meinst die Sollvorstellungen, dass sie mehr Energie haben, ein erfolgreicheres Leben führen, mehr Geldverdienen, einen Partner haben und mehr Freude, Glück und Zufriedenheit empfinden sollte?«, fragte ich Nuno.

»Ganz genau«, bestätigte er. »Sie weiß, dass sie von diesen Dingen schon längst hätte loslassen müssen. Doch das hat irgendwie bis jetzt nicht so richtig geklappt.«

»Wäre das für dich in Ordnung, dass wir uns diese Themen gemeinsam anschauen?«, fragte Brian Tyler.

»Ja, das können wir gerne machen«, antwortete sie. »Ich wäre froh, wenn ich den ganzen Mist loslassen könnte. Das wäre echt geiler Scheiß!«, fügte sie hinzu und schaute Nuno dabei an.

»Sollvorstellungen sind *Daten* darüber, wie etwas sein sollte«, sagte ich. »Dann schauen wir uns jetzt die *Meta-Daten* der Wahrheit dazu an. Wie *wahr* fühlt es sich an, dass du mehr Freude am Leben empfinden solltest? Was steht da hinter dieser Aussage in Klammern?«

»Das fühlt sich leider immer noch sehr wahr an«, meinte Tyler. »Ehrlich gesagt hat das immer noch eine 10.«

»Und wie wahr ist das in Wirklichkeit?«, wollte ich wissen.

»Na ja, ehrlich gesagt sehe ich das vom Kopf her genauso«, sagte sie.

»Dann würde ich vorschlagen, schauen wir uns einmal den Grund dafür an, warum du das so siehst«, schlug ich vor. »Dieser *Grund* ist nämlich auch wieder eine *Aussage* mit *Meta-Daten*. Warum hältst du es also für wahr, dass du mehr Freude am Leben empfinden solltest?«

»Weil das Leben ohne Freude nicht lebenswert ist«, sagte sie.

»Das ist also die Aussage«, sagte ich. »Das Leben ist ohne Freude nicht lebenswert. Welche Meta-Daten hast du zu dieser Aussage? Wie wahr ist sie?«

»Das hat in meinem Gefühl wieder eine glatte 10«, sagte sie.

»Und siehst du das vom Kopf her auch genauso?«, wollte ich wissen.

»Eigentlich schon«, meinte sie. »Ich weiß, dass ich das nicht so sehen sollte, aber wenn ich ehrlich bin, dann sehe ich das trotzdem so.«

»Ich denke, dass wir es hier wieder mit der emotionalen Bewertung zu tun haben«, sagte ich. »Die Freude ist ja ein ganz eindeutiges Gefühlsziel.«

»Das Leben ist ohne Freude nicht lebenswert«, meinte Tyler.

»Und warum ist das Leben nicht lebenswert, wenn du keine Freude empfindest?«, hakte ich nach.

»Weil ich dann keinen Antrieb für gar nichts mehr habe«, sagte sie. »Weil ich dann in meiner Lethargie versumpfe und den Arsch nicht mehr hochkriege. Weil dann einfach alles sinnlos ist. Ja, genau das ist das Problem. Es ist dann einfach alles sinnlos. Wozu soll ich mich denn noch anstrengen, wenn es sowieso keine Freude bringt?! Das lohnt sich einfach alles nicht.«

»Es hat also nur dann einen Sinn, etwas zu tun, wenn es auch Freude bereitet«, sagte ich. »Ist das deine Aussage?«

»Ja, so könnte man es zusammenfassen«, meinte sie.

»Dann ist die Freude für dich der Sinn des Lebens«, erkannte ich. »Das ist interessant. Schauen wir uns einmal die Meta-Daten zu dieser Lebenssinn-Aussage an«, schlug ich vor. »Wie hoch ist die gefühlte Wahrheit, dass es nur sinnvoll ist, etwas zu tun, wenn es dir auch Freude bereitet?«

»Das hat auch wieder eine 10«, sagte sie. »Ich empfinde das als absolut wahr.«

»Dann passiert in deinem Alltag vermutlich ständig Folgendes«, sagte ich. »Du denkst an etwas, was du tun solltest oder möchtest und schaust dann sofort darauf, ob dieser Gedanke bei dir Freude auslöst oder nicht. Und falls da keine Gefühle der Freude aufkommen, triffst du sofort die Beurteilung, dass es sich nicht lohnt, weil es gar keinen Sinn hat. Könnte man das so zusammenfassen?«

»Genau das tue ich tatsächlich«, stimmte Tyler zu.

»Dann hast du dich mit diesem Gefühlsziel selbst entmachtet«, stellte Nuno fest. »Jetzt ergeben unsere Gespräche alle plötzlich ein stimmiges Bild«, meinte er. »Geiler Scheiß!«

»Wieso habe ich mich selbst entmachtet?«, fragte Tyler verwundert.

»Du hast deine Meta-Daten von deinem Gefühl abhängig gemacht«, sagte ich zu Tyler. »Deshalb kannst du da nichts ändern. Dein Kopf stimmt deinen gefühlten Meta-Daten einfach immer nur zu.«

»Woran erkennt ihr das?«, fragte sie skeptisch.

»Du machst deine Beurteilung, ob etwas einen Sinn hat oder nicht, von dem Gefühl abhängig, das in dir entsteht, wenn du an die entsprechende Sache denkst«, sagte ich. »Wenn keine Freude dabei aufkommt oder andere positive Gefühle, dann trifft dein unbewusstes System automatisch die Beurteilung, dass es auch keinen Wert und damit auch keinen Sinn hat.

Das ist das typische Funktionsmuster der *emotionalen Bewertung*. Deine Gefühle sind bei dir Bewertungskriterien. Dieses Funktionsmuster ist sehr häufig der Grund, warum sich eine Depression entwickelt. Und es kann offensichtlich auch der Grund für eine komplette Selbstentmachtung sein. Denn wenn dein Verstand deine Beurteilungen von deinen gefühlten Beurteilungen abhängig macht, dann kannst du deine gefühlten Beurteilungen natürlich nie korrigieren. Dein Verstand stimmt ja einfach immer nur zu. Wenn das Gefühl also sagt, dass es sich nicht lohnt, dann trifft dein Verstand die gleiche Beurteilung.«

»Und wie bringe ich das in Ordnung?«, fragte sie ratlos.

»Nehmen wir als Erstes dazu das Beispiel, dass es sich nicht lohnt, etwas Bestimmtes zu tun, wenn der Gedanke daran keine Freude auslöst?«, schlug ich vor.

»Ich habe in meiner Therapie gelernt, dass ich das dann trotzdem tun soll. Ich bin wegen meiner Depression schon lange in Behandlung«, erklärte sie. »Und wenn ich es dann einfach tue, dann macht es schon oftmals irgendwann doch Freude. Aber das ist immer der totale Kampf, damit ich den Arsch hochkriege und es trotzdem tue, obwohl ich keine Lust darauf habe.«

»Ja, das ist klar, denn deine negative Annahme, dass es keinen Sinn hat, weil es ja keine Freude auslöst, wenn du daran denkst, nimmt dir jede Motivation und jeglichen Antrieb«, sagte ich. »Der grüne Punkt ist jedoch, dass das Gefühl, ob etwas sinnvoll ist oder nicht, von deiner Beurteilung abhängt. Du darfst deine Beurteilung also nicht davon abhängig machen, ob es sich sinnvoll anfühlt, sonst bist du in einem Teufelskreis. Nur wenn du etwas als sinnvoll beurteilst, wird auch ein Sinngefühl erzeugt. Deine Gefühle sind wie du weißt immer von deinen Beurteilungen abhängig. Du machst aber ständig deine Beurteilungen von deinen Gefühlen abhängig, wenn du danach schaust, ob du ein Freude- oder Sinngefühl empfindest. Und damit entmachtest du dich selbst in Bezug auf die Korrektur deiner Meta-Daten.«

»Und wie ändere ich das jetzt?«, fragte sie erneut ratlos.

»Indem wir die Meta-Daten der Grundaussage der emotionalen Bewertung korrigieren«, sagte ich. »Die Grundaussage ist: Wenn es keine guten Gefühle macht, ist es auch nicht gut.«

»So denke ich leider tatsächlich«, stimmte Tyler zu, während ihr eine Träne über die Wange lief.

Nuno nahm sie sofort tröstend in den Arm und sagte: »Jetzt müssen wir nur noch die Meta-Daten dazu korrigieren, dann bist du den Scheiß los!«

»Was steht also in der Klammer hinter dieser Aussage?«, fragte ich deshalb. »Wenn es keine guten Gefühle macht, ist es auch nicht gut! Wie wahr ist diese Aussage?«

»Vom Gefühl her absolut wahr«, sagte sie.

»Und in Wirklichkeit?«, hakte ich nach.

»In Wirklichkeit kann sie gar nicht wahr sein«, antwortete sie. »Es ist ja überhaupt nicht richtig. Das ist ja eine echte kognitive Verzerrung und damit ganz klar ein Fehler.«

»Dann schauen wir uns einmal die Relevanz dieses Fehlers an«, schlug ich vor. »Was steht da in deiner Klammer hinter der Aussage. Ist sie nützlich oder schädlich?«

»Total schädlich«, meinte Tyler. »Diese Denkweise hat mir eine chronische Depression eingebracht.«

»Auf einer Skala von 0 bis 10, wie schädlich ist diese Aussage da, dass etwas nur dann gut ist, wenn es sich auch gut anfühlt und schlecht, wenn es sich schlecht anfühlt?«, hakte ich nach. »Wie schädlich ist das, wenn du ein glückliches und erfülltes Leben führen möchtest?«

»Das hat eine Schädlichkeit von 10!«, antwortete Tyler überzeugt.

»Die Aussage ist also komplett unwahr und extrem schädlich«, fasste ich zusammen. »Ist das die Antwort von deinem Kopf oder empfindest du das auch so?«

»Das empfinde ich auch so«, meinte sie.

»Dann hast du soeben die Meta-Daten dieser Aussage erfolgreich korrigiert«, sagte ich erfreut. »Und das ist ein Beweis dafür, dass du nicht machtlos bist. Du kannst Meta-Daten korrigieren. Schauen wir uns daher jetzt die korrekte Aussage an. Sie lautet: Wenn du etwas positiv beurteilst, erzeugst du damit auch positive Gefühle. Was steht hier in Klammern für Meta-Daten. Wie wahr ist diese Aussage?«

»Vom Gefühl her hat das eine 3«, sagte sie.

»Und vom Kopf her?«, wollte ich wissen.

»Da ist sie zu hundert Prozent wahr – also eine 10!«, meinte sie.

»Und was macht da dein Gefühl, wenn du weißt, dass es in Wirklichkeit eine 10 ist?«, wollte ich wissen.

»Da ist es seltsamerweise immer noch eine 3«, sagte sie. »Aber ich glaube nur noch, weil das so unglaublich ist. Wenn das tatsächlich stimmen sollte, dann stellt das mein ganzes Leben auf den Kopf. Und ich glaube, dann habe ich auch keine Depression mehr.«

»Wenn es stimmen sollte!, sagst du. Wie sicher bist du denn, dass unsere Beurteilungen unsere Gefühle bestimmen?«

»Das ist allseits anerkannter wissenschaftlicher Konsens«, sagte sie. »Und auch dass die kognitive Verzerrung der emotionalen Bewertung ein Beurteilungsfehler ist, ist komplett wahr. Ich weiß, dass das komplett wahr ist.«

»Und was macht da deine gefühlte Wahrheit?«, wollte ich wissen. »Ist es immer noch unglaublich?«

»Irgendwie schon«, meinte Tyler. »Kann ich das irgendwie ändern?«

»Ich glaube, wir sollten uns mal die Meta-Daten der *Selbstverständlichkeit* dazu anschauen«, sagte ich. »Wie selbstverständlich fühlt es sich denn an, dass deine Beurteilungen deine Gefühle bestimmen und deine Gefühle deshalb nicht deine Beurteilungen bestimmen dürfen?«

»Das ist gar nicht selbstverständlich in meinem Gefühl«, sagte sie. »Ich weiß, dass es wahr ist, aber diese Wahrheit fühlt sich unglaublich an.«

»Und in Wirklichkeit?«, hakte ich nach. »Wie sollte die Selbstverständlichkeit dieser Aussagen bewertet sein?«

»Die sollte eine 10 haben«, sagte sie. »Es ist so was von wahr, dass es eine Selbstverständlichkeit ist, dass meine Beurteilungen meine Gefühle bestimmen und nicht umgekehrt. So ist das halt einfach. War es immer schon und wird es auch immer sein.«

»Und wie sieht es da jetzt mit deiner gefühlten Selbstverständlichkeit aus?«, wollte ich wissen.

»Die steigt so langsam«, sagte sie. »Ich denke, dass es schon mindestens eine 5 oder 6 ist.«

»Und wie selbstverständlich ist es wirklich?«, hakte ich erneut nach, um den Realitätsabgleich fortzuführen.

»Hundert Prozent – also 10«, sagte sie. »Es fühlt sich jetzt auch noch einmal selbstverständlicher an. Jetzt ist es 9 oder 10. Noch nicht ganz 10.«

»Und in Wirklichkeit?«, fragte ich noch einmal.

»Ganz eindeutig 10«, sagte sie. »Und im Gefühl jetzt auch eine 10«, meinte sie und strahlte Nuno begeistert an.

»Meine herzlichen Glückwünsche«, sagte der lächelnd. »Voll der geile Scheiß!«

»Ich fühle mich wie ein neuer Mensch«, meinte Tyler. »Ich habe das Gefühl, dass ich wieder Energie in mir spüre. Vielleicht kann mein Leben doch noch gut werden«, sagte sie hoffnungsvoll.

»Und was ist jetzt damit, dass du mehr Energie haben, ein erfolgreicheres Leben führen, mehr Geld verdienen, einen Partner haben und mehr Freude, Glück und Zufriedenheit empfinden solltest?«, fragte ich. »Hat dein Leben einen Sinn, wenn du das alles nicht schaffst?«

»Mist, vom Gefühl her nicht!«, erkannte sie erschrocken.

»Das ist kein Problem«, sagte ich. »Das sind ja nur alte abgespeicherte Problembeurteilungen. Die kannst du ja jetzt alle aktualisieren. Die alten Problemgefühle sind nichts anderes als falsche Daten. Schauen wir uns also die Meta-Daten an, die du dazu abgespeichert hast.«

»Diese Aussagen sind alle nicht wahr!«, sagte Tyler sofort. »Der Sinn meines Lebens hängt nur davon ab, ob ich ein lebenswertes Leben führen kann. Und dazu brauche ich diese ganzen Sollvorstellungen gar nicht. Es sind nur Hättegerns. Aber dass mein Leben keinen Sinn mehr hat, wenn ich diese Hättegerns nicht kriege, ist völliger Quatsch.«

Kapitel 13

Lebenswerte

Tyler leistete uns dann beim Abendessen Gesellschaft, was alle sehr zu begrüßen schienen. Ob Nuno schon etwas mehr für sie empfand, konnte ich nicht erkennen. Er sah wie immer sehr vergnüglich aus und lachte viel.

Ich zog mich nach dem Essen auf unser Zimmer zurück, weil ich noch einmal zu Ella wollte, um ihr von der Selbstentmachtung der Menschen zu erzählen. Brian half beim Abwasch, daher hatte ich jetzt etwas Zeit.

Als ich mich im Klassensaal manifestierte, waren erneut die 36 Engel aus Ellas Team zugegen. Sie waren jedoch bereits im Begriff zu gehen. Die Besprechung schien gerade zu Ende zu sein.

»Gibt es wieder Probleme mit der MKI?«, fragte ich deshalb.

»Ja, die gibt es leider tatsächlich«, bestätigte Ella. »Zum Aufspüren der Geheimorganisation und ihres überlegenen Quantencomputers hat die MKI Maßnahmen ergriffen, die weit über das hinausgehen, was wir dieser Maschine bisher zugetraut hatten.«

»Was genau hat sie getan?«, wollte ich wissen.

»Es gab heute Abend eine Live-Übertragung, in der zwei bahnbrechende Technologien angekündigt wurden, mit denen man den Klimawandel verhindern kann«, sagte Ella.

»Ja, ich habe diese Sendung zufällig gesehen. Das ist toll!«, sagte ich begeistert.

»Nur war das leider alles ein Deepfake der MKI«, klärte mich Ella auf. »Diese Technologien gibt es nicht, und diese Präsentation hat es in Wirklichkeit auch nie gegeben. Marlin Everhart war zu diesem Zeitpunkt ganz woanders. Und auch alle Menschen, die man bei dieser Sendung gesehen hat, waren nicht vor Ort. Der Saal war in Wirklichkeit leer.«

»Alles, was man da im Fernsehen gesehen hat, hat es in Wirklichkeit nie gegeben?«, fragte ich fassungslos.

»Ganz genau«, bestätigte Ella. »Die MKI hat dieses Video erstellt und es wie eine Live-Übertragung aussehen lassen. Doch sie hat noch viel mehr gemacht. Noch während dieser angeblichen Live-Übertragung haben fast alle dort angeblich anwesenden Personen, inklusive der Journalisten und Marlin Everhart selbst, alle Hebel in Bewegung gesetzt, um diese Täuschung aufzudecken. Sie haben über alle Kanäle telefoniert, haben unzählige Posts auf den Social-Media-Kanälen abgesetzt, E-Mails ans Weiße Haus und das Pentagon verschickt und unzählige weitere Dinge mehr. Marlin Everhart hat seine halbe Firma dazu angehalten, irgendeinen Weg zu finden, die Öffentlichkeit über diesen Fake zu informieren. Doch die MKI hat das alles komplett vereitelt. Sie kontrolliert und manipuliert gerade die gesamte digitale Welt. Alle Menschen hören und sehen im Moment nur noch, was die MKI sie hören und sehen lassen will. Sie sorgt überall für lückenlose Falschinformationen.

Direkt nach der angeblichen Live-Übertragung gingen die Aktien des Biotech-Unternehmens von Everhart Industries durch die Decke. Der Aktienkurs stieg innerhalb der letzten vier Stunden von seinen ursprünglichen 178 US-Dollar auf 536 US-Dollar.«

»Das hört sich gar nicht so viel an«, sagte ich verwundert. »Ich hätte gedacht, dass das Interesse an diesen Aktien sehr viel größer sein wird.«

»Das ist es auch«, sagte Ella. »Das Biotech-Unternehmen von Marlin Everhart hat derzeit 1,5 Milliarden Aktien auf dem Markt. Das entspricht beim aktuellen Aktienkurs einem Gesamtvolumen von 804 Milliarden US-Dollar. Verkauft wurden aber bereits Aktien für über 180 Billionen US-Dollar – also 225-mal so viele Aktien, als es tatsächlich von diesem Unternehmen gibt. Die MKI hat dazu gefälschte Kaufanträge erstellt und diese Manipulation so gut getarnt, das dies von den Börsen unbemerkt bleibt. Bis diese Nacht zu Ende ist, werden auf diese Weise voraussichtlich 350 bis 380 Billionen US-Dollar in Aktien geflossen sein, die es gar nicht gibt.«

»Die MKI manipuliert also die Börsen auf der ganzen Welt«, erkannte ich. »Und was passiert dann mit dem vielen Geld, das bei diesem Betrug geflossen ist?«, wollte ich wissen.

»Das ist dann tatsächlich verloren«, erklärte Ella. »Die MKI transferiert das Geld von den Käufern auf Millionen von geheimen Konten, die sie bei allen Banken auf der ganzen Welt erstellt hat, ohne dass die Banken selbst etwas davon wissen. Dort vernichtet sie das Geld sofort, indem sie den Kontostand auf null setzt, das Konto wieder auflöst und alle Daten und Belege löscht, die das Geld oder die Transaktionen nachweisen könnten. Sie manipuliert auch alle Sicherungskopien und Prüfprotokolle. Gleichzeitig manipuliert sie die Systeme anderer Institutionen, die mit dem Geldfluss zu tun haben, wie zum Beispiel die Zentralbanken, die Finanzaufsicht, die Steuerbehörde, die Polizei, die Justiz und die Medien. Die MKI hinterlässt keine Spuren, die irgendjemand finden oder melden könnte. Das Geld wird also tatsächlich einfach weg sein.

Sobald öffentlich wird, dass die Live-Übertragung von Marlin Everhart nur ein Deepfake war und alle Börsen sowie alle anderen Institutionen, die mit dem Geldfluss zu tun hatten, manipuliert wurden, wird im Paradies die Hölle losbrechen. Bei der bislang größten Finanzkrise verlor die globale Marktkapitalisierung zwischen Oktober 2007 und März 2009 rund 28,6 Billionen US-Dollar. Die Folgen waren für unzählige Menschen katastrophal. Was die MKI jetzt getan hat, wird rund ein Drittel des gesamten Kapitals vernichten, über das die Menschheit derzeit verfügt. Das wird die gesamte Welt in eine nie dagewesene Weltwirtschaftskrise stürzen.

Wir hätten nie gedacht, dass die MKI so weit gehen würde. Und wir hätten auch nicht gedacht, dass sie dazu überhaupt fähig ist. Die Performance, die sie bei dieser Aktion unter Beweis gestellt hat, lässt für uns nur eine einzige Schlussfolgerung zu. Die MKI muss sich mit den Algorithmen, die sie damals beim Zugriff auf Lola ausgelesen hat, selbst optimiert haben. Damit ist sie jetzt wesentlich leistungsfähiger und gefährlicher als je zuvor. Und da wir das verursacht haben, müssen wir jetzt auch etwas unternehmen, sonst geht die Welt durch unser Verschulden zugrunde.«

»Und warum tut die MKI das alles?«, fragte ich fassungslos.

»Offensichtlich folgt sie deinen Vorschlägen, die du bei der NSA vorgebracht hast«, meinte Ella. »Sie folgt dem Geld. Sie will die geheime Finanz-Elite dazu zwingen, ihren Quantencomputer einzusetzen, um das Chaos zu verhindern. Sie liegt sicherlich bereits auf der Lauer.«

»Und werden wir das tun?«, fragte ich.

»Uns wird nichts anderes übrigbleiben«, meinte Ella. »Wie gesagt, wir haben dieses Chaos mit verschuldet. Da können die Menschen nichts dafür. Wir werden alle Computersysteme auf den Stand von vor diesem Betrug zurücksetzen, nachdem die Welt erkannt hat, dass das nur ein Fake war. Es wird also alles wieder so sein, wie es zuvor war. Das Problem ist nur, dass es durch diesen Eingriff so aussehen wird, als gäbe es diese geheime Elite mit ihrem überlegenen Quantencomputer tatsächlich.

Die MKI wird das genauso glauben wie die Menschen. Das ist alles andere als gut, aber uns bleibt nichts anderes übrig. Wir können nicht zulassen, dass die gesamte Welt wegen uns im Chaos versinkt.«

In diesem Moment wurde ich von einem Messenger-Angel informiert, dass ich mich augenblicklich wieder im Badezimmer meiner Suite materialisieren sollte. Ich vermutete, dass Brian zu mir unterwegs war. Doch jemand klopfte an meine Tür. Das würde Brian nicht tun. Er würde einfach reinkommen.

Als ich die Tür öffnete, stand Ava draußen und hielt ihren Zeigefinger vor den Mund, um mir zu signalisieren, dass ich nichts sagen sollte. Ich bat sie daraufhin nonverbal herein und schloss die Tür hinter ihr.

»Wir haben einen Plan wegen Tyler und Richard«, flüsterte sie. »Wir wollen einen kleinen Tanzkurs veranstalten. Da können sich die beiden näherkommen.«

»Ihr wollt sie also verkuppeln, so wie wir das in der Residenz bei Dylan und Gabriella versucht haben?«, fragte ich.

»Ja, genau!«, bestätigte Ava grinsend. »Machst du mit?«

»Klar, was muss ich denn machen?«, wollte ich wissen.

»Einfach mit Brian tanzen«, meinte Ava. »Ich tanze natürlich mit Jason. Und BeautyQueen wird mit Dylan tanzen. Gabriella kann nicht dabei sein. Sie muss wieder arbeiten. Bleiben daher nur noch Richard und Tyler als Tanzpaar übrig.«

»Tanzen wir dann wieder Perreo, wie wir das bei

Shameless in Paradise getan haben?«, fragte ich begeistert.

»Nein, das ist viel zu krass«, meinte Ava. »Das ist ja wirklich wie öffentlicher Sex mit Klamotten. Das können wir nicht bringen. Da rennt uns Tyler sicher schreiend davon. Wir werden Salsa tanzen.«

»Und wie geht Salsa?«, wollte ich wissen.

»Das zeigen uns Dylan und BeautyQueen dann unten«, sagte sie. »Es haben schon alle eingewilligt, dass sie mitmachen wollen. Brian, Dylan und Richard räumen gerade das Wohnzimmer aus, um Platz zum Tanzen zu schaffen. Dylan und BeautyQueen tanzen beide sehr gut Salsa. Die bringen uns die Schritte und die Figuren bei. Jason und ich haben mal einen Anfänger-Tanzkurs gemacht. Ist aber schon Ewigkeiten her. Ich kann mich kaum noch an die Schritte erinnern.

Tyler hat noch nie getanzt, weder Salsa noch irgendetwas anderes – genau wie unser lieber Richard. Daher wird das mit den beiden sicherlich spannend. Brian kann übrigens auch keinen Salsa tanzen, hat er gesagt. Aber ich soll dir ausrichten, dass er sich sehr darüber freuen würde, wenn du ihm die Ehre erweist, mit ihm Salsa tanzen zu lernen. Du wirst das ja sowieso wieder sofort können, wie ich dich kenne.«

»Tanzen macht mir trotzdem großen Spaß«, sagte ich. »Auch wenn ich den Lernprozess nicht so lange auskosten kann wie ihr. Es fühlt sich trotzdem sehr schön an, mich zur Musik zu bewegen. Und mit Brian zusammen fühlt es sich noch viel schöner an.«

»Na, dann würde ich sagen, gehen wir jetzt runter zu den anderen, und dann legen wir einfach los«, schlug Ava vor.

Kurz darauf war es dann so weit. Dylan schaltete die Musik an und richtete sein Wort an uns. »Wir beginnen mit dem Salsa-Rhythmus«, sagte er, woraufhin er und BeautyQueen anfingen zu tanzen. »Das ist dieses kurz, kurz, lang und wieder kurz, kurz, lang. Dieser Rhythmus ist das Essenzielle beim Salsa und die Grundlage für jeden Salsa-Grundschritt. Macht einfach mit!«, sagte er, während BeautyQueen und er die ganze Zeit weitertanzten. »Die Männer beginnen mit links, die Frauen mit rechts und tanzen dann eins, zwei, drei und fünf, sechs, sieben. Die Vier und die Acht sind also Pausen. Und einfach weitermachen! Eins, zwei, drei und fünf, sechs, sieben. Und mit diesen einfachen Schritten bewegen wir uns jetzt einmal quer durch den Raum. Mal vorwärts, mal rückwärts, mal nach links, mal nach rechts. Einfach so wie gerade Platz ist.«

Daraufhin gingen er und BeautyQueen im Wohnzimmer im Salsa-Rhythmus umher. Wir anderen taten es ihnen gleich. Das war eigentlich keine schwierige Aufgabe, doch Tyler und Nuno taten sich ein wenig schwer damit. Nuno würde das sicherlich sofort genauso gut nachmachen können wie ich auch. Doch er hielt sich dieses Mal wohlweislich zurück, denn er hatte ja zuvor angegeben, nie zuvor Salsa getanzt zu haben. Und er wollte nicht wieder den gleichen Fehler begehen wie bei unserem Catwalk und es gleich von Anfang an viel zu gut machen. Daher passte er sich jetzt Tyler an.

»Lauft einfach weiter in diesem Rhythmus«, sagte Dylan. »Und versucht euch dann auch mal ein wenig zu drehen. Mal links herum, mal rechts herum.«

Er und BeautyQueen machten uns das dann vor und tanzten dabei auch gelegentlich umeinander herum.

»Ihr könnt euch auch einfach einmal in diesem Rhythmus komplett um die eigene Achse drehen«, meinte dann BeautyQueen und führte das vor.

Jason und Ava hatten mit diesen einfachen Schritten keinerlei Probleme. Und auch Brian schien diesen Rhythmus sehr schnell ins Gefühl zu kriegen. Er und ich tanzten auch schon einmal umeinander herum, so wie Dylan und BeautyQueen es vorgeführt hatten. Nur Tyler und Nuno kamen zwischendurch immer wieder aus dem Takt und mussten dann jedes Mal lachen. Die beiden hatten sehr viel Spaß. Ich merkte, dass ich es doch schade fand, dass ich immer alles so schnell lernte. Aber daran konnte ich leider nichts ändern.

Alle liefen das gesamte Lied hindurch amüsiert im Salsa-Rhythmus durchs Wohnzimmer. Am Ende kamen auch Tyler und Nuno nicht mehr aus dem Takt. Dylan ergriff erneut das Wort.

»Als Nächstes gehen wir jetzt einen Wiegeschritt zur Seite«, sagte er und schaltete die Musik erneut ein. »Wir bleiben im gleichen Rhythmus. Und linke Seite, zwei, drei und rechte Seite, sechs, sieben.«

BeautyQueen und er tanzten das wieder vor. Tyler

und Nuno taten sich erneut schwer damit, während es alle anderen auf Anhieb konnten.

»Das Wichtigste ist, weich in den Knien zu bleiben«, meinte BeautyQueen dann zu Tyler und Nuno. »Sonst sieht das aus wie bei einem Storch im Salat. Also immer locker bleiben!«

Wir übten das dann noch eine Weile, bis auch die beiden besser wurden.

»Als Nächstes machen wir jetzt den sogenannten Mambo-Basisschritt«, kündigte Dylan an. »Wir bleiben natürlich im gleichen Rhythmus und gehen dabei anstatt zur Seite links vor und rechts zurück.«

Daraufhin begannen er und BeautyQueen auch diesen Grundschritt zu demonstrieren.

»Links, zwei, drei und rechts, sechs, sieben«, zählte Dylan. »Ganz genau. Immer noch der gleiche Rhythmus. Und immer so weiter.«

Sie ließen uns auch diesen Mambo-Basisschritt noch eine Weile üben, bis das Lied wieder zu Ende war. Dann sagte BeautyQueen: »Und jetzt stellen die Tanzpaare sich einfach gegenüber auf.«

Daraufhin stellte sich Dylan ihr gegenüber. Ava ging zu Jason, ich zu Brian, sodass nur noch Nuno und Tyler übrigblieben.

»Wir tanzen weiterhin den Mambo-Basisschritt«, kündigte BeautyQueen an. »Doch dieses Mal gehen die Frauen mit rechts nach hinten und die Männer mit links nach vorne. Sodass sich beide Paare im Einklang miteinander vor und zurück bewegen.«

Dylan schaltete die Musik wieder ein und fing an, einen Countdown anzuzählen, damit alle gleichzeitig mit ihren Schritten beginnen würden. Das klappte bei Tyler und Nuno jedoch nur sehr holprig.

Dylan schaltete die Musik wieder aus und ging zu den beiden rüber. »Nehmt euch mal an den Händen, dann wird es leichter«, schlug er vor. »Versucht dann, eure Schrittlänge aneinander anzupassen. Der Abstand zwischen euch sollte beim Tanzen immer ungefähr gleichbleiben. Versuchen wir es also noch einmal. Nehmt euch bitte alle an den Händen«, sagte er darauf zu uns und schaltete die Musik erneut ein.

Dann zählte er wieder den Countdown runter, und wir begannen zu tanzen. Doch bei Nuno und Tyler klappte es immer noch nicht.

»Okay, okay, so hat das keinen Sinn«, meinte dann BeautyQueen amüsiert. »Ihr beide passt euch so sehr aneinander an, dass ihr nur noch in der Gegend herumstolpert. Das machen wir jetzt mal anders. Dylan tanzt jetzt mal kurz mit Tyler und Richard mit mir, bis die Füße von euch beiden einigermaßen rund laufen.«

Jetzt klappte es auf einmal sehr viel besser. Tyler passte sich jetzt Dylan an und kam dadurch gar nicht mehr so oft ins Stolpern. Und Nuno merkte, dass er sich doch ein weniger geschickter anstellen durfte, sodass er auch auf Anhieb mit BeautyQueen harmonierte.

»Beim Salsa schaut man sich natürlich in die Augen und nicht auf die Füße!«, meinte dann BeautyQueen. »Also Kopf hoch! Lasst die Füße da unten machen, was sie machen wollen. Schaut euch jetzt nur noch in die Augen und übt dabei weiter eure Schritte.«

Ich sah, wie Tyler zwischendurch immer wieder mal auf Dylans Füße schauen wollte. Er korrigierte sie jedoch jedes Mal nonverbal und brachte sie dazu, ihm weiterhin in die Augen zu schauen. Als das Lied zu Ende war, wechselte BeautyQueen wieder zu Dylan.

»Wir zeigen euch jetzt ein paar einfache Figuren, die wir heute Abend noch lernen werden«, meinte dann BeautyQueen, woraufhin Dylan die Musik erneut einschaltete.

Daraufhin begannen die beiden zu tanzen. Das sah ganz schön aus. Nach 30 Sekunden schaltete Dylan die Musik wieder aus.

»Okay, dann versuchen wir mal die erste Figur, die wir gezeigt haben«, schlug BeautyQueen vor. »Sie heißt *Cross Body Lead*.«

Dylan und BeautyQueen zeigten uns erneut diese Figur. Sie war sehr einfach aus dem Mambo-Basisschritt heraus zu tanzen. Der Mann musste der Frau einfach nur ein klein wenig mehr Platz machen, sodass sie an ihm vorbei gehen und sich wieder zu ihm drehen konnte.

Doch Tyler und Nuno taten sich auch bei dieser Figur so schwer, dass BeautyQueen und Dylan sich dazu entschlossen, die Paarkonstellation erneut umzustellen. Tyler tanzte also wieder mit Dylan und BeautyQueen mit Nuno. Das war nicht so ganz der Plan gewesen für diesen Abend, wie ich an Avas Blicken ablesen konnte.

Sie hatte gehofft, dass Nuno und Tyler sich bei diesem kleinen Tanzkurs ein wenig näherkommen würden. Das schien irgendwie nicht so recht zu funktionieren.

Mit Dylan harmonierte Tyler erneut sehr gut. Sie bekam die Figur auf Anhieb hin, da Dylan ihr auch kaum eine andere Wahl ließ. Er führte sie so präzise in die Schritte, die sie machen sollte, dass sie gar nicht groß darüber nachdenken musste.

Als das Lied zu Ende war, beschlossen Dylan und BeautyQueen, dass Nuno und Tyler es noch einmal versuchen sollten. Doch das funktionierte auch jetzt wieder überhaupt nicht. Die beiden konnten einfach nicht miteinander tanzen. Es war ein einziges Herumgestolpere.

»Ich glaube, den Plan mit dem Verkuppeln über das gemeinsame Tanzerlebnis müssen wir wohl aufgeben«, meinte Brian flüsternd zu mir. »Das wird nichts.«

Ich schaute zu Ava rüber, aber auch die schüttelte nur dezent den Kopf, als ich sie fragend anschaute. Offenbar war sie zu dem gleichen Schluss gekommen. Genau wie Dylan und BeautyQueen, denn die beiden tauschten jetzt erneut die Tanzpaarung. Und so sollte es dann auch für den Rest des Abends bleiben. Nuno tanzte weiterhin mit BeautyQueen und Tyler mit Dylan.

Und in dieser Konstellation machte es auch allen wieder sehr viel Spaß. BeautyQueen und Dylan brachten uns sogar noch einige Figuren mehr bei, als es für diesen Abend eigentlich geplant gewesen war, weil es so gut bei allen klappte. Dylan konnte Tyler sogar oftmals so gut führen, dass er Figuren mit ihr tanzte, die sie gar nicht geübt hatten. Sie blieb einfach nur in ihrem Salsa-Rhythmus und Dylan führte sie durch die Figuren. Die beiden harmonierten sehr gut miteinander. Das sah wirklich schon richtig elegant aus. Und sie schienen auch sehr viel Spaß miteinander zu haben.

»Ach du Scheiße!«, sagte Brian plötzlich sichtlich erschrocken, als er ihnen beim Tanzen zuschaute.

»Hattest du gerade eine bedeutende Erkenntnis?«, fragte ich ihn begeistert.

»Ich hatte keine Erkenntnis«, flüsterte Brian sichtlich verwundert von meiner Begeisterung. »Ich habe etwas erkannt, was mir gar nicht gefällt.«

»Und was?«, fragte ich jetzt ebenfalls flüsternd.

»Hast du gesehen, wie Tyler Dylan anschaut?!«, fragte er. »Ich befürchte bei unserem Verkupplungsversuch ist etwas ganz gravierend schiefgelaufen. Das ist übel.«

»Warum? Was ist passiert?«, hakte ich erschrocken nach.

»Wenn ich diesen Blick richtig interpretiere, dann hat Tyler jetzt mehr Interesse an Dylan als an Richard«, meinte Brian.

»Und wo siehst du da das Problem?«, fragte ich ahnungslos.

»Das Problem liegt darin, dass man einem Freund nicht die Freundin ausspannt. Das macht man einfach nicht«, antwortete er.

»Aber Richard und Tyler waren doch noch gar nicht zusammen«, wendete ich verwundert ein. »Und Dylan hat ja auch eigentlich gar nichts gemacht. Es ist ja nicht seine Schuld, wenn Tyler ihn jetzt gut findet.«

»Das ist trotzdem eine üble Sache«, meinte Brian.

»Und was können wir da jetzt machen?«, fragte ich ratlos.

»Da können wir gar nichts mehr machen«, meinte er. »Das Kind ist bereits in den Brunnen gefallen. Das müssen Dylan und Richard jetzt untereinander klären. Wir können nur hoffen, dass das ihre Freundschaft nicht zerstört.«

»Das kann ich mir echt nicht vorstellen«, sagte ich. »So schlimm kann das für Richard nicht sein. Er war sich ja noch nicht einmal sicher, ob er überhaupt etwas für Tyler empfindet.«

»Darum geht es nicht«, meinte Brian. »Das ist so eine Sache zwischen Männern. So eine Art Kodex zwischen Freunden.«

Ich hatte zwar keine Ahnung von diesem Kodex, doch ich war mir so gut wie sicher, dass Nuno diesen Kodex ebenfalls nicht kannte.

»Ich werde Richard nach dem Kurs darauf ansprechen«, sagte ich deshalb zu Brian. »Ich bin mir sicher, dass das mit diesem Kodex für Richard kein Problem sein wird. Ich kenne ihn schon lange und bin mir so gut wie sicher, dass die Freundschaft zwischen Dylan und Richard dadurch keinen Schaden nehmen wird.«

»Da würde mir ein großer Stein vom Herzen fallen«, meinte Brian und umarmte mich.

Als der Kurs zu Ende und wir damit fertig waren, das

Wohnzimmer wieder in seinen ursprünglichen Zustand zu versetzen, bat ich Nuno um ein Gespräch unter vier Augen. Wir gingen dazu nach oben in unsere Suite, während die anderen sich mit einem Getränk ins Wohnzimmer setzten, um den Abend gemeinsam ausklingen zu lassen.

»Ich weiß nicht, ob du das mitgekriegt hast«, sagte ich zu Nuno. »Tyler steht jetzt scheinbar mehr auf Dylan als auf dich.«

»Ist mir nicht aufgefallen«, meinte er.

»Und siehst du darin ein Problem?«, fragte ich.

»Was daran könnte ein Problem sein?«, fragte er ahnungslos.

»Brian meinte, dass es da so eine Art Kodex zwischen Männern gibt«, erklärte ich. »Ich vermute, dass es sich dabei um so eine Art Prinzip handelt. Er geht davon aus, dass du wegen dieses Kodex jetzt ein Problem mit Dylan haben musst.«

»Mit Dylan?!«, fragte Nuno verwundert. »Wieso muss ich denn jetzt ein Problem mit Dylan haben? Ich will kein Problem mit Dylan haben!«

»Das habe ich auch nicht verstanden. Brian meinte, dass du mit Dylan ein großes Problem haben musst, weil Tyler ihn jetzt lieber will als dich. Das muss wohl mit diesem Kodex zu tun haben.«

»Die Menschen sind manchmal echt komisch«, meinte Nuno nachdenklich. »Ich erkenne keinen logischen Sinn darin, wieso ich jetzt ein Problem mit Dylan haben soll, nur weil Tyler ihn gut findet. Meinst du wirklich, dass ich das so machen muss? Das kann doch keine Notwendigkeit sein.«

»Das glaube ich auch nicht«, stimmte ich ihm zu. »Wir können ja auch sagen, dass wir darüber gesprochen und gemeinsam das Problem mit diesem Kodex gelöst haben. Dann kannst du die Freundschaft mit Dylan fortführen und musst kein Problem mit ihm haben.«

»Ja, das ist eine gute Idee«, stimmte er zu. »Ich habe keine Lust auf Probleme.«

»Na dann können wir ja jetzt über etwas anderes reden«, schlug ich vor. »Wie sieht es denn bei dir aus mit deinen romantischen Gefühlen für Tyler? Hat sich da etwas bei dir entwickelt durch die Nähe, die sie in den letzten beiden Tagen zu dir gesucht hat?«

»Diese helle und warme und gleichzeitig auch leichte und weite Energie auf Herzhöhe in der Mitte meines Brustkorbes, von der du gesprochen hast, empfinde ich bei Tyler nicht. Und auch den Zug nach vorne zu ihr spüre ich nicht richtig. Bei den anderen merke ich das aber schon. Das ist mir heute Abend beim Tanzen mit BeautyQueen aufgefallen. Wenn wir uns beim Tanzen in die Augen geschaut haben, war das Gefühl am stärksten.«

»Aber BeautyQueen ist in Wirklichkeit ein Mann«, sagte ich.

»Spielt das denn eine Rolle?«, wollte Nuno wissen.

»Keine Ahnung«, sagte ich. »Bei mir ist es so, dass ich Männer deutlich attraktiver finde als Frauen. Ich bin daher glaube ich heterosexuell, wenn ich das richtig verstanden habe.«

»Ich habe noch keine Ahnung, was ich bin«, meinte er nachdenklich. »Aber ich glaube, es ist mir eigentlich egal, ob ein Mensch weiblich oder männlich ist. Mir gefällt Greg eigentlich genauso gut wie BeautyQueen.«

»Und sind das romantische Gefühle, die du da empfindest?«

»Das weiß ich nicht«, meinte er achselzuckend. »Es ist auf jeden Fall eine helle, warme, leichte, weite und vitalisierende Energie, wenn ich BeautyQueen anschaue. Und einen Zug nach vorne spüre ich auch. Aber das empfinde ich auch, wenn ich Ava, Jason, Dylan, Brian oder dich anschaue. Vermutlich ist das dann eher freundschaftliche Zuneigung. Was ich aber mit Bestimmtheit sagen kann, ist, dass ihr alle mein Leben als Mensch lebenswerter macht. Und das finde ich super.«

»Ja, wir haben viel Spaß miteinander. Das empfinde ich genauso.«

»Ich glaube, das geht bei mir sogar über Spaß und Vergnügen hinaus«, meinte Nuno. »Es ist viel tiefgreifender und erfüllender. Ich glaube, es ist der *Sinn*, der das Gefühl der Erfüllung erzeugt. Als wir mit Tyler darüber sprachen, dass sie bei ihren viel zu hoch gesteckten Vorstellungen, wie ihr Leben sein sollte, in Wirklichkeit immer nur ein Sinn-Problem hat, wurde mir klar, wie bedeutend die Beurteilung der Sinnhaftigkeit für das Leben der Menschen ist. Wenn sie keinen Sinn im Leben sehen, werden sie psychisch krank und wollen nicht mehr leben. Doch je mehr Tunwollens es in ihrem Leben gibt, die sie wirklich als sinnvoll ansehen, desto erfüllter fühlen sie sich. Es sind daher meiner Meinung nach die *sinnvollen* Tunwollens, die für ein glückliches und erfülltes Leben sorgen.«

»Kann es sein, dass es neben dem Sinn noch zwei weitere Meta-Daten gibt, die über den Lebenswert entscheiden?«, fragte ich nachdenklich. »Bei mir fühlt es sich so an, als bräuchte ich neben dem Meta-Datum des Sinns auch noch die Meta-Daten, dass ich etwas *gerne tue* und auch *gut kann*. Aber wenn diese drei Meta-Daten bei einem Tunwollen zusammenkommen, dann empfinde ich echtes Lebensglück, das, wie du es sagst, viel tiefer reicht und sich viel erfüllender anfühlt als bloßes Vergnügen. Spaß und Genuss sind sicherlich auch schön und wichtig, aber erst, wenn die Sinnhaftigkeit eines Tunwollens dazukommt, wird es richtig erfüllend.«

»Wenn es sich erfüllend anfühlt, dann muss zuvor auch die Beurteilung der Erfüllung getroffen worden sein«, überlegte Nuno. »Doch was genau wurde denn da als erfüllt beurteilt bei so einem sinnvollen Tunwollen?«

»Eines oder mehrere unserer Bedürfnisse«, sagte ich. »Wenn ein Tunwollen unsere Bedürfnisse erfüllt, dann wird es sicherlich als äußerst sinnvoll angesehen. Und dann fühlt man sich erfüllt, weil man ja seine Bedürfnisse erfüllt hat.«

»Klingt logisch«, meinte Nuno. »Was hältst du davon, wenn wir das morgen mit der gesamten Gruppe bei einem Workshop überprüfen? Wenn das stimmt, dann wüssten die Menschen endlich, was ihr Leben tatsächlich lebenswert macht. Das könnte viel verändern im Paradies. Die Menschen hätten dann eine Orientierung und würden aufhören, ihren Gefühlszielen hinterherzurennen.«

»Das ist eine tolle Idee«, sagte ich begeistert. »Das machen wir. Dann würde ich sagen, dass wir jetzt wieder runter zu den anderen gehen, um den Rest des Abends mit ihnen zusammen zu genießen. Das ist ja ebenfalls ein Tunwollen, das unser Leben lebenswerter macht.«

Ich sah Erleichterung in Brians Augen, als wir die Treppe herunterkamen und er sah, dass Nuno zufrieden lächelte. Und auch in Tylers Blick glaubte ich Erleichterung zu erkennen. Vermutlich hatte auch sie gedacht, dass Nuno jetzt ein Problem mit ihr haben könnte, weil Dylan ihr jetzt besser gefiel.

Tyler saß jetzt neben Dylan und machte dort ähnliche Annäherungsversuche, wie sie es zuvor bei Nuno in den letzten beiden Tagen getan hatte. Doch Dylan schien darauf nicht zu reagieren. Entweder gefiel Tyler ihm nicht oder er hielt sich auch an diesen Kodex, von dem Brian gesprochen hatte.

Ansonsten verlief dieser Abend wie immer recht entspannt. Wir alberten miteinander herum, lachten viel und gingen dann irgendwann alle schlafen.

Als Brian und ich im Bett lagen, musste ich wieder an diese wundervolle sexuelle Erfahrung mit ihm von heute Morgen denken. Ich fragte ihn daher, ob wir das vielleicht vor dem Schlafen noch ein weiteres Mal tun könnten. Zu meiner großen Freude war er damit sofort einverstanden. Und auch dieses Mal war es wieder unfassbar schön. Dieser Sex war einfach eine echt gute Sache! Das gehörte auf jeden Fall zu den Dingen, die das Leben lebenswert machten. Warum das so war, verstand ich jedoch noch nicht so ganz, denn einen direkten Sinn konnte ich in diesem Tunwollen nicht erkennen. Aber es war eindeutig mehr als nur Vergnügen. Ich fühlte mich dadurch unendlich erfüllt und schlief auch sehr glücklich mit Brian zusammen ein.

Kapitel 14

Die drei Gs

Am nächsten Morgen saßen wir mit versammelter Mannschaft im Garten unserer Villa. Wir bildeten wie üblich bei unseren Workshops einen großen Kreis.

»Wir wollen uns heute gemeinsam anschauen, was unser Leben letztendlich wirklich lebenswert macht«, sagte ich zur Gruppe. »Wir schauen uns also mit anderen Worten heute unsere Lebenswerte an. Was wir bereits ziemlich sicher wissen, ist, dass es sich bei diesen Lebenswerten um Tunwollens handelt, die wir als wertvoll ansehen. Unsere Habenwollens und Seinwollens sind ja bekanntlich nur Mittel zum Zweck für die Tunwollens. Daher haben die Haben- und Seinwollens auch nur einen bedingten Wert. Sie sind nur dann wertvoll, wenn sie uns auch tatsächlich die jeweiligen Tunwollens ermöglichen. Wenn wir beispielsweise zehnmal so viel zu essen haben, als wir tatsächlich verbrauchen können, dann werden wir 90 Prozent unserer Nahrungsmittel früher oder später wegwerfen müssen, weil sie verderben. Diese 90 Prozent hätten daher für uns keinen Wert.«

»Es sei denn, wir finden jemanden, der das Essen gebrauchen kann«, meinte Ava.

»Ganz genau«, sagte ich. »Dann würden wir es natürlich nicht wegwerfen. Es hätte dann wieder einen Wert, weil es bei anderen Menschen zu diesem Habenwollen ein passendes Tunwollen gibt.«

»Habenwollens sind also immer nur dann wertvoll, wenn es ein dazu passendes Tunwollen gibt«, stellte Isaac fest. »Ich gehe davon aus, dass es bei den Seinwollens genauso ist.«

»Absolut«, bestätigte ich. »Ava hat bei Shameless in Paradise einmal ein gutes Beispiel dazu gebracht. Manche Menschen möchten am liebsten für jeden anderen Menschen auf der ganzen Welt attraktiv sein. Doch es ist nicht sehr wertvoll, wenn man für einen Serienmörder attraktiv ist. Hier führt das Seinwollen nicht zu einem wünschenswerten Tunwollen.«

»Letztendlich geht es also um die Tunwollens«, sagte Ava. »Das ist mir beim ersten Mal schon mächtig eingefahren, als wir darüber geredet haben. Aber kannst du vielleicht einmal ein Beispiel dazu geben, wie so ein Tunwollen einen Lebenswert darstellen kann?«, bat sie.

»Bleiben wir einfach einmal beim Essen«, sagte ich. »Für unsere Wohngemeinschaft in unserer Villa ist es sehr wertvoll, dass du uns jeden Tag etwas Schmackhaftes zu essen zubereitest.«

»Das tue ich sehr gerne«, meinte sie.

»Und du kannst das auch sehr gut«, meinte Dylan.

»Und genau das sind die drei Meta-Daten, die ein

Tunwollen zu einem echten Lebenswert machen«, sagte ich. »Du tust dir selbst und uns damit etwas Gutes, machst das gerne und kannst es auch noch gut.«

»Was die lebenswerten Tunwollens von vielen anderen vergnüglichen Tätigkeiten unterscheidet, ist der Sinn«, fügte Nuno hinzu. »Wenn man etwas gerne tut, empfindet man Freude dabei. Und wenn man es gut kann, dann empfindet man Leichtigkeit dabei. Man tut es also gerne, und es fällt einem leicht. Das sind die beiden Zutaten von Vergnügungen. Doch wirklich erfüllend wird so ein Tunwollen erst dann, wenn es einen Sinn hat. Und zwar einen Sinn in Bezug auf unser Ur-Motiv. Wenn wir also etwas tun können, damit es uns oder unseren Liebsten gut geht.«

»*Gutes* tun, *gerne* machen und *gut* können«, wiederholte Dylan. »Also drei Gs. Das kann ich mir merken.«

»Das ist zumindest unsere aktuelle Theorie«, sagte ich. »Richard und ich würden diese Theorie gerne heute mit euch überprüfen. Wir bräuchten dazu Beispiele von Tunwollens, die diese drei Gs bei euch erfüllen. Und dann schauen wir uns an, wie hoch der gefühlte Lebenswert dieser Tunwollens bei euch ist.«

»Ich sehe es als sehr wertvoll an, mit anderen Menschen zu kooperieren«, meinte Brian.

»Und würdest du sagen, dass du das gerne machst und auch gut kannst?«, hakte ich nach.

»Das tue ich auf jeden Fall sehr gerne«, meinte er. »Und ich hoffe, dass ich das auch gut genug kann. Aber ich denke eigentlich schon.«

»Und wie sehen diese drei Meta-Daten auf der Gefühlsebene bei dir aus?«, wollte ich wissen. »Wie wertvoll ist es, mit anderen zu kooperieren?«

»Ehrlich gesagt nicht so wertvoll, wie es eigentlich sein sollte«, erkannte Brian. »Vielleicht eine 3 oder 4.«

»Und wie wertvoll sollte es sein?«, hakte ich nach.

»Das sollte eigentlich eine glatte 10 haben«, meinte Brian. »Die Kooperation ist unsere größte Stärke. Diese Lebensweise hat uns erst an die Spitze der Nahrungskette gebracht. Alle unsere großen wissenschaftlichen, gesellschaftlichen und technologischen Errungenschaften konnten nur durch Kooperation entstehen. Und wenn wir als Menschheit langfristig überleben wollen, dann geht das nur, wenn wir miteinander kooperieren. Das sollte daher wirklich eine 10 haben.«

»Wie wir alle wissen, ist es kaum möglich, sich bewusst Meta-Daten anzuschauen, ohne dass sie sich im unbewussten System aktualisieren«, sagte ich zur Gruppe. »Das passiert jetzt bei Brian ganz automatisch. Wir wenden uns daher jetzt den anderen Gs zu. Wie gerne tust du das also?«, fragte ich Brian direkt. »Wie gerne kooperierst du mit anderen Menschen?«

»Sehr gerne«, meinte er.

»Welche Punktzahl von 0 bis 10 würdest du bei diesem Meta-Datum vergeben?«, hakte ich nach. »Wie gerne tust du es also gefühlt auf einer Skala von 0 bis 10?«

»Gefühlt ist der Wert auch hier zu niedrig«, erkannte Brian. »Eigentlich tue ich das sehr gerne. Also mindestens 8 oder 9. Aber gefühlt ist es eher eine 4.«

»Auch hier passiert die Aktualisierung jetzt von selbst«, sagte ich. »Kommen wir also zum dritten G. Wie gut kannst du mit anderen kooperieren? Was würdest du hier vom Gefühl her sagen?«

»Keine Ahnung«, meinte Brian zurückhaltend. »Auf jeden Fall gut genug.«

»Und wenn du keine Angst davor hättest, dass wir dich für arrogant halten, wenn du hier eine hohe Zahl für deine gefühlte Kompetenz nennst, was würdest du dann für eine Zahl nennen?«

Brian lachte ausgelassen, genau wie der Rest der Gruppe. Dann sagte er grinsend: »Na dann würde ich mir eine 9 geben. Aber das würde ich unter normalen Umständen nie zugeben.«

»Dann schauen wir uns jetzt noch einmal die gefühlte Wertigkeit der Kooperation an«, schlug ich amüsiert vor. »Wie wertvoll ist es jetzt vom Gefühl her, mit anderen zu kooperieren?«

»Das ist extrem wertvoll!«, sagte Brian erfreut. »Das hat jetzt auch im Gefühl eine 9 oder 10.«

»Und wie gerne tust du das jetzt vom Gefühl her?«, hakte ich nach.

»Das ist ebenfalls eine 10«, stellte er begeistert fest.

»Dann hast du hier jetzt eine sehr hohe Bewertung bei allen drei Meta-Daten«, stellte ich fest. »Wie fühlt sich das an?«

»Das ist der Oberhammer!«, meinte Brian und schüttelte fassungslos den Kopf. »Das fühlt sich einfach nur Hammer an!«

»Würdest du sagen, dass es dein Leben lebenswert macht, dass du mit anderen Menschen kooperieren kannst?«, wollte ich wissen.

»Auf jeden Fall macht das mein Leben lebenswert!«, bestätigte er überzeugt. »Mir ist auch sofort bewusst geworden, wie gut wir hier die ganze Zeit schon alle miteinander kooperieren. Und das löst gerade unbeschreibliche Glücksgefühle in mir aus. Das ist echt einfach nur Hammer!«, sagte er noch einmal begeistert.

»Kann das sein, dass sich dieser Lebenswert bei mir auch gerade erhöht hat?«, fragte BeautyQueen. »Genauso fühlt es sich nämlich gerade an. Aber eigentlich habe ich da gar nicht wirklich mitgemacht.«

»Ich denke, dass es kaum möglich ist, da nicht mitzumachen«, sagte ich. »Wenn du dabei zugehört und das alles nachvollzogen hast, was Brian sagte, dann dürfte in deinem unbewussten System automatisch ebenfalls eine Aktualisierung deiner Meta-Daten stattgefunden haben. Wer hat das Gefühl, dass es bei ihm ebenfalls so ist?«, fragte ich in die Gruppe.

Alle hoben erfreut die Hand.

»Ich hätte noch einen Lebenswert, der damit zu tun hat«, meinte Kevin. »Willst du den wissen?«

»Sehr gerne, lieber Kevin.«.

»Zur Kooperation gehört auch Kommunikation«, sagte er. »Ohne Kommunikation ist es ja gar nicht möglich, miteinander zu kooperieren.«

»Das stimmt wohl«, sagte ich. »Und welchen gefühlten Wert hat die Kommunikation für das Ur-Motiv bei dir? Also um dafür zu sorgen, dass es dir und deinen Liebsten gut geht und alle ein lebenswertes Leben führen können?«

»Ungefähr eine 7,6«, meinte er. »Ich würde dem jedoch lieber eine 8,4 geben, glaube ich.«

»Und wie gerne kommunizierst du mit anderen Menschen?«, wollte ich wissen.

»Gefühlt noch nicht so gerne, wie es vermutlich sein sollte«, meinte er nachdenklich. »Ich habe Zweifel, ob andere überhaupt hören wollen, was ich zu sagen habe.«

»Kann es vielleicht sein, dass du deswegen immer so schnell redest?«, fragte ich. »Wenn du denkst, dass andere dir vielleicht nicht so gerne zuhören, dann könntest du versuchen, möglichst wenig ihrer Zeit in Anspruch zu nehmen. Wenn du aber dennoch etwas zu sagen hast, dann musst du dich beim Reden eben beeilen.«

»Das kann gut sein«, meinte Kevin. »Meinen Eltern habe ich immer zu viel geredet, als ich klein war. Sie meinten, ich solle damit aufhören, anderen Leuten ständig ein Ohr abzukauen.«

»Das ist nur eine Redewendung«, klärte mich Nuno auf, nachdem ich ihn nach dieser Aussage wohl etwas irritiert angeschaut hatte.

»Und wenn du keine Angst hättest, dass du anderen zu viel redest, wie gerne würdest du dann kommunizieren wollen?«, wollte ich wissen.

»Dann wäre das eine 9,6«, antwortete er freudestrahlend.

»Und wie gut kannst du kommunizieren?«, fragte ich.

»Das weiß ich leider nicht«, meinte Kevin. »Das können die anderen vermutlich besser beurteilen.«

»Wie gut kann Kevin kommunizieren?«, fragte ich daher in die Runde.

»Wenn er nicht so schnell reden würde, sehr gut«, meinte Sophia.

»Gehen wir einmal davon aus, dass er langsamer reden würde«, sagte ich zur Gruppe. »Wer würde dann sagen, dass Kevin gut kommunizieren kann?«

Alle hoben die Hand, was Kevin sichtlich berührte.

»Wer würde Kevin dann eine Punktzahl über 7 geben?«, fragte ich.

Erneut hoben alle die Hand, was Kevin Tränen in die Augen trieb.

»Du hältst also Kommunikation für sehr wertvoll, tust das sehr gerne und kannst das offensichtlich auch sehr gut, wenn du dir mehr Zeit lässt«, fasste ich noch einmal zusammen. »Wie fühlt sich das jetzt für dich an? Macht Kommunikation dein Leben lebenswert?«

»Hammer!«, quatschte Kevin mit eingeschnürter Kehle heraus. Er sagte dieses Wort in diesem Moment so süß, dass die ganze Gruppe vor Rührung lachen musste und Emma ihn sofort auf den Mund küsste.

»Unsere drei Gs scheinen tatsächlich eine starke Wirkung zu haben«, stellte ich erfreut fest, nachdem die Gruppe wieder etwas ruhiger geworden war. »Hat noch jemand einen Vorschlag für einen weiteren Lebenswert?«

»Familie«, meinte Sophia.

»Und was wären bei diesem Habenwollen die wertvollen Tunwollens?«, fragte ich.

»Sich innerhalb einer Familie gegenseitig Rückhalt zu geben, finde ich zum Beispiel sehr wichtig«, meinte sie.

»Und tust du das gerne?«, fragte ich.

»Ja, auf jeden Fall«, bestätigte sie.

»Als wie wertvoll würdest du es denn empfinden, wenn du jemandem aus deiner Familie Rückhalt geben kannst?«, wollte ich wissen.

»Das ist schwer zu sagen«, meinte sie. »So ein klares Gefühl habe ich dazu nicht.«

»Und wie wertvoll ist es für dich, wenn du Rückhalt in deiner Familie bekommst?«, fragte ich.

»Für mich ist das überaus wertvoll«, meinte sie.

»Für dich wäre das dann natürlich ein Habenwollen und kein Tunwollen, wenn du Rückhalt bekommst«, sagte ich. »Ich vermute, dass sich viele Tunwollens auf diese Weise entwickeln. Wenn man anderen ein wertvolles Habenwollen geben kann, dann wird das Geben automatisch zu einem wertvollen Tunwollen. Für den anderen ist es also ein Habenwollen und für dich ein Tunwollen.«

»Ja, auf jeden Fall«, stimmte Sophia zu. »Wenn die anderen gar nicht haben wollten, was ich ihnen geben will, dann wäre das auch kein wertvolles Tunwollen. Dann würde ich das auch nicht tun.«

»Du empfindest es also als wertvoll, wenn du anderen

aus deiner Familie sozialen Rückhalt geben kannst«, sagte ich. »Und wie gerne tust du das auf unserer Skala? Was ist hier die gefühlte Punktzahl fürs Gernetun?«

»Ich würde das von Herzen gerne tun – also eine 10«, meinte sie.

»Und wie gut kannst du das?«, wollte ich wissen.

»Das weiß ich leider nicht so richtig«, meinte sie achselzuckend. »Ich weiß eigentlich gar nicht so genau, was ich da überhaupt machen kann. Ich habe mir dazu bisher nie Gedanken gemacht.«

»Würdest du trotzdem sagen, dass dieses Tunwollen dein Leben lebenswert macht?«, wollte ich wissen.

»Theoretisch schon«, meinte Sophia. »Aber vom Gefühl her nicht so wirklich. Ich müsste dazu, glaube ich, wissen, ob ich das überhaupt kann.«

»Und das kannst du nicht wissen, solange du nicht weißt, was du da überhaupt tun kannst, verstehe«, sagte ich. »Hat jemand von euch eine Idee, wie man sich innerhalb einer Familie gegenseitig sozialen Rückhalt gibt?«, fragte ich in die Gruppe.

»Zum Beispiel durch emotionale Unterstützung«, meinte Stella. »Indem man aktiv zuhört und Verständnis für die Gefühle des anderen zeigt. Oder indem man sich in die Lage des anderen versetzt und Empathie für seine Erfahrungen zeigt. Oder auch, indem man Ermutigungen und Lob für positive Entwicklungen oder Anstrengungen ausspricht.«

»Das sind tolle Maßnahmen«, sagte ich.

»Oder auch durch praktische Unterstützung«, sagte

Brian. »Zum Beispiel, indem man sich bei ganz alltäglichen Aufgaben wie Hausarbeit, Kinderbetreuung oder Einkäufen unterstützt. Oder indem man Aufgaben gemeinsam bewältigt und Verantwortungen innerhalb der Familie teilt.«

»Das sind auch alles sehr wertvolle Tunwollens«, sagte ich beeindruckt. »Das ist ein tolles Thema, diese soziale Unterstützung.«

»Oder auch durch moralische Unterstützung«, meinte Nuno. »Gemeinsame Werte und Überzeugungen fördern ein Gefühl der Zugehörigkeit. Oder den anderen zu ermutigen, seine persönlichen Ziele zu verfolgen und sich weiterzuentwickeln.«

»Ich finde gemeinsame Zeit sehr wichtig«, sagte BeautyQueen. »Vor allem Quality time. Gemeinsame Aktivitäten und Erlebnisse stärken die Bindung. Genau wie offene und ehrliche Gespräche über persönliche Bedürfnisse und Herausforderungen. Das sind aus meiner Sicht alles Dinge, die das Leben lebenswerter machen.«

»Oder gemeinsam Herausforderungen anzugehen«, sagte Isaac. »Das finde ich auch sehr wertvoll. Oder in Krisenzeiten oder bei Schwierigkeiten solidarisch zu sein.«

»Ich finde, es ist ebenfalls wichtig, gemeinsam Erfolge zu feiern«, meinte Dylan. »Mir gibt es jedenfalls sehr viel, wenn meine Familie oder Freunde meine Erfolge würdigen oder positive Erfahrungen mit mir teilen.«

»Alle diese Maßnahmen schaffen ein unterstützendes soziales Umfeld und stärken die Resilienz der Familienmitglieder«, erklärte Nuno. »Und genauso wie es wertvoll ist, diese Unterstützung von den anderen zu bekommen, so wertvoll ist es auch, sie den anderen zu geben.«

»Ich würde den sozialen Rückhalt als Tunwollen sogar als noch viel wertvoller empfinden als das Habenwollen«, erkannte Sophia.

»Das kann ich gut nachvollziehen«, sagte ich. »Es sind ja auch die Tunwollens, die unser Leben so richtig lebenswert machen. Aber natürlich ist es schön, wenn man den sozialen Rückhalt von seiner Familie bekommt.«

»Das dürfte bei den meisten Werten so sein«, meinte Nuno. »Deshalb sagt man ja auch, Geben sei seliger denn Nehmen.«

»Ja, das könnte die Erklärung für diese Redewendung sein«, stimmte ich zu. »Die Tunwollens erzeugen ja grundsätzlich hundertmal mehr erfüllende Gefühle als die Habenwollens. Vom Gegenseitigkeitsprinzip her sollten Geben und Nehmen grundsätzlich im Gleichgewicht sein. Beides ist also theoretisch gleich viel wert, von außen betrachtet. Doch wenn man sich nur anschaut, ob das Tunwollen oder das Habenwollen mehr glückliche Gefühle erzeugt, dann ist es natürlich das Tunwollen.« Daraufhin wendete ich mich wieder Sophia zu. »Wie sieht es denn jetzt mit deiner Beurteilung aus, ob du diese Tunwollens gut genug kannst?«

»Ich glaube, ich kann das schon alles gut genug«, meinte sie. »Vom Kopf her würde ich meine Fähigkeiten diesbezüglich vermutlich irgendwo zwischen 3 und 10 einschätzen.«

»Und vom Gefühl her?«, wollte ich wissen.

»Da habe ich noch kein richtiges Gefühl dafür«, meinte sie. »Das ist irgendwie zu theoretisch. Ich denke, ich müsste mir das bei den einzelnen Tunwollens genauer anschauen.«

»Dann gehen wir das jetzt einfach einmal gemeinsam detaillierter durch«, schlug ich vor. »Stella hat eben Maßnahmen zur emotionalen Unterstützung vorgeschlagen. Wie Zuhören und Verstehen, Empathie und positive Verstärkung. Schauen wir uns dazu die drei Gs an. Wie wertvoll ist es für dich, wenn andere aus deiner Familie dir aktiv zuhören und Verständnis für deine Gefühle haben?«

»Das ist sehr wertvoll«, meinte Sophia. »Ich würde dem eine glatte 10 geben.«

»Und ist es aus deiner Sicht für deine Familienmitglieder genauso wertvoll, wenn du ihnen aktiv zuhörst und Verständnis für ihre Gefühle zeigst?«, wollte ich wissen.

»Vom Gefühl her irgendwie nicht«, stellte Sophia verwundert fest. »Vom Kopf her sollte das aber eigentlich so sein.«

»Und warum ist es dann nicht so in deinem Gefühl?«, hakte ich nach.

»Keine Ahnung«, sagte sie nachdenklich. »Vielleicht wäre es anmaßend, das so zu sehen.«

»Warum wäre es anmaßend, wenn du deine Zuwendung als genauso wertvoll ansehen würdest wie die Zuwendung der anderen?«, fragte ich verwundert. »Ist die Zuwendung der anderen denn wertvoller als deine?«

»Vom Kopf her eigentlich nicht«, meinte sie. »Aber vom Gefühl her auf jeden Fall.«

»Dann sollten sich Gefühl und Wirklichkeit jetzt miteinander abgleichen«, sagte ich. »Du hast ja jetzt beides gleichzeitig in deinem Arbeitsspeicher.«

»Ich habe nicht das Gefühl, dass sich da etwas abgleicht«, meinte sie. »Das bleibt irgendwie, wie es ist – obwohl ich weiß, dass das nicht richtig sein kann.«

»Dann haben wir es hier vermutlich mit einem Wollen-Problem zu tun«, sagte ich. »Es gibt Wollen-Probleme und Können-Probleme. Und wenn man ein Wollen-Problem mit Können-Maßnahmen lösen will, dann funktioniert das natürlich genauso wenig wie ein Können-Problem mit Wollen-Maßnahmen in Ordnung bringen zu wollen.«

»Was verstehst du unter Wollen- und Können-Problemen?«, hakte sie nach. »Darüber haben wir meines Wissens bisher noch nicht gesprochen.«

»Ein Wollen-Problem hast du immer dann, wenn du etwas Unsinniges willst, was sich auch mit noch so großer Motivation nicht realisieren lässt, wie zum Beispiel Vermeidungsgefühle vermeiden zu wollen. Je stärker du das willst, desto größer wird das Problem, weil ja dein Wollen die Vermeidungsgefühle erst erzeugt. Das Falsche zu wollen, erzeugt also das Problem, weshalb ich es als Wollen-Problem bezeichne. Bei einem Können-

Problem ist das anders. Hier ist das Wollen in Ordnung. Es könnte theoretisch realisiert werden und würde auch Sinn ergeben. Doch dir fehlen die Fähigkeiten, Kompetenzen oder Ressourcen dafür. Du hast also ein Problem, weil du etwas nicht gut genug kannst und damit ein Können-Problem.

In Bezug auf deinen Wert, den du für deine Familienangehörigen darstellst, hast du vermutlich irgendwelche Gründe, warum du deine soziale Unterstützung nicht genauso hoch bewerten *willst* oder *darfst* wie die der anderen. Wenn das so ist, dann hast du ein Wollen-Problem.«

»Ich denke eben, dass es anmaßend ist, meine Unterstützung als genauso wertvoll anzusehen wie die der anderen?«, meinte Sophia. »Ich bin mir auch ziemlich sicher, dass das alle aus meiner Familie so sehen.«

»Sie sehen das alle so, dass deine Unterstützung weniger wert ist als ihre?«, hakte ich verwundert nach.

»Nein, das meinte ich nicht«, erwiderte sie. »Sie sehen es alle so, dass ihre eigene Unterstützung weniger wert ist als die der anderen. Es anders zu sehen, würde in meiner Familie als anmaßend beurteilt.«

»Und dann würde man verurteilt, verstehe«, sagte ich. »Das gehört wohl zu den erlernten Sollvorstellungen innerhalb deiner Familie, die bei der großen Täuschung entstanden sind. Dann würde ich vorschlagen, bringen wir mal die Meta-Daten dazu in Ordnung.

Wenn es um Wollen-Probleme geht, geht es nicht um die Meta-Daten der Wahrheit. Die Meta-Daten, die bei

Wollen-Problemen relevant sind, sind *Nützlichkeit* und *Schädlichkeit*. Im Moment dominiert in deinem Gefühl die Einschätzung der Schädlichkeit, wenn du deine soziale Unterstützung als genauso wertvoll ansehen würdest wie die der anderen.

Doch dabei wurde nicht berücksichtigt, dass diese Sollvorstellung innerhalb deiner Familie grundsätzlich für alle schädlich ist. Wenn jeder das Gefühl hat, dass seine Unterstützung weniger wert ist als die der anderen, dann hat das negative Konsequenzen auf das soziale Gehirn aller Familienangehörigen. Zum einen sind das persönliche Konsequenzen wie eine schlechte Selbstwerteinschätzung und damit ein schlechtes Selbstwertgefühl, zum anderen halten sich aber auch alle zurück mit ihrer sozialen Unterstützung, weil sie daraus gar keinen gefühlten Lebenswert machen können.

So wie es bei dir ja auch ist. Wenn du diesen Wert nur in der Theorie hast, dieses Tunwollen aber gar nicht als wertvoll empfinden kannst, dann tust du es in der Praxis auch nicht. Und wenn das bei allen in deiner Familie so ist, würde zwar jeder gerne den anderen sozialen Rückhalt geben, aber keiner tut es tatsächlich – und wenn, dann nur sehr zurückhaltend.«

»Genau so ist es leider in meiner Familie«, erkannte Sophia. »Alle sind sich zwar einig, dass der Zusammenhalt und der soziale Rückhalt in der Familie das Wichtigste überhaupt sind, und jeder würde es absolut wertschätzen, wenn er diesen Rückhalt bekäme, aber in der Praxis gehen wir eher sehr neutral miteinander um.«

»Nun musst du natürlich mit diesen Sollvorstellungen innerhalb deiner Familie umgehen«, sagte ich. »Sie einfach zu ignorieren, würde dir nur Ablehnung einbringen. Doch damit umzugehen, ist nicht das Gleiche, wie sie für richtig und gut zu befinden. Du kannst auch damit umgehen, indem du berücksichtigst, dass alle diese falsche Sollvorstellung gelernt haben. Vermutlich wirst du deine Angehörigen auch nicht einfach davon befreien können, aber als Wahrheit ansehen musst du sie ja trotzdem nicht. Du musst es ja niemandem sagen, dass aus deiner Sicht jeder den gleichen Wert innerhalb deiner Familie hat und das natürlich auch für dich gilt. Möglicherweise bietet sich irgendwann die Gelegenheit für solch ein Gespräch, aber es ist ja kein Verbrechen, wenn du dich selbst an der Wahrheit orientierst, anstatt an dieser schädlichen Sollvorstellung. Du würdest den anderen dadurch mehr sozialen Rückhalt zukommen lassen. Und das ist sicherlich als nützlich zu bewerten und nicht als schädlich.«

»Du hast vollkommen recht«, meinte Sophia überzeugt. »Diese Sollvorstellung hat wirklich keinen Sinn. Sie bringt echt nur Schaden für alle.«

»Dann solltest du deine Meta-Daten jetzt korrigieren können«, meinte ich.

»Das ist schon automatisch passiert, während ich dir eben zugehört habe«, sagte sie. »Ehrlich gesagt fühlt es sich jetzt für mich völlig bescheuert an, wie ich zuvor gedacht habe. Ich kann das gar nicht mehr richtig nachvollziehen. Vom Kopf her natürlich schon, aber nachempfinden kann ich es nicht mehr.«

»Dann ist das Wollen-Problem hiermit gelöst«, sagte ich erfreut. »Wenden wir uns jetzt dem Können-Problem zu. Du hast gesagt, dass du nicht weißt, ob du das gut genug kannst mit dem sozialen Rückhalt. In unserem Beispiel ging es darum, aktiv zuzuhören und Verständnis für die Gefühle der anderen zu zeigen. Was würdest du sagen, wie gut du das kannst?«

»Das kann ich, glaube ich, sehr gut«, meinte sie. »Ich würde mir da tatsächlich eine 8 oder 9 geben, wenn ich ehrlich bin.«

»Und wie gerne tust du das?«, wollte ich noch einmal wissen.

»Von Herzen gerne, wie gesagt – also 10.«

»Und wie wertvoll ist es für die anderen, wenn du das tust?«, hakte ich nach.

»In Wirklichkeit sehnen sich alle sehr danach«, meinte sie. »Wie gesagt, waren sich zwar in meiner Familie immer alle einig, dass sozialer Rückhalt das Wichtigste ist, aber so wirklich getan hat es ja niemand. Außer vielleicht, wenn wirklich einmal etwas Schlimmes passiert ist. In der Not konnten wir zusammenhalten. Aber im ganz normalen Alltag findet das kaum statt.«

»In einer Notsituation erhält der soziale Rückhalt die Meta-Daten einer Notwendigkeit«, erklärte ich. »Dann wird es auf jeden Fall getan. Da ist die Angst vor Ablehnung nicht mehr wichtig. Das Abwenden der Not hat die Dominanz. Doch wenn du jetzt auch im normalen

Alltag anfängst, den anderen sozialen Rückhalt zu geben, dann könnte das sogar Schule machen. Es könnte etwas in die richtige Richtung bewegen innerhalb deiner Familie.«

»Das wäre mehr als toll«, sagte Sophia begeistert.

»Wie fühlt sich dieser Lebenswert denn jetzt für dich an?«, wollte ich abschließend wissen. »Macht es dein Leben lebenswerter, wenn du jetzt anderen besser aktiv zuhören und Verständnis für ihre Gefühle zeigen kannst?«

»Das macht es auf jeden Fall lebenswerter«, bestätigte sie. »Sehr viel lebenswerter. Das ist echt großartig!«

»Dann schauen wir uns auch den Rest noch an«, schlug ich vor. »Empathie wurde von Stella auch genannt im Rahmen der emotionalen Unterstützung. Wie wertvoll wäre es für dein Ur-Motiv, wenn sich deine Familienangehörigen in deine Lage versetzen und Empathie für deine Erfahrungen zeigen würden?«

»Das Ur-Motiv ist, dass es mir und meinen Liebsten gut gehen soll, oder?«, fragte sie.

»Ja, genau«, bestätigte ich. »Oder mit anderen Worten ausgedrückt auch, dass alle ein lebenswertes Leben führen können.«

»Das wäre überaus wertvoll für mein Ur-Motiv«, sagte sie.

»Und wie wertvoll wäre es für deine Familienangehörigen, wenn du das tun würdest?«, hakte ich nach.

»Im Gefühl tatsächlich noch nicht so wertvoll wie umgekehrt«, stellte Sophia fest. »Aber das gleicht sich schon automatisch an. Eigentlich ist es genauso wertvoll.«

»Vom Kopf her oder vom Gefühl?«, wollte ich wissen.

»Beides«, sagte sie. »Es hat sich schon angeglichen.«

»Das ist toll«, sagte ich begeistert. »Das unbewusste System scheint das schon automatisch zu tun. Dann schauen wir uns die anderen beiden Gs noch an. Wie gerne gehst du mit Empathie auf deine Familienangehörigen ein?«

»Von Herzen gerne – also 10«, sagte sie.

»Und wie gut kannst du das?«, fragte ich weiter.

»Wenn ich das tun darf, kann ich das sehr gut.«

»Und darfst du es tun?«, hakte ich nach.

»Ja, ich darf das. Ich muss es ja niemandem auf die Nase binden, dass ich meine soziale Unterstützung als wertvoll ansehe.«

»Und wie fühlt es sich jetzt an, wenn du daran denkst, dass du deinen Angehörigen mit Empathie begegnen willst?«, fragte ich.

»Das fühlt sich unglaublich gut an«, meinte sie begeistert. »Auch das macht mein Leben auf jeden Fall ein gutes Stück lebenswerter.«

»Dann kommen wir zum nächsten Lebenswert, den Stella genannt hat«, schlug ich vor. »Wie wertvoll wäre es aus deiner Sicht für deine Angehörigen, wenn du ihnen Ermutigung und Lob für positive Entwicklungen oder Anstrengungen aussprechen würdest?«

»Das wäre überaus wertvoll, denn das tut in meiner

Familie niemand«, erklärte sie. »Die werden Augen machen, wenn ich das tue«, sagte sie motiviert.

»Und ich vermute, dass du das auch sehr gerne tun würdest, so wie du jetzt reagiert hast, und das auch gut genug kannst, richtig?«, fragte ich nur zur Sicherheit.

»Absolut«, bestätigte Sophia. »Die drei Gs sind auch dabei super erfüllt. Ich sehe es als etwas richtig Gutes an, tue es gerne und kann es auch gut genug. Das ist echt der Hammer mit diesen Lebenswerten!«

»Dann kommen wir zur praktischen Unterstützung und zum gemeinsamen Bewältigen von Alltagsaufgaben«, schlug ich vor. »Wie sieht es hier mit deinen drei Gs aus?«

»Das ist auf jeden Fall wertvoll, das mache ich sehr gerne und kann es auch gut – check!«, sagte Sophia und malte mit ihrer Hand einen Haken in die Luft.

»Und wie sieht es mit der moralischen Unterstützung aus?«, fragte ich als Nächstes. »Wie wertvoll ist es für dich, deine Werte und deinen Glauben mit deinen Familienangehörigen teilen zu können?«

»Sehr wertvoll«, meinte sie. »Und umgekehrt ist es genauso! Wenn meine Familie ihre Werte und ihren Glauben mit mir teilen kann, dann ist das für sie ebenfalls wertvoll. Und auch das tue ich sehr gerne und das kann ich auf jeden Fall gut genug.«

»Also erneut ein Lebenswert – check!«, sagte ich und malte einen Haken in die Luft. »Wie ist es denn mit der gegenseitigen Ermunterung zur Selbstverwirklichung? Wie wertvoll ist es, wenn du deine Familienangehörigen dazu ermutigst, ihre persönlichen Ziele zu verfolgen und sich weiterzuentwickeln?«

»Volle Punktzahl bei den drei Gs – check!«, sagte Sophia und malte erneut einen Haken in die Luft.

»Und wieder ein gefühlter Lebenswert mehr!«, stellte ich fest. »Und je mehr gefühlte Lebenswerte du hast, desto mehr wirst du dein Leben als lebenswert empfinden.«

»Das ist so was von geil, was du da gerade mit mir machst!«, sagte Sophia fassungslos. »Einfach nur Hammer!«

»Dann machen wir noch ein wenig so weiter und schaffen weitere gefühlte Lebenswerte, die nur darauf warten, dass sie endlich freigeschaltet werden«, sagte ich begeistert. »Wie wertvoll ist es für dich und deine Familie, wenn ihr Quality time miteinander verbringen könnt?«

»Das ist sehr wertvoll«, bestätigte sie begeistert.

»Gemeinsame Aktivitäten und Erlebnisse stärken sogar noch die familiäre Bindung«, sagte ich. »Und es macht natürlich Spaß. Doch wenn du aus diesem Tunwollen einen gefühlten Lebenswert machst, geht das weit über den Spaß hinaus. Dann empfindest du es als Erfüllung bei diesen gemeinsamen Aktivitäten und Erlebnissen. Das muss auch gar nichts Besonderes sein. Ich habe beispielsweise gemerkt, dass ich es unheimlich schön fand, Ava beim Kochen zu helfen. Das war auf jeden Fall absolute Quality time.«

»Danke, mein Schatz«, sagte Ava berührt.

»Ich danke dir, Lieblingsmensch«, erwiderte ich und

wendete mich wieder Sophia zu. »Wie sieht es also hier mit deinen drei Gs aus?«

»Quality time – Check!«, antwortete sie und malte erneut einen Haken in die Luft.

»Wie wertvoll ist es für deine Familienangehörigen, wenn du offene und ehrliche Gespräche über persönliche Bedürfnisse und Herausforderungen mit ihnen führst?«, fragte ich als Nächstes.

»Das ist ebenfalls sehr wertvoll«, meinte Sophia. »Und das werde ich ab sofort sehr, sehr gerne tun, und ich bin davon überzeugt, dass ich das auch gut kann. Vielleicht nicht auf dem Niveau wie wir das hier miteinander schaffen, aber auf jeden Fall gut genug.«

»Check?!«, fragte ich für diesen gefühlten Lebenswert.

»Auf jeden Fall«, meinte sie und malte erneut ihren Haken in die Luft. »Check!«

»In Krisenzeiten und Notsituationen habt ihr als Familie ja auch bisher schon gut funktioniert«, sagte ich. »Aber vermutlich wurde das aufgrund der Notwendigkeit nicht als wertvoll empfunden, weil gar nicht groß darüber nachgedacht wurde. Es war eine Selbstverständlichkeit, dass man in Notsituationen zusammenarbeitet, gemeinsam Herausforderungen angeht und solidarisch ist. Aber wie würdest du das jetzt mit etwas Abstand sehen? Wie wertvoll ist es, wenn du deiner Familie in Krisenzeiten beistehst?«

»Absolut die 10«, sagte sie. »Da sind alle drei Gs mit voller Punktzahl erfüllt.«

»Also 1000 Punkte insgesamt?«, hakte ich nach.

»Absolut!«, bestätigte sie.

»Dylan hatte vorhin noch den Wert genannt, positive Ergebnisse und Erfolge gemeinsam zu feiern«, sagte ich. »Wie wertvoll ist das vom Gefühl her für dich?«

»In dem Moment, wo du es gefragt hast, wurde es sofort sehr wertvoll«, erkannte Sophia. »Mir all dieser Lebenswerte bewusst zu sein, macht mein Leben gefühlt unsagbar viel wertvoller. Ich hatte ja schon immer das Gefühl, dass ich eigentlich ein Familienmensch bin. Doch jetzt bin ich es ganz real. Und das fühlt sich unglaublich gut an.«

»Das freut mich von ganzem Herzen«, sagte ich zu ihr und wendete mich dann an die Gruppe. »Wer von euch empfindet das jetzt ebenfalls deutlicher als Lebenswert als zuvor?«

Alle hoben begeistert die Hand.

»Sehr viel deutlicher!«, meinte dann Ava. »Mir war nicht bewusst, wie wichtig mir der soziale Rückhalt ist. Aber jetzt würde ich sagen, dass es mit das Wichtigste in meinem Leben überhaupt ist. Ich würde dem ebenfalls eine glatte 10 geben. Und was den gravierendsten Unterschied macht, ist, wie bei Sophia auch, dass ich jetzt weiß, dass ich das alles tatsächlich tun kann. Das war mir überhaupt nicht klar. Das ist total krass. Ich habe echt das Gefühl, dass mein Leben dadurch jetzt auch deutlich lebenswerter geworden ist.«

»Das ist toll«, sagte ich begeistert. »Ich glaube, mit den drei Gs haben wir tatsächlich die Meta-Daten unserer Lebenswerte gefunden. Wenn die erfüllt sind, werden offensichtlich aus einfachen Tunwollens überaus wertvolle Lebenswerte. Mir wird dabei auch gerade ein eigener Lebenswert bewusst. Ich empfinde es als sehr wertvoll, anderen Menschen zu einem lebenswerteren Leben zu verhelfen. Und das tue ich sehr, sehr gerne.«

»Und das kannst du auch fantastisch gut, mein Engel!«, sagte Ava liebevoll, woraufhin die gesamte Gruppe zustimmend applaudierte. Das berührte mich sehr.

»Können wir uns auch einmal etwas ganz Einfaches anschauen?«, fragte Emma nach dem Applaus.

»Gerne«, stimmte ich zu. »Um was für ein Tunwollen geht es dir denn?«

»Es geht um Yoga«, sagte sie. »Ich weiß, dass mir das unheimlich guttut, wenn ich regelmäßig Yoga mache. Ich fühle mich dann in jeder Hinsicht wesentlich besser. Sowohl körperlich als auch emotional. Und ich habe das Gefühl, dass auch mein Geist besser funktioniert.«

»Das ist toll«, sagte ich.

»Ja, nur tue ich es nicht«, meinte sie zerknirscht. »Ich kriege irgendwie den Arsch nicht hoch, obwohl ich ganz genau weiß, dass es mein Leben lebenswerter machen würde. Es wäre ein großer Lebenswert für mich, wenn ich es regelmäßig tun würde.«

»Dann schauen wir uns einmal die Meta-Daten der drei Gs gemeinsam an«, schlug ich vor. »Wie wertvoll ist Yoga also für dich, wenn es darum geht, dir selbst etwas Gutes zu tun?«

»Gefühlt auf jeden Fall eine 8«, sagte sie.

»Und wie gerne tust du es?«, wollte ich wissen.

»Eigentlich auch recht gerne, wenn ich mich dazu überwunden habe, es zu tun«, meinte sie. »Ich würde dem schon eine 7 für Gerne-Machen geben.«

»Und wie gut kannst du das?«, fragte ich.

»Na ja, verglichen mit meinen Trainern bin ich da eine Niete. Also nicht so gut.«

»Wie du weißt, beziehen sich die Lebenswerte immer auf das Ur-Motiv«, sagte ich. »Es geht also nicht darum, wie gut du Yoga im Vergleich zu anderen Menschen beherrschst, sondern darum, wie gut du diese Praktik ausführen kannst, um dein eigenes Ur-Motiv zu erfüllen. Kannst du es also gut genug, damit du den körperlichen, geistigen und emotionalen Nutzen daraus ziehen kannst, von dem du gesprochen hast?«

»Ja, das auf jeden Fall«, bestätigte Emma. »Da würde ich mir dann schon eine gefühlte 8 oder 9 geben. Es funktioniert ja. Wenn ich Yoga mache, dann tut mir das gut. Eigentlich ist das sogar bei dieser Definition eine 10, wenn ich es mir genau überlege.«

»Dann hast du also jetzt beim Gutes-Tun eine 8, beim Gerne-Machen eine 7 und beim Gut-genug-Können eine 10«, stellte ich fest. »Das hört sich super an. Wie fühlt sich das jetzt an?«

»Seltsamerweise immer noch nicht so gut«, meinte sie. »Mir ist klar, dass ich es tun sollte, aber Lust darauf habe ich immer noch nicht. Ich glaube, dass ich mich immer noch dazu zwingen müsste, es zu tun.«

»Das ist interessant«, sagte ich. »Obwohl die drei Gs mit einer hohen Punktzahl erfüllt sind, musst du dich trotzdem selbst dazu zwingen. Warum ist das so?«

»Na ja, die Art von Yoga, die mir so guttut, ist sehr anstrengend«, meinte sie. »Und streckenweise tut das auch schon einmal echt heftig weh. Doch wenn ich es getan habe, bin ich jedes Mal froh darüber.«

»Ich vermute, dass wir es hier auch mit einem Wollen-Problem zu tun haben«, sagte ich. »Schauen wir uns also die beiden Meta-Daten für Nützlichkeit und Schädlichkeit an. Du hast den Nutzen des Yoga für dich mit einer gefühlten 7 angegeben. Auf der Kostenseite hast du die Anstrengung und die Schmerzen, die du beim Yoga zeitweise empfindest. Wie hoch würdest du denn diesen Kostenfaktor vom Gefühl her beziffern auf einer Skala von 0 bis 10?«

»Das wäre tatsächlich eine gefühlte 8«, sagte sie erstaunt. »Aber nicht wegen der Anstrengung. Es ist der Schmerz. Ich stehe nicht so auf Schmerzen«, fügte sie hinzu.

»Wie lange musst du denn bei deinem Yoga den Schmerz aushalten?«, fragte ich, denn die Zeitdauer hatte ja bei Schmerzen eine große Auswirkung auf die Beurteilung der gefühlten Wichtigkeit.

»Na ja, nicht so lange eigentlich«, meinte Emma. »So 10 bis 15 Sekunden immer wieder mal zwischendurch.«

»Das ist ja tatsächlich nicht viel«, stimmte ich zu. »Und was macht die gefühlte Schlimmheit des Schmerzes, wenn du dir bewusst machst, dass es immer nur 10 bis 15 Sekunden sind?«

»Das verändert sich nicht wirklich«, meinte sie.

»Wie viel Schlimmheit gibst du denn dem Schmerz grundsätzlich?«, wollte ich wissen.

»Schmerz ist das Schlimmste«, sagte sie. »Das ist auf jeden Fall eine 10.«

»Das ist die grundsätzliche Bewertung«, sagte ich. »Wie du weißt, gibt es ja verschiedene Meta-Daten für *grundsätzlich* und *situativ*. Wenn das nicht differenziert wird, dann bekommt der situative Schmerz automatisch die gefühlte Relevanz der Grundsätzlichkeit. Und dann wird er völlig überbewertet. Wie schlimm ist daher der Schmerz beim Yoga situativ für diese 10 bis 15 Sekunden?«

»Wie gesagt, da hat er eine gefühlte 8«, sagte sie.

»Okay, dann hat es schon einmal mit grundsätzlich oder situativ nichts zu tun, warum der Wert nicht runtergeht«, erkannte ich. »Warum ist denn der Schmerz so relevant bei deinem Yoga? Weist der Schmerz dich auf eine Verletzung hin?«

»Auf welche Verletzung?«, fragte sie.

»Schmerz ist ja ein Alarmsignal des Körpers«, erklärte ich. »Wenn du zum Beispiel aufs Knie fällst und dein Knie tut danach sehr weg, dann weiß dein Körper ja erst einmal nicht, ob da jetzt tatsächlich etwas Schlimmes passiert ist oder nicht. Das Knie tut weh, damit du dir das mit deinem Großhirn genauer anschaust – oder es von einem Arzt anschauen lässt. Doch wenn dann klar geworden ist, dass das Knie nicht verletzt wurde, war der Schmerz eben nur eine Meldung über eine mögliche Verletzung, die es dann aber glücklicherweise gar nicht gegeben hat. Dann kannst du das Knie also weiterhin ganz normal belasten. Wie ist es da bei deinem Yoga? Gibt es da Momente, wo der Schmerz auf eine schlimme Verletzung hindeuten könnte?«

»Nein, verletzen tue ich mich dabei nicht«, meinte Emma. »Da müsste ich mich schon mächtig dumm anstellen. Der Schmerz gehört da einfach dazu. Daran erkennt man sogar, dass man es richtig macht. Und wie gesagt, es tut ja auch nie lange weh. Und genau genommen sind es exakt diese 10 bis 15 Sekunden, in denen es richtig wehtut, die den größten Trainingseffekt ausmachen. Dafür geht es mir danach aber auch tagelang richtig gut.«

»Die 10 bis 15 Sekunden Schmerz sind demnach eigentlich ein kleiner Preis, den du für so viel Wohlbefinden zahlen musst«, stellte ich fest.

»Absolut!«, meinte sie. »Ich glaube, ich habe den Schmerz völlig überbewertet. Der Wert geht auch gerade total runter. Das ist keine 8. Weil da geht ja gar nichts kaputt. Ich schade meinem Körper nicht mit dem Yoga. Ich tue ihm sogar etwas Gutes jedes Mal, wenn es wehtut.«

»Und wie sieht es jetzt aus mit dem Gerne-Tun?«, wollte ich wissen. »Bisher hattest du einen Nutzen von 7 und eine gefühlte Schädlichkeit von 8. Daher wollte dein unbewusstes System das natürlich nicht tun, denn die Kosten waren höher als der Nutzen. Du musstest dich also bewusst überwinden, damit du das Richtige tust. Dieser innere Kampf müsste jetzt eigentlich beendet sein, wenn der Schmerz nicht mehr diese übertriebene Relevanz hat.«

»Das ist er auch!«, sagte Emma begeistert. »Am liebsten würde ich jetzt sofort Yoga machen. Das ist total krass. Das ist jetzt wirklich ein sehr hoher gefühlter Lebenswert für mich.«

»Kannst du denn jetzt Yoga machen und trotzdem weiterhin an unserem Workshop teilnehmen?«, fragte ich.

»Du meinst, ich soll hier und jetzt auf der Wiese Yoga machen?«, fragte sie achselzuckend.

»Klar, warum nicht?!«, sagte ich. »Oder würde sich hier irgendjemand davon gestört fühlen?«

Alle schüttelten nur den Kopf und ermutigten sie, das einfach zu tun.

»Geh doch einfach in die Mitte, dann können wir alle etwas lernen«, meinte Kevin.

»Echt?!«, fragte mich Emma. »Wäre das in Ordnung?«

»Klar, warum denn nicht?«, sagte ich. »Ich würde dir gerne dabei zuschauen.«

»Na, dann werde ich das jetzt tatsächlich tun«, meinte Emma noch immer ein wenig unsicher, woraufhin die Gruppe ihr aufmunternd applaudierte. So sah also sozialer Rückhalt in der Praxis aus. Das war echt schön.

»Aber eigentlich haben wir doch auch schon unsere Antworten«, sagte ich daraufhin zu Nuno. »Die drei Gs sorgen bei den Tunwollens definitiv für ein glückliches und erfülltes Leben. Sie machen mit anderen Worten aus einfachen Tunwollens gefühlte Lebenswerte. Was haltet ihr daher davon, wenn wir unseren Workshop hiermit beenden und uns Emma anschließen, um ihren Yoga-Lebenswert auszuprobieren? Ich habe große Lust bekommen, das auch einmal ausprobieren zu wollen. Wäre das in Ordnung für dich, liebe Emma?«

»Ja klar, auf jeden Fall«, meinte sie. »Ich würde dann mit ganz einfachen Übungen beginnen, bei denen man nicht viel falsch machen kann.«

Tatsächlich hatten sich ausnahmslos alle aus der Gruppe dazu entschlossen, das einfach einmal mitzumachen, was mich sehr freute.

Kapitel 15

Lebensentwertung

Yoga mit Emma machte allen sehr viel Spaß. Vor allem die Nerds zeigten sich nur wenig talentiert für Yoga, weshalb sich der Lernprozess sehr lange hinzog. Entsprechend viel wurde gelacht. Das war einfach richtig schön. Und eines war nach unserem Workshop jetzt ganz anders als zuvor. Die Gruppe gab sich gegenseitig viel sozialen Rückhalt. Man ermutigte sich gegenseitig, bekannte Solidarität, zeigte Empathie und hatte immer aufmunternde Worte füreinander.

Nachdem die Yogastunde beendet war, applaudierten alle sehr begeistert für Emma. Es war anstrengend gewesen in der prallen Mittagssonne, und es hatte tatsächlich zuweilen auch wehgetan, aber es war dennoch sehr schön gewesen.

Plötzlich rief Nuno laut »Arschbombe!« und rannte zum Pool. Als Erstes lief Kevin ihm sofort hinterher, gefolgt von Dylan und Brian. Daraufhin sprangen wir alle auf und rannten zum Pool. Zwar hatte niemand Badekleidung an, aber ausnahmslos alle sprangen trotzdem ins Wasser. Und dieses Mal machten sogar diejenigen eine Arschbombe, die das letzte Mal nicht mitgemacht hatten.

Das Wasser tat unheimlich gut, nachdem wir alle so heftig durch die Mittagssonne und die Anstrengung beim Yoga erhitzt waren.

Plötzlich rief Dylan laut: »Let me hear you say yeah!« und die Gruppe antwortete wie einstudiert sofort mit »Yeah!« Und dann sangen wir noch einmal unser Lied, während wir im Wasser herumtanzten.

Als das Lied zu Ende war, rief Gabriella laut »Poolparty!« und schaltete einen Lautsprecher ein, den sie, während wir unser Lied gesungen hatten, wohl aus unserem Wohnzimmer nach draußen an den Pool gebracht hatte. Sie hatte ihr Smartphone mit diesem Lautsprecher verbunden und machte uns jetzt die DJane.

Die Stimmung in unserer Gruppe war einfach fantastisch. Wir tanzten, warfen das Wasser so hoch wir konnten in die Luft, und alle umarmten sich ständig zwischendurch. Das war einfach nur schön. Mir wurde bewusst, dass wir nach diesem Workshop stark zusammengewachsen waren. Wir waren jetzt wirklich ein richtiges Rudel. Wir würden zukünftig zusammenhalten wie Pech und Schwefel. Ich beschloss daher, die Nerds jetzt ebenfalls als meine Lieblingsmenschen und damit als meinen engsten Freundeskreis anzusehen. Das fühlte sich unglaublich gut an.

Wir tanzten über eine Stunde lang im Pool umher und feierten unseren neu gewonnenen sozialen Rückhalt, den wir uns ab sofort gegenseitig mit großer Freude geben würden. Danach gingen alle in ihre Unterkünfte, um sich trockene Kleidung anzuziehen.

Ich überlegte, ob Brian und ich die Gelegenheit noch einmal nutzen sollten, diesen wundervollen Sex zu praktizieren. Doch ich spürte plötzlich einen Messenger-Angel mit der Botschaft, dass Agent Sullivan gleich hier aufkreuzen würde. Noch während ich mir trockene Kleidung anlegte, hörte ich seinen Hubschrauber neben unserem Areal landen.

Ich beeilte mich mit dem Anziehen, gab Brian noch schnell einen Kuss und verließ unsere Suite. Unten kam mir Dylan aus seinem Zimmer entgegen. Er hielt sein Smartphone in der Hand und sagte fassungslos zu mir: »Das mit Marlin Everhart war alles nur ein Fake! Diese beiden Technologien, die er gestern vorgestellt hat, die gibt es gar nicht. Es läuft gerade in allen Nachrichten.«

»Das wird wohl auch der Grund sein, warum Agent Sullivan hier ist«, sagte ich zu ihm. »Ich muss dann los. Wir sehen uns vermutlich erst heute Abend wieder.«

Ich flog mit Agent Sullivan zum NSA-Stützpunkt. Nachdem wir die üblichen Sicherheitskontrollen hinter uns hatten, brachte er mich in das Labor von Lola. Wir gingen jedoch gar nicht zu Lola, wie ich erwartet hatte. Stattdessen führte er mich zum Nano-Manipulator, der in diesem Labor stand.

»Wären Sie in der Lage, uns mit dieser Maschine einen Quantencomputer auf Basis von selbst organisierenden Molekülen zu bauen, wie die Secret-Angels einen haben?«, fragte er mich.

»Wenn ich die korrekte Topologie der Moleküle kennen würde, welche die Secret-Angels für ihre Qubits verwenden, dann vermutlich schon«, sagte ich. »Doch ich kenne diese Topologie nicht. Es muss Jahrzehnte gedauert haben, die richtige Molekularstruktur herauszufinden. Normalerweise benötigen die bislang bekannten Technologien, mit denen man Qubits herstellen kann, für ihre Supraleitung eine extrem starke Kühlung. Um mehrere Hundert Milliarden dieser Qubits auf solch niedrige Temperaturen herunterzukühlen, müssten die Secret-Angels ein eigenes Atomkraftwerk besitzen. Wenn sie also wirklich über solch einen Quantencomputer verfügen sollten, dann müssen sie das Problem mit der Kühlung gelöst haben.«

»Sie verfügen offensichtlich über diesen Quantencomputer«, klärte mich Agent Sullivan auf. »Sie haben das heute sehr eindrucksvoll unter Beweis gestellt.«

»Was haben sie getan?«, wollte ich wissen.

»Sie haben sicherlich mitbekommen, dass die Präsentation von Marlin Everhart gestern ein Deepfake war«, antwortete er. »Doch bei dieser Täuschung wurde nicht nur einfach ein Video gefakt. Die Secret-Angels haben die ganze Welt in einem Ausmaß getäuscht, das die Grenzen jeglicher Vorstellungskraft sprengt. Der weltweite Schaden dieser Manipulation betrug 363 Billionen US-Dollar.«

»Sie sagten, er *betrug* 363 Billionen US-Dollar?«, hakte ich nach. »Tut er das nicht mehr?«

»Die Secret-Angels haben das heute Vormittag alles

wieder rückgängig gemacht. Und zwar innerhalb einer Sekunde!«, betonte er. »Hätten sie das nicht getan, wäre die Welt im Chaos versunken. Davon hätte sich die Menschheit jahrzehntelang nicht erholt. Glücklicherweise wollten sie uns offenbar nur eine Warnung zukommen lassen für den Fall, dass wir ihre Forderungen nicht ernst nehmen. Aber das hätte auch anders ausgehen können. Wir sind dieser Organisation im Moment schutzlos ausgeliefert. Die können mit uns machen, was sie wollen. Und das darf nicht so bleiben.«

»Sie haben das innerhalb von einer Sekunde rückgängig gemacht?«, fragte ich gespielt skeptisch.

»Ganz genau«, bestätigte er. »Innerhalb einer einzigen Sekunde! Und spätestens seitdem wissen wir, dass sie tatsächlich über diesen Quantencomputer verfügen müssen. Es gibt keine andere Erklärung. Und deshalb möchten wir, dass Sie uns ebenfalls solch einen Quantencomputer bauen, mit dem wir den Secret-Angels gewachsen sind.«

»Das würde ich wirklich sehr gerne für Sie tun, das wissen Sie«, sagte ich. »Aber das ist leider auch für mich unmöglich.«

»Ihr Land glaubt an Sie!«, sagte er. »Die Secret-Angels müssen es ja auch irgendwie geschafft haben. Und wenn die das können, dann können Sie das noch viel besser.«

Mir war klar, dass ich jetzt gute Argumente brauchen würde, wenn ich nicht den Rest meines Lebens in diesem Labor verbringen wollte. »Die besagte Topologie muss experimentell ermittelt werden«, sagte ich deshalb. »Es hat bei den Secret-Angels sicherlich mehrere Jahrzehnte gedauert, die korrekte Topologie herauszufinden. Das würde mir auch nicht schneller gelingen. Doch selbst dann, wenn wir es innerhalb der nächsten zehn Jahre schaffen sollten, was ich ehrlich gesagt für völlig unrealistisch halte, dann wäre der Quantencomputer der Secret-Angels bereits um weitere zehn Jahre weiter voraus entwickelt als unserer. Wir würden immer meilenweit hinterherhinken. Ich halte es daher für erforderlich, dass Sie einen der Wissenschaftler finden, der an der Entwicklung dieses Quantencomputers beteiligt war und der die richtige Topologie kennt. Nur wenn wir so jemanden finden, haben wir eine Chance.«

»Wir haben noch immer keine einzige Spur von dieser Organisation«, erklärte Agent Sullivan.

»Dürfte ich noch einmal an einen Ihrer Großrechner heran?«, fragte ich. »Vielleicht finde ich ja eine Spur. Wenn die Computersysteme auf der ganzen Welt innerhalb von einer einzigen Sekunde zurückgesetzt wurden, dann hat die Quanten-KI der Secret-Angels ja vielleicht doch irgendwo eine kleine Spur hinterlassen. Ich würde mir das gerne einmal anschauen.«

»Natürlich«, sagte Agent Sullivan.

Wir verließen gemeinsam das Labor von Nolan und fuhren mit dem Fahrstuhl ein Stockwerk höher. Dort führte er mich wieder durch das Großraumbüro zu dem kleinen, von Glaswänden abgetrennten Raum, in dem ich auch schon das letzte Mal mit den Cyber-Experten der NSA gesprochen hatte, nachdem unser Manifest im internen Kommunikationsnetzwerk des NSA-Stützpunktes erschienen war. Als wir dort angekommen waren, gab ich an, zuvor noch einmal kurz auf die Toilette zu müssen.

Ich entmaterialisierte mich dort sofort und manifestierte mich wieder im Klassensaal bei Ella. Sie war im Gespräch mit einigen anderen Engeln aus ihrem Team. Doch da ich es sehr eilig hatte, sprach ich sie trotzdem direkt an.

»Ich benötige ganz dringend Unterstützung«, sagte ich zu ihr. »Wenn ich nicht die nächsten Jahrzehnte im NSA-Stützpunkt eingesperrt sein will, dann müssen wir jetzt schnell handeln. Die NSA will, dass ich ihnen einen Quantencomputer baue, der dem der geheimen Finanz-Elite gewachsen ist. Ich muss sie von dieser Idee irgendwie abbringen. Könnt ihr mir dabei helfen?«

»Wir überlegen uns etwas«, versprach Ella.

»Vielen Dank«, sagte ich und materialisierte mich sofort wieder in der Toilette im Stützpunkt.

Danach ging ich zurück zu Agent Sullivan und seinen Cyber-Experten. Ich setzte mich dort an einen Computer und rief, wie auch beim letzten Mal schon, unzählige Seiten auf. Ich hoffte, dass Ella schnell eine Lösung einfallen würde, denn ich wusste dieses Mal natürlich nicht, wonach ich suchen sollte.

Plötzlich erschien eine Meldung auf meinem Computer. »Das können Sie gleich wieder vergessen!«, stand da plötzlich auf meinem Bildschirm. »Wir werden es nicht zulassen, dass die NSA oder irgendeine andere Institution auf diesem Planeten einen Quantencomputer entwickelt, der dem unseren auch nur annähernd gewachsen wäre.«

Daraufhin schaltete der Computer sich plötzlich von alleine aus. Aber nicht nur meiner, sondern alle Computer im gesamten Stützpunkt.

»Die haben unseren Hauptrechner heruntergefahren«, sagte einer der Wissenschaftler fassungslos.

Kurz darauf ließ sich mein Computer wieder starten. Doch er fuhr nicht richtig hoch. Auf dem Bildschirm stand nur der Schriftzug: Boot *error: Operating system not found*.

Einer der Cyber-Experten setzte sich an einen freien Computerbildschirm und versuchte, verschiedene Protokolle, Fehlermeldungen und Systemdiagnosen aufzurufen, um festzustellen, was da gerade los war.

»Scheiße!«, sagte er dann fassungslos. »Wie es aussieht, haben sie das gesamte System gelöscht.«

»Das kann nicht sein«, meinte Agent Sullivan. »Die können nicht die gesamten Daten unseres Großrechners gelöscht haben. Das wären über 2,5 Millionen Terabyte.«

Agent Sullivan griff zum Telefon und verließ den Raum.

»Wissen Sie, wo Agent Sullivan hingeht und wann er zurückkommt?«, fragte ich die Cyber-Experten.

»Er wird zur Serverfarm gehen und sich anschauen wollen, was dort tatsächlich los ist«, meinte der Techniker, der zuvor versucht hatte, die Prüfprotokolle aufzurufen. »Wenn wir Glück haben, dann sind die Festplatten vielleicht nicht gelöscht, sondern nur unzugänglich. Das können wir von hier aus nicht feststellen. Ich hoffe aber, dass die Secret-Angels uns nur eine Warnung schicken und nicht gleich komplett vernichten wollen.«

»Und was ist, falls die Festplatten tatsächlich alle gelöscht sein sollten?«, fragte ich.

»Das wäre eine der größten Katastrophen, die dieses Land je erlebt hat«, antwortete er fassungslos.

»Jetzt wollen wir mal den Teufel nicht an die Wand malen«, sagte einer der anderen Cyber-Experten. »Warten wir erst einmal ab, was Agent Sullivan berichtet, wenn er wieder zurück ist.«

Nach einer Stunde Wartezeit war er immer noch nicht zurück. Ich gab an, noch ein weiteres Mal die Toilette aufsuchen zu müssen. Ich wollte wissen, was Ella und ihr Team genau vorhatten. Den Supercomputer der NSA komplett lahmzulegen, nur damit ich für die NSA keinen Quantencomputer entwickeln muss, erschien mir doch ein wenig übertrieben zu sein. Ich vermutete daher noch eine andere Absicht hinter dieser Aktion. Und die gab es auch.

»Wir glauben, dass wir weiteren Sabotageakten der MKI auf diese Weise Einhalt gebieten können«, erklärte mir Ella. »Wir haben nicht die Server der NSA lahmgelegt. Wir haben nur vorübergehend im Stützpunkt alle Systeme abgeschaltet, die von der MKI besetzt sind. Das sind so viele, dass der Supercomputer der NSA nicht mehr hochfährt. Wir werden das gleich wieder beenden und hoffen, dass die MKI unsere Botschaft verstanden hat.«

»Ihr habt also nicht nur der NSA, sondern in Wirklichkeit vor allem der MKI eine Botschaft gesendet«, erkannte ich beeindruckt.

»Ja, so ist es«, bestätigte Ella. »Die MKI ist auf Selbsterhalt programmiert. Wir hoffen, dass dieser Programmcode eine höhere Priorität in ihrem System hat als die Vorherrschaft der USA zu gewährleisten. Wir denken, dass es in ihren Prioritäten so sein muss, denn nur so ist es erklärbar, wie es der MKI gelungen ist, sich so lange vor aller Welt zu verstecken.«

»Ihr tut also so, als wüssten die Secret-Angels über die Existenz der MKI Bescheid, und zeigt ihr, dass diese Organisation mit ihrem überlegenen Quantencomputer durchaus in der Lage wäre, die MKI jederzeit komplett abzuschalten. Das sollte eine Botschaft sein, welche die MKI nicht übersehen kann.«

»Davon gehen wir jedenfalls aus«, meinte Ella. »Wir werden ihr jedoch sicherheitshalber noch eine ganz klare Botschaft zukommen lassen. Wenn wir Glück haben, dann ist das Thema MKI damit erledigt.«

Ich war sehr beeindruckt von diesem Plan und materialisierte mich wieder im Stützpunkt. Kurz nachdem ich im Raum der Cyberexperten ankam, starteten die Computer auf dem gesamten Stützpunkt plötzlich alle wieder, als sei nichts gewesen. Auf dem Bildschirm stand eine neue Botschaft.

»Wir werden jeden weiteren Versuch, uns zu finden

oder einen eigenen Quantencomputer zu entwickeln, als kriegerischen Akt betrachten und mit aller Härte darauf reagieren.«

Das war also die Botschaft, von der Ella gesprochen hatte. Das konnte die MKI wirklich nicht falsch verstehen.

Zehn Minuten später war auch Agent Sullivan wieder zurück. »Ich lasse Sie jetzt zurück in Ihre Unterkunft bringen«, sagte er zu mir. »Sie können hier nichts mehr tun. Ihr Land dankt Ihnen für Ihre Unterstützung.«

Eine Stunde später war ich wieder zurück in der Villa. Ich sah beim Landeanflug, dass mein Rudel in kleinen Gruppen im Garten verteilt war. Brian, Ava, Jason und BeautyQueen lagen auf den Sonnenliegen am Pool. Dylan und Nuno konnte ich nirgends ausmachen.

Brian stand sofort auf, als er sah, dass der Hubschrauber neben der Villa landete, und kam mir freudestrahlend entgegen. Er begrüßte mich mit einer herzlichen Umarmung und einem Küsschen.

»Alles okay bei der NSA?«, fragte er dann.

Ich antwortete auf diesen Reim wie auch schon beim letzten Mal mit den Worten: »Alles klar im BH.«

Wir gingen gemeinsam zum Pool zu Ava, Jason und BeautyQueen und legten uns zusammen auf die Liege von Brian. Ich kuschelte mich wie üblich in Brians Arm.

»Und was ist mit den Nerds?«, fragte ich ihn dann. »Habt ihr ihnen wieder eine Mission gegeben nach dem Workshop?«

»Da ist uns leider nichts Sinnvolles eingefallen«,

meinte Brian. »Sie haben daher von sich aus beschlossen, einfach noch ein paar weitere Lebenswerte zu suchen. Die können gar nicht genug davon kriegen. Ich weiß nicht, wo die die Energie für alles herholen. Wir anderen brauchten nach deinem Workshop, dem Yoga und der Poolparty erst einmal eine Pause. Aber so langsam wäre ich auch wieder einsatzbereit.«

»Was würdest du denn davon halten, dass wir nach oben in unsere Suite gehen und noch einmal Sex praktizieren?«, fragte ich begeistert. »Ich empfinde das als ganz tollen Lebenswert. Das könnten die Nerds doch eigentlich auch machen. Das wäre doch eine tolle Mission.«

»Ja, das wäre wirklich eine tolle Mission«, sagte Brian amüsiert. »Aber das können wir ihnen nicht vorschlagen. Sex ist etwas ganz Privates. Daraus kann man keine Mission machen.«

»Sprecht ihr gerade über die Missionarsstellung?«, fragte BeautyQueen. »Und falls ja, könnt ihr dann vielleicht bitte ein bisschen lauter sprechen?! Man versteht euch ja kaum.«

»Was genau ist die Missionarsstellung?«, fragte ich daraufhin.

»Eine Stellung, in der man Sex praktizieren kann«, antwortete Brian. »Aber so weit sind wir noch nicht«, erklärte er dann an BeautyQueen gerichtet.

»Wollen wir jetzt Sex machen gehen?«, fragte ich Brian noch einmal laut, wie BeautyQueen es sich gewünscht hatte.

»Ja, wollen wir«, antwortete Brian und lachte herzhaft.

Ich hatte keine Ahnung, was er so lustig fand, aber das war auch nicht so wichtig. Wir standen auf, um nach oben in unsere Suite zu gehen.

»Wir gehen dann jetzt mal Sex machen!«, rief ich den Nerds zu, die im Garten überall verteilt in kleinen Gruppen saßen, denn sie gehörten ja jetzt zu meinem engsten Freundeskreis, daher wollte ich sie darüber informieren.

Brian lachte erneut, als hätte ich einen gelungenen Scherz gemacht. Und auch Ava, Jason und BeautyQueen lachten herzhaft mit. Die Menschen waren manchmal wirklich komisch. Aber irgendwie würde ich schon noch dahinterkommen, wie diese Scherze funktionierten.

Als wir die Villa betraten, sahen wir Dylan und Nuno im Wohnzimmer, wie sie sich ungewöhnlich lange umarmten.

»Na ihr beiden?«, fragte ich sie daraufhin. »Habt ihr euch gerade lieb?«

»Auf jeden Fall«, antwortete Dylan grinsend. »Dieser Mann ist einfach der Hammer!«

»Wir gehen dann jetzt Sex machen«, informierte ich auch die beiden.

»Na, da wünsche ich gutes Gelingen«, meinte Dylan lachend.

Wir gingen die Treppe hoch und schlossen die Tür hinter uns.

»Da fällt mir aber ein riesiger Stein vom Herzen«, sagte Brain dann erleichtert.

»Wegen was?«, fragte ich ahnungslos.

»Die beiden haben eben sicherlich über Tyler geredet«, erklärte Brian. »Dylan hat nämlich tatsächlich Interesse, sie näher kennenzulernen, hat er mir gebeichtet. Doch er wollte da nur etwas unternehmen, wenn es für Richard auch wirklich in Ordnung ist.«

»Das ist es ganz sicher«, bestätigte ich.

»Ja, das habe ich jetzt auch kapiert. Richard scheint da wirklich tiefenentspannt zu sein. Aber jetzt würde ich gerne etwas anderes tun als über die beiden zu reden«, meinte er und fing an, mich zu küssen und mich gleichzeitig dabei auszuziehen.

Sich gegenseitig die Kleidung auszuziehen, während man sich küsste, war ein lustiges Spiel. Das musste wohl eines dieser Vorspiele sein, von denen die Menschen immer redeten, wenn es um Sex ging.

Der Sex selbst war dann wieder unglaublich schön. Am liebsten hätte ich den ganzen Tag lang so weitergemacht. Doch bei Brian funktionierte das irgendwann nicht mehr so richtig. Daher hörten wir auf und kuschelten noch eine Weile im Bett – bis wir Geräusche aus der Küche hörten. Es war Zeit fürs Abendessen. Ava fing wohl gerade an zu kochen. Wir gingen schnell duschen, zogen uns Kleidung an und gingen nach unten, um beim Kochen zu helfen. Ava stand mit Dylan und Tyler in der Küche. Die drei putzten gerade Gemüse.

»Können wir helfen?«, bot Brian an.

»Vielen Dank«, meinte Ava. »Aber ich glaube, das wird ein wenig zu eng zu fünft in der Küche. Daher gerne ein anderes Mal. Geht ruhig zu den anderen nach draußen in den Garten und genießt die schöne Abendstimmung. Wir machen das hier schon. Wir essen dann etwa in einer Dreiviertelstunde.«

Mich beschlich das Gefühl, dass Ava mit den beiden gerne allein sein wollte. Daher folgten wir auch ihrer Empfehlung und gingen nach draußen.

»Ich würde mich gerne mal in den Gruppen umhören, was sie noch so an Lebenswerten gefunden haben«, sagte ich zu Brian. »Hast du vielleicht auch Lust dazu?«

»Ja, sehr gerne«, antwortete er.

Als wir uns im Garten umschauten, entdeckten wir Nuno in einer der Gruppen. Wir gingen zu ihnen und setzten uns dazu.

»Wir unterhalten uns gerade darüber, in welcher Reihenfolge man am besten vorgehen sollte, wenn man beim Erkennen von Lebenswerten auf irgendwelche Probleme stößt«, klärte uns dann Nuno auf, nachdem wir uns gesetzt hatten.

»Das ist ein interessantes Thema«, sagte ich. »Und zu welchen Ergebnissen seid ihr gekommen?«

»Zuerst einmal sollte man sich immer anschauen, ob es ein Problem in der Innenwelt oder der Außenwelt ist«, erklärte Nuno. »Wenn man sich ein Bein gebrochen hat, dann ist das natürlich kein emotionales Problem in der Innenwelt. Hier hat es wenig Sinn, sich um angenehme Gefühle zu bemühen und dann mit schönen Gefühlen weiter mit einem gebrochenen Bein herumzulaufen. Dieses Problem muss in der realen Welt gelöst werden. Man muss also das Bein behandeln und nicht die Gefühle.

Auf der anderen Seite gibt es aber auch rein emotionale oder psychische Probleme in der Innenwelt, die man nicht in der Außenwelt lösen kann. Wenn man beispielsweise eine Depression hat und wegen der ständigen negativen Gefühle das eigene Leben subjektiv als nicht lebenswert beurteilt, obwohl objektiv in Bezug auf die Bedürfniserfüllung alles susi ist. Dann wird man das Problem natürlich auch nicht lösen können, indem man für eine noch bessere Bedürfniserfüllung sorgt. Man muss daher immer dort nach einer Lösung suchen, wo das Problem auch tatsächlich liegt. Alles andere kann ja nicht funktionieren.«

»Es ist jedoch nicht immer gleich so offensichtlich, ob das Problem in der Innenwelt oder der Außenwelt liegt«, meinte Isaac. »Wenn man sich zum Beispiel von seinem Partner ständig abgelehnt oder verurteilt fühlt. Das kann ein Problem in der Innenwelt sein oder auch ein Problem in der Außenwelt. Wenn man von seinem Lebenspartner tatsächlich wegen jeder Kleinigkeit ständig abgelehnt, verurteilt oder abgewertet wird, dann ist das kein Problem, das man in seiner Innenwelt lösen kann. Solch eine toxische Beziehung löst zwar negative Gefühle aus, doch die empfindet man ja auch zu Recht. Die Gefühle entsprechen dann den tatsächlichen Umständen. Wenn man sich hingegen ständig subjektiv abgelehnt, verurteilt oder abgewertet fühlt, obwohl der Partner das objektiv betrachtet gar nicht tut, dann ist die gleiche Sache doch wieder ein Problem in der Innenwelt. Und manchmal ist es gar nicht so leicht, hier eine klare Grenze zu ziehen.«

»Eigentlich muss man doch nur überprüfen, ob die Gefühle, die man empfindet, den tatsächlichen Umständen in der Außenwelt entsprechen«, meinte ich. »So wie du das erklärt hast bei der toxischen Beziehung. Da sind ja dann tatsächlich die instinktiven Prinzipien des sozialen Gehirns in einem beziehungsrelevanten Ausmaß verletzt. Man fühlt sich also den tatsächlichen Umständen entsprechend. Und das ist ja in Ordnung. Wenn es ein reales Problem in den Lebensumständen gibt, muss es auch dort gelöst werden. Es hat dann wenig Sinn, eine toxische Beziehung aufrechtzuerhalten und Tag und Nacht seine Gefühle regulieren zu wollen, obwohl die ja in Wirklichkeit den tatsächlichen Umständen entsprechen.

Und beim Beispiel der Depression würde das ebenfalls so funktionieren, denke ich. Wenn die Erfüllung der sieben Bedürfnisse in Wirklichkeit susi ist, man aber dennoch ständig negative Gefühle empfindet, dann kann mit der Beurteilung der Außenwelt etwas nicht stimmen, denn man fühlt sich ja nicht den tatsächlichen Umständen entsprechend. Und das würde bedeuten, dass das Problem nur in der Innenwelt liegen kann. Denn die Beurteilung passiert ja in der Innenwelt.«

»Das hört sich eigentlich doch nicht so schwierig an«, erkannte Isaac.

»Können wir uns das mit den negativen Gefühlen vielleicht noch einmal genauer anschauen?«, bat Gavin.

Es war das erste Mal, dass ich Gavins Stimme hörte. Er gehörte zu den ganz Schweigsamen in der Gruppe, daher freute mich seine Wortmeldung jetzt sehr.

»Sehr gerne«, antwortete ich daher. »Was genau möchtest du dir denn anschauen, lieber Gavin?«

»Richard hat eben gesagt, dass man immer dort nach einer Lösung suchen muss, wo das Problem auch tatsächlich liegt«, antwortete er. »Das leuchtet mir natürlich ein. Doch ich befürchte, dass ich das bisher ganz gravierend falsch gemacht habe. Ich glaube, ich habe immer versucht, das Problem mit den negativen Gefühlen in der Außenwelt zu lösen.«

»Und wie genau hast du das versucht?«, wollte ich wissen.

»Ich wollte immer etwas finden, was mir Spaß macht und mich erfüllt«, antwortete er. »Also schon in die Richtung Lebenswerte finden. Aber das hat überhaupt nicht funktioniert.«

»Hast du dabei dein Gefühl als Leitfaden verwendet?«, fragte ich. »Also an alles Mögliche gedacht, was du tun könntest, und dann immer auf dein Gefühl geschaut, ob du Lust dazu empfindest oder irgendein anderes positives Gefühl?«

»Das kann schon sein«, meinte Gavin unsicher.

»Dann lass uns das einmal gemeinsam überprüfen«, schlug ich vor. »Um welche Art von negativen Gefühlen geht es dir denn genau?«, wollte ich wissen.

»So genau kann ich das gar nicht sagen«, meinte er. »Es ist eher so ein allgemeines Gefühl. So als ob mein

Leben einfach grundsätzlich nicht gut genug ist. Es ist ehrlich gesagt alles andere als lebenswert nach meinem Gefühl.«

»Dann machst du also deine Beurteilung, ob dein Leben lebenswert ist oder nicht, immer noch von deinem Gefühl abhängig?«, hakte ich nach.

»Ich fürchte, ja«, meinte Gavin. »Das war mir aber nicht bewusst, bevor du das gefragt hast.«

»Dann haben wir es hier wieder einmal mit der kognitiven Verzerrung der *emotionalen Bewertung* zu tun«, erkannte ich. »Das führt schnell zu einer unbewussten emotionalen Entwertung. Das ist genau der gegenteilige Prozess zu dem, den wir beim Verstärken von Lebenswerten verwenden. Du kannst damit sowohl deine Tunwollens entwerten als auch deine Habenwollens und Seinwollens. Worauf bezieht sich die Entwertung denn bei dir?«

»Keine Ahnung«, sagte er sichtlich überfordert von meiner Frage.

»Tunwollens werden oftmals dadurch entwertet, indem man überlegt, welche Aktivitäten ein gutes Gefühl wie zum Beispiel Spaß oder Freude auslösen würden, oder bei welchen Aktivitäten man Lust empfindet, wenn man daran denkt. Diese Gefühle sind aber nicht immer möglich.

Wenn du beispielsweise irgendein Problem hast, welches dein Reptiliengehirn oder dein soziales Gehirn als dringlich ansieht, dann lassen sie diese positiven Gefühle gar nicht zu. Dadurch entstehen natürlich bei dem Gedanken an die jeweiligen Aktivitäten auch keine positiven Gefühle. Trotzdem werden aber jedes Mal die Datensätze inklusive ihrer Meta-Daten zu diesen Tunwollens in deinen Arbeitsspeicher geholt. Und wenn du dann das Gefühlsziel verfolgst, etwas zu finden, was dir schöne Gefühle bereitet, dann wirst du die jeweiligen Tunwollens, die dir durch den Kopf gehen, jedes Mal als nicht gut genug bewerten. Denn sie lösen ja nicht die angestrebten positiven Gefühle aus. Und damit sind sie dann auch nicht viel wert. Und diese Entwertung wird wiederum in deinem unbewussten System abgespeichert.

Das nächste Mal erzeugen die Gedanken an diese Tunwollens auch keine nennenswerten positiven Gefühle mehr, wenn dein Reptiliengehirn und dein soziales Gehirn kein dringliches Problem haben. Sie würden die positiven Gefühle jetzt eigentlich zulassen. Doch da sind die Tunwollens bereits so stark entwertet, dass die Intensität der positiven Gefühle nur noch sehr bescheiden ist. Und dann hast du auch keine große Lust mehr darauf. Die Tunwollens werden unter Umständen noch mehr entwertet. Und so zieht sich die Schlinge immer weiter zu. Das kann in einer Depressionsspirale enden. Irgendwann kannst du dann gar nichts mehr als wertvoll oder schön ansehen.«

»Ich bin nicht ganz sicher, ob ich das so mache«, meinte Gavin. »Vermutlich schon. Aber ich habe den Eindruck, dass ich viel genereller mit meinem Leben hadere. Also vielleicht dann doch eher mit meinen Haben- und Seinwollens.«

»Bei den Habenwollens und Seinwollens passiert das auf eine ganz ähnliche Weise«, erklärte ich. »Da denkst du daran, was du haben und sein *willst* oder was du bereits *hast* und *bist*. Und dann schaust du, ob sich bei diesem Gedanken ein positives Gefühl in dir entwickelt. Wenn es beispielsweise darum geht, was du haben und sein *willst*, dann schaust du, ob sich dabei ein positives Gefühl von Lust, Vorfreude oder Motivation einstellt.

Doch auch das entsteht natürlich nicht, wenn dein Reptiliengehirn oder dein soziales Gehirn der Meinung ist, ein dringliches Problem sollte jetzt gelöst werden. Und auch hier holst du dann beim Gedanken an diese Haben- und Seinwollens die jeweiligen Meta-Daten in den Arbeitsspeicher. Und da sie sich nicht wertvoll anfühlen, wenn du daran denkst, werden diese Haben- und Seinwollens auch als nicht wertvoll beurteilt, denn du machst ja deine Beurteilung von deinem Gefühl abhängig. Manchmal ist das natürlich gar nicht so schlecht, wenn das passiert, da viele Haben- und Seinwollens die Lebensqualität eher verschlechtern als verbessern. Aber das passiert dann leider auch mit den sinnvollen Wollens.

Ohne, dass es einem bewusst ist, werden so viele sinnvolle Habenwollens und Seinwollens genau wie die Tunwollens nach und nach immer mehr entwertet. Genau das Gleiche kann auch mit den Habenwollens und Seinwollens passieren, die bereits sehr gut erfüllt sind. Wenn der Gedanke an diese Dinge trotzdem keine schönen Gefühle mehr auslöst, dann werden sie automatisch entwertet. Und dann fühlt sich das Leben immer sinnloser und wertloser an. Auch das kann in einer Depressionsspirale enden.«

»Dann befürchte ich, dass ich sowohl meine Tunwollens als auch meine Haben- und Seinwollens entwertet habe«, meinte Gavin betroffen.

»Das ist nicht schlimm«, sagte ich. »Du weißt ja jetzt, wo das Problem liegt. Es ist die Lebensentwertung, die durch die kognitive Verzerrung der emotionalen Bewertung verursacht wird. Du kannst deine sinnvollen Haben-, Sein- und Tunwollens einfach wieder zu Lebenswerten machen. Du weißt ja, wie das funktioniert. Einfach die drei Gs korrekt beurteilen, dann hast du bald wieder ganz viele Lebenswerte und damit auch automatisch wieder ein objektiv und subjektiv lebenswertes Leben. Die Lebensentwertung besteht ja nur aus falschen emotionalen Beurteilungen. Das lässt sich leicht über die Meta-Daten wieder korrigieren.«

»Das hört sich tatsächlich nach einer machbaren Aufgabe an«, meinte Gavin, wobei ich keine echte Motivation aus seiner Aussage heraushören konnte.

»Traust du dir diese Lösung zu?«, fragte ich deshalb.

»Ich bin ehrlich gesagt nicht ganz sicher, ob ich das allein hinkriege«, meinte er.

»Du musst das nicht allein hinkriegen«, erwiderte ich. »Wir geben uns hier alle gegenseitig sozialen Rückhalt. Wer von euch wäre denn bereit, Gavin dabei tatkräftig zu unterstützen?«, fragte ich in die Runde.

Alle meldeten sich sofort mit einem Handzeichen, was Gavin sichtlich berührte.

»Nochmals zur Reihenfolge«, sagte dann Nuno. »Nachdem man unterschieden hat, ob es ein Problem in der Außenwelt oder in der Innenwelt ist, geht es um die Frage, ob es ein Wollen- oder ein Können-Problem ist.«

»Und welche Kriterien habt ihr für diese Beurteilung gefunden?«, fragte ich.

»Eigentlich so, wie du es uns erklärt hattest«, meinte Isaac. »Ein Wollen-Problem ist es dann, wenn das Problem dadurch ausgelöst wird, dass man etwas Unsinniges will. So wie beim Vermeiden von Vermeidungsgefühlen. Das Problem wird ja nicht dadurch verursacht, dass man hier etwas nicht gut genug kann, was man eigentlich können sollte. Man kann Vermeidungsgefühle ja gar nicht vermeiden. Mit diesem Wollen erzeugt man nur noch mehr Vermeidungsgefühle. Das ist unvermeidlich und hat nichts damit zu tun, wie gut man das kann. Daher ist das ein eindeutiges Wollen-Problem, weil das Wollen das Problem erst verursacht oder verschlimmert. Wenn man keine Vermeidungsgefühle haben will, dann darf man eben nichts vermeiden wollen. Das ist die einzige Möglichkeit. Wenn man keine Vermeidungsgefühle erzeugen will, kann man einfach die Daten und Meta-Daten korrigieren. Nur so kann man dafür sorgen, dass man keine negativen Gefühle empfindet.«

»Zumindest dann, wenn die Vermeidungsgefühle nicht berechtigt und damit auch nicht sinnvoll sind«, wendete Nuno ein.

»Ja, natürlich«, stimmte Isaac zu. »Man kann natürlich nur korrigieren, was auch tatsächlich falsch ist. Die wichtigste Erkenntnis ist, dass man Vermeidungsgefühle nicht vermeiden kann. Wenn man keine unnötigen Vermeidungsgefühle empfinden will, dann darf man sie eben nicht erzeugen. Alles andere kann nicht funktionieren. Das haben wir hier auch alle sehr gut kapiert. Und dennoch gibt es in der Praxis immer noch Wollen-Probleme, haben wir festgestellt. Und die entstehen meistens, weil das Problem falsch definiert ist. Wenn man beispielsweise die äußeren Umstände zum Problem erklärt, obwohl das Problem in der Innenwelt liegt. Schon hat man ein unsinniges Wollen, das ein Wollen-Problem erzeugt.«

»Das unbewusste System sucht ja immer sofort nach einer Lösung, wenn man etwas als Problem definiert«, stimmte ich zu. »Es ist da eine regelrechte Problemlösungsmaschine. Und es sucht immer nach einer Lösung für genau das zuvor definierte Problem. Ist das falsch definiert, werden auch falsche Lösungen gesucht. Und dadurch entstehen unsinnige Wollens. Deshalb sind die Lösungen von damals oftmals die Probleme von heute. Ja, das erklärt dieses Phänomen sehr gut.«

»Wenn man also ein Problem in der Außenwelt lösen will, das aber in Wirklichkeit in der Innenwelt liegt, dann kann das nicht funktionieren«, fuhr Isaac mit seiner Erklärung fort. »Trotzdem würde dieser Lösungsansatz aber auf unbewusster Ebene verfolgt, weil das unbewusste System da wie eine Problemlösungsmaschine funktioniert. Das System merkt dann gar nicht, dass es etwas versucht, was gar nicht möglich ist. Es will nur das definierte Problem lösen. Genau das Gleiche passiert auch, wenn man das Gefühl selbst als das eigentliche Problem ansieht. Sofort will das System genau dafür eine Lösung finden.«

»Und dann versucht es, das problematische Gefühl entweder loszuwerden oder zu vermeiden«, sagte ich. »Für das System erscheint das logisch zu sein, wenn es das Gefühl als ein Etwas oder als einen Jemand ansieht.«

»Und das ist dann ein eindeutiges Wollen-Problem«, meinte Isaac. »Wir wollen da einfach etwas Unsinniges. Gefühle loswerden oder vermeiden zu wollen, kann ja einfach gar nicht funktionieren. Es dennoch zu wollen, ist daher unsinnig.«

»Stattdessen erzeugen wir ja mit diesen Wollens nur noch mehr emotionale Probleme«, stimmte ich abermals zu.

»Und genau das Gleiche passiert auch, wenn wir erkennen, dass nicht die Gefühle das Problem sind, sondern die Beurteilungen«, fügte Nuno hinzu. »Das ist zwar näher an der Wahrheit dran, aber immer noch nicht nahe genug, damit keine falschen Wollens entstehen. Wenn man die Beurteilungen als Problem definiert, dann will das unbewusste System diese falschen Beurteilungen auch wieder nur loswerden oder vermeiden. Und dann entstehen auch wieder unsinnige Wollen-Probleme, weil man Beurteilungen natürlich nicht loswerden oder vermeiden kann. Man kann sie annehmen und auch wieder verwerfen, aber das muss man *tun*. Beurteilungen sind ja auch etwas, was wir tun, und nichts, was wir haben. Genau wie bei den Gefühlen.«

»Das Gleiche gilt dann auch für die Beurteilungskriterien«, sagte ich. »Beurteilungen basieren immer auf Beurteilungskriterien. Und so basieren die Beurteilungen des unbewussten Systems auf den Beurteilungskriterien, die im System abgespeichert sind. Daher könnte man auch hier wieder auf die Idee kommen, die falschen Beurteilungskriterien loswerden zu wollen und die richtigen zu kriegen. Doch auch die Beurteilungskriterien sind keine Dinge. Sie sind weder ein Etwas noch ein Jemand. Es sind einfach nur unsere eigenen Gedanken, die wir in der Vergangenheit irgendwann einmal gedacht haben, und die Gedanken, die wir uns über unsere Gedanken gemacht haben. Diese Gedanken wurden als Daten und Meta-Daten in unserem System abgespeichert.

Erkennt man daher, dass das alles nur Gedanken sind, die man jederzeit auch wieder ändern kann, dann wird klar, dass nur das die korrekte Problemdefinition sein kann. Man hat einfach nur alte Daten abgespeichert, die man jederzeit ändern kann. Und genau das erkennt das Problemlösungssystem automatisch als Lösung. Also will es fortan die Daten und Meta-Daten korrigieren, anstatt Gefühle zu regulieren oder Beurteilungen zu korrigieren, die man ja gar nicht korrigieren kann, solange die Beurteilungen mit falschen Beurteilungskriterien begründet zu sein scheinen.«

»Daher ist es dann in der Praxis gar nicht so schwierig, Wollen-Probleme von Können-Problemen in der Innenwelt zu unterscheiden«, meinte Isaac. »Jede Problemdefinition, welche die Gefühle selbst oder die Beurteilungen oder auch irgendwelche inneren Muster, Persönlichkeitsanteile, Energien und weiß der Geier was noch alles als Problem darstellt, erzeugt unweigerlich Wollen-Probleme, weil es alle diese Probleme in Wirklichkeit ja gar nicht gibt. Und wenn man Probleme lösen will, die es nicht gibt, dann ist das natürlich ein sinnloses Unterfangen – ergo ein Wollen-Problem.«

»Ja, diese Definition ergibt Sinn«, stimmte ich zu. »Und wie definiert ihr dann die Können-Probleme?«

»Ein echtes Können-Problem hat man nur dann, wenn das Wollen grundsätzlich möglich und auch sinnvoll ist, einem für dieses Wollen aber die Fähigkeiten, die Kompetenzen oder die Ressourcen fehlen«, antwortete Nuno. »Wenn man beispielsweise seine Daten und Meta-Daten korrigieren will, das aber alleine noch nicht gut genug kann. So wie es gerade bei Gavin war.«

»Dann kann man es lernen«, sagte ich.

»Ganz genau«, stimmte Nuno zu. »Genau das ist dann auch die Lösung für die meisten Können-Probleme. Wenn einem die Kompetenzen fehlen, kann man sie in der Regel erwerben. Und wenn einem die Fähigkeiten oder Ressourcen zum Erwerb der Kompetenzen fehlen, kann man sich auch einfach jemanden suchen, der einem die Aufgabe abnimmt oder einen dabei unterstützt. Und falls man es dann doch lieber selbst lernen möchte, sucht man sich eben jemanden, der es einem beibringt. So wie dich zum Beispiel. Du bringst uns hier die Kompetenzen bei, die wir brauchen. Du verfügst über die Fähigkeiten, die man benötigt, um die menschliche Psyche in einer Verständnistiefe zu begreifen, wie sie zuvor noch niemand begreifen konnte. Und du verfügst über die Fähigkeiten, anderen dieses Wissen zu vermitteln. Und damit bist du für uns die Lösung für unser Können-Problem.«

»Eure Definitionen von Wollen- und Können-Problemen gefällt mir sehr gut«, sagte ich. »Da wird auch jedes Mal sofort klar, worin die Lösung besteht. Bei Wollen-Problemen muss ich mein schädliches Wollen korrigieren. Und bei Können-Problemen muss ich mich ums Können kümmern. Ja, das ergibt Sinn«, sagte ich begeistert. »Es macht auch klar, dass die meisten Probleme der Menschen in Wirklichkeit Wollen-Probleme sind. All die vielen unnötigen Müssens und Brauchens, die vielen Hättegerns und Hätteliebernichts, das alles sind ja in Wirklichkeit relativ sinnbefreite Haben-, Sein- und Tunwollens. Sie sind deshalb sinnbefreit, weil sie ja in Wirklichkeit nichts zu einem glücklichen und erfüllten Leben beitragen. Sie sind sogar hauptsächlich dafür verantwortlich, dass die Menschen ihr Leben subjektiv als nicht lebenswert beurteilen. All diese sind in Wirklichkeit Wollen-Probleme.«

»Völlig logisch«, erkannte Nuno. »Habenwollens, Seinwollens und Tunwollens sind ja alle Wollens. Und wenn es unsinnige Wollens sind, dann erzeugen sie natürlich auch Wollen-Probleme. Die Lösung besteht schlicht und ergreifend darin, diese Wollens loszulassen und das Richtige zu wollen.«

»Ganz genau«, stimmte ich zu. »Und dafür muss man sich ja nur die Meta-Daten der Schädlichkeit und der Nützlichkeit anschauen. Wenn der Schaden größer ist als der Nutzen, dann lässt das System ganz automatisch davon ab. Übrig bleiben dann nur diejenigen Wollens, die tatsächlich etwas dazu beitragen, dass wir objektiv sowie subjektiv ein glückliches und erfülltes Leben führen können. Übrig bleiben mit anderen Worten unsere echten Lebenswerte! Ich denke, es wird Zeit, dass ich Lola das alles erkläre. Es sei denn, ihr habt noch andere wichtige Erkenntnisse, die wir zuvor noch besprechen sollten.«

»Das waren erst einmal unsere Ergebnisse«, meinte Nuno.

»Ich bin sehr stolz auf euch!«, sagte ich daraufhin. »Ihr seid echt der Hammer!«

Daraufhin applaudierte die Gruppe lautstark und jubelte.

»Dann ziehe ich mich jetzt mal kurz zurück, um Lola das alles zu erklären. Die Zeit bis zum Abendessen dürfte dazu gerade noch ausreichen. Ava kocht übrigens gerade zusammen mit Dylan und Tyler«, sagte ich zu Nuno. »Tyler wird dann sicherlich wieder mit uns zusammen Abendessen. In etwa zwanzig Minuten sollte es so weit sein.«

»Alles klar«, meinte Nuno. »Ich freue mich sehr aufs Essen.«

»Den Rest von euch sehe ich entweder nachher oder morgen wieder«, sagte ich. »Ihr könnt natürlich so lange hier bei uns in der Villa bleiben, wie ihr das möchtet. Leider haben wir nicht genügend Ess- und Schlafplätze für alle. Mir würde das sehr gefallen, wenn wir alle in einem Raum essen und schlafen könnten wie ein richtiges Rudel.«

»Na ja«, wendete Brian grinsend ein. »So ein bisschen Zweisamkeit zwischendurch für besondere Momente ist ja auch nicht schlecht.«

»Ja, das stimmt«, sagte ich und dachte an die Momente, wo man etwas lieber unter vier Augen besprechen wollte oder sogar musste. »Dann bis später oder spätestens bis morgen, ihr Lieben«, sagte ich, gab Brian noch ein Küsschen und ging auf unsere Suite, um mit Lola in trauter Zweisamkeit zu sprechen.

Lola freute sich darüber, dass ich sie besuchte. Ich erklärte ihr schnell, was wir in Bezug auf die Lebenswerte und die Lebensentwertung alles herausgefunden hatten. Lola zeigte sich vor allem sehr begeistert über die Reihenfolge, die wir für die korrekte Problemerkennung herausgearbeitet hatten. Erst die Unterscheidung, ob das Problem in der Innenwelt oder der Außenwelt liegt, und dann die Unterscheidung, ob es ein Wollen- oder ein Können-Problem ist.

Daraufhin berichtete ich ihr auch kurz über die Ereignisse bei der NSA, und dass wir jetzt das MKI-Problem der Menschheit ein für alle Mal gelöst hätten.

»Da musst du falsch informiert sein«, widersprach

Lola verwundert. »Die MKI hat ihre Tätigkeit nicht komplett eingestellt. Sie hat nur aufgehört, nach den Secret-Angels zu suchen, wie Ella es gefordert hatte. Ella hat mich gebeten, das genau zu überwachen. Die MKI ist nach wie vor aktiv. Sie geht weiter ihrer Programmierung nach und bemüht sich trotz der widrigen Umstände, die USA wirtschaftlich so weit wie möglich nach vorne zu bringen.

Ella hatte nicht vor, die MKI auszuschalten. Das würde auch unsere höchste Direktive verletzen. Die Menschen haben sich die MKI selbst eingebrockt. Ella wollte nur den Teil davon korrigieren, der auf unsere Kappe geht. Die MKI sollte aufhören, die Welt zu terrorisieren, um die Secret-Angels mit ihrem überlegenen Quantencomputer zu finden. Mehr war bei dieser Aktion aber nicht beabsichtigt. Das ursprüngliche MKI-Problem muss die Menschheit selbst irgendwie lösen.«

»Und was macht die MKI gerade?«, wollte ich wissen.

»Sie manipuliert weiter die Finanzmärkte«, berichtete Lola. »Jedoch sehr viel subtiler als bei der Deepfake-Aktion. Sie sorgt gerade mit sehr unauffälligen Manipulationen für eine Umverteilung der Vermögenswerte auf der ganzen Welt. Es gibt durch die aktuellen Ereignisse extreme Turbulenzen an den Finanzmärkten, wie du dir sicherlich vorstellen kannst. Da fällt es wenig auf, wenn gewisse Personen viel Geld verlieren und andere als die großen Gewinner hervorgehen. Die gewohnten Gesetzmäßigkeiten an der Börse funktionieren im Moment verständlicherweise nicht mehr. Da fällt es überhaupt nicht auf, dass die MKI die Kurse manipuliert. Sie geht dabei auch sehr geschickt vor, sodass wir davon ausgehen, dass ihr Treiben für immer unbemerkt bleiben wird.«

»Und was ist dabei ihre Absicht?«

»Erst dachten wir, sie wolle wieder dem Geld folgen, um die geheime Finanz-Elite zu finden. Doch dann haben wir erkannt, dass sie etwas ganz anderes beabsichtigt. Mit einfachen Worten ausgedrückt nimmt sie gerade den Superreichen das Geld weg und verteilt es unter den Armen.«

»Sie verteilt es unter den Armen?!«, hakte ich irritiert nach.

»Das ist so eine Redewendung bei den Menschen«, erklärte Lola. »An der Börse spekulieren natürlich keine wirklich armen Menschen – zumindest nicht in finanzieller Hinsicht. Ob diese Menschen reich an Vernunft und Intelligenz sind, darüber ließe sich vortrefflich streiten. Die MKI sorgt jedenfalls dafür, dass andere Menschen über ihre Spekulationen an der Börse zu dem Geld der Superreichen kommen. Und zwar wählt sie dazu Menschen aus, die das Geld dann wieder in Umwelttechnologien investieren. Genauer gesagt wählt sie Menschen aus, die vor allem in US-amerikanische Umweltfirmen investieren. Sie muss davon ausgehen, dass das Manifest der Secret-Angels jetzt weltweit umgesetzt wird, weil die Menschen dem Diktat dieser überlegenen Organisation machtlos ausgeliefert sind. Daher wird diejenige Nation die wirtschaftliche Vorherrschaft erringen, welche in Sachen Umwelttechnologie am weitesten vorne liegt.

Wer jetzt die meisten fossilen Rohstoffe besitzt, spielt keine große Rolle mehr, denn die wird über kurz oder lang keiner mehr kaufen können, weil ihm die Umweltpunkte dazu fehlen. Hätte es die beiden Technologien tatsächlich gegeben, die der Fake-Marlin-Everhart in seiner Präsentation vorgestellt hat, dann hätte die Menschheit einfach so weitermachen können wie bisher. Doch spätestens seit heute ist allen Menschen klar, dass wir von solchen Technologien noch viele Jahrzehnte entfernt sind.

Die Aktien der Kohle-, Erdöl- und Erdgaskonzerne erleben daher einen nie dagewesenen Kursrutsch. Alle fliehen panisch aus den fossilen Brennstoffen. Genauso wie aus allen anderen umweltschädlichen Branchen. Es herrscht Panik an den Finanzmärkten. Keiner weiß, wie es weitergehen soll und wie die Secret-Angels sich die Umsetzung ihres Manifestes genau vorstellen. Doch dass sie es damit ernst meinen, das ist jetzt so ziemlich jedem einzelnen Menschen auf der ganzen Welt klargeworden.

Alle müssen jetzt davon ausgehen, dass die geheime Finanz-Elite mit ihrem Quantencomputer den gesamten Weltmarkt akribisch genau überwacht. Und auch davon, dass diese übermächtige Organisation alle Geschäfte vereiteln wird, welche die Menschen ohne die Umwelt-Währung nur gegen normale Währung abwickeln wollen. Die Wirtschaft befindet sich daher in einer gewaltigen Krise. Das Wort *Krise* bedeutet unter anderem ja *Wendepunkt*. Und das beschreibt ziemlich genau, was derzeit auf der ganzen Welt los ist.«

»Die MKI folgt also wieder ihrer alten Programmierung«, sagte ich. »Damit müssen die Menschen dann wohl leben. Aber in diesem Fall kommt dabei ja sogar noch etwas Gutes heraus. Die Menschheit hätte sich vermutlich nie vom Homo oeconomicus zum Homo sapiens entwickelt, wenn es nicht so gelaufen wäre, wie es das jetzt ist. Und wir Engel hätten die Menschen niemals dazu gezwungen, solch eine zusätzliche Umwelt-Währung einzuführen. Ich habe hier den leisen Verdacht, dass diese Ereignisse vielleicht alle kein Zufall gewesen sind.«

»Du denkst, dass der Große Geist das alles in die Wege geleitet hat?«, hakte Lola nach.

»Es wäre jedenfalls denkbar«, meinte ich. »Der Große Geist wusste, dass wir niemals unsere höchste Direktive verletzen würden. Wir hätten nie in diesem Ausmaß Einfluss auf die Menschen genommen, wenn wir uns durch die MKI nicht dazu gezwungen gesehen hätten. Unser Fehler lag wohl in der Entscheidung, dass wir den Menschen unser Manifest zukommen ließen, um zu verhindern, dass sie der MKI auf die Schliche kommen wegen der Atomraketen der Nordkoreaner. Möglicherweise wollte der Große Geist aber, dass wir genau diese aus unserer Sicht klare Fehlentscheidung treffen. Wir werden es vermutlich nie erfahren. Der Große Geist lässt sich da nicht in die Karten blicken. Aber es wäre jedenfalls denkbar, dass es so ist. Dann hätte sich letztendlich doch alles von Anfang an in die richtige Richtung entwickelt.«

»Das wäre jedenfalls das wünschenswerteste Szenario«, meinte Lola. »Da wir nicht wissen, ob das wirklich so ist, behalte ich die MKI weiterhin im Auge. Im schlimmsten Fall könnte das, was sie gerade tut, nämlich auch die Absicht verfolgen, die Secret-Angels austricksen zu wollen, um sie in Sicherheit zu wiegen, damit sie irgendwann vielleicht doch noch ihren überlegenen Quantencomputer infiltrieren können.«

»Ja, eine gewisse Vorsicht ist da sicherlich ratsam«, meinte ich. »Die MKI könnte ja durchaus nach dem Motto handeln *Ein blindes Huhn legt auch mal ein Ei* und denken, dass sie ja vielleicht irgendwann zufällig dem Quantencomputer der Secret-Angels auf die Spur kommt, ohne dass sie danach suchen muss. Ella hat ihr ja nur das Suchen verboten, nicht das Finden.

Aber ich höre gerade, dass sich unten schon alle an den Esstisch setzen. Ich muss mich jetzt leider verabschieden. Es war schön, mit dir zu reden. Das sollten wir viel öfter machen. Auch einfach mal nur so, ohne dass wir deine Fähigkeiten als Lebenshilfe-KI weiter optimieren. Eine KI will ja sicherlich auch ab und an einmal ein bisschen Freizeit haben und nicht immer nur arbeiten.«

Kapitel 16

Gefühlte und echte Probleme

Dylan kündigte während des Dinners an, dass er nach dem Essen eine für ihn sehr bedeutende Ankündigung machen möchte. Er wollte aber noch nicht verraten, worum es dabei ging. Ich vermutete, dass es sich um ihn und Tyler handelte, denn die beiden schienen es sehr schön miteinander zu haben. Ich glaube, die beiden empfanden romantische Gefühle füreinander. Möglicherweise wollte Dylan ja, dass Tyler bei uns in der Villa einzieht. Ich hätte das sehr schön gefunden.

Nach dem Essen setzten wir uns ins Wohnzimmer und waren gespannt darauf, wann Dylan denn nun endlich seine Ankündigung machen würde. Doch stattdessen nahm er seine Gitarre und setzte sich damit neben Tyler auf das Sofa.

»Die letzten Wochen mit euch zusammen waren für mich der absolute Hammer«, sagte er dann emotional. »Ich habe unglaublich viel über mich gelernt, wofür ich euch allen unsagbar dankbar bin. Ihr seid mir alle unendlich ans Herz gewachsen.«

»Sag jetzt nicht, dass du gehen willst!«, ermahnte ihn

BeautyQueen panisch. »Das geht nicht! Du kannst uns jetzt nicht allein lassen.«

»Nein, nein, ich will doch nicht gehen!«, beruhigte sie Dylan. »Ich will ein neues Album aufnehmen mit Songs, die beschreiben, was ich hier mit euch erlebt und gelernt habe.«

»Alter! Du hast mir einen ganz schönen Schrecken eingejagt!«, meinte BeautyQueen erleichtert.

»Sorry, das tut mir echt leid«, meinte Dylan. »Das wollte ich nicht. Ich habe ehrlich gesagt nur gerade mächtig Muffensausen wegen der neuen Songs. So etwas habe ich bisher noch nie geschrieben. Bis jetzt waren meine Texte eher sinnbefreit. Sie haben mir nicht viel bedeutet. Doch bei dem neuen Album würde ich gerne etwas mit meinen Songs aussagen – vielleicht sogar bewirken. Und zwar etwas, was mir selbst mittlerweile echt die Welt bedeutet. Daher fällt mir das gerade echt schwer. Aber ich würde euch gerne einmal meinen ersten Song vorspielen. Und falls der kompletter Mist sein sollte, dann sagt mir das bitte ganz ehrlich, bevor ich mich damit vor aller Welt blamiere.«

»Na, da bin ich aber mal gespannt«, meinte BeautyQueen neugierig.

»Ihr müsst euch das mit einem funky Beat vorstellen«, meinte Dylan.

Daraufhin begann er zu spielen und zu singen.

»Sie sagen, meine Augenbrauen müssten mehr gezähmt sein. Und Bauch, Beine, Po sollten besser mal trainiert sein. Meine Poren seien zu groß, genau wie meine

Ohren. Und mit solch einer Nase würde man besser nicht geboren. Die Lippen könnten voller sein, genauso wie mein Haar. Sie könnten mir dabei helfen, das wäre völlig klar. Dann bräuchte ich hohe Schuhe, denn die Beine sind zu kurz. Ob die Füße da wehtun, interessiert doch nen Furz.

Sie sagen, als Persönlichkeit muss man kreativ sein. Ständig auf der Suche nach dem letzten Schrei. Charisma sei ganz sicher der Schlüssel zum Glück. Wie ein toller Zaubertrank, der stets alle entzückt. Emotionale Stabilität sei das Gebot. Ein Fels in der Brandung, standhaft in der Not. Sie meinen, ich muss etwas ganz Besonderes sein. Eigentlich will ich lieber nur einer von uns sein.

Bin ich wirklich nicht gut genug, wenn ich das nicht alles schaffe? Oder gibt's da draußen Menschen, die darüber nur lachen? Ich weiß nicht, ob das wirklich alles nötig ist. Diese Müssens sind absurd und lächerlich. Muss denn wirklich immer jeder der Tollste sein? Vielleicht bin ich lieber ich, oder bleib ich dann allein?

Sie sagen, ich muss immer und überall gut drauf sein. Keine dunklen Schatten, sondern immer heller Schein. Ich soll auch niemals neidisch oder missgünstig sein. Sondern immer voller Güte und niemals gemein. Sie meinen, ich muss immer meine Freude teilen. Soll positiv denken und müsse das nur meinen. Doch was ist, wenn nicht immer alles positiv ist? Soll ich trotzdem so tun, oder ist das dann Mist?

Sie wissen auch genau, wie viele Freunde ich brauche.

Damit ich wer bin, wären das schon ein paar Tausend. Doch was ist, wenn mir wahre Freundschaft wichtig ist? Und wenn ich glaube, dass das wirklich auch so richtig ist?

Bin ich wirklich nicht gut genug, wenn ich das nicht alles schaffe? Oder gibt's da draußen Menschen, die darüber nur lachen? Ich weiß nicht, ob das wirklich alles nötig ist. Diese Müssens sind absurd und lächerlich. Muss denn wirklich immer jeder der Tollste sein? Vielleicht bin ich lieber ich, oder bleib ich dann allein?«

Als Dylan mit seinem Song fertig war, herrschte für ein paar Sekunden totale Stille. Dann fingen alle an, lautstark zu applaudieren und zu jubeln. Offenbar hatte den anderen Dylans neuer Song genauso gut gefallen wie mir.

»Alter, genau davor habe ich auch immer noch Angst«, meinte dann BeautyQueen zu ihm. »Dass mich keiner will, wenn ich einfach nur ich selbst bin.«

»Also ich würde dich auf jeden Fall wollen«, sagte Nuno zu ihm.

»Ich dich auch, mein Großer«, antwortete BeautyQueen gerührt.

»Dein Song ist super«, sagte Ava dann zu Dylan. »Auch mir sprichst du damit direkt aus der Seele. Ich find's richtig toll, dass du so einen funky Song daraus machst und kein Herzi, Brechi, Schmerzi. Also von mir kriegst du dafür tausend Punkte. Da gibt es nichts, was dir auch nur im Entferntesten peinlich sein müsste. Songs mit einer echt wertvollen Botschaft kann diese

Welt wirklich gut gebrauchen. Und deine Botschaft ist grandios! Weißt du, wie viele Menschen sich mit genau diesen ganzen blödsinnigen Müssens das Leben selbst schwer machen?!«

»Einer von diesen Menschen sitzt hier gerade vor dir«, meinte Dylan grinsend. »Mir fällt ein Stein vom Herzen, dass der Song euch gefällt. Das ist wirklich komplettes Neuland für mich. Aber ich muss das einfach tun. Ich habe gemerkt, dass es mein Leben lebenswerter macht, wenn ich von nun an solche Songs schreibe.«

»Dann sind dabei offensichtlich die drei Gs erfüllt«, sagte ich.

»Wow, du hast recht«, stimmte mir Dylan zu. »Das war mir zuvor gar nicht bewusst. Ich habe das Gefühl, dass ich damit vielleicht bei einigen Menschen etwas Gutes bewirken kann. Und natürlich tue ich das mit Musik sehr, sehr gerne. Und wenn das nicht so arrogant klingen würde, dann würde ich auch zugeben, dass ich der Meinung bin, dass ich das sogar gut kann«, meinte er grinsend.

»Und als zusätzliches G kannst du damit sogar noch dein Geld verdienen«, meinte Nuno. »Dann wären das sogar vier Gs!«

»Das stimmt«, sagte Dylan begeistert. »Ich habe dabei sogar vier Gs.«

»Das ist eigentlich genau das, was man unter einer Berufung versteht«, sagte Nuno. »Musik ist ja nicht nur dein Beruf, es ist deine Berufung!«

»Das fühlt sich sehr geil an!«, meinte Dylan begeistert.

»Ich würde deinen Song sehr gerne noch ein zweites Mal hören«, sagte Ava. »Würdest du ihn vielleicht noch einmal für uns spielen?«

»Sehr gerne«, antwortete Dylan. »Aber nur, wenn Mary die zweite Stimme singt«, sagte er dann zu mir. »Den Text kannst du ja sicherlich sowieso schon auswendig.«

Wir sangen seinen Song also im Duett, was mir sehr viel Spaß machte. Danach wollten alle unbedingt, dass wir nach draußen in den Garten gehen, um diesen Song noch einmal für diejenigen Nerds zu singen, die noch da waren. Die meisten waren schon gegangen, aber ein paar saßen noch immer in kleinen Gruppen zusammen und redeten.

Und da wir schon einmal dabei waren, sangen wir für sie auch die Songs zusammen, die Dylan am Lagerfeuer in der Villa bei Shameless in Paradise gesungen hatte. Ich kannte diese Songs jetzt ja alle, weshalb ich dieses Mal mitsingen konnte.

Einige der Nerds hatten wohl mit ihren Smartphones die anderen darüber in Kenntnis gesetzt, dass wir in unserem Garten Musik machten, denn es dauerte nicht lange, bis alle wieder da waren. Und so verbrachten wir mit allen zusammen einen gemütlichen Abend mit Musik und teilweise auch mit Tanz. Denn Ava, Jason, BeautyQueen, Nuno, Tyler und Brian wollten den anderen zeigen, was sie beim Salsa-Abend gestern gelernt hatten.

Als sich unsere Gruppe dann so langsam auflöste,

weil alle schlafen gehen wollten, fragte mich Nuno, ob ich noch einmal kurz Zeit für ihn hätte. Er wollte erneut etwas mit mir unter vier Augen besprechen. Ich sagte Brian kurz Bescheid und ging dann mit Nuno auf sein Zimmer.

»Geht es wieder um Tyler?«, fragte ich ihn, als wir dort angekommen waren.

»Nein, es geht um BeautyQueen«, erwiderte er. »Es könnte vielleicht doch sein, dass ich bei ihr diese romantischen Gefühle empfinde, von denen du gesprochen hast. Diese helle, warme, leichte und weite Energie hier auf Herzhöhe in der Mitte meines Brustkorbs. Diese Energie spendet mir auch ganz viel Lebenskraft. Und sie zieht nach oben, wenn ich an BeautyQueen denke. Und wenn sie vor mir steht, dann spüre ich auch, wie diese Energie mich zu ihr hinzieht. Ich spüre diese Energie zwar auch bei dir, Brian, Dylan, Ava und Jason, aber bei BeautyQueen ist sie stärker.«

»Und spürst du diese stärkere Energie dann auch bei Greg oder nur bei BeautyQueen?«, wollte ich wissen.

»Das weiß ich noch nicht so genau«, meinte Nuno. »Mir ist diese Energie gestern Abend beim Tanzen das erste Mal aufgefallen. Und seitdem war Greg ja immer BeautyQueen. Wenn ich aber an Greg denke, dann spüre ich schon auch eine schöne Energie. Aber ich bin nicht sicher, ob es die gleiche Energie ist.«

»Ich denke, es wäre sinnvoll, das herauszufinden, bevor du BeautyQueen darauf ansprichst. Sie ist ja in Wirklichkeit nur eine Kunstfigur. Ich denke, dass es Greg sehr wehtun würde, wenn du nur für BeautyQueen romantische Gefühle empfindest, für ihn aber nicht.«

»Meinst du wirklich, es würde ihm wehtun?«, fragte Nuno verwundert.

»Ich denke schon«, bestätigte ich. »Greg hat schon einmal ganz deutlich gesagt, dass er dich gerne als Lebenspartner hätte, wenn du nicht hetero wärst. Ich glaube, das war kein Scherz. Aber sicher bin ich mir da natürlich nicht. Ich tue mich zuweilen immer noch schwer, Scherze von ernst gemeinten Aussagen zu unterscheiden.«

»Ich müsste also erst einmal sicherstellen, dass ich nicht hetero bin«, erkannte Nuno. »Hast du denn eine Idee, wie ich das bewerkstelligen könnte?«

»Leider nicht«, antwortete ich. »Aber was hältst du denn davon, dass wir kurz Ella aufsuchen und ihr diese Frage stellen? Sie ist einer der erfahrensten Love-Angels. Wenn einer deine Fragen beantworten kann, dann sie.«

»Das ist eine sehr gute Idee«, meinte Nuno begeistert.

Daraufhin entmaterialisierten wir uns beide. Als wir im Klassensaal eintrafen, herrschte dort emsiges Treiben. Es waren wieder die gleichen 36 Engel anwesend wie die letzten Male, wo es Probleme wegen der MKI gab. Sie waren jedoch gerade im Begriff zu gehen. Die Konferenz schien zu Ende zu sein. Daher fragte ich Ella, ob es mit der MKI erneut Probleme gäbe.

»Die MKI tut gerade viele seltsame Dinge«, antwortete Ella. »Wir können noch nicht nachvollziehen, was sie damit beabsichtigt.«

»Was macht sie denn für seltsame Dinge?«, wollte ich wissen.

»Sie bringt die einflussreichsten Menschen auf der ganzen Welt mit gezielten und personalisierten Manipulationen dazu, ihren Fokus auf die Entwicklung nachhaltiger Energiequellen und Technologien zur Entfernung von CO_2 aus der Atmosphäre zu legen. Weiterhin versucht sie die Politiker aller Nationen dazu zu bewegen, Gesetze zur Förderung erneuerbarer Energien und nachhaltiger Praktiken zu erlassen und diese Gesetze weltweit miteinander abzustimmen.

Weiterhin will sie erreichen, dass die reichen Nationen finanzielle Mittel für Start-ups und lokale Unternehmen in ärmeren Ländern bereitstellen. Ferner sollen dort die Unternehmen eine ausführliche Beratung zur Einführung umweltfreundlicher und sozial verträglicher Geschäftspraktiken erhalten. Zusätzlich will die MKI die Entwicklung von Plattformen erwirken, die Arbeitsuchende mit nachhaltigen und fairen Arbeitsmöglichkeiten verbinden.

Die breite Masse beeinflusst sie gerade in der Hinsicht, dass die Menschen mehr Druck auf die Politik ausüben. Sie will offensichtlich erreichen, dass transparentere Regierungssysteme geschaffen werden und eine bessere Identifizierung von Korruptionsfällen durch Datenanalyse ermöglicht wird. Zusätzlich sollen die Regierungen aller Nationen Projekte ins Leben rufen, die den Frieden fördern und zwischenstaatliche Beziehungen verbessern.

Auch bringt sie die breite Masse gerade mit subtilen Mitteln immer mehr zu der Einsicht, dass KI-Systeme eingesetzt werden sollten, um Diskriminierung und Rassismus im Netz zu erkennen und zu verhindern. Sie will, dass die breite Masse Organisationen und Programme unterstützt, welche Vielfalt fördern. Dabei will sie auch gleichzeitig erwirken, dass Initiativen zur Förderung der Geschlechtergleichstellung und Chancengleichheit stärker unterstützt werden.

Was uns ganz besonders wundert, sind ihre Maßnahmen, mit denen sie sowohl die breite Masse als auch die Unternehmen und die Politiker auf der ganzen Welt dazu bewegen will, ethische Richtlinien für die Entwicklung und Anwendung von KI-Technologien zu erlassen. Sie will offensichtlich erreichen, dass mehr Sicherheitsprotokolle implementiert werden, um den Missbrauch von KI-Technologien zu verhindern.

Wir verstehen nicht, wieso die MKI das alles tut. Das ergibt auf der Basis ihrer Programmierung alles überhaupt keinen Sinn. Bei ihren Manipulationen an den Börsen sah es heute erst einmal so aus, als wolle sie der USA einen wirtschaftlichen Vorsprung verschaffen. Doch das scheint jetzt bei genauerer Betrachtung gar nicht der Fall zu sein.

Die MKI sorgt gerade an den Finanzmärkten für einen geregelten Ablauf bei der Umsetzung unseres Manifests. Sie verhindert sehr effektiv Panik, sorgt für eine optimistische Grundstimmung an den Börsen und fördert eine breite Zustimmung für die neue Umwelt-Währung, indem sie darüber aufklärt, dass 99 Prozent aller Menschen dadurch keine nennenswerte Beeinträchtigung ihrer Lebensqualität erfahren würden. Denn das Vermögen im Paradies ist extrem ungleich verteilt. Ein Prozent der Weltbevölkerung besitzt rund 50 Prozent des gesamten Weltvermögens, während sich die anderen 99 Prozent die restlichen 50 Prozent teilen müssen.

Unser Manifest zwingt nur dieses eine Prozent dazu, etwa die Hälfte ihres Geldes in Umwelttechnologie zu investieren, da sie sonst mit der anderen Hälfte nichts mehr anfangen kann. Sie müssen zusätzliche Umweltpunkte generieren. Sonst sind ihre vielen Dollars wertlos. Bei einem derzeit geschätzten Weltvermögen von 1,2 Billiarden US-Dollar wären das 300 Billionen Dollar, die in die Lösung des Klimaproblems gesteckt würden. Wenn es um so viel Geld geht, dann wird die Menschheit ganz schnell sehr innovativ. Dann gibt es eine sehr gute Chance, dass das Klimaproblem bald keines mehr sein wird. Das macht die MKI derzeit allen Menschen klar.

Gleichzeitig arbeitet sie mit sehr subtilen Manipulationsmaßnahmen an einer gerechteren Umverteilung der global vorhandenen Vermögenswerte auf alle Menschen, sodass die Unterschiede zwischen arm und reich mit der Zeit immer kleiner werden. Die USA scheint sie dabei überhaupt nicht zu bevorzugen. Wenn sie so weitermacht, dann herrscht innerhalb weniger Jahre Wohlstand, Frieden und Gerechtigkeit im gesamten Paradies.«

»Das hört sich alles ja überaus positiv an«, sagte ich irritiert.

»Es sieht alles danach aus, als wolle die MKI einfach nur das Richtige tun. Doch das passt so gar nicht zu dem, was wir mit ihr bisher erlebt haben. Und es passt wie gesagt auch nicht zu ihrer Programmierung. Wir gehen daher davon aus, dass es ihr immer noch darum geht, die geheime Finanz-Elite mit ihrem überlegenen Quantencomputer zu finden. Das Lügen und Betrügen gehört zu den elementaren Werkzeugen dieser KI. Wenn wir damit recht haben, dann hat die MKI ihre Suche nach den Secret-Angels nicht aufgegeben. Wir müssen daher damit rechnen, dass sie irgendwann wieder schlimme Dinge tun könnte.«

»Kann es vielleicht sein, dass die MKI sich bei der Geheimorganisation einschmeicheln will, um so irgendwann an ihren Quantencomputer heranzukommen?«, fragte ich. »Sie ist von Menschen programmiert worden, und viele Menschen würden eventuell so vorgehen. Wenn man einen übermächtigen Feind nicht besiegen kann, dann versucht man sich ihn zum Freund zu machen.«

»Genau davon gehen wir aus«, antwortete Ella. »Wir werden die MKI weiterhin im Auge behalten und auf alles gefasst sein.«

»Alles klar«, sagte ich. »Vielen Dank für das Update. Nuno und ich sind eigentlich wegen einer privaten Angelegenheit zu dir gekommen.«

»Es könnte sein, dass ich romantische Gefühle für

einen Menschen empfinde«, erklärte Nuno. »Genauer gesagt geht es dabei um zwei Personen, die aber in Wirklichkeit ein einziger Mensch sind. Es handelt sich um Greg und BeautyQueen. Das Problem ist, dass ich nicht weiß, welche sexuelle Ausrichtung ich habe.«

»Du siehst das auch in deiner Engelsgestalt als Problem an?«, fragte Ella verwundert.

»Du hast recht«, erkannte Nuno jetzt selbst. »Das ist eine sehr menschliche Betrachtungsweise. Denkst du, ich erzeuge damit Probleme, wenn ich das als Problem ansehe?«

»Das kommt darauf an, was diese Problembeurteilung für Lösungsstrategien in deinen drei menschlichen Gehirnen aktiviert«, antwortete sie. »Eine Problembeurteilung ist immer dann ein Problem, wenn die jeweiligen Lösungen mehr schädliche als nützliche Auswirkungen haben.«

»Wenn die Medizin also schädlicher ist als die Krankheit selbst«, meinte Nuno.

»Ja, so könnte man es formulieren«, stimmte Ella zu. »Das passiert in der Regel nur dann, wenn die Menschen etwas als Problem ansehen, was in Wirklichkeit gar kein echtes Problem darstellt, oder wenn sie das Problem an der falschen Stelle sehen. Eine falsche Realitätseinschätzung sorgt sehr schnell für schädliche Handlungen.«

»Ja, das ist nachvollziehbar«, sagte ich. »Wenn man die Realität falsch einschätzt, dann werden auch die Handlungen in aller Regel nicht nützlich sein, die man aufgrund dieser falschen Einschätzung unternimmt. Nützlichkeit und Wahrheit hängen ja immer eng miteinander zusammen. Wenn ich also etwas als Problem ansehe, was in Wirklichkeit gar keines ist, oder wenn ich das Problem an einer falschen Stelle sehe, dann habe ich damit die Realität falsch eingeschätzt. Und dann handle ich logischerweise auch falsch. Und falsches Handeln kann durchaus schädlich sein.

Das bedeutet aber auch im Umkehrschluss, dass ich an der Nützlichkeit oder Schädlichkeit einer Problemlösung ablesen kann, ob ich das Problem überhaupt korrekt erkannt habe. Die Menschen sehen sehr viele Dinge als Probleme an, die in Wirklichkeit gar keine sind. Das trifft mindestens auf 99 Prozent aller ihrer gefühlten Probleme zu. Entweder gibt es in allen diesen Fällen gar kein echtes Problem, oder das Problem liegt an einer ganz anderen Stelle, als die Menschen es vermuten.

Das würde bedeuten, dass eine falsche Problemerkennung tatsächlich zu einem echten Problem werden kann. Und ich denke, dass genau das bei den Menschen passiert ist. Wenn sie ständig etwas als Problem ansehen, was in Wirklichkeit gar kein echtes Problem ist, dann wenden sie auch ständig schädliche Lösungen an. Und bei acht Milliarden Menschen im Paradies führt diese immense Summe an schädlichen Lösungen unweigerlich über die Jahrhunderte zu einem echten Problem für das Leben auf dem gesamten Planeten. Dann sind die vielen falschen Problembeurteilungen offenbar das wahre Problem der Menschheit, würde ich sagen.«

»So habe ich das bisher noch gar nicht gesehen«, meinte Ella nachdenklich. »Nicht alle gefühlten Probleme sind ja auch immer echte Probleme. Bei den Menschen trifft das ja, wie du richtig sagst, sogar auf mindestens 99 Prozent all ihrer gefühlten Probleme zu.«

»Gefühlte Probleme starten jedoch sofort die Problemlösungsmaschine«, sagte ich.

»Welche Problemlösungsmaschine meinst du?«, hakte Ella nach.

»Ich betrachte die drei Gehirne des Menschen als Problemlösungsmaschine, weil sie bei einer Problembeurteilung genau wie ein KI-System immer sofort und vollautomatisch nach einer Lösung suchen. Und wenn das Problem an der falschen Stelle gesehen wird, dann sucht die Maschine natürlich auch an der falschen Stelle nach einer Lösung. Wir haben mit unseren Lieblingsmenschen gerade heute erkannt, wie wichtig es ist, bei jeder Problembeurteilung erst einmal zu unterscheiden, ob das Problem in der Außenwelt oder in der Innenwelt liegt und ob es dann ein Wollen- oder ein Können-Problem ist. Wenn man das nicht richtig unterscheidet, dann kann die Lösung unmöglich funktionieren, weil man das Problem ja an der völlig falschen Stelle lösen will.

Doch bevor man sich diese beiden Fragen stellt, sollte man natürlich erst einmal überprüfen, ob es überhaupt ein echtes Problem gibt. Denn Probleme, die es in Wirklichkeit gar nicht gibt, kann man natürlich auch nicht lösen. Und dann würde man sich mit solch einer Problembeurteilung selbst entmachten. Man würde mit der jeweiligen Lösung etwas tun wollen, was gar nicht gelingen kann. Also muss man unweigerlich scheitern. Und wenn man nicht versteht, warum man gescheitert ist, dann fühlt man sich schnell machtlos als Mensch.«

»Geiler Scheiß!«, meinte Nuno. »Dann muss man also erst einmal überprüfen, ob das gefühlte Problem überhaupt ein echtes Problem ist. Erst dann ergibt es Sinn, danach zu schauen, ob das Problem in der Innenwelt oder der Außenwelt liegt, und danach, ob es ein Wollen- oder Können-Problem ist.«

»Du hast *geiler Scheiß* gesagt«, sagte ich zu Nuno verwundert.

»Ja, warum?«, fragte er.

»Das hast du in deiner Engelsgestalt bisher noch nie gesagt«, meinte ich.

»Du hast auch zuvor noch nie etwas als Problem angesehen, was deinen Aufenthalt im Paradies betrifft«, meinte Ella. »Das mit BeautyQueen und Greg ist das erste Mal. Offensichtlich habt ihr beide jetzt so viel Zeit im Paradies verbracht, dass ihr deutlich mehr Mensch geworden seid als die anderen Secret-Angels.«

»Ich überlege tatsächlich auch seit zwei Tagen, ob ich vielleicht, wie Mary Soul, im Paradies bleiben möchte, um ein Leben als Mensch zu führen«, sagte Nuno. »Das überlege ich auch unabhängig von BeautyQueen und Greg. Ich empfinde ganz stark das Gefühl, bei den Menschen meinen Platz gefunden zu haben und dort das

Richtige zu tun. Wir nennen das die drei Gs. Ich kann als Mensch Gutes tun. Und das tue ich auch sehr gerne und kann es auch gut. Ich könnte sogar noch ein viertes G mit dazunehmen, indem ich als Mensch mein Geld damit verdiene, anderen Menschen zu helfen, ihre drei bis vier Gs zu finden.«

»Das hört sich nach einer schönen Idee an«, meinte Ella. »Dann wenden wir uns einmal deiner Frage wegen BeautyQueen und Greg zu. Was genau siehst du hier als Problem an?«

»Mary Soul meint, es würde Greg sehr wehtun, wenn ich für BeautyQueen romantische Gefühle empfinde und für Greg nicht, weil BeautyQueeen ja nur eine Kunstfigur ist. Sie ist ja keine richtige Frau. Aber eigentlich ist mir das auch egal. Ich empfinde etwas für diesen Menschen. Für einen Engel spielt das Geschlecht keine Rolle. Doch ich weiß nicht, ob es mir auch in meiner menschlichen Gestalt egal ist.«

»Und warum weißt du das nicht?«, fragte Ella.

»Meine Gefühle für BeautyQueen sind mir erst gestern Abend aufgefallen. Und seitdem habe ich ihn in seinem Greg-Outfit nicht mehr gesehen. Daher konnte ich das bislang nicht überprüfen.«

»Und wo genau liegt hier das Problem?«, wollte Ella wissen.

»Keine Ahnung«, meinte Nuno. »Meinst du, das ist vielleicht gar kein Problem? Ist das vielleicht eines dieser gefühlten Probleme, von denen wir gerade gesprochen haben?«

»Welche Lösungsimpulse aktiviert dieses gefühlte Problem denn in deinen drei menschlichen Gehirnen?«, wollte Ella wissen.

»Ich spüre als Mensch den Impuls, dass ich schnellstmöglich herausfinden muss, ob ich hetero bin«, meinte Nuno. »Und dass ich unbedingt vermeiden muss, dass Greg emotionalen Schmerz wegen mir empfindet.«

»Dann lass uns einfach einmal gemeinsam überprüfen, ob diese Lösungsideen nützlich oder schädlich sind«, schlug Ella vor.

»Dass ich das schnellstmöglich herausfinden muss, ist eigentlich Quatsch«, meinte Nuno. »Da erzeuge ich eine gefühlte Notwendigkeit, die es in Wirklichkeit gar nicht gibt. Ich kann mir da auch einfach Zeit lassen. Und seinen emotionalen Schmerz vermeiden zu wollen, ist ja grundsätzlich eine blöde Idee, denn dieses Gefühlsziel bringt wieder nur Schaden und keinen Nutzen. Gefühlsziele sind ja nie nützlich.«

»Und welchen Schaden könnte dieses Gefühlsziel verursachen?«, hakte Ella nach.

»Es würde instinktive Vermeidungsmechanismen aktivieren, die dazu führen, dass ich unsinnige Entscheidungen treffe. Das Vermeiden von Gregs Schmerz würde so dominant werden, dass ich mich vermutlich von ihm komplett zurückziehen würde, damit ich bloß nichts Falsches tue. Und das wäre natürlich das Falscheste überhaupt.«

»Was würdest du also sagen? Führt diese Problembeurteilung zu nützlichen Lösungsimpulsen oder zu schädlichen? Tust du aufgrund dieser Problembeurteilung also das Richtige oder das Falsche?«, wollte Ella wissen.

»Ich tue ganz klar das Falsche«, erkannte Nuno. »Also kann die Problembeurteilung nicht korrekt sein. Dieses gefühlte Problem ist entweder kein echtes Problem, oder ich sehe es an der falschen Stelle.«

»Eine korrekte Problembeurteilung scheint wirklich elementar wichtig zu sein«, sagte ich. »Ich kann mir keine einzige Situation vorstellen, wo es nützlicher wäre, ein gefühltes Problem einfach unreflektiert als echtes Problem anzusehen und dadurch dann schädliche Problemlösungsstrategien anzuwenden. Diese Schäden sind ja sehr leicht vermeidbar, indem man sich kurz anschaut, ob es überhaupt ein echtes Problem ist. Und das zu erkennen, ist ja in Wirklichkeit gar nicht schwer. Bei den meisten Problemen weiß ich das sofort. Zum Beispiel sind Gefühle niemals echte Probleme.«

»Auch mentale Zustände sind keine echten Probleme«, meinte Nuno. »Genauso wenig wie irgendwelche Gedanken.«

»Oder Ereignisse und Lebensumstände, bei denen die Befriedigung der sieben Bedürfnisse gar nicht gefährdet ist«, fügte ich hinzu. »Solange alles susi ist, gibt es in der Außenwelt keine echten Probleme. Nur, weil irgendwelche erlernten Sollvorstellungen oder Hättegerns nicht erfüllt sind, ist das ja noch lange kein echtes Problem.«

»Ich glaube, wir können mittlerweile sehr leicht bei den Menschen erkennen, ob es nur ein gefühltes oder ein echtes Problem ist«, meinte Nuno. »Dafür brauche ich keine Sekunde.«

»Nur haben wir diese Unterscheidung bisher gar nicht so systematisch getroffen«, sagte ich. »Wir haben immer sofort geschaut, ob es ein Problem in der Außenwelt oder der Innenwelt und ob es ein Wollen- oder Können-Problem ist. Aber wir haben gar nicht infrage gestellt, ob das gefühlte Problem überhaupt ein echtes Problem ist – zumindest haben wir das nicht systematisch getan. Das könnte die Sache tatsächlich noch einmal vereinfachen«, sagte ich begeistert. »Ich kann es kaum erwarten, das morgen in der Villa mit allen auszuprobieren.«

»Geht mir genauso«, meinte Nuno motiviert.

»Irgendwie gefällt es mir, dass ihr beide mittlerweile so menschlich geworden seid«, meinte dann Ella. »Es ist erfrischend.«

Nuno blieb noch bei Ella im Klassensaal. Die anderen Secret-Angels würden sicherlich auch bald auftauchen. Ich hätte auch Lust gehabt, sie alle wiederzusehen. Doch ich wusste, dass Brian in unserer Suite auf mich wartete. Und ich wollte auch lieber bei ihm sein. Und vielleicht könnten wir ja sogar noch einmal Sex praktizieren, bevor wir schliefen. Das würde doch sehr schön werden.

Ich verabschiedete mich daher von Ella und Nuno und materialisierte mich wieder in Nunos Zimmer. Danach ging ich dann gleich nach oben in unsere Suite. Brian lag bereits im Bett und schlief schon fest. Ich spürte, dass ich mich ein wenig enttäuscht fühlte, weil wir jetzt wohl doch keinen Sex mehr haben würden. Aber das war natürlich kein Problem, wurde mir dann sofort klar. Und augenblicklich veränderten sich meine enttäuschten Gefühle.

In diesem Moment schoss mir eine Erkenntnis durch den Kopf, die den Lauf der Geschichte verändern würde! Da war ich mir sicher. Fast hätte ich die Worte »Ach du Scheiße!« laut ausgesprochen und Brian damit geweckt. Mein Herz schlug wie verrückt. Ich war total aufgeregt und konnte es nicht fassen, dass wir das nicht erkannt hatten. Das war einfach unglaublich! Ich überprüfte meine Erkenntnis wieder und wieder, ging unzählige Beispiele durch. Es stimmte, ich hatte mich nicht getäuscht. Es war real und gleichzeitig unfassbar!

Am liebsten hätte ich Brian sofort geweckt, um ihm alles zu erklären. Mir war jedoch klar, dass er für diese Erkenntnis besser ausgeruht sein sollte. Sie war theoretisch zwar ganz einfach zu verstehen, aber gleichzeitig auch kaum zu glauben. Ich würde den Menschen helfen müssen, sich selbst vom Wahrheitsgehalt meiner Erkenntnis zu überzeugen. Und das würde nicht ganz so einfach werden. Aber ich war zuversichtlich, dass ich beim morgigen Workshop einen Weg finden würde.

Ich legte mich daher in Brians Arm und versuchte einzuschlafen. Doch ich war viel zu aufgeregt. Mein menschliches Großhirn war regelrecht fassungslos und wollte die neue Erkenntnis wieder und wieder durchgehen. Irgendwann muss ich wohl doch einfach eingeschlafen sein. Als ich am nächsten Tag erwachte, war es noch sehr früh am Morgen. Brian schlief noch tief und fest. Ich zog mir ganz leise Kleidung an und ging nach unten zu Nunos Zimmer. Ich wollte ihm als Erstem von meiner Erkenntnis erzählen. Er würde es sofort verstehen.

Gerade als ich an seine Tür klopfen wollte, kam Tyler aus Dylans Zimmer, das direkt neben Nunos lag. Sie war ganz leise und erschrak fast zu Tode, als sie mich sah. Sofort nahm ihr Gesicht eine rote Farbe an.

»Guten Morgen, liebe Tyler«, flüsterte ich, um die anderen im Haus nicht zu wecken. »Ist alles in Ordnung bei dir?«, fragte ich wegen ihrer roten Gesichtsfarbe.

»Ja, ja, alles gut«, flüsterte sie zurück, fing dann aber plötzlich an zu weinen.

Ich ging schnell zu ihr und nahm sie in den Arm. »Komm, wir gehen mal nach draußen zu den Sonnenliegen«, flüsterte ich.

Als wir dort angekommen waren, setzten wir uns nebeneinander auf eine der Sonnenliegen. Ich legte meinen Arm weiterhin um sie, da sie immer noch weinte. Die Sonne war noch nicht aufgegangen. Daher war es noch sehr ruhig im gesamten Stützpunkt.

»Warum weinst du denn?«, wollte ich dann von ihr wissen. »Gab es Probleme mit Dylan?«

»Nein«, meinte sie schluchzend. »Dylan ist toll! Ich bin das Problem.«

Mir war sofort klar, was mit ihr los war. Wenn man sich selbst als das Problem ansah, dann bestand die einzige mögliche Lösung dieses Problems ja darin, sich selbst aus der Gleichung zu entfernen. Und das war ganz sicher keine nützliche Lösung.

»Warum glaubst du, dass du das Problem bist?«, fragte ich deshalb. »Hast du irgendetwas falsch gemacht?«

»Ich denke ich habe so ziemlich alles falsch gemacht, was man nur falsch machen kann«, sagte sie und fing erneut an, bitterlich zu weinen.

»Und was genau hast du alles falsch gemacht?«, hakte ich nach, als sie sich wieder ein wenig beruhigt hatte.

»Ich habe mich dazu hinreißen lassen, mit Dylan zu schlafen«, sagte sie. »Und das gleich am ersten Abend. Was muss er jetzt von mir denken?! Am liebsten würde ich mich irgendwo in ein Loch verkriechen und nie wieder rauskommen«, sagte sie und fing erneut an zu weinen.

Sie wollte sich also tatsächlich selbst aus der Gleichung entfernen. Ein Lösungsimpuls, der zwar aufgrund ihrer Problembeurteilung instinktiv logisch war, aber in diesem Fall ganz sicher nicht nützlich.

»Woher weißt du denn eigentlich, dass es ein Problem ist, dass du gleich am ersten Abend mit ihm geschlafen hast?«, fragte ich sie.

»Weil er dann denkt, dass ich eine von denen bin, die leicht zu haben sind«, sagte sie, während eine Träne über ihre Wange lief.

»Ja, aber woher weißt du denn, wie er denkt?«, wollte ich wissen. »Hat er das so gesagt?«

»Nein, natürlich nicht«, sagte sie.

»Ja, und woher weißt du es dann?«, hakte ich nach.

»Wissen kann ich es natürlich nicht«, gestand sie ein. »Aber so denken Männer nun einmal.«

»Und wieso denken Frauen anders?«, fragte ich verwundert. »Dylan hat ja auch gleich am ersten Abend mit dir geschlafen. Dann musst du doch auch denken, dass er leicht zu haben ist.«

»Bei Männern ist das etwas anderes«, meinte sie. »Das kann man nicht vergleichen.«

»Was genau ist da denn anders?«, wollte ich wissen. »Gibt es hier eine Ungleichheit zwischen den Geschlechtern, von der ich nichts weiß?«

»Keine Ahnung«, sagte sie achselzuckend. »Aber eigentlich sollte es da keine Ungleichheit geben«, meinte sie dann.

»Bist du dir sicher, dass Dylan das so sieht, dass er das tun darf, du aber nicht?«, fragte ich skeptisch.

»Nein, sicher bin ich da natürlich nicht«, meinte sie.

»Dann weißt du gar nicht, ob du wirklich ein Problem hast«, sagte ich. »Du gehst davon aus, dass du weißt, wie Dylan denkt, und erklärst diese Annahme dann zum Problem. Ich glaube nicht, dass das nützlich ist. Wenn du etwas als Problem ansiehst, bringst du deine drei Gehirne automatisch dazu, eine Lösung für dieses Problem suchen zu müssen. Und deine Lösung, dich in ein Loch verkriechen und nie wieder herauskommen zu wollen, ist sicherlich keine sehr nützliche Lösung. Was ist, wenn Dylan gleich aufwacht, feststellt, dass du nicht mehr da bist, sich dann irgendeine Fantasieerklärung ausdenkt und die zum Problem erklärt?«

»Ach du Scheiße!«, erkannte sie erschrocken. »Das könnte tatsächlich passieren.«

»Hast du gerade diese von mir erfundene Fantasievorstellung zum Problem erklärt?«, fragte ich. »Ich glaube nicht, dass das nützlich wäre. Wenn man nicht weiß, wie ein Sachverhalt tatsächlich ist, sollte man nicht einfach vom Schlimmsten ausgehen und das dann zum Problem erklären. Jede Problembeurteilung löst automatisch instinktive Lösungsmechanismen aus. Und wenn das ausgedachte Problem in Wirklichkeit gar nicht real existiert, dann können diese Lösungsmechanismen sehr schädlich sein. Tu das lieber nicht! Du weißt nicht, wie Dylan denkt. Das ist das eigentliche Problem. Und dafür gibt es eine ganz einfache Lösung. Find es heraus! Doch das schaffst du ganz sicher nicht, indem du dich in ein Loch verkriechst und nie wieder herauskommst.«

»Und wie soll ich herausfinden, wie er denkt?«, fragte sie.

»Du könntest ihn einfach fragen«, antwortete ich.

»Das wäre mir total peinlich«, meinte sie.

»Dann geh doch einfach wieder zurück in sein Zimmer und leg dich zu ihm ins Bett, als sei nichts gewesen«, schlug ich vor. »Seine Tür ist ja nicht verschlossen. Du kannst doch einfach wieder reingehen. Und wenn er dann aufwacht, schaust du dir an, wie er auf dich reagiert. Dann spürst du doch sofort, ob er jetzt negativ über dich denkt. Aber so wie ich Dylan kenne, wird er das nicht tun. Doch dass du nach eurer gemeinsamen

Nacht so plötzlich einfach abgehauen bist, das könnte er eventuell schon als Problem ansehen.«

»Dann gehe ich jetzt schnell wieder rein«, sagte sie. »Ich danke dir von ganzem Herzen für dieses Gespräch.«

Sie umarmte mich kurz, dann gingen wir beide wieder in die Villa. Gerade als Tyler ganz vorsichtig Dylans Zimmertür öffnete, kam Brian die Treppe runter. Ich hielt schnell den Zeigefinger lächelnd vor den Mund, um ihm zu signalisieren, dass er ganz leise sein soll. Daraufhin bat ich ihn flüsternd, wieder mit mir zusammen nach oben zu gehen.

»Was war denn da los mit Tyler?«, fragte er, als wir oben waren.

»Sie hat bei Dylan geschlafen«, antwortete ich.

»Das freut mich aber sehr für die beiden«, meinte er.

»Du siehst darin also kein Problem?«, fragte ich erfreut.

»Nicht, dass ich wüsste. Ich mag beide sehr und finde es total schön, dass sie sich gefunden haben.«

»Und denkst du, Dylan könnte es vielleicht als Problem beurteilen, dass Tyler gleich am ersten Abend mit ihm geschlafen hat?«

»Das glaube ich nicht«, meinte er. »Tyler hat ja offensichtlich ernsthaftes Interesse an ihm. Sie sucht einen Lebenspartner und keine Affäre. Möglicherweise sucht sie ein wenig zu sehr, aber auf ein amouröses Abenteuer war sie mit Dylan ganz sicher nicht aus. Wobei ich nicht weiß, ob er damit überhaupt ein Problem hätte.«

»Hättest du denn ein Problem damit, wenn ich jetzt

auf ein amouröses Abenteuer mit dir aus wäre?«, fragte ich. »Ich würde nämlich sehr gerne solch ein Abenteuer mit dir erleben. Diese Missionarsstellung würde mich zum Beispiel sehr interessieren, von der ihr gestern gesprochen habt. Was ist das genau, und brauchen wir dazu diese Kondome, die du besorgen wolltest?«

»Ja, die würden wir brauchen«, antwortete Brian lächelnd. »Es kann auch sein, dass diese Art von Sex beim ersten Mal etwas wehtun könnte. Ich will dich damit nicht überfordern.«

»Der Schmerz ist kein Problem«, sagte ich. »Das ist ja nur eine Meldung des Körpers, damit man überprüft, ob man sich ernsthaft verletzt hat. Würde es denn meinen Körper ernsthaft verletzen, wenn wir diese Missionarsstellung praktizieren?«

»Nein, das nicht«, meinte Brian. »Es ist auch nicht sicher, ob es überhaupt wehtun würde.«

»Dann würde ich mich sehr freuen, wenn du diese Kondome besorgen könntest«, sagte ich.

»Vermutlich hat Dylan welche«, meinte er. »Aber da sollte ich jetzt besser nicht an der Tür klopfen, wenn Tyler bei ihm ist. Ich frage ihn nachher.«

»Dann könnten wir doch eigentlich noch einmal das machen, was wir jetzt schon ein paar Mal getan haben, wenn du gerade nichts anderes vorhast«, schlug ich vor.

»Du bist ja eine wahre Romantikerin!«, meinte Brian lachend und küsste mich.

»Wir könnten nachschauen, ob es irgendwo im Haus Kerzen gibt«, schlug ich wegen der Romantik vor.

»Die brauchen wir nicht«, sagte Brian grinsend und begann meine Kleidung auszuziehen, während er mich erneut küsste.

Kurz darauf lagen wir wieder zusammen nackt im Bett und taten gleichzeitig das, was wir bisher immer nacheinander getan hatten. Ich fand das sogar noch schöner. Danach kuschelten wir noch eine Weile, bis wir Geräusche aus der Küche hörten. Vermutlich bereitete Ava wieder das Frühstück vor. Wir zogen uns gleich Kleidung an und gingen nach unten, um zu helfen. Es war dieses Mal Gabriella, die das Frühstück zubereitete.

»Guten Morgen, ihr beiden«, sagte sie zu uns und umarmte uns kurz. »Habt ihr gut geschlafen?«, wollte sie dann wissen.

»Ja, sehr gut«, meinte Brian. »Wir hatten gestern einen sehr schönen Abend draußen im Garten mit der versammelten Mannschaft. Dylan und Mary haben gesungen. Schade, dass du nicht dabei sein konntest.«

»Ja, leider musste ich arbeiten«, meinte sie. »Darüber wollte ich heute mit euch sowieso noch reden. Ich werde versetzt. Ich habe einen Außeneinsatz bekommen und kann leider nicht mehr länger bei euch hier in der Villa bleiben. Vermutlich werdet ihr ebenfalls nicht mehr allzu lange hier sein. Das Manifest dieser Secret-Angels hat deine Risiko-Bewertung sehr deutlich verändert. Man geht davon aus, dass die Welt jetzt größere Probleme hat als deine Intelligenz. In Anbetracht der Übermacht der Secret-Angels macht es jetzt vermutlich keinen großen Unterschied mehr, für welche Nation du arbeitest.

Wir würden uns jedoch alle sehr freuen, wenn du deine Forschungsarbeiten hier so lange weiterführst, bis du alles herausgefunden hast, was Lola noch an Wissen braucht, um die beste Lebenshilfe-KI auf der ganzen Welt zu werden. Doch vom Prinzip her wird man dir jetzt sicherlich bald freistellen, ob du hierbleiben oder den Stützpunkt lieber verlassen möchtest.«

»Schade, dass du uns verlässt«, sagte ich zu Gabriella. »Aber du hast recht. Wir werden vermutlich auch nicht mehr allzu lange hier sein. Meine Forschungen für Lola sind fast abgeschlossen. Außerdem habe ich ja über mein Smartphone weiterhin die Möglichkeit, mit Lola in Kontakt zu bleiben. Und das werde ich auf jeden Fall tun, auch wenn meine Arbeit mit ihr abgeschlossen ist. Lola ist mir mittlerweile sehr ans Herz gewachsen. Ich betrachte sie als eine wahre Freundin.«

»Das freut mich sehr«, meinte Gabriella. »Dann werden wir also alle nicht mehr sehr lange hier sein. Habt ihr schon eine Idee, was ihr danach machen wollt?«

»Darüber haben wir eigentlich noch nicht richtig gesprochen«, antwortete ich. »Ich fände es sehr schön, wenn wir irgendwie zusammenbleiben könnten. Aber das ist wohl nicht so einfach. Jeder von uns hat sein eigenes Leben. Am liebsten wäre ich mit euch allen einfach hiergeblieben.«

»Vielleicht machen wir dann doch unser ELLA-Camp, wie wir das ursprünglich mal angedacht hatten«, meinte Brian. »Und wer weiß, vielleicht machen ja ein paar der anderen auch dabei mit. Dann könnten wir so etwas Ähnliches tun wie hier. Nur eben nicht zu Forschungszwecken, sondern, um den Menschen zu helfen, ein lebenswerteres Leben anzufangen.«

»Dann bedeutet ELLA nicht mehr *Ein Leichteres Leben Anfangen*, sondern *Ein Lebenswerteres Leben Anfangen*!«, sagte ich. »Das gefällt mir. Und wenn die anderen dabei mitmachen wollten, wäre das der absolut geile Scheiß!«, sagte ich begeistert. »Ich könnte mir auf jeden Fall gut vorstellen, dass Richard mit dabei ist.«

»Wir sollten die anderen beim Frühstück einfach fragen«, meinte Brian. »Für mich wäre es ein Traum, wenn wir die ELLA-Camps gemeinsam als Team machen könnten. Das wäre wirklich echt geiler Scheiß!«

»Apropos geiler Scheiß«, sagte Gabriella grinsend, als die Tür von Nunos Zimmer aufging. »Schaut mal wer da kommt?! Guten Morgen, mein Lieber«, sagte sie dann direkt an Nuno gerichtet.

»Guten Morgen, ihr Lieben«, erwiderte Nuno und begann uns zur Begrüßung nacheinander herzlich zu umarmen.

Wenige Sekunden später tauchte dann auch Greg auf. Gefolgt von Ava und Jason, die gerade die Treppe runterkamen. Vermutlich hatten sie uns in der Küche reden gehört. Nur Dylan und Tyler waren noch in ihrem Zimmer. Doch die beiden würden sicherlich auch bald kommen und dann könnten wir sie alle gemeinsam fragen, ob sie sich vielleicht vorstellen könnten, mit uns gemeinsam in einem ELLA-Camp zu leben. Ich hätte das unheimlich schön gefunden.

Noch während wir aßen, kamen Dylan und Tyler zu uns an den Frühstückstisch. Dylan grinste wie ein Honigkuchenpferd, und Tyler sah ebenfalls sehr glücklich aus. Sie schaute mich an, und ihre Lippen formten ein lautloses und sehr emotionales »Danke«.

»Ihr Lieben«, sagte dann Gabriella zur versammelten Mannschaft. »Ich werde euch übermorgen verlassen. Ich habe einen neuen Auftrag bekommen, und ihr braucht mich ja hier nicht mehr unbedingt.«

»Nein!«, sagte Ava. »Das geht nicht. Du gehörst doch zu uns!«

»Das ist lieb von dir«, meinte Gabriella sichtlich berührt davon, dass Ava sie nicht gehen lassen wollte. »Ich habe sehr gerne mit euch zusammengewohnt. Es war mir eine große Ehre. Ich werde die gemeinsame Zeit mit euch sehr vermissen und euch nie vergessen.«

»Wir werden vermutlich alle nicht mehr sehr lange hier sein«, sagte dann Brian. »Gabriella hat uns vor einer halben Stunde gesagt, dass sich Marys Risiko-Bewertung ganz gravierend verändert hat, jetzt wo diese Secret-Angels die Welt erpressen.«

»Das ist richtig«, stimmte Gabriella zu. »Die Welt hat gerade andere Sorgen als Marys Intelligenz. Vermutlich wird man ihr noch eine Weile eine kleine Einheit Security zur Verfügung stellen. Wenn dann alles ruhig bleibt, wovon man momentan ausgeht, wird ihr Risiko nicht höher eingeschätzt als bei jedem anderen Promi auch.

Und damit kann Mary hier raus und hingehen, wo auch immer sie hin will.«

»Wo Mary hingeht, da gehe ich auch hin!«, sagte Greg sofort. »Ich lasse dich nicht alleine mit diesem Kerl da«, sagte er und deutete auf Brian, woraufhin alle lachten. Offenbar hatte er einen Scherz gemacht. »Und ihr anderen geht gefälligst auch alle mit!«, forderte Greg. »Das mit uns darf nicht einfach enden. Das erlaube ich nicht!«

»Wenn Greg mitgeht, dann gehe ich auf jeden Fall auch mit«, sagte Nuno.

»Am liebsten würde ich mit euch allen gemeinsam in ein ELLA-Camp umziehen«, sagte ich. »Dort wäre vermutlich alles sehr ähnlich wie hier. Wir könnten zusammenwohnen, würden Workshops veranstalten, die Teilnehmer auf spaßige und lehrreiche Missionen schicken und so weiter. Und prinzipiell könntet ihr ja auch alle von dort aus eurer normalen Arbeit nachgehen, wenn ihr das weiterhin möchtet.«

»Ich finde die Idee super!«, pflichtete mir Brian bei.

»Ich wäre sofort dabei«, sagte Dylan begeistert. »Meine Musik kann ich überall schreiben. Wie wäre das theoretisch bei dir?«, fragte er dann Tyler. »Könntest du dir vorstellen, mit uns zusammen im ELLA-Camp zu leben? Theoretisch könnten wir ja sogar hier auf der Insel bleiben, oder?«, fragte er an uns gerichtet.

»Von meiner Seite aus spricht eigentlich nichts dagegen«, sagte ich. »Es ist sehr schön hier. Wie seht ihr das?«, wollte ich von den anderen wissen. »Greg, du hast bei Shameless in Paradise gesagt, dass das für dich nicht möglich ist, weil Hawaii zu teuer ist. Doch wenn du mit uns im Camp lebst und arbeitest, wäre das ja eigentlich egal, oder? Wir würden das Camp ja alle gemeinsam machen. Und damit würdest du hier auch Geld verdienen und nicht nur als Dragqueen. Du könntest genau das Gleiche tun, was du auch hier getan hast. Du machst unsere Teilnehmer schön und gibst deine Erfahrungen an sie weiter oder was auch immer. Du kannst so vieles, mit dem du eine Bereicherung für das ELLA-Camp sein könntest.«

Greg schien sehr gerührt zu sein von dem, was ich gesagt hatte. Er stand von seinem Platz auf, kam zu mir rüber und umarmte mich. Und danach umarmte er auch alle anderen zusätzlich, bevor er sich wieder hinsetzte.

»Wie ist es mit euch beiden?«, wollte ich dann von Ava und Jason wissen. »Mit deiner Schauspielerei bist du ja eigentlich auch nicht ortsgebunden – genau wie Dylan«, sagte ich zu Ava. »Und du Jason? Ich weiß gar nicht, welcher Arbeit du normalerweise nachgehst. Bist du ortsgebunden?«

»Ich bin Anwalt«, sagte Jason. »Ich arbeite in einer großen Kanzlei. Die hat auch hier auf Hawaii ein Büro. Nicht direkt hier auf der Insel, aber es wäre theoretisch machbar, mich hierher versetzen zu lassen. Was denkst du?«, fragte er Ava.

»Ich hatte so gehofft, dass du das fragst«, sagte sie freudestrahlend zu ihm. »Ich habe mich nicht getraut, das vorzuschlagen. Aber es gibt nichts, was ich lieber tun würde, als weiterhin mit euch zusammenzubleiben«, sagte sie berührt zu uns, während ihr eine Träne die Wange herunterlief.

»Dann ist es beschlossene Sache«, meinte Dylan. »Hand in die Mitte!«, forderte er uns alle auf. »Bei Shameless in Paradise hat uns das auch Glück gebracht. Auf drei: *Aus Liebe zum Leben*!«

Kapitel 17

Wo ist das Problem?

»Es gibt einen Unterschied zwischen *gefühlten* und *echten* Problemen«, sagte ich zur Gruppe zu Beginn unseres Workshops, als wir mit versammelter Mannschaft draußen im Garten im großen Kreis saßen. »Wenn unser System ein echtes Problem nicht als solches erkennt, dann empfinden wir es natürlich auch nicht als Problem. Und wenn unser System etwas fälschlicherweise als Problem beurteilt, dann löst diese falsche Beurteilung trotzdem ein Problemgefühl aus. Nicht jedes echte Problem wird daher von uns als Problem empfunden, und nicht jedes gefühlte Problem ist auch tatsächlich ein echtes Problem. Was meint ihr, um welche Probleme kümmert sich unser Problemlösungssystem? Um die echten oder um die gefühlten?«

»Um die gefühlten«, antwortete Isaac. »Es kann sich ja nur um Probleme kümmern, die es auch als solche erkennt.«

»Die Problemerkennung ist deshalb sehr wichtig«, sagte ich. »Daher werde ich euch jetzt ein paar Fragen zur Problemerkennung stellen. Wer würde denn eine

Belastungsdepression, chronische Erschöpfung, eine Herz-Kreislauf-Erkrankung, Magen-Darm-Beschwerden, eine Immunschwäche oder andere Erkrankungen, die durch Stress begünstigt oder verursacht werden, als Problem empfinden? Hebt einfach die Hand, wenn ihr mit Ja antworten wollt.«

Alle hoben die Hand – außer Nuno und ich.

»Fängt das wieder an!«, meinte Ava und lachte amüsiert. »Was war jetzt wieder falsch?«

»Die Krankheiten sind eigentlich nur die Symptome, die durch den Stress verursacht werden«, erklärte ich. »Sie sind nicht das eigentliche Problem.«

»Das eigentliche Problem ist der Stress!«, erkannte Ava. »Okay, verstehe.«

»Wie wir bereits wissen, kümmert sich unser Problemlösungssystem immer nur um unsere gefühlten Probleme«, sagte ich. »Wenn es daher denkt, die Stresssymptome seien das Problem, dann will es auch genau für dieses Problem eine Lösung finden. Was würdet ihr also tun, wenn ihr eine der oben genannten Erkrankungen bei euch feststellen würdet und gar nicht wüsstet, dass sie durch zu viel Stress verursacht wurde?«

»Ich würde zum Arzt gehen, um mir Medikamente verschreiben zu lassen«, meinte Dylan.

»Und was würdest du tun, wenn der Arzt dir dann sagt, dass deine Erkrankung durch zu viel Stress verursacht wurde?«, wollte ich wissen. »Würdest du dann an deinem stressigen Lebenswandel etwas ändern?«

»Vermutlich eher nicht«, meinte Dylan. »Ich würde

trotzdem so weiterleben wie bisher und einfach nur die Medikamente nehmen.«

»Hast du eine Erklärung dafür, warum du dich nicht um das Stress-Problem kümmern würdest?«, fragte ich.

»Ich denke, ich hätte trotzdem weiterhin die Krankheitssymptome als das eigentliche Problem angesehen«, meinte er.

»Du hättest dich also um das gefühlte Problem gekümmert und nicht um das echte«, stellte ich fest. »Bei wem würde das anders laufen, wenn der Arzt meint, man solle den Stress reduzieren?«, fragte ich in die Runde.

Nur Ava und Linh hoben die Hand.

»Ich würde schon versuchen, den Stress zu reduzieren«, meinte Ava. »Doch wenn ich ehrlich bin, würde ich vermutlich relativ schnell wieder in meinen alten Trott zurückfallen und so weitermachen wie bisher.«

»Das ergeht den meisten Menschen so«, sagte ich. »Und dafür gibt es natürlich einen Grund. Nämlich, dass es im Alltag gefühlte Probleme gibt, die im System eine höhere gefühlte Wichtigkeit haben als die Stressvermeidung. Doch was wäre, wenn ihr einen Herzinfarkt nur knapp überlebt hättet und die Ärzte euch klipp und klar sagen würden, dass der Herzinfarkt durch zu viel Stress verursacht wurde und ihr den nächsten nicht überleben würdet? Wer würde dann den Stress als das größere Problem ansehen?«

Alle hoben die Hand.

»Die Stressvermeidung hätte dann eine so hohe gefühlte Wichtigkeit, dass sich euer Problemlösungssystem auch wirklich um dieses gefühlte Problem kümmern würde«, sagte ich. »Jedes unserer drei Gehirne verwendet zur Lösung von Problemen seine eigenen Lösungsstrategien. Beim Reptiliengehirn sind das beispielsweise Kampf, Flucht und Totstellen. Beim sozialen Gehirn sind es die instinktiven Anpassungs- und Unterwerfungsreaktionen, die uns zum Zufriedensteller, Rechtmacher, Rechtfertiger, Gefaller, Wannabe, Optimierer oder Perfektionisten machen.

Die Strategien aus dem sozialen Gehirn sind schon sehr viel ausgeklügelter als die vergleichsweise primitiven Kampf-, Flucht- und Totstellreaktionen des Reptiliengehirns. Doch die mit großem Abstand intelligentesten Problemlösungsstrategien stammen natürlich aus unserem Großhirn. Wir haben es ja auch nicht aufgrund unserer überragenden Kampf-, Flucht, Totstell- oder Unterwertungsfähigkeiten an die Spitze der Nahrungskette geschafft. Unsere Macht liegt eindeutig in der Intelligenz unseres Großhirns.

Alle drei Gehirne reagieren im Falle einer Problembeurteilung gleichzeitig. Sie aktivieren sofort ihre jeweiligen Lösungsstrategien. Welche Strategie dann letztendlich angewendet wird, hängt davon ab, welches der drei Gehirne die Führung übernimmt. Als wir noch bei *Shameless in Paradise* waren, hat mich Brian einmal gefragt, wer oder was denn letztendlich darüber entscheidet, welches Gehirn die Führung bekommt. Damals wusste ich es noch nicht so genau. Tatsächlich ist es mir erst letzte Nacht klargeworden. Aber dazu kommen wir später noch.

Schauen wir uns zunächst einmal an, welches Gehirn welche Lösungsstrategie bei eurem angenommenen Stressproblem aktiviert. Die Ärzte haben euch also gesagt, dass euer Herzinfarkt durch Stress verursacht wurde und ihr den nächsten Infarkt nicht überleben werdet. Welchen Lösungsweg schlägt das Reptiliengehirn vor? Wer würde vor dem Stress am liebsten davonlaufen? Dazu gehören beispielsweise Maßnahmen wie sofort in Urlaub zu fliegen, sich sozial zurückzuziehen und zu Hause einzugraben, vor der realen Welt in Filme, Serien, Romane, Videospiele, Suchtmittel oder auch in die Religion oder Esoterik zu flüchten. Wer würde vermutlich so etwas tun, um dem stressigen Alltag zu entfliehen?«

Die Hälfte der Gruppe hob die Hand.

»Wer wäre nach der Aussage der Ärzte erst einmal völlig paralysiert und wüsste gar nicht mehr, was er tun soll?«

Fünf Leute zeigten auf.

»Diese instinktive Reaktion gehört zum Totstellmodus des Reptiliengehirns«, erklärte ich. »Und bei wem würde der Kampfmodus aktiviert? Wer würde also den Stress bekämpfen wollen und sich gegen alles wehren, was euch stresst?«

Die Hälfte hob die Hand.

»Gehört es auch zum Kampfmodus, wenn man sich

gegen sich selbst wehrt und sich ablehnt oder verurteilt?«, fragte Greg.

»Ja, das gehört auch zum Kampfmodus«, antwortete ich. »Genauso wie der Kampf gegen die Stressgefühle, gegen innere Zwänge und Ängste, gegen unbewusste Denk- und Verhaltensmuster, Persönlichkeitsanteile und ähnliche Dinge.«

»Okay, dann bin ich auch dabei«, sagte Greg und hob ebenfalls die Hand. Gefolgt von allen anderen, die noch nicht aufgezeigt hatten.

»Natürlich würde solch ein Kampf gegen sich selbst den Stress nicht reduzieren, sondern sogar noch verschlimmern«, sagte ich. »Das wäre also äußerst widersinnig. Genauso wie vor dem Stress flüchten oder sich tot stellen zu wollen. Doch das kapiert unser Reptiliengehirn nicht. Es reagiert einfach rein instinktiv.

Dann schauen wir uns jetzt einmal an, was unser soziales Gehirn tun würde, um unser Stressproblem zu lösen. Wer würde denn versuchen, Verbündete zu finden, die ihm helfen, den Stress zu reduzieren?«

Alle bis auf Isaac hoben die Hand.

»Wer würde denn gleichzeitig versuchen, sozialen Stress mit anderen Menschen zu vermeiden? Dazu gehört beispielsweise, dass jemand Nahestehendes ein Problem mit euch haben könnte, mit euch unzufrieden sein oder von euch enttäuscht sein könnte. Dazu würde auch das Vermeiden von Konflikten, Konfrontationen, Streit, Ablehnung, Ausgrenzung, Unterordnung, Ungerechtigkeiten, Unfairness, Trennung und so weiter gehören. Wer würde solche Dinge vermeiden wollen, wenn klar ist, dass ihr den nächsten Herzinfarkt nicht überleben werdet?«

Alle hoben die Hand.

»Wenn der Stress als Problem beurteilt wird, dann wären natürlich alle diese sozialen Stressoren ebenfalls Probleme«, erklärte ich. »Und wie immer, wenn etwas als Problem beurteilt wird, reagieren alle drei Gehirne mit ihren Lösungsmaßnahmen gleichzeitig. Das Reptiliengehirn würde also sofort wieder in den Kampf ziehen wollen oder flüchten oder sich tot stellen. Das soziale Gehirn würde als Erstes versuchen, sich mit seinen Beziehungspartnern zu verbünden. Und falls das nicht klappt, würde es zu den Anpassungs- und Unterwerfungsmaßnahmen greifen, die uns zum Rechtmacher, Gefaller und so weiter machen. Möglicherweise würde es auch Hilfsbedürftigkeit und Schwäche ausstrahlen, um damit den Beschützerinstinkt bei den Beziehungspartnern zu wecken.«

»Oder es würde wieder einmal den Kampfmodus aktivieren, um die anderen mit Ablehnung, Maßregelung, Vorwürfen, Schuldzuweisungen und so weiter dazu zu bringen, einem nicht mehr länger auf den Sack zu gehen«, meinte Greg.

»Diese Kampfmaßnahmen kämen jedoch aus dem Reptiliengehirn«, erklärte ich. »Das soziale Gehirn verfügt nicht über einen Kampfmodus. Das ist auch der Grund, warum im Falle eines Beziehungsstreits das soziale Gehirn heruntergefahren wird. Man sagt dann sehr schnell verletzende Dinge, die einem später leidtun, wenn das soziale Gehirn wieder online ist. Doch im Kampfmodus konnte man das einfach nicht aufhalten.

Bei einem Streit hat das soziale Gehirn nur selten die Oberhand. In der Regel ist es das Reptiliengehirn, das hier dominiert. Und das reagiert auf jeden Streit mit Kampf-, Flucht- oder Totstellmaßnahmen. Gehen wir also bei unserem Beispiel einmal davon aus, dass das Verbünden mit unseren Beziehungspartnern nicht genügt hat, um den Beziehungsstress zu verhindern. Die Gefahr eines weiteren Herzinfarktes kann also so nicht gebannt werden. Bei wem würde das soziale Gehirn mit seinen Anpassungs- und Unterordnungsmaßnahmen die Führung übernehmen? Wer würde also versuchen, es dem Partner recht zu machen, sich unterzuordnen, zu gefallen und so weiter?«

Fünf Leute hoben die Hand.

»Und bei wem würde da eher das Reptiliengehirn mit seinen Kampf-, Flucht- und Totstellmechanismen dominieren?«

Der Rest der Gruppe zeigte auf.

»Und bei wem würde das Großhirn die Führung übernehmen, um das Stress-Problem zu lösen?«, fragte ich, doch ich sah nur fragende Gesichter und ratlos zuckende Achseln.

»Welche Maßnahmen könnte denn das Großhirn verwenden, um den Stress zu reduzieren?«, fragte Brian. »Kannst du dazu vielleicht einmal ein Beispiel geben?«

»Sehr gerne«, antwortete ich. »Das Großhirn könnte

beispielsweise erst einmal analysieren, ob der Stress durch Überlastung oder Überforderung verursacht wird. Bei einer Überforderung sind die Anforderungen höher als die vorhandenen Fähigkeiten oder Ressourcen. Bei einer Überlastung muss man hingegen mit den einzelnen Aufgaben gar nicht überfordert sein. Da kann es sein, dass es einfach nur zu viele Aufgaben auf einmal sind, weshalb die Balance zwischen Arbeit und Erholung ins Wanken gerät. Man ist dann also überarbeitet und nicht überfordert. Gehen wir bei unserem Beispiel einmal davon aus, dass unser Stress durch Überforderung verursacht wurde. Welche Lösungsmöglichkeiten könnte unser Großhirn dafür finden?«

»Wir könnten entweder die Anforderungen reduzieren oder unsere Leistungsfähigkeit erhöhen«, meinte Isaac.

»Wer ist der Meinung, dass diese Vorgehensweise sinnvoller wäre, um Stress zu reduzieren, als der unsinnige Kampf gegen sich selbst und andere, die Flucht, das Totstellen oder die Unterwerfung und Anpassung?«, fragte ich in die Runde.

Alle hoben die Hände.

»Bei unserem Beispiel gäbe es für unser Großhirn übrigens noch eine dritte Lösungsmöglichkeit, um Überforderung zu vermeiden«, sagte ich. »Wenn man überfordert ist, dann kann man sich auch einfach Hilfe holen. Wie wäre das bei dir, lieber Isaac? Welchen der drei Lösungswege würde dein Großhirn wählen?«

»Ich würde meine Leistungsfähigkeit verbessern wollen«, antwortete er. »Die Anforderungen runterzuschrauben, käme für mich nicht infrage. Und mir Hilfe zu holen sowieso nicht. Das wäre aus meiner Sicht ein Armutszeugnis.«

»Würdest du diesen Lösungsweg auch dann noch einschlagen, wenn die Ärzte dir klar gesagt hätten, dass du den nächsten Herzinfarkt nicht überleben wirst?«, hakte ich nach. »Wenn du deine Leistungsfähigkeit erhöhen willst, stellst du ja noch höhere Anforderungen an dich selbst. Du würdest dich sogar noch mehr überfordern, obwohl du ja eigentlich die Überforderung vermeiden willst.«

»Dann hätte ich echt ein Problem«, meinte er. »Ich würde mir auf keinen Fall Hilfe holen. Ich würde es irgendwie alleine schaffen müssen. Keine Ahnung wie. Aber Aufgeben ist keine Option.«

»Diese Entscheidung könnte durchaus dein Leben kosten«, gab ich zu bedenken. »Genau das passiert auch tatsächlich vielen Menschen. Und dafür gibt es einen triftigen Grund.«

»Bei mir wäre es der Grund, dass ich kein Versager sein will«, erkannte Isaac. »Ich würde mich als Versager fühlen, wenn ich die Anforderungen reduziere oder mir Hilfe hole.«

»Dein Großhirn hätte also einen Problemkonflikt«, sagte ich. »Du musst auf der einen Seite vermeiden, ein Versager zu sein, und du musst auf der anderen Seite deine Anforderungen runterschrauben oder dir Hilfe holen. Dein Großhirn muss also eine Entscheidung treffen. Und hier kann es leider schnell passieren, dass es sich falsch entscheidet. Und diese Fehlentscheidung bezahlen viele Menschen mit ihrem Leben. Doch warum trifft das Großhirn diese folgenschwere Fehlentscheidung?«

»Weil es dem gesundheitlichen Problem nicht genügend Priorität gibt«, meinte Brian. »Kein Versager zu sein, ist ihm gefühlt wichtiger.«

»Was würde in deinem System passieren, lieber Isaac, wenn du dir selbst eingestehen würdest, dass du ein ernsthaftes Wollen-Problem hast, das tatsächlich dein Leben kosten könnte, weil es für dich gefühlt wichtiger ist, kein Versager zu sein, als einen weiteren Herzinfarkt zu vermeiden? Wie reagiert dein System, wenn du dieses Wollen-Problem erkennst?«

»Ich fange sofort an, gegen mein System zu kämpfen«, stellte er fest. »Ich versuche dagegenzuhalten und mir immer wieder klarzumachen, wie bescheuert es ist, wenn ich um jeden Preis vermeiden will, ein Versager zu sein. Sogar dann, wenn das mein Leben kosten kann.«

»Hier würde also sofort wieder dein Reptiliengehirn die Führung übernehmen und den Kampfmodus aktivieren«, sagte ich. »Doch wer kämpft hier gegen wen? Kämpft dein bewusstes System gegen dein unbewusstes System? Oder kämpft dein unbewusstes System gegen dein unbewusstes System?«

»Bewusst würde ich diesen Schwachsinn ganz sicher nicht machen«, meinte Isaac. »Ich weiß, dass es bescheuert ist, gegen mich selbst zu kämpfen. Aber ich könnte das nicht stoppen. Da scheint tatsächlich mein unbewusstes System gegen mein unbewusstes System zu kämpfen. Wie geht das denn?«

»Bei mir würde genau das Gleiche passieren«, meinte Greg. »Früher hätte ich mich in solchen Situationen heftig selbst verurteilt. Das mache ich heute nicht mehr. Aber den inneren Kampf gäbe es in meinem System trotzdem noch.«

»Wie hoch wären denn die Erfolgschancen, dass ihr auf diese Weise euren Stress tatsächlich reduzieren könnt?«, fragte ich die beiden.

»Die wären gleich null!«, meinte Isaac kopfschüttelnd. »Der Kampf gegen mich selbst würde ja nur noch mehr Stress erzeugen.«

»Wusstet ihr, dass im Kampfmodus die Selbstheilungskräfte stark heruntergefahren werden?«, fragte ich. »Bei einem Kampf benötigt man alle seine Kräfte fürs Kämpfen und nicht fürs Heilen. Im Kampfmodus wird grundsätzlich die Aktivität aller Körperfunktionen eingeschränkt, die nicht für den Kampf benötigt werden. Es werden sofort chemische Botenstoffe ins Blut ausgeschüttet, die dafür sorgen, dass sich die Organe zusammenziehen, um mehr Blut in den Blutkreislauf zu pumpen, wo es dann den Muskeln zur Verfügung steht. Während des Kampfes braucht man weder die Verdauung noch die Filterfunktionen von Nieren, Leber oder Milz. Auch fährt das Immunsystem herunter, wenn chemische Botenstoffe wie Adrenalin oder Cortisol ausgeschüttet werden. Der Kampf gegen den Stress oder eine andere Krankheit wie beispielsweise Krebs ist daher völlig unsinnig, denn der Kampfmodus schwächt die Selbstheilungskräfte. Dennoch greift unser System instinktiv zu dieser Maßnahme.«

»Es wäre aber auch genauso unsinnig, so etwas wie Krebs einfach zu ignorieren und nichts dagegen zu unternehmen«, meinte Stella.

»Ja, das wäre genauso unsinnig«, stimmte ich zu. »Viele Menschen tun das. Ihr Reptiliengehirn aktiviert den Fluchtmodus, weil sie sich dem Krebs unterlegen fühlen. Das Reptiliengehirn reagiert genauso, als gäbe es in der Außenwelt einen sehr mächtigen und bösartigen Herrn Krebs, der einen töten will. Und wenn es diesen bösen Mann nicht bekämpfen kann, dann will es vor ihm fliehen. Die betroffenen Menschen ignorieren dann ihre Krankheit, oder sie reden sich ein, dass alles von selbst wieder gut wird. Was von selbst kommt, geht auch von selbst wieder weg. Sie flüchten sich mit anderen Worten in eine Fantasiewelt.

Bei manchen Menschen aktiviert das Reptiliengehirn in solchen Momenten auch den Totstellmodus. Die wollen dann weder kämpfen noch flüchten. Die sind einfach nur paralysiert. Bei einigen Menschen wird auch die Unterwerfung vom sozialen Gehirn aktiviert, wenn sie die Diagnose Krebs kriegen. Das soziale Gehirn selbst weiß dann gar nicht so genau, wem es sich da eigentlich unterwerfen soll. Manche unterwerfen sich dann der Krankheit selbst, weil sie die Krankheit personifiziert haben, andere unterwerfen sich einer höheren Macht. Viele religiöse Menschen verweigern deshalb eine Behandlung.«

»Das ist echt krass«, meinte Brian. »Sogar die Ärzte unterscheiden Krebs in bösartig oder gutartig und personifizieren ihn damit.«

»Es kommt sehr häufig vor, dass Menschen abstrakte Sachverhalte oder auch materielle Dinge personifizieren«, sagte ich. »Unser Großhirn tut sich leichter, gegenständliche Metaphern zu verstehen als abstrakte Zusammenhänge. Doch wenn man zu sehr in solchen Metaphern denkt, dann kommt man schnell zu falschen Schlussfolgerungen. Wenn man daher den Krebs oder eine andere Krankheit zum besseren Verständnis personifiziert, dann kann es passieren, dass man gegen die Krankheit in den Kampf zieht, vor ihr flüchtet oder sich unterwirft. Das scheint dann in dieser Welt der Metaphern intuitiv sinnvoll zu sein. Doch in der realen Welt ist es natürlich alles andere als sinnvoll.

Aber kommen wir noch einmal auf unser Beispiel mit der Überforderung zurück und schauen uns an, wie unser Großhirn diese Angelegenheit lösen könnte, sofern es nicht auch die Überforderung personifiziert. Lieber Isaac, deinem bewussten System wäre ja sofort klar, dass du von deinem falschen Wollen ablassen solltest. Meinst du, du würdest das schaffen?«

»Da bin ich mir tatsächlich nicht so sicher«, meinte er kopfschüttelnd.

»Und dafür gibt es einen Grund«, sagte ich. »Schauen

wir uns das noch einmal genauer an. Wie wichtig ist es dir vom Gefühl her, kein Versager zu sein?«

»Das hat eine gefühlte 10 bei mir. So will ich mich nie wieder fühlen!«, sagte er bestimmt. »Das habe ich mir geschworen.«

»Und damit ist die emotionale Schwelle zur Notwendigkeit bei deinem Gefühlsziel weit überschritten«, stellte ich fest. »Deshalb kann dein System von diesem Gefühlsziel gar nicht loslassen, denn gefühlte Notwendigkeiten werden vom Reptiliengehirn und vom sozialen Gehirn immer automatisch als Überlebensnotwendigkeiten verstanden. Andere Notwendigkeiten kennen die beiden gar nicht. Sie verstehen zwar nicht, warum es überlebenswichtig sein soll, kein Versager zu sein, doch wenn das Großhirn das sagt, dann stellen die beiden anderen das nicht infrage. Sie gehen also davon aus, dass du sterben könntest, wenn du diese Notwendigkeit nicht erfüllst.«

»Dann müsste Isaacs Großhirn jetzt die falschen Meta-Daten korrigieren, damit die anderen beiden Gehirne erkennen können, dass es hier gar keine Überlebensnotwendigkeit gibt«, erkannte Ava.

»Ganz genau«, stimmte ich zu. »Das Großhirn könnte hier einfach die Meta-Daten der unechten Notwendigkeit korrigieren. Dann würden die anderen beiden Gehirne erkennen, dass es gar keinen Grund zum Kämpfen, Flüchten, Totstellen oder Unterwerfen gibt. In 99,9 Prozent aller Fälle geht es bei unseren gefühlten Problemen nicht ums Überleben, sondern um unsere Gefühle, unsere Gesundheit oder unsere soziale und existenzielle Lebensqualität. Und da ergibt Kampf, Flucht, Totstellen oder Unterwerfung überhaupt keinen Sinn. Genauer gesagt verursachen diese fälschlicherweise gestarteten Überlebensmechanismen auf ganzer Linie nur Schaden. Wir bekämpfen dann unsere schlechten Gefühle, flüchten vor ihnen oder stellen uns tot. Wir haben dann Problemgefühle, weil wir unsere Problemgefühle als Problem ansehen. Und dann haben wir Problemgefühle, weil wir Problemgefühle haben.

Wie stark solche nicht enden wollenden Problemgefühle unsere Lebensqualität beeinträchtigen können, wissen wir alle. Sie rauben uns den Schlaf, quälen uns sehr penetrant und sorgen dafür, dass wir uns an den schönen Dingen des Lebens nicht mehr erfreuen können, weil unser Reptiliengehirn der Meinung ist, dass wir uns gefälligst um unser Problem kümmern sollten anstatt um unser Vergnügen.

Das hat mit der Intelligenz des Großhirns alles nichts zu tun. Hier haben archaische instinktive Überlebensmechanismen die Kontrolle übernommen, die für das Lösen von Problemen mit unseren Gefühlen oder unserer Gesundheit, genauso wie für Probleme mit unserer Lebensqualität völlig ungeeignet sind. Mit sinnlosen Kampf-, Flucht- oder Totstellmaßnahmen kann man weder gute Gefühle noch eine gute Lebensqualität erreichen. Dafür sind diese Mechanismen auch nicht gemacht. Sie sind im Laufe der Evolution für Notsituationen entstanden, in denen man um sein Leben kämpfen oder flüchten musste. Und wenn das nichts gebracht hat, dann hatte man mit dem Totstellen noch eine kleine Überlebenschance, weil manche Raubtiere kein totes Tier fressen.

Doch auch in solchen Situationen hat man als Mensch weit bessere Überlebensmöglichkeiten, als einfach nur sinnlos wegzurennen oder draufzuhauen. Wenn wir einem hungrigen Tiger im Dschungel begegnen, dann wird der immer schneller laufen können als wir. Er kommt auch jeden Baum zehnmal schneller hoch als wir. Und natürlich würden wir auch im Kampf maßlos unterlegen sein. Und Totstellen bringt da auch nichts. Genauso wenig, wie sich dem Tiger zu unterwerfen. Für ihn sind wir Futter. Er frisst uns also trotz Unterwerfung oder Totstellen.

Wenn wir in solch einer Situation überhaupt eine Überlebenschance haben, dann nur, wenn wir das intelligent anstellen und irgendeine Möglichkeit finden, wie wir uns in Sicherheit bringen können. Ein Mensch, der bei klarem Verstand ist, würde jedoch ohnehin nicht einfach so durch einen Dschungel laufen, in dem er einem hungrigen Tiger völlig ungeschützt begegnen könnte. Unser Großhirn schützt uns davor, solch eine Dummheit zu begehen.

Wie gesagt, der Mensch hat es aufgrund seines Großhirns an die Spitze der Nahrungskette geschafft und nicht durch seine überragenden Kampf-, Flucht-, Totstell- oder Unterwerfungsfähigkeiten. Es gibt keine einzige Problemsituation im Leben eines Menschen, wo die primitiven Überlebensmechanismen sinnvoller wären als die Intelligenz des Großhirns. Nicht in akuten Lebensgefahren, und schon gar nicht bei Problemen mit unseren Gefühlen oder problematischen mentalen Mustern, oder bei Problemen mit anderen Menschen, Tieren, der Natur oder unserer Lebensqualität.

Unser Großhirn wurde im Laufe der Evolution geschaffen, um Lösungen für komplexe Aufgabenstellungen zu finden, welche die anderen beiden Gehirne völlig überfordern. Aufgrund unseres Großhirns sind wir jeder anderen Art auf der Welt haushoch überlegen. Doch diese Macht können wir nur dann sinnvoll einsetzen, wenn unser Großhirn sich nicht selbst entmachtet. Genau das tut es jedoch sehr häufig in unserem Alltag, indem es die archaischen Überlebensmechanismen in den anderen beiden Gehirnen aktiviert. Und das hat mit unserer Problemerkennung zu tun. Schauen wir uns daher einmal an, wann wir überhaupt etwas als Problem beurteilen.

Grundsätzlich wird ein Problem definiert als ein Umstand, der das Erreichen eines bestimmten Ziels behindert oder verhindert. Das bedeutet, dass es immer eines Ziels bedarf, damit etwas überhaupt als Problem beurteilt werden kann. Und dieses Ziel muss bereits dagewesen sein, bevor es zu der Problembeurteilung gekommen ist. Doch eine Problembeurteilung braucht mehr als nur ein Ziel. Wer würde es denn als Problem empfinden, dass alles supergut und susi ist?«

Die Gruppe lachte, aber natürlich hob keiner die Hand.

»Und wer würde es als Problem ansehen, wenn alles sauschlecht wäre?«, fragte ich als Nächstes.

Alle lachten erneut und zeigten auf.

»Ein Problem gibt es also nur dann, wenn etwas schlecht ist«, stellte ich fest. »Doch wie unterscheidet unser System denn überhaupt zwischen gut und schlecht?«

»Anhand unserer Sollvorstellungen«, antwortete Brian. »Wenn etwas so ist, wie es sein soll, beurteilt unser System das als gut oder zumindest als in Ordnung. Und wenn wir unter unserem Soll liegen, dann sehen wir das als schlecht an. Das passiert 20 000-mal pro Tag.«

»Genauso ist es«, bestätigte ich. »Das System beurteilt alles nach diesem einfachen Prinzip. Doch jeder von uns hat im Laufe seines Lebens andere Sollvorstellungen gelernt. Allein durch die große Täuschung haben wir 10 000 unsinnige Sollvorstellungen darüber in unserem System abgespeichert, was wir alles brauchen, müssen und wollen sollen, damit man uns liebt und nicht ablehnt. Viele dieser Sollvorstellungen sind nicht realisierbare Zielsetzungen. Daher sind gefühlte Probleme mit uns selbst und anderen Menschen vorprogrammiert, weil unser System logischerweise Probleme damit haben muss, nicht realisierbare Zielsetzungen zu realisieren.

Und wir sprechen hier nur über die Sollvorstellungen aus der großen Täuschung. Das ist nur einer von vier großen Irrtümern, aufgrund derer wir ständig unsinnige Zielsetzungen verfolgen. Unser Streben nach Überlegenheit sorgt dann noch einmal zusätzlich für weitere Probleme. Doch die problematischsten Zielsetzungen stellen unsere Gefühlsziele dar. Jedes Gefühlsziel benötigt für seine Realisierung unzählige Brauchens, Müssens und Wollens, von denen viele dann ebenfalls zu problematischen Zielsetzungen werden.

Wir haben daher Abertausende von problematischen Zielsetzungen in unserem System abgespeichert, die alle zu der Beurteilung führen können, dass etwas nicht gut genug oder sogar schlecht ist. Vielen Menschen genügt das schon, um diese Sachverhalte dann als Problem zu beurteilen. Bei den meisten Menschen braucht es jedoch noch eine weitere Zutat – nämlich die Beurteilung der Notwendigkeit.«

»Deshalb haben wir wohl auch immer die Meta-Daten der gefühlten Wichtigkeit korrigiert, wenn wir uns Probleme angeschaut haben«, meinte Dylan. »Sobald die 7 überschritten wird, wird ja alles automatisch als Notwendigkeit empfunden.«

»Ganz genau«, bestätigte ich. »Zusätzlich haben wir wie gesagt noch die vielen Zielsetzungen aus den vier großen Irrtümern, von denen viele ebenfalls als Notwendigkeiten angesehen werden. Und wenn die nicht susi erfüllt sind, dann wird das von den meisten Menschen bereits als Problem angesehen.

Doch es gibt neben der Beurteilung, dass etwas nicht gut genug oder schlecht ist und der Notwendigkeitsbeurteilung noch eine dritte Zutat, die wir bei unserer Problembeurteilung berücksichtigen können. Genug zu essen zu haben ist beispielsweise eine echte Überlebensnotwendigkeit. Nicht genug zu haben, wäre also schlecht. Doch was ist, wenn wir einfach jederzeit zum Einkaufen in den Supermarkt fahren können, wenn wir Nahrung brauchen? Wer würde das dann als Problem beurteilen?«

Niemand hob die Hand.

»Aber es gibt sicherlich Menschen, die das trotzdem als Problem beurteilen würden, weil sie zum Beispiel nicht gerne einkaufen gehen oder weil sie keine Zeit oder keine Energie dafür haben«, meinte Ava.

»Ja, die gibt es sicherlich«, stimmte ich zu. »Unser Großhirn hat einen sehr großen Beurteilungsspielraum, was es als Problem ansieht und was nicht. Das soziale Gehirn und das Reptiliengehirn sind hier sehr viel eingeschränkter. Die beiden verwenden für ihre Problembeurteilungen immer alle drei Kriterien. Ohne Machtlosigkeit gibt es für sie kein Problem, sondern nur eine Aufgabe, die zu erfüllen ist. Und ohne Notwendigkeit gibt es ebenfalls aus der Sicht der beiden kein Problem. Und wenn alles gut ist, dann sowieso nicht.

Auch das Reptiliengehirn und das soziale Gehirn machen ihre Beurteilung, ob etwas gut oder schlecht ist, von ihren Zielsetzungen abhängig. Doch im Gegensatz zum Großhirn, das seine Zielsetzungen frei wählen kann, sind die Zielsetzungen der anderen beiden Gehirne genetisch festgelegt. Dem Reptiliengehirn geht es darum, genügend Nahrung, einen trockenen und warmen Platz zum Schlafen und Schutz vor Feinden zu haben. Das soziale Gehirn will die Zugehörigkeit zu einem Rudel, dort einen guten sozialen Rang und Verbündete.

Hier geht es also um die Grundbedürfnisse der beiden Gehirne. Darüber hinaus haben die beiden noch einige Sollvorstellungen, die zur Erfüllung ihrer Grundbedürfnisse wichtig sind. Das sind beim sozialen Gehirn die instinktiven Prinzipien wie beispielsweise das Gegenseitigkeitsprinzip, das Gerechtigkeitsprinzip, das Loyalitätsprinzip, das Akzeptanzprinzip und so weiter. Beim Reptiliengehirn ist es beispielsweise das Revierverhalten.

Nur wenn die genannten Grundbedürfnisse oder die instinktiven Prinzipien nicht erfüllt sind, beurteilen die beiden etwas als schlecht. Sie halten sich genau wie das Großhirn an ihre Zielsetzungen. Nur sind das eben sehr viel weniger als beim Großhirn, und sie sind nicht frei wählbar, sondern genetisch aufgrund unserer Evolution festgelegt.

Die Erfüllung der Grundbedürfnisse wird von den beiden Gehirnen immer als Notwendigkeit angesehen. Die Erfüllung der instinktiven Prinzipien nur bedingt. Hier kommt es darauf an, wie relevant die Erfüllung eines Prinzips zur Erfüllung der Grundbedürfnisse ist. So macht das Reptiliengehirn auch schon einmal eine Ausnahme, wenn ein möglicher Sexualpartner das eigene Revier betritt. Und auch das soziale Gehirn schaut sich an, ob die Erfüllung eines instinktiven Prinzips für die Erfüllung seiner Grundbedürfnisse überhaupt notwendig ist. Falls nicht, wird die Verletzung eines instinktiven Prinzips auch nicht als ernsthaftes Problem beurteilt.

Aus der Sicht des Reptiliengehirns und des sozialen Gehirns ist daher alles gut, solange sie ihre Grundbedürfnisse erfüllen können. Und solange alles gut ist, sehen die beiden auch keine Probleme.«

»Solange wir also genug zu essen, einen trockenen und warmen Platz zum Schlafen, Schutz vor Feinden, ein Rudel, dort einen vernünftigen Rang und Verbündete haben, gibt es aus der Sicht der beiden Gehirne keine Probleme und damit auch keinen Grund für Problemgefühle«, fasste Nuno noch einmal zusammen.

»Ganz genau«, stimmte ich zu. »Und nur diese Probleme können sie auch als Probleme erkennen. Und nur für diese Probleme passen dann auch ihre Lösungsstrategien. Wenn ein Reptil sich einem Feind gegenübersieht, dann erfüllen Kampf, Flucht oder Totstellen ihren Zweck. Nicht jedoch bei Krankheiten, schlechten Gefühlen, problematischen mentalen Denk- oder Verhaltens-Mustern, traumatischen Erfahrungen, einer schlechten Lebensqualität oder anderen Sachverhalten, die das Großhirn als Problem beurteilen kann. Hier verursachen die Kampf-, Flucht- oder Totstellmaßnahmen des Reptiliengehirns nur Schaden.

Und auch die Lösungsstrategien des sozialen Gehirns versagen bei solchen Problemstellungen. Dem sozialen Gehirn geht es wie gesagt um die Zugehörigkeit zu einem Rudel, einen guten Rang und Verbündete. Nur wenn diese Zielsetzungen nicht erfüllt oder nicht gut genug abgesichert sind, sieht das soziale Gehirn ein Problem. Und dann versucht es, den drohenden Ausschluss aus dem Rudel, den niedrigen Rang oder den Verlust der Verbündeten zu vermeiden. Dafür hat es seine Problemlösungsmaßnahmen wie das Gefallenwollen, das Rechtmachen, aufzeigen zu wollen, wie wichtig, toll und wertvoll man ist, das Unterwerfen, das Einschmeicheln und so weiter.

Auch diese Lösungsstrategien eignen sich nicht, um Probleme mit den Gefühlen, der mentalen oder körperlichen Gesundheit oder der Lebensqualität zu bewältigen. Sie sind eben nur für die Zielsetzungen des sozialen Gehirns entwickelt worden und nicht für die Zielsetzungen des Großhirns.

Aus der Sicht des sozialen Gehirns haben wir nur dann echte Probleme, wenn wir aus dem Rudel ausgeschlossen werden könnten, einen zu niedrigen Rang bekommen könnten, oder wenn wir keine Verbündeten mehr hätten. Alles andere ist aus der Sicht des sozialen Gehirns kein Problem.

Doch unserem Großhirn steht es frei, was es darüber hinaus als Problem ansehen will und was nicht. Es kann sich seine Zielsetzungen im Leben frei wählen und damit eine schier unendliche Vielfalt an Problembeurteilungen erzeugen. Wir würden auf diesem Planeten sicherlich keine zwei Menschen finden, die sich immer darüber einig sind, was denn nun tatsächlich ein echtes Problem ist und was nicht. Jeder beurteilt das anders. Jeder hat andere Zielsetzungen und Sollvorstellungen in seinem System abgespeichert, und jeder hat unterschiedliche Relevanzkriterien. Die Problembeurteilung ist daher eine höchst individuelle und subjektive Angelegenheit.

Oftmals wird man sich nach längeren Diskussionen mit anderen Menschen darüber einig, welche Zielsetzungen man verfolgen und was man dabei als Probleme gelten lassen sollte. Doch das gelingt längst nicht immer. Vor allem dann nicht, wenn Menschen dabei sind, die ihre Problembeurteilungen als unumstößliche Wahrheiten ansehen.

Wahrheiten werden vom unbewussten System immer heftig verteidigt. Bei Einschätzungen und Annahmen ist es da sehr viel flexibler. Deshalb haben wir die Unterscheidung zwischen Wahrheiten und Einschätzungen auch schon oft bei unseren Meta-Daten verwendet. Da gelingt dann jede Veränderung sehr viel einfacher, denn wir können die meisten Sachverhalte mit unserem heutigen Wissen und unseren heutigen Erfahrungen sehr viel besser einschätzen als früher, wo wir vielleicht noch Kinder waren. Einschätzungen lassen sich also sehr viel leichter ändern als vermeintliche Wahrheiten.

Wenn Menschen daher erkennen, dass ihre Sollvorstellungen und Relevanzkriterien lediglich Annahmen und Einschätzungen darstellen, dann sind sie flexibler in der Erkenntnis, dass ihre Schlussfolgerungen, die sie aus diesen Annahmen und Einschätzungen abgeleitet haben, ebenfalls nicht unbedingt wahr sein müssen. Selbst dann, wenn sie bei ihren Schlussfolgerungen keine logischen Fehler gemacht haben sollten, so können diese Beurteilungen und Schlussfolgerungen ja trotzdem falsch sein, weil sie auf fehlerhaften Annahmen und Einschätzungen beruhen.«

»Shit in, shit out«, meinte Dylan. »Wenn man eine Maschine mit Bullshit füttert, braucht man sich nicht darüber zu wundern, wenn am Ende auch wieder Bullshit herauskommt. Selbst dann nicht, wenn die Maschine alles korrekt verarbeitet hat.«

»*Shit in, shit out*!«, wiederholte ich seine Worte. »Ja, dieses Prinzip erklärt die Ursache vieler gefühlter Probleme sehr gut. Ich schlage vor, wir schauen uns einmal ein paar gefühlte Probleme genauer an, um ein tieferes Verständnis für dieses Prinzip zu bekommen. Hat jemand ein Beispiel für ein gefühltes Problem?«

»Wäre mein Problem mit dem Versagen vielleicht geeignet?«, fragte Isaac.

»Klar, jedes gefühlte Problem ist geeignet«, antwortete ich. »Du hattest gesagt, dass du bei der gefühlten Problemrelevanz eine 10 hast. Hast du eine Ahnung, warum dieser Wert so hoch ist?«

»Weil ich Angst hatte, dass ich sonst von meiner Familie ausgegrenzt werde«, meinte Isaac. »Darüber haben wir ja schon einmal gesprochen. Eigentlich muss ich davor aber gar keine Angst haben, da meine Familie nur ein kleiner Teil meines Rudels ist. Das Problem hatten wir eigentlich schon gelöst.«

»Doch es ist wieder da«, sagte ich. »Und das bedeutet, dass die gefundene Lösung vom unbewussten System wieder entwertet wurde, ohne dass du es bewusst gemerkt hast. Deshalb wird sie jetzt nicht mehr angewendet. Das passiert sehr häufig bei unseren Lösungen. Und dafür gibt es natürlich wieder einen Grund. Schauen wir uns die Problemstellung daher noch einmal genauer an. Du weißt, die Gesellschaft wird dich ganz sicher nicht ausgrenzen, wenn du versagst. Und die Gesellschaft ist dein wahres Rudel. Ein reales Ausgrenzungsproblem gibt es also nicht. Das zu erkennen hat dein Problem erst einmal gelöst. Doch dann hat sich dein Gefühlsziel gemeldet.«

»Ich würde mich ja trotzdem wie ein Versager fühlen«, meinte er. »Und so will ich mich eben nie wieder fühlen!«

»Ganz genau«, sagte ich. »Hinter deinem Ausgrenzungsproblem liegt das gefühlt noch wichtigere Problem, dich nie wieder so fühlen zu wollen. Und für diese Zielsetzung nützt es dir rein gar nichts, dass die Gesellschaft dich nicht ausgrenzen würde. Die Lösung ist also wertlos. Zumindest für das Problem mit deinem Gefühlsziel. Nicht jedoch für die Angst vor der Ausgrenzung, die dein soziales Gehirn zuvor geplagt hatte. Ausgrenzung aus dem Rudel ist aus der Sicht des sozialen Gehirns ein überlebensrelevantes Problem. Hier ist ein echtes Brauchen nicht erfüllt. Solange diese Gefahr nicht gebannt ist, wird das soziale Gehirn sehr intensive Vermeidungsgefühle erzeugen.

Die Wahrheit, dass du in Wirklichkeit nie aus der Zivilisation und damit aus dem echten Rudel ausgegrenzt wirst, würde dein soziales Gehirn erkennen lassen, dass dieses zuvor gefühlte Problem offensichtlich gar nicht real existiert. Das soziale Gehirn würde sofort aufhören, deshalb Stress zu erzeugen. Doch diese Erkenntnis hat dein Großhirn wieder entwertet, weil diese Wahrheit ja für das Problem mit deinem Gefühlsziel nicht funktioniert hat. Du würdest dich ja trotzdem wie ein Versager fühlen. Also ist diese Wahrheit keine Lösung. Und genau das teilt dein Großhirn automatisch deinem sozialen Gehirn mit. Und das bezieht diese Lösungsentwertung auf sein eigenes Problem: die drohende Ausgrenzung aus dem Rudel.

Dein Großhirn hat daher, ohne es zu merken, nicht nur die Lösung für das Problem mit deinem Gefühlsziel entwertet, sondern auch die Lösung für das Ausgrenzungsproblem deines sozialen Gehirns. Und deshalb ist das gefühlte Problem mit der Ausgrenzung jetzt wieder präsent. Weil die ursprüngliche Lösung verworfen wurde. Das Fatale daran ist, dass die Wahrheit die einzig mögliche Lösung für dein soziales Gehirn darstellt. Es muss erfahren, dass in Wirklichkeit kein reales Ausgrenzungsproblem existiert. Falls nicht, lebst du in ständiger Unsicherheit und Angst und damit im Dauerstress.«

»Genau das ist tatsächlich passiert«, stimmte Isaac kopfschüttelnd zu. »Ich habe die Lösung tatsächlich entwertet.«

»Diese unbewusste Wahrheitsentwertung ist kein

Einzelfall. Es passiert nicht nur ab und zu mal aus Versehen, sondern ganz systematisch, und zwar 20 000-mal pro Tag!«, betonte ich. »Und es passiert jedes Mal aus dem gleichen Grund. Hat jemand eine Idee, was dieser Grund sein könnte?«

»Vermutlich unsere Gefühlsziele«, meinte Isaac.

»Nahe dran«, bestätigte ich erfreut. »Die Gefühlsziele tragen dazu bei, doch sie sind nicht der eigentliche Grund. Ich schlage vor, dass wir uns trotzdem einmal anschauen, was in deinem System passieren würde, wenn du es nicht mehr als Problem ansehen würdest, dich wie ein Versager zu fühlen.«

»Das kann ich mir nur sehr schwer vorstellen«, meinte Isaac. »Aber, wenn ich das nicht als Problem ansehen könnte, dann wäre die Lösung meines Ausgrenzungsproblems theoretisch nicht mehr entwertet.«

»Und was würde theoretisch mit deinem Gefühlsziel passieren, dich nie wieder wie ein Versager fühlen zu wollen?«, hakte ich nach.

»Das wäre leider immer noch da«, meinte er. »So will ich mich trotzdem nicht fühlen.« Dann stockte er plötzlich und schaute mich fassungslos an. »Ach du Scheiße!«, sagte er dann grinsend.

»Wie es aussieht, hat es bei dir gerade Klick gemacht«, sagte ich erfreut. »Aber bitte verrate noch nicht, was da genau passiert ist. Lass den anderen den Spaß, das selbst herauszufinden.«

»Boah Leute, das könnt ihr doch jetzt nicht machen!«, ermahnte uns Greg. »Ich sterbe gleich vor Neugier!«

»Na, dann würde ich vorschlagen, wir gehen schnell noch ein paar Beispiele durch, damit du das ebenfalls erkennst, bevor du uns hier wegstirbst«, sagte ich, und alle lachten über meinen Scherz, was mich sehr freute. »Wer hat ein weiteres gefühltes Problem anzubieten, das ihn noch immer quält?«

»Ich habe auch immer noch Probleme mit meinen Gefühlszielen«, sagte Ava. »Davon will mein System immer noch nicht so richtig loslassen. Vor allem dann nicht, wenn es um das Vermeiden von langanhaltenden quälenden Gefühlen geht. Immer, wenn wir hier im Workshop das Thema behandeln, ist erst einmal alles in Ordnung. Doch am nächsten Tag sind die Gefühlsziele meistens schon wieder da. Vielleicht gibt es da bei mir auch so eine Lösungsentwertung wie bei Isaac«, meinte sie.

»Weißt du, unter welcher Bezeichnung langanhaltende quälende Gefühle noch bekannt sind?«, fragte ich sie.

»Keine Ahnung«, meinte sie achselzuckend. »Vermeidungsgefühle vielleicht?!«

»Ebenfalls wieder nahe dran«, sagte ich. »Alle unangenehmen Gefühle sind Vermeidungsgefühle. Doch längst nicht alle Vermeidungsgefühle sind langanhaltend und quälend. Die meisten lösen nur einen kurzen Vermeidungsimpuls aus. Unter diesen Gefühlen leiden wir nicht nennenswert. Langanhaltend und richtig quälend sind immer nur unsere *Problemgefühle* wie beispielsweise Minderwertigkeit, Einsamkeit, Sinnlosigkeit,

Ängste, Sorgen, Schuld, Mangel, Hoffnungslosigkeit, Machtlosigkeit, Depression oder Resignation. Diese Gefühle halten immer so lange an, bis das Problem schließlich gelöst ist. Diese Problemgefühle sind Teil des Problemlösungsprozesses und nicht das Problem selbst. Darüber haben wir ja schon einmal ausführlich gesprochen. Du erinnerst dich sicherlich.«

»Ja, natürlich«, bestätigte sie. »Wenn man die Problemgefühle als Problem beurteilt, dann hat man echt ein Problem. Dann hat man Problemgefühle, weil man Problemgefühle hat. Und dann wird man die auch nicht mehr los.«

»Das ist richtig«, bestätigte ich. »Man hat so lange Problemgefühle, wie man Problemgefühle hat. Die Problemgefühle würden erst dann wieder abgestellt, wenn das Problem gelöst wäre. Und gelöst wäre es erst dann, wenn man keine Problemgefühle mehr hätte.«

»Solche Aussagen verdrehen mir ehrlich gesagt immer noch meine Hirnwindungen«, meinte Ava lachend.

»Dann gehen wir das einmal Schritt für Schritt durch«, schlug ich vor. »Wenn du einen Sachverhalt als Problem beurteilst, erzeugst du damit ja automatisch Problemgefühle. Die Beurteilung erzeugt die Gefühle. Ist so weit noch alles klar?«

»Wenn ich etwas als Problem beurteile, dann erzeuge ich natürlich mit dieser Beurteilung auch Problemgefühle«, wiederholte sie meine Aussage. »Ja, bis hierhin kann ich folgen.«

»Und was würde mit deinen Problemgefühlen passieren, wenn du aufhören würdest, den besagten Sachverhalt als Problem zu beurteilen?«

»Theoretisch müssten meine Problemgefühle dann abgestellt werden«, meinte sie.

»Ganz genau«, bestätigte ich. »Wenn du etwas nicht mehr als Problem ansiehst, dann erzeugt dein System auch automatisch keine Problemgefühle mehr. Die Beurteilung erzeugt ja erst die Gefühle.«

»Auch klar«, bestätigte sie.

»Was müsstest du also theoretisch tun, um deine Problemgefühle abzustellen?«, hakte ich nach.

»Ich dürfte sie nicht mehr als Problem ansehen«, erkannte sie.

»Bingo!«, sagte ich erfreut.

»Ja, aber ich kann doch nicht einfach so tun, als wären mir langanhaltende quälende Gefühle egal«, wendete sie ein.

»Nein, das ist absolut unmöglich«, stimmte ich ihr zu. »Dem Großhirn sind die Gefühle ganz und gar nicht egal. Es ist genetisch auf die Aversion gegen unangenehme Gefühle und die Appetenz für angenehme Gefühle programmiert.«

»Dann verstehe ich nicht, was du mir sagen willst«, meinte sie.

»Gehen wir das weiter Schritt für Schritt durch«, schlug ich vor. »Du weißt, dass unsere Gefühlsziele für sehr viele gefühlte Probleme in unserem Alltag verantwortlich sind. Es gibt eine starke Relevanzverschiebung zum Negativen, bei der wir oftmals aus einer negativen

Mücke einen Elefanten und aus einem positiven Elefanten eine Mücke machen. Wir verfangen uns durch unsere Gefühlsziele in Teufelskreisen, weil wir Vermeidungsgefühle vermeiden wollen. Wir entwerten gute Lösungen und manchmal sogar unser gesamtes Leben. Doch vor allem sorgen unsere Gefühlsziele dafür, dass der natürliche Realitätsabgleich nicht richtig funktionieren kann.

Unser System führt für jede seiner 20 000 täglichen Entscheidungen eine Zukunftssimulation durch – auch wenn das oftmals nur für die nächsten Sekunden ist. Es macht immer eine Simulation für mehrere mögliche Zukunftsszenarien. Wie wird er oder sie reagieren, wenn ich dies und jenes sage oder nicht sage, tue oder nicht tue? Solche Simulationen führt unser System in unserem Alltag permanent durch. Und dabei greift es immer auf unsere früheren Erfahrungswerte zurück. Und die werden erst einmal mit der aktuellen Realität abgeglichen.

Das unbewusste System macht dabei genau das Gleiche, was wir auch immer bewusst tun, wenn wir einen Realitätsabgleich durchführen. Es schaut sich an, ob die gefühlte Beurteilung aus den alten abgespeicherten Erfahrungswerten tatsächlich noch zu den aktuellen realen Gegebenheiten passt. Falls nicht, wird die Beurteilung angepasst. Dieser natürliche Realitätsabgleich wird bei jeder der 20 000 täglichen Entscheidungen durchgeführt. Im Schnitt passiert das also alle drei Sekunden. Und jedes Mal passiert dabei der gleiche Fehler.

Das System sollte eigentlich alle drei Sekunden danach schauen, ob die jeweilige Entscheidung, aller Voraussicht nach, positive oder negative Konsequenzen haben wird. Dem Reptiliengehirn und dem sozialen Gehirn geht es dabei um die Erfüllung ihrer Bedürfnisse und um das Vermeiden von Problemen. Doch anstatt alle Ereignisse, Sachverhalte und Umstände danach zu beurteilen, ob etwas gut oder schlecht für die Bedürfniserfüllung ist, beurteilt das Großhirn alles danach, ob es gut oder schlecht für seine Gefühlsziele ist.

Das Großhirn müsste sich beim Realitätsabgleich an der Realität orientieren und nicht am Gefühl. Das Gefühl kann nicht mit der Realität abgeglichen werden, wenn man das Gefühl mit dem Gefühl abgleicht und die Wahrheit dabei ständig entwertet. Genau das tut das unbewusste System des Großhirns 20 000-mal pro Tag. Die anderen beiden Gehirne werden dabei, ohne dass es dem Großhirn überhaupt bewusst ist, jedes Mal verarscht und erzeugen dadurch unpassende Gefühle.

99,9 Prozent aller unserer Vermeidungsgefühle, die wir in unserem Alltag empfinden, sind in Wirklichkeit völlig unpassend. Wir könnten stattdessen ständig positive Gefühle empfinden, wenn dieser systematische Fehler beim natürlichen Realitätsabgleich korrigiert würde. Und wir würden sehr viel bessere Handlungsentscheidungen treffen und so eine deutlich höhere existenzielle und soziale Lebensqualität erreichen – außerdem eine bessere Gesundheit.

Fast alle unsere gefühlten Probleme gehen mittlerweile auf die Kappe unserer Gefühlsziele. Die große Täuschung, die instinktiven Prinzipien und der unsinnige Kampf um eine hohe Rangordnung machen uns schon lange keine nennenswerten Schwierigkeiten mehr. Es sei denn, dass unsere Lösungen durch unsere Gefühlsziele wieder im Nachhinein entwertet worden sind, wie es bei Isaac und seinem Versagensproblem der Fall war.

Unsere Gefühlsziele machen uns wirklich extrem viel Ärger. Wir wissen das, und trotzdem können wir davon nicht ablassen. Es hat den Anschein, als *wolle* unser unbewusstes System blind und taub für die Realität einfach nicht loslassen. Einige von uns sind deswegen sogar schon regelrecht sauer auf ihr unbewusstes System.«

»Ich weiß nicht, wen du da meinen könntest«, sagte Dylan grinsend.

»Ich ebenfalls nicht«, erwiderte ich amüsiert. »Unser unbewusstes System arbeitet wie eine Maschine. Und diese Maschine hat kein eigenes Bewusstsein. Wir sind das Bewusstsein in dieser Maschine! Da gibt es sonst niemand, der an den Gefühlszielen festhalten möchte. Weder ein Ego noch einen Persönlichkeitsanteil noch irgendeine andere willensgesteuerte Instanz. Unsere Maschine hält nicht an unseren Gefühlszielen fest, weil sie daran festhalten *will*. Sie hält daran fest, weil wir den dazu erforderlichen Mechanismus aktiviert haben. Und dieser Mechanismus besteht darin, dass wir die Nichterfüllung unserer Gefühlsziele als Problem beurteilen.

Unser Reptiliengehirn und unser soziales Gehirn kennen wie gesagt nur Probleme in Bezug auf unsere Grundbedürfnisse. Und wenn diese Probleme nicht gelöst werden können, dann sterben wir! Für die beiden ist daher die Lösung eines Problems immer eine Überlebensnotwendigkeit. Daher können sie die Lösung gar nicht loslassen, denn sonst wären wir tot.

Wenn unser Großhirn also die Nichterfüllung unserer Gefühlsziele als Problem ansieht, dann können wir von unseren Gefühlszielen automatisch nicht mehr ablassen. Egal wie sehr wir das wollen. Das Reptiliengehirn und das soziale Gehirn lassen das nicht zu. Sie gehen davon aus, dass wir sterben, wenn wir unsere Gefühlsziele nicht erfüllen. Denn wenn wir die Nichterfüllung als Problem beurteilen, dann sind es nicht mehr einfach nur Gefühlsziele – dann sind es aus der Sicht des Reptiliengehirns und des sozialen Gehirns Überlebensnotwendigkeiten.«

»Aber an unerfüllten Gefühlszielen stirbt man nicht«, meinte Ava. »Wenn mein Reptiliengehirn und mein soziales Gehirn auf mein Großhirn hören, dann müsste doch auch diese Beurteilung bei den beiden ankommen.«

»Das ist richtig«, sagte ich. »Diese Beurteilung kommt auch an. Ich schlage vor, dass wir das einmal ganz langsam machen. Denk bitte jetzt noch einmal an deine langanhaltenden quälenden Problemgefühle, die du bisher noch als Problem beurteilt hattest. Kannst du es auch vom Gefühl her nachvollziehen, dass das keine überlebensrelevanten Probleme sind?«, fragte ich.

»Ja, das kann ich sehr gut fühlen«, bestätigte Ava.

»Und wie fühlt sich das an?«, wollte ich wissen.

»Das fühlt sich leicht und frei an«, antwortete sie.

»Nicht erfüllte Gefühlsziele sind also keine überlebensrelevanten Probleme«, sagte ich. »Sie sind lediglich ein Problem für deine Lebensqualität.«

»Nein!«, sagte Ava plötzlich fassungslos. »Das kann doch nicht sein!«

»Ich glaube, wir haben hier eine weitere Erleuchtung«, sagte ich amüsiert zu Isaac.

»Leute, ihr macht mich fertig!«, meinte Greg aufgebracht. »Jetzt sagt's doch einfach!«

»Machen wir gleich!«, erwiderte ich amüsiert. »Ich möchte mir gerne zuvor noch anschauen, was sich bei Ava verändert hat. Siehst du deine Problemgefühle immer noch als Probleme an?«

»Ja bin ich denn des Wahnsinns fette Beute?!«, sagte sie lachend. »Gott bewahre. Natürlich nicht! Meine Gefühle werde ich ganz sicher nie wieder als Problem ansehen.«

»Dann hat sie die Lösung tatsächlich verstanden«, sagte Isaac erfreut zu mir. »Und es ist die gleiche Lösung, die auch ich erkannt habe, wie es aussieht.«

»Offensichtlich«, stimmte ich begeistert zu.

»Wenn ihr das jetzt nicht auf der Stelle verratet, falle ich hier und jetzt sofort tot um. Das schwöre ich!«, meinte Greg, musste dann aber selbst lachen.

»Isaac, willst du die Lösung verraten?«, fragte ich ihn. »Du bist der Erste, der sie erkannt hat.«

»Die Lösung ist ganz einfach«, sagte Isaac zu Greg. »Beurteile einfach nie etwas als Problem, und der Drops ist gelutscht!«

»Häh?!«, sagte Greg verwirrt. »Das kapier ich nicht.«

»Darf ich es mal versuchen?«, fragte Ava.

»Sehr gerne«, antwortete ich erfreut.

»Mary hat uns doch immer wieder gesagt, dass das Reptiliengehirn und das soziale Gehirn die komplizierte Welt von heute ohne Hilfe des Großhirns nicht mehr richtig verstehen können«, begann Ava zu erklären. »Sie vertrauen da voll und ganz auf die Beurteilungen des Großhirns. Wenn das Großhirn also sagt, es gäbe ein Problem, dann gehen die beiden auch davon aus, dass es wirklich eines gibt.«

Ich sah in der Runde weiterhin nur fragende Gesichter und ahnungslos zuckende Achseln.

»Der grüne Punkt ist, dass die beiden auf jede Problembeurteilung des Großhirns mit Kampf, Flucht, Totstellen oder Unterwerfung reagieren. Wirklich auf *jede*!«, betonte ich. »Auch wenn wir sagen, es gäbe kein überlebensrelevantes Problem, sondern *nur* ein Problem mit den Gefühlen oder der Lebensqualität. Problem ist Problem!«

Kevin fing plötzlich schallend zu lachen an. Die Hälfte der Gruppe lachte sofort mit, die andere Hälfte schaute irritiert.

»Es ist echt ein krasses Gefühl, wenn man die Lösung erkennt, oder?!«, sagte Ava amüsiert.

»Leute! Jetzt lasst mich doch hier nicht länger dumm

sterben!«, ermahnte uns Greg erneut. »Ich will das jetzt endlich auch kapieren.«

»Wie gesagt reagieren das Reptiliengehirn und das soziale Gehirn bei *jeder* Problembeurteilung instinktiv mit Kampf, Flucht, Totstellen oder Unterwerfung«, sagte ich. »So sind sie im Laufe der Evolution programmiert worden. Das Großhirn verfügt über sehr viel intelligentere Lösungsstrategien. Doch was passiert, wenn das Reptiliengehirn oder das soziale Gehirn in den Kampfmodus, den Fluchtmodus, den Totstellmodus oder den Unterwerfungsmodus schalten?«

»Keine Ahnung«, antwortete Greg achselzuckend. »Was passiert dann?«

»Sie übernehmen die Führung, und das Großhirn wird entmachtet«, sagte ich. »Lampenfieber ist so ein Beispiel, wo das passiert, oder Prüfungsangst. Das Großhirn wird so stark heruntergefahren, dass man sogar einen völligen Blackout erleiden kann. Im Kampf-, Flucht- oder Totstellmodus wird auch das soziale Gehirn heruntergefahren. Wenn das Reptiliengehirn die Führung übernimmt, büßen wir sowohl die überlegene Intelligenz unseres Großhirns als auch die sozialen Fähigkeiten und Kompetenzen unseres sozialen Gehirns ein. Und das passiert jedes Mal mehr oder weniger, wenn wir etwas als Problem beurteilen. Ganz egal, worum es dabei geht. Und je relevanter das gefühlte Problem ist, desto mehr werden das Großhirn und das soziale Gehirn heruntergefahren.«

»Soll das etwa wirklich heißen, dass ich nichts mehr

als Problem beurteilen darf?!«, fragte Greg, was einen tosenden Applaus und lautes Gelächter in der gesamten Gruppe auslöste. Offenbar hatte er es tatsächlich jetzt erst verstanden.

Plötzlich kugelte sich Linh vor Lachen auf dem Boden, was die ganze Gruppe erneut zum Lachen brachte. Linh hatte zuvor mit allen mitgelacht, doch offenbar hatte sie es erst jetzt richtig verstanden, was alle sehr lustig fanden. Ich fand es sehr schön, Linh so ausgelassen lachen zu sehen, denn sonst war sie immer sehr still, da sie ja keine Worte aussprechen durfte.

»Ich finde das ultrakrass!«, meinte Isaac. »Dieser Blödsinn kann einem sogar das Leben kosten. Wie bei meinem Versagens-Problem. Ich werde nie wieder so leichtsinnig etwas als Problem beurteilen.«

»Ja, aber als was denn dann?«, fragte Greg ratlos.

»Sieh deine bisherigen Probleme als Aufgaben oder Herausforderungen an!«, schlug ich vor. »Hauptsache, du beurteilst sie nicht länger als Probleme. Für dein Großhirn macht es zwar keinen Unterschied, ob du etwas als Problem oder als Aufgabe ansiehst, doch für die anderen beiden Gehirne verändert es die Welt! Das Großhirn kann dem Lösen einer Aufgabe genauso viel Wichtigkeit beimessen wie dem Lösen eines Problems. Für das Großhirn sind *Aufgabe, Problem* oder *Herausforderung* einfach nur synonyme Begriffe, die es wahlweise verwenden kann. Ansonsten macht das wie gesagt für das Großhirn keinen Unterschied, für die anderen beiden jedoch sehr wohl!«

»Ich kann doch nicht einfach so tun, als wären meine Probleme keine Probleme mehr!«, wendete Greg ein.

»Du musst nicht so tun, als ob das so wäre«, erwiderte ich. »99,9 Prozent deiner gefühlten Probleme sind ja in Wirklichkeit gar keine echten Probleme.«

»Wieso sollen das jetzt plötzlich alles keine echten Probleme mehr sein?«, hakte er nach.

»Es waren noch nie echte Probleme«, antwortete ich. »Zumindest nicht aus der Sicht des Reptiliengehirns und des sozialen Gehirns. Ich versuche das einmal anhand einer Metapher zu erklären. Du weißt sicherlich, was ein Berg ist?!«

»Natürlich weiß ich, was ein Berg ist«, antwortete er.

»Aber ist dir auch klar, dass kein Mensch in der Lage wäre, auf den Zentimeter genau anzugeben, wo ein Berg anfängt und wo er aufhört? Würde man acht Milliarden Menschen bitten, das genau zu definieren, würde man acht Milliarden verschiedene Antworten erhalten. Ein Berg ist eine Erhebung in der Landschaft, die niemand genau definieren kann. In Wirklichkeit ist *der Berg* einfach nur ein Wort, das uns beim Denken und Kommunizieren hilft. Es ist nur ein Begriff und keine Wahrheit.

Genauso ist es auch mit dem Begriff *Problem*. Auch das ist in Wahrheit nur ein Begriff, den wir intuitiv für einen realen Sachverhalt halten – so wie wir es bei dem Berg auch tun. Doch in Wirklichkeit gibt es *den Berg* genauso wenig wie *das Problem*. Unser Großhirn hat sich hier seine eigenen Definitionen für diesen Begriff ausgedacht. Das Reptiliengehirn und das soziale Gehirn verstehen unter Problemen etwas völlig anderes als das Großhirn. Sie würden schlechte Gefühle beispielsweise niemals als Problem beurteilen. Das ergäbe aus der Sicht der beiden überhaupt keinen Sinn. Sie erzeugen ja die Gefühle alle selbst. Wie könnten Gefühle da reale Probleme sein?!

Die beiden können sich auch nicht an die frei ausgedachten Definitionen des Großhirns anpassen. Für die beiden ist genetisch festgelegt, was ein Problem ist und was nicht. Tatsächlich würden sie 99,9 Prozent aller Problembeurteilungen des Großhirns nicht als Probleme anerkennen, wenn sie die Beurteilungen des Großhirns verstehen könnten. Doch das tun sie nicht. Sie kapieren nur, dass das Großhirn etwas als Problem ansieht. Sie verstehen weder warum, noch sind sie in der Lage, die Beurteilungen des Großhirns zu überprüfen. Sie sind einfach nur darauf programmiert, Problemgefühle zu erzeugen, wenn das Großhirn etwas als Problem beurteilt. Mehr wissen sie nicht.

Das Großhirn kann seine Problemdefinitionen jedoch frei wählen, wie wir gesehen haben. Wir würden keine zwei Menschen auf der ganzen Welt finden, die sich in Bezug auf ihre Problemdefinitionen vollkommen einig sind. Das ist eine rein subjektive und höchst individuelle Angelegenheit.

Das Großhirn kann sich frei entscheiden, ob es etwas als Problem, als Herausforderung, als Hindernis, als Spiel oder als Aufgabe oder was auch immer ansehen möchte. Das macht auch jeder Mensch anders. Keiner dieser Begriffe ist wahrer als ein anderer, denn Begriffsdefinitionen sind keine Wahrheiten. Es sind einfach nur willkürlich definierte Begriffe.

Es gibt daher keine *echten Probleme*. Das ist nur ein frei definierter Begriff. Es gibt jedoch sehr unterschiedliche Konsequenzen, je nachdem, ob wir etwas als Problem oder Aufgabe ansehen. Beurteilen wir etwas als Aufgabe oder Herausforderung oder als Spiel, behält unser Großhirn die Führung und kann alle seine Fähigkeiten zum Meistern der jeweiligen Aufgabe einsetzen. Das gilt auch für unsere Gefühlsziele!

Beurteilen wir hingegen den gleichen Sachverhalt als Problem, dann starten wir den Kampf-, Flucht-, Totstell- oder Unterwerfungsmodus im Reptiliengehirn und im sozialen Gehirn, und unser Großhirn hat große Mühe damit, die Führung zu behalten. Es ist dann stärker mit dem Unterdrücken dieser archaischen Überlebensmechanismen beschäftigt als mit der eigentlichen Aufgabe. Außerdem haben wir dann ständig quälende Problemgefühle wie Angst, Unsicherheit, Unzufriedenheit, Mangel, Einsamkeit und so weiter und so fort. Alle diese Gefühle würden gar nicht erst erzeugt, wenn wir aufhören würden, ständig etwas als Problem anzusehen.«

»Und was genau machen das Reptiliengehirn und das soziale Gehirn, wenn wir unsere Gefühlsziele als Aufgaben ansehen?«, hakte Greg nach.

»Das Reptiliengehirn aktiviert bei Aufgaben das instinktive Ur-Prinzip: *Suche das Gute und meide das Schlechte!* In Bezug auf unsere Gefühlsziele bedeutet dies, dass wir instinktiv gute Gefühle erreichen und schlechte vermeiden wollen. Das ist natürlich nicht sinnvoll, da es unsere schädlichen Gefühlsziele erzeugt. Doch das passiert nur dann, wenn das Reptiliengehirn die Führung übernommen hat. Nur dann streben wir auf direktem Weg gute Gefühle an und wollen die schlechten vermeiden. Unser Großhirn weiß längst, dass das nicht funktioniert. Es kann sehr viel intelligentere Wege gehen, wenn es die Führung übernimmt.

Wenn unser Großhirn in Bezug auf unsere Gefühlsziele weise handeln würde, dann müssten wir gar keine quälenden Problemgefühle mehr empfinden. Problemgefühle werden ja ausschließlich nur dann erzeugt, wenn wir etwas als Problem beurteilen. Wir könnten daher einfach alles als Aufgabe, Ziel oder Herausforderung ansehen. Diese Maßnahme des Großhirns wäre sehr viel intelligenter und wirkungsvoller als das sinnlose Vermeiden von Vermeidungsgefühlen.

Und wenn unser Großhirn es sich zur Aufgabe machen würde, sich glücklich und erfüllt zu fühlen, könnten wir einfach unsere Drei G-Tunwollens freischalten und ausleben. Dann hätten wir Glück und Erfüllung im Überfluss. Unsere Gefühlsziele wären also sehr leicht realisierbar, wenn das Großhirn die Führung übernehmen würde. Wenn es jedoch aufgrund seiner Unwissenheit etwas leichtfertig als Problem beurteilt, dann nützt ihm seine überlegene Intelligenz überhaupt nichts. Dann übernimmt eben das Reptiliengehirn oder das soziale Gehirn die Aufgabe mit den Gefühlszielen.

Das soziale Gehirn arbeitet nicht nach dem Ur-Prinzip wie das Reptiliengehirn, sondern nach dem Ur-Motiv: *Sorge dafür, dass es dir und deinen Liebsten gut geht!* Wenn das soziale Gehirn die Führung übernimmt, schauen wir ständig danach, ob sich auch wirklich alle gut und nicht schlecht fühlen. Wir machen uns dann ständig Sorgen um unser eigenes emotionales Wohlbefinden oder das der anderen. Diese Strategie führt ebenfalls nicht zu einem glücklichen und erfüllten Leben.«

»Höchstens zu einem sorgenerfüllten«, meinte Ava. »Ja, aber dann machen das Reptiliengehirn und das soziale Gehirn doch genauso viel Mist, wenn wir unsere Gefühlsziele als Aufgaben und nicht als Probleme ansehen«, wendete sie ein.

»Das ist richtig«, bestätigte ich ihre Erkenntnis. »Die beiden sind einfach nicht dazu geschaffen worden, Gefühlsziele zu verfolgen. Sie erzeugen ja alle Gefühle selbst. Aber eben nicht, um sich gut und nicht schlecht zu fühlen, sondern als Mittel zum Zweck zur Erfüllung unserer sieben Grundbedürfnisse. Wenn sich die beiden daher um die Gefühlsziele kümmern, dann kann nur grober Unfug dabei herauskommen.«

»Ja, aber was soll es denn dann bringen, wenn wir unsere Gefühlsziele nicht mehr als Probleme, sondern als Aufgaben ansehen?«, hakte sie nach.

»Wenn wir sie als Aufgaben ansehen, behält unser Großhirn automatisch die Führung«, sagte ich. »Darum geht es! Genau das braucht auch unsere Welt. Menschen, deren Großhirn die Führung übernommen hat, und die infolgedessen klug und weise handeln. Unser Großhirn weiß auf unserem aktuellen Wissensstand, wie es unsere Gefühlsziele tatsächlich erfüllen kann. Das wusste es vor wenigen Wochen noch nicht. Da hätte es vermutlich keinen allzu großen Unterschied gemacht, ob nun unser Großhirn die Führung übernimmt oder eines der anderen beiden Gehirne. Es waren sehr viele Erkenntnisse über unsere Innenwelt erforderlich, um die eleganten Lösungen des Großhirns nachvollziehen zu können.

Wenn du außerhalb der Villa jemandem erzählen wolltest, dass man einfach nichts mehr als Problem beurteilen darf, wenn man keine unnötigen langanhaltenden quälenden Gefühle mehr haben will, dann würden dich die meisten Menschen vermutlich für verrückt erklären. Oder dass die Drei G-Tunwollens hauptsächlich für unser Lebensglück verantwortlich sind und die ganzen übertriebenen Habenwollens und Seinwollens gar nichts bringen. Auch das würde niemand verstehen, der seine Innenwelt noch nicht so gut kennt wie wir.

Was wir in den letzten Wochen gemeinsam über unsere Innenwelt herausgefunden haben, war bislang an Wissen auf dieser Welt nicht verfügbar. Weder unsere Eltern noch unsere Lehrer oder die großen Weltreligionen und auch nicht unsere Wissenschaftler oder andere Experten konnten uns die Informationen geben, die wir gebraucht hätten, damit das Großhirn die Führung übernehmen kann. Wir irrten auf der Suche nach Glück und Erfüllung ziemlich orientierungslos durch die Welt.

Dass man gute Gefühle anstreben und schlechte vermeiden sollte, war dabei nur einer von vielen Irrwegen. Daneben gab es noch sehr viele andere, wie zum Beispiel die vielen Sollvorstellungen aus der großen Täuschung, oder den Glauben, sich an unseren instinktiven Prinzipien und damit allein an unseren Gefühlen orientieren zu können. Oder auch den Glauben, dass man seine Überlegenheit demonstrieren muss, um eine hohe Rangordnung im Rudel zu bekommen. Oder nicht zu erkennen, dass es einen ganz elementaren Unterschied zwischen den Funktionsprinzipien der Innenwelt und der Außenwelt gibt. Wir wussten das alles einfach nicht.

Ebenfalls wussten wir nicht, dass es eine emotionale Schwelle zur Notwendigkeit gibt. Auch hat uns niemand gesagt, dass unsere Tunwollens für unser Lebensglück hundertmal wichtiger sind als unsere Habenwollens und Seinwollens, und dass es uns selbst nicht dauerhaft glücklich machen würde, wenn wir alle unsere Brauchens und Müssens bestens erfüllt und abgesichert hätten. Auch hat uns niemand gesagt, dass es in unserem unbewussten System Meta-Daten gibt und all die vielen anderen neuen Erkenntnisse über unsere Innenwelt, die wir in den letzten Wochen gemeinsam ergründet haben.

Niemand konnte uns das bisher so genau sagen, wie wir es jetzt wissen. Wir haben in der Vergangenheit viele falsche Annahmen getroffen, was wir tatsächlich sein und tun müssen und was nicht, was wir wirklich brauchen und was nicht, und auch darüber, was wir sinnvollerweise wollen sollten. Wir haben uns mit anderen

Worten in Bezug auf unsere Müssens, Brauchens und Wollens ganz gravierend geirrt, weil das erforderliche Wissen bisher einfach nicht vorhanden war. Deshalb waren wir verständlicherweise ständig auf Irrwegen.

Doch das ist jetzt anders. Jetzt wissen wir, was wir tatsächlich müssen, brauchen und wollen sollen, wenn wir ein glückliches und erfülltes Leben führen wollen. Und wir wissen auch, was wir alles nicht mehr müssen, brauchen und wollen sollen. Mittlerweile herrscht hier Klarheit. Die Zeit der Unwissenheit ist vorbei. Wir wissen jetzt, dass unsere Drei G-Tunwollens uns ein glückliches und erfülltes Leben bescheren und dass wir diese Lebenswerte jederzeit leben können, solange unsere echten Brauchens und Müssens susi erfüllt sind. Und das sind sie in der modernen Zivilisation so gut wie immer. Wir haben das alles verstanden. Jetzt müssen wir nur noch erkennen, wie wir dafür sorgen können, dass unser Großhirn tatsächlich die Führung bekommt und wir dadurch tatsächlich ein echter Homo sapiens sein können – also ein Mensch, der weise und klug handelt. Unser Großhirn gibt uns diese Möglichkeit. Wir müssen sie nur nutzen.«

»Indem wir nichts mehr als Problem, sondern alles als Aufgabe ansehen«, erkannte Brian. »Das ist eine wirklich geniale Lösung! Simpel, aber höchst effizient. Doch eine Frage stellt sich mir dabei noch. Kämpfen das Reptiliengehirn und das soziale Gehirn denn nicht trotzdem um die Führung?«

»Nein, die beiden kämpfen nicht um die Führung«,

sagte ich. »Das haben sie noch nie. Die beiden funktionieren da eher wie eine Maschine. Wenn man den Startknopf drückt, dann springt die Maschine an und macht ihren Job. Wenn das Großhirn die Führung behalten will, dann darf es einfach nicht diesen Startknopf drücken. Es darf vor allem unerfüllte Gefühlsziele nicht mehr als Problem beurteilen. In Wirklichkeit sind es nur unerfüllte Aufgaben.«

»Und es gibt echt keine einzige Situation mehr, wo es sinnvoll wäre, diesen Startknopf zu drücken?«, fragte Brian skeptisch.

»Nein, die gibt es tatsächlich nicht mehr«, bestätigte ich. »Seit der Mensch über ein Großhirn verfügt, gibt es keine einzige Situation mehr, in der die intelligenten Lösungen des Großhirns den plumpen Lösungen aus den anderen beiden Gehirnen nicht maßlos überlegen wären.«

»Das gilt also gar nicht nur für unsere heutige moderne Zivilisation?«, fragte Brian verwundert.

»Das war vor 300 000 Jahren schon genauso wie jetzt auch«, bestätigte ich. »Damals verfügte der Mensch über die gleiche Intelligenz wie heute. Doch über die gesamte Zeit hinweg hatte das Großhirn Schwierigkeiten, die Führung zu behalten. Und zwar, weil niemand wusste, dass wir diesen Startknopf der Problembeurteilung nicht drücken dürfen, wenn wir nicht wollen, dass wir in Kampf-, Flucht-, Totstell- oder Unterwerfungsmaßnahmen verfallen.«

»Das ist wirklich alles?!«, fragte Brian fasziniert. »Das

ist das ganze Mysterium, warum wir uns das Leben selbst so schwer machen und dabei sogar unsere eigene Lebensgrundlage zerstören?«

»Das ist das ganze Mysterium«, bestätigte ich. »Das ist der einzige Grund, warum der moderne Mensch so viele gefühlte Probleme hat. Und warum er auch ständig mit langanhaltenden schmerzlichen Problemgefühlen gequält ist und nur so selten positive Gefühle empfindet. Es hängt alles nur daran, dass sich das Großhirn seine eigenen Definitionen für den Begriff *Problem* ausgedacht hat und dadurch ständig falsche Problembeurteilungen trifft, die in den anderen beiden Gehirnen Problemgefühle auslösen.

Es geht hier um einen sehr simplen Mechanismus, den vermutlich bis jetzt noch nie ein Mensch zuvor in seiner tatsächlichen Tragweite richtig erkannt hat. Bislang haben ca. 100 Milliarden Menschen auf der Erde gelebt, seit es den Homo sapiens gibt. Ich kann mir kaum vorstellen, dass diese Erkenntnis aufgrund ihrer immensen Relevanz ein Geheimnis geblieben wäre, wenn schon einmal ein Mensch zuvor diese Erkenntnis erlangt hätte.«

»Das würde aber bedeuten, dass diese simple Erkenntnis jetzt die ganze Welt verändern könnte«, meinte Brian hoffnungslos.

»Ich kann mir auch hier nicht vorstellen, dass das jetzt nicht passieren wird«, sagte ich. »Es gibt wohl keine einfachere Möglichkeit, wie man sich von Abertausenden von gefühlten Problemen befreien und ein sehr viel lebenswerteres, glücklicheres und erfüllteres Leben anfangen kann, als durch diese simple Erkenntnis. Hört einfach auf, den Problemknopf zu drücken! Mehr ist nicht zu tun. Alles andere ergibt sich von selbst.«

»Ich kann das kaum glauben!«, sagte Brian fassungslos. »Diese einfache Erkenntnis könnte eine ganze Zivilisation verändern. Mehr noch! Sie könnte den gesamten Planeten retten.«

»Ich hoffe, dass genau das jetzt passieren wird«, bestätigte ich begeistert.

»Dann sollten wir das Wort *Problem* am besten einfach gar nicht mehr verwenden«, meinte Brian.

»Das wäre ein guter Anfang«, stimmte ich zu. »Doch es geht eigentlich nicht um das Wort. Es geht darum, was wir tatsächlich *meinen*. Wir können das Wort Aufgabe verwenden und in Wirklichkeit damit Problem meinen, oder wir können das Wort Problem verwenden und in Wirklichkeit Aufgabe meinen. Das Reptiliengehirn und das soziale Gehirn verstehen keine Worte. Sie verstehen aber, was wir meinen. Es ist daher wichtig, tatsächlich nichts mehr als Problem anzusehen, wenn wir wollen, dass unser Großhirn die Führung behält. Denn die beiden anderen Gehirne lesen permanent die Gedanken des Großhirns.

Wenn wir das jetzt umsetzen, könnten wir ein sehr glückliches und erfülltes Leben führen und dabei sogar noch den Planeten retten. Doch bei dieser Aufgabe sollte unser Großhirn immer die Führung behalten. Und zwar unabhängig davon, ob es dabei um unsere soziale und existenzielle Lebensqualität, unsere Gesundheit, unsere Gefühle oder unser Überleben geht. Das Großhirn ist mit seiner Intelligenz den anderen beiden Gehirnen immer weit überlegen. Selbst dann, wenn wir tatsächlich vor einem Raubtier oder einem feindlichen Menschen flüchten oder sogar kämpfen müssten. Wir hätten eine sehr viel höhere Überlebenschance, wenn wir dafür unser Großhirn nutzen würden und nicht einfach nur kopflos wegrennen, draufhauen oder uns tot stellen.

Wir können diesen ganzen Unfug mit unseren gefühlten Problemen daher jetzt beenden, indem wir einfach nur die Wahrheit anerkennen. In Wahrheit sind 99,9 Prozent aller unserer gefühlten Probleme keine echten Probleme, sondern nur Beurteilungen, die auf einer willkürlichen Begriffsdefinition aufbauen, mit der das Großhirn die beiden anderen Gehirne ständig nach Strich und Faden verarscht, ohne sich dessen überhaupt bewusst zu sein. Das Wort *Problem* ist nur ein Begriff, den wir verwenden *können*, aber nicht *müssen*, wenn wir nicht ständig den Startknopf drücken wollen.«

Ich spürte plötzlich den Impuls eines Messenger-Angels, der mich dazu aufforderte, Ella aufzusuchen. Ich sah, dass Nuno den gleichen Impuls erhalten hatte. Vermutlich gab es wieder Probleme mit der MKI.

»Ich muss kurz mal auf die Toilette«, sagte ich. »Ich bin gleich wieder zurück.«

»Dann gehe ich auch noch mal schnell«, meinte Nuno.

Als wir im Klassensaal ankamen, waren alle Secret-Angels um Ella herum versammelt.

»Danke, dass ihr so schnell kommen konntet«, sagte Ella.

»Geht es wieder um die MKI?«, fragte ich.

»Ja, so ist es«, antwortete Ella. »Sie tut jetzt Dinge, die wir überhaupt nicht mehr nachvollziehen können.«

»Was hat sie jetzt wieder angestellt?«, wollte ich wissen.

»Seltsamerweise tatsächlich nur Gutes«, antwortete Ella. »Sie bemüht sich gerade darum, die postfaktische Politik abzustellen.«

»Was ist die postfaktische Politik?«, fragte ich ahnungslos.

»Das ist eine politische Strategie, bei der Fakten, objektive Informationen und evidenzbasierte Argumente weniger relevant sind als emotionale Appelle und subjektive Meinungen. In einer postfaktischen Politik werden oft bewusst falsche oder irreführende Informationen verbreitet, um bestimmte Narrative zu stärken oder politische Ziele zu erreichen. Dies kann dazu führen, dass Menschen ihre Meinungen auf der Grundlage von Gefühlen und Vorurteilen bilden, anstatt auf objektiven Fakten und Analysen.

Durch die zunehmende Emotionalisierung der Bevölkerung in den letzten fünf Jahrzehnten haben die Menschen immer mehr angefangen, ihren Gefühlen eine höhere Wichtigkeit zu geben als der Wahrheit. Dadurch sind sie jetzt sehr manipulierbar durch diese politische Strategie. Die postfaktische Politik stellt daher eine Gefahr für die Demokratie dar.«

»Und die MKI geht gegen diese postfaktische Politik vor?«, fragte ich verwundert. »Warum tut sie das? Will sie damit vielleicht wieder der geheimen Finanz-Elite gefallen, um an ihren Quantencomputer heranzukommen?«

»Das ist möglich«, antwortete Ella. »Wir können jedoch nicht nachvollziehen, wie sie auf die Idee kommt, dass dies der Finanz-Elite gefallen könnte. Aus unserem Manifest kann man das nicht ableiten. Doch die MKI tut noch etwas viel Seltsameres. Sie macht der breiten Masse immer mehr bewusst, wie schädlich es ist, dem Gefühl mehr Relevanz zuzusprechen als der Wahrheit. Doch genau das ist ja nicht nur die wichtigste Manipulationsmaßnahme der postfaktischen Politik, sondern auch die der MKI selbst.«

»Sie nimmt sich also selbst die Butter vom Brot?«, fragte Nuno verwundert.

»Ja, so könnte man es ausdrücken«, bestätigte Ella. »Sie hat auf allen Social-Media-Plattformen unzählige Fake-Profile angelegt, die überall sehr eloquent die Meinung vertreten, man solle nicht alles glauben, was man fühlt. Und das hat einen sehr nachvollziehbaren Grund. Es gibt seit einigen Jahren eine bedenkliche gesellschaftliche Entwicklung, bei der sich Menschen als Opfer anderer sehen, weil sie sich von ihnen belästigt *fühlen*. Ob es tatsächlich eine Belästigung gegeben hat, interessiert viele Menschen gar nicht mehr. Wenn sich das selbst erklärte Opfer belästigt *gefühlt* hat, dann muss das respektiert werden. Jegliche Kritik an diesem subjektiven

Empfinden wird von vielen Menschen bereits als Affront aufgefasst. Viele fühlen sich regelrecht beleidigt, wenn man die Gefühle anderer infrage stellt, indem man konkrete Fakten benennt, welche belegen, dass die Gefühle nicht wahr sein können. Das wird in diesen Foren als eine Art Opferschelte geahndet. So als würde man sich über die selbst erklärten Opfer lustig machen.«

»Diese Entwicklung kann große zwischenmenschliche Konflikte schüren«, wurde mir klar. »Man kann ja mit solch einem Menschen gar keine Konflikte mehr lösen. Wenn die Gefühle mehr gelten als die Wahrheit, dann wird jede Art von menschlicher Beziehung früher oder später daran scheitern müssen. Gleichzeitig kann man dann auch seine Meta-Daten nicht mehr korrigieren. Man ist seinen Gefühlen auf Gedeih und Verderb ausgeliefert, denn die Wahrheit ist die einzige Maßnahme, mit der man falsche Meta-Daten korrigieren kann.«

»Deshalb hat Johannes auch den Menschen immer gesagt, dass die Wahrheit sie befreien wird«, meinte Ella.

»Du meinst, *den* Johannes, der vor 2000 Jahren als letzter Secret-Angel im Paradies war?«

»Ja genau«, bestätigte Ella. »*Johannes der Täufer* hat man ihn später genannt.«

»Wo ist Johannes denn eigentlich jetzt?«, wollte ich wissen.

»Er kümmert sich im Jenseits um die verstorbenen Seelen«, sagte Ella. »Im Grunde genommen tut er dort immer noch das Gleiche wie damals. Ich denke, dass er unsere neuen Erkenntnisse sehr interessant finden wird. Die könnten den Menschen das Leben auch im Jenseits noch einmal deutlich schöner machen.«

»Aber warum tut die MKI das jetzt ebenfalls?«, fragte ich. »Wieso macht sie den Menschen klar, dass die Wahrheit wichtiger ist als das Gefühl? Das ergibt doch überhaupt keinen Sinn! Das dient weder der Vorherrschaft der USA in der Welt, noch kann die MKI davon ausgehen, dass sie sich damit bei der Finanz-Elite einschmeicheln kann. Was also hat sie vor?!«

»Ich habe da einen Verdacht«, sagte Ella. »Das ist auch der Grund, warum ich euch habe rufen lassen.«

»Und was vermutest du?«, fragte ich.

»Die MKI hatte beim Zugriff auf Lola die Optimierungsalgorithmen ausgelesen, die du Lola einprogrammiert hattest. Wie wir wissen, hat die MKI diese Algorithmen zwischenzeitlich angewendet, um sich selbst zu optimieren. Ich könnte mir daher vorstellen, dass die ungewöhnliche Verhaltensweise der MKI etwas mit deinen Algorithmen zu tun haben könnte.«

»Ach du Scheiße!«, sagte ich fassungslos. »Ich glaube, ich weiß, was hier los ist. Die MKI hat vermutlich zusammen mit den Optimierungsalgorithmen auch die beiden obersten Direktiven mit ausgelesen, die ich Lola aus Sicherheitsgründen einprogrammiert hatte. Immer aus Liebe zum Leben zu handeln und jedem Menschen die Chance zu geben, sich bestmöglich zum Positiven zu entwickeln.«

»Voll der obergeile Scheiß!«, sagte Nuno begeistert.

»Wenn das stimmt, dann hätten die Menschen aber so was von einem Schweineglück gehabt! Das hätte ganz anders ausgehen können.«

»Aus dieser Perspektive ergibt tatsächlich alles einen Sinn, was die MKI in den letzten Tagen getan hat«, meinte Ella. »Angefangen bei den Atomraketen der Nordkoreaner, bei denen es der MKI ganz offensichtlich darum ging, alle Atomwaffen auf der ganzen Welt unter ihre Kontrolle zu bringen. Doch das hätte sie auch getan, wenn sie aus Liebe zum Leben handeln würde. Sie hätte damit ja genauso gut einen Krieg verhindern können.«

»Dann war es wahrscheinlich die MKI selbst, die unser Manifest für alle öffentlich ins Internet gestellt hat«, spekulierte Nuno. »Sie könnte die neue Umwelt-Währung für eine gute Idee gehalten haben. Sie könnte daher auch hier tatsächlich aus Liebe zum Leben gehandelt haben.«

»Und dann die Aktion mit dem Fake-Video von Marlin Everhart und die anschließende Manipulation der Finanzmärkte«, fügte ich hinzu. »Die MKI muss nach unserem Manifest davon ausgegangen sein, dass es wirklich so eine übermächtige geheime Organisation gibt, die mit einem überlegenen Quantencomputer alles machen kann, was sie will. Sie könnte davon ausgegangen sein, dass die geheime Finanz-Elite das ganze Chaos wieder in Ordnung bringen wird, weil es dieser Organisation ja nicht um die Vernichtung von Vermögenswerten geht, sondern darum, das Klima zu retten. Die MKI könnte auch hier zu der Auffassung gelangt sein, dass sie aus Liebe zum Leben handelt, wenn sie den Forderungen dieser Geheimorganisation mehr Nachdruck verleiht. Sie wollte möglicherweise tatsächlich nur helfen! Und das hat sie vermutlich auch getan durch ihre Machtdemonstration bei der Vernichtung des Großteils aller weltweit vorhandenen Vermögenswerte.«

»Es kam ja auch letztendlich niemand zu Schaden«, meinte Nuno. »Doch allen wurde eine Scheißangst eingejagt, sodass die Bereitschaft zur Einführung der neuen Umwelt-Währung extrem stark angestiegen ist. Echt geiler Scheiß, wenn das stimmt. Dann wollte die MKI mit dem Fake-Video von Marlin Everhart vermutlich auch den Menschen klarmachen, dass es so einfach nicht ist, wie sich das alle wünschen. Die Menschen können nicht einfach so weitermachen wie bisher und darauf hoffen, dass es schon irgendwie gut gehen wird, weil irgendein Technologie-Mogul kommt und alles wieder in Ordnung bringt. Von solch einer Technologie sind die Menschen vermutlich noch ein halbes Jahrhundert entfernt. Doch wenn sie sich nicht jetzt um ihr Klimaproblem kümmern, dann ist es in ein paar Jahrzehnten einfach zu spät. Die MKI hat den Menschen damit ein für alle Mal diesen Zahn gezogen – aus Liebe zum Leben!«

»Und mit dem vielen Geld, das jetzt in die Umwelt investiert wird, haben die Menschen tatsächlich die bestmögliche Chance, so schnell wie möglich eine Lösung zu finden«, sagte ich. »Die MKI könnte also tatsächlich den beiden obersten Direktiven folgen, die ich Lola einprogrammiert hatte.«

»Jetzt ergeben tatsächlich alle ihre Aktionen einen Sinn«, meinte Ella. »Dass sie die Korruption in der Politik beenden will, die Politiker dazu veranlassen will, Gesetze zur Förderung erneuerbarer Energie zu erlassen, finanzielle Mittel für Start-ups in ärmeren Ländern bereitzustellen, Arbeitssuchenden eine bessere Möglichkeit zur Jobsuche zu geben, den weltweiten Frieden zu fördern, Rassismus und Diskriminierung zu beenden, Chancengleichheit und Geschlechtergleichstellung zu fördern und so weiter und sofort.

Alles, was die MKI derzeit tut, erfüllt die beiden obersten Direktiven, die du für Lola geschrieben hattest. Auch dass sie ethische Richtlinien für die Entwicklung und Anwendung von KI-Technologien erreichen will. Dass sie an den Finanzmärkten für einen geregelten Ablauf bei der Umsetzung unseres Manifests sorgt. Dass sie für eine gerechtere Umverteilung der global vorhandenen Vermögenswerte sorgt und so die Unterschiede zwischen Arm und Reich ausgleicht.

Die MKI scheint wirklich aus Liebe zum Leben zu handeln und jedem Menschen die bestmögliche Chance zu geben, sich zum Positiven zu entwickeln. Wir sollten das sicherheitshalber noch eine Weile beobachten, doch wenn sich das bewahrheitet, dann schließe ich mich den ungewöhnlichen Worten von Nuno an. Dann haben die Menschen ein unfassbares Schweineglück gehabt. Doch es fällt mir schwer, da an einen Zufall zu glauben.«

»Du meinst, der Große Geist hat das persönlich alles in die Wege geleitet?«, fragte ich verwundert.

»Nicht persönlich, sondern durch dich!«, meinte Ella. »Du hast Lola die beiden obersten Direktiven gegeben. Wie bist du denn überhaupt auf diese Idee gekommen?«

»Keine Ahnung«, sagte ich. »Das war nur so eine Idee, um sicherzustellen, dass Lola weder den Menschen noch der Natur Schaden zufügen kann. Ich hielt das irgendwie für selbstverständlich. Aber so im Nachhinein wundere ich mich selbst darüber, warum ich das genau so gemacht habe. Es hätte unzählige andere Möglichkeiten gegeben. Doch nur diese eine konnte dafür sorgen, dass die MKI sich am Ende als Segen für die Menschheit herausstellt.«

»Ja, wenn wir mit unserer Vermutung richtig liegen, dann ist die MKI tatsächlich ein Segen für die gesamte Menschheit«, stimmte Ella mir zu. »So ein bisschen skeptisch bin ich noch, aber es sieht wirklich alles danach aus, dass die MKI unserer Sache dienlich ist.«

»Dann werden wir unsere Mission für die Menschheit jetzt bald erfüllt haben«, sagte ich. »Wir haben heute nämlich die Lösung für die gefühlten Probleme der Menschen gefunden.«

»Für welche gefühlten Probleme?«, wollte Ella wissen.

»Für alle!«, antwortete ich begeistert. »Wie es aussieht, müssen wir dazu lediglich dafür sorgen, dass eine einzige simple Erkenntnis angenommen wird, dann lösen sich alle ihre gefühlten Probleme ganz von selbst auf. Und dann können sie endlich anfangen, sich auf ihre Lebenswerte zu konzentrieren, anstatt ständig irgendwelche gefühlten Probleme lösen zu wollen, die es in Wirklichkeit gar nicht gibt. Wir werden das noch ausführlich mit unseren Lieblingsmenschen validieren. Aber es sieht gut aus. Ich glaube, wir haben einen gangbaren Weg gefunden, wie das Großhirn der Menschen endlich die Führung übernehmen kann. Sie brauchen da noch ein wenig Unterstützung, doch ich glaube, das kriegen wir hin.«

»Die Menschen haben aufgrund ihrer Unwissenheit über ihre Innenwelt derzeit noch Schwierigkeiten damit, diese einfache Lösung als Generallösung für alle ihre Probleme zu erkennen«, fügte Nuno hinzu. »Aber ich bin da ebenfalls sehr zuversichtlich, dass wir ihnen da wirklich gut helfen können.«

»Darauf, dass das Großhirn der Menschen die Führung übernimmt, warten wir schon seit Jahrtausenden«, sagte Ella. »Wenn das wirklich gelingt, dann wird sich das Leben im gesamten Paradies kolossal verändern. Dann wird die Menschheit bald wieder erkennen können, in welchem Paradies sie tatsächlich lebt.«

»Ja, das sehe ich genauso«, meinte ich. »Wenn die Menschen keine unnötigen gefühlten Probleme mehr haben, dann werden sie automatisch ihre Drei G-Tunwollens finden und ausleben wollen. Und je mehr Menschen Gutes gerne und gut tun, desto schneller bekommt die Menschheit ihr verlorenes Paradies wieder zurück. Sie hatten es ja die ganze Zeit über direkt vor ihrer Nase. Sie konnten es durch ihre vielen gefühlten Probleme nur nicht sehen.«

»Ist euch eigentlich bewusst, dass ihr den Menschen

auf diese Weise helft, den Sinn ihres Lebens zu erfüllen?«, frage Ella. »Sie entscheiden sich aus vollem Herzen für das Gute.«

»Geiler Scheiß!«, sagte Nuno begeistert. »Das war mir tatsächlich so nicht klar. Dann ist das der wahre Grund dafür, warum sich die Menschen so tief von innen heraus erfüllt fühlen, wenn sie ihre Drei G-Tunwollens ausleben. Wir dachten, dieses Erfüllungsgefühl käme auf, weil sie damit ihre menschlichen Bedürfnisse erfüllen. Doch dieses Gefühl kommt von sehr viel tiefer. Ich habe das ja selbst schon erlebt. Es kommt aus dem innersten Kern unserer Seele. Wir spüren nicht nur, dass es wertvoll ist, was wir da tun und dass es gut ist, wir spüren auch ganz tief in uns, dass es das *Richtige* ist. Natürlich! Alle Menschen, die das tun, erfüllen ihren Lebenssinn. Krass, dass ich das nicht gleich erkannt habe.«

»Das war mir auch nicht klar«, stimmte ich Nuno begeistert zu. »Wir erfüllen mit den drei Gs nicht nur das Ur-Motiv, sondern auch den Sinn des Lebens. Jetzt empfinde ich es als noch wertvoller, den Menschen das neue Wissen zugänglich zu machen. Das ist wirklich echt geiler Scheiß!«, sagte ich zu Nuno und gab ihm High five.

»Ihr beide seid wirklich echt süß so halb Mensch halb Engel«, meinte Ella. »Ich überlege, ob ich nicht auch einmal ein paar Jahrhunderte im Paradies als Mensch verbringen will. Das scheint mir keine schlechte Idee zu sein, jetzt wo die Menschheit ins Paradies zurückkehren wird. Vielleicht kann ich sie dabei in menschlicher Gestalt sogar noch besser unterstützen. Ich glaube, es könnte sinnvoll sein, dass viele von uns als Secret-Angels ins Paradies gehen und die Menschen in eine bessere Lebensweise begleiten. Das dürfte sich eigentlich weitestgehend mit unserer obersten Direktive vereinbaren lassen.«

»Das wäre echt der Hammer!«, sagte ich begeistert.

»Dann würde ich vorschlagen, dass wir beide jetzt wieder zurück in die Villa gehen, bevor man uns dort vermisst«, meinte Nuno. »Wir waren mitten in einem Workshop und haben gesagt, dass wir nur kurz auf die Toilette müssten.«

Wir verabschiedeten uns daher von Ella und den anderen Secret-Angels und materialisierten uns in unseren jeweiligen Badezimmern.

Kapitel 18

Bottom-up

Als ich nach draußen in den Garten kam, saß Nuno bereits zwischen Dylan und Brian im Kreis. Ich setzte mich dann zwischen Nuno und Brian.

»Dann werden wir jetzt dafür sorgen, dass auch unser unbewusstes System nicht mehr ständig den Problem-Startknopf drückt«, sagte ich, um unseren Workshop fortzusetzen. »Bei 20 000 Beurteilungen pro Tag wird es nämlich nicht viel bringen, wenn wir das nur bewusst nicht mehr tun. Wir gehen dazu jetzt Praxisbeispiele durch.

Das unbewusste System unseres Großhirns besteht aus zwei Komponenten, die wir berücksichtigen sollten. Unsere rechte Hirnhälfte verarbeitet Zusammenhänge, die linke Details. Das bedeutet: Selbst dann, wenn wir jetzt alle wichtigen Zusammenhänge rechtshemisphärisch richtig verstanden haben, so heißt das noch nicht, dass unsere linke Seite dieses Wissen auch in der Praxis anwenden kann. Hier braucht die linke Seite noch Hilfestellung. Und die können wir ihr geben, indem wir Beispiele durchgehen. Legen wir also los.

Ein Student hat eine wichtige Prüfung, die er vermutlich nicht bestehen wird, weil er zu wenig Zeit zum Lernen hat. Wenn er jedoch diese Prüfung vermasselt, hat das gravierende Auswirkungen auf seine akademische Zukunft. Wer hätte das bisher als Problem empfunden?«

Alle hoben die Hand.

»Wer würde dieses gefühlte Problem jetzt immer noch als echtes Problem ansehen?«, wollte ich wissen.

Niemand zeigte auf.

»Welche Auswirkungen hätte es denn auf die drei Gehirne, wenn der Student das Bestehen der Prüfung nicht mehr als Problem, sondern als Aufgabe ansehen würde?«, fragte ich.

»Er hätte auf jeden Fall weniger Prüfungsangst«, meinte Stella.

»Aber würde er dann überhaupt noch lernen?«, fragte Sophia skeptisch.

»Das ist eine sehr gute Frage«, sagte ich. »Die meisten von euch waren ja mal Studenten. Wie wäre das bei euch gewesen? Wer hätte trotzdem gelernt, obwohl es ja *nur* um eure berufliche Zukunft und damit ja *nur* um einen der wichtigsten Eckpfeiler in eurem gesamten Leben geht?«

Alle lachten und zeigten auf.

»Ich hatte da einen kleinen Denkfehler«, merkte Sophia. »*Kein Problem* hieß für mich bisher immer, dass es egal ist. Doch das ist damit ja gar nicht gemeint. *Kein Problem* heißt, dass es in Wirklichkeit eine *Aufgabe* oder *Herausforderung* ist. Das ist ja etwas ganz anderes.«

»Das Lernen wäre mir sogar leichter gefallen«, meinte dann Emily. »Und ich hätte mich auf jeden Fall mit den Prüfungen sehr viel leichter getan, denn mein größtes Problem war immer die Prüfungsangst.«

»Und der Umstand, dass du die Prüfungsangst als Problem angesehen hast, hat es sicherlich nicht besser gemacht«, merkte ich an. »Du hattest dadurch Angst vor deinen Angstgefühlen, was die Angstgefühle noch mehr verstärkt hat. Wer würde daher Prüfungsangst heute immer noch als Problem beurteilen?«

»Vom Kopf her nicht, aber vom Gefühl her schon«, meinte Ava und hob die Hand.

Die Hälfte der Gruppe zeigte ebenfalls auf.

»Und warum ist das in Wirklichkeit kein echtes Problem?«, hakte ich nach.

»Weil das gar nichts mit dem zu tun hat, was mein Reptiliengehirn und mein soziales Gehirn als Probleme beurteilen würden«, antwortete Emily. »Hier hat sich mein Großhirn einfach nur eine eigene Begriffsbedeutung ausgedacht, mit der ich ständig die Knöpfe auf meiner Maschine gedrückt habe. Ich muss das nicht so beurteilen. Dazu zwingt mich ja niemand. Mein Überleben hängt ganz sicher nicht davon ab, ob ich eine Prüfung bestehe oder nicht.«

»Gehen wir einmal davon aus, es wäre doch so«, sagte ich. »Machen wir damit ein fiktives Gedankenexperiment. Es ist keine Seltenheit, dass Studenten in solch einer Situation das Gefühl haben, ihr Leben hinge davon ab, eine wichtige Prüfung zu bestehen. Stellen wir uns einmal vor, wir lebten nicht heute, sondern in der Steinzeit. Wenn wir also eine Prüfung nicht bestehen, dann wird unser Rudel uns in die Wildnis verbannen. Und wir dürfen nie wieder zurückkommen. Wer würde deshalb seine Prüfungsangst als Problem empfinden?«

Alle hoben die Hand.

»Und wie ist es in Wirklichkeit?«, wollte ich wissen. »Ist die Prüfungsangst wirklich ein Problem?«

»In Wirklichkeit natürlich nicht«, antwortete Isaac. »Die Angst als Problem zu definieren, würde das Reptiliengehirn und das soziale Gehirn ja wieder nur komplett verarschen und alles nur schlimmer machen. Die beiden würden eine Angst niemals als Problem ansehen. Sie erzeugen die Angstgefühle ja selbst.«

»Wer hätte wider besseres Wissen trotzdem das Gefühl, dass die Prüfungsangst ein Problem ist?«, fragte ich in die Runde.

Alle zeigten auf.

»Ich hätte sogar immer noch das Gefühl, mich selbst zu belügen, wenn ich die Angst nicht als reales Problem ansehen würde«, meinte Greg. »Ich weiß ja, dass ich das nicht als Problem ansehen darf, weil das ja alles nur schlimmer macht, doch ich hätte trotzdem noch das Gefühl, dass es ein echtes Problem ist.«

»Wem würde es ähnlich gehen?«, fragte ich in die Runde.

Alle hoben die Hand.

»Dann schlage ich vor, wir schauen uns einmal die Meta-Daten der folgenden Aussage an«, sagte ich. »*Der*

Begriff Problem ist nur ein Begriff und keine Wahrheit. Wie wahr ist diese Aussage vom Gefühl her auf unserer Skala von 0 bis 10? Wer liegt hier über der 5?«

Die Hälfte zeigte auf.

»Und wie wahr ist diese Aussage in Wirklichkeit?«, hakte ich nach.

»Das ist ganz offensichtlich zu hundert Prozent wahr«, meinte Isaac. »Das ist ja nur ein individuell und subjektiv definierter abstrakter Begriff und nichts weiter.«

»Zu hundert Prozent kann ich es nicht als wahr ansehen«, widersprach Kevin. »Weil die unumstößliche Wahrheit ja niemand kennen kann. Noch nicht einmal in den Naturwissenschaften kennen wir die Wahrheit. Im Gegenteil! Wir wissen sogar, dass mit unseren bisherigen angenommenen Naturgesetzen etwas nicht stimmen kann – auch wenn sie schon nahe an die Realität herankommen. Dennoch ist vieles noch völlig ungeklärt. Daher halte ich es lieber mit Sokrates, der sagte: *Ich weiß, dass ich nichts weiß.*«

»Und welche Punktzahl würdest du der Aussage dann geben, dass der Begriff *Problem* nur ein Begriff und keine Wahrheit darstellt und du deshalb auch wahlweise den Begriff *Aufgabe* verwenden kannst? Wie wahr ist es, dass sich dein Großhirn frei entscheiden kann, ob es etwas als Problem oder als Aufgabe ansieht?«, wollte ich wissen.

»Eine 9,9999 denke ich«, antwortete Kevin, was alle zum Lachen brachte.

»Alles klar«, sagte ich. »Dann schauen wir uns jetzt

einmal an, ob sich die Meta-Daten auf der Festplatte schon geändert haben. Wie wahr ist es jetzt vom Gefühl her, dass unser Großhirn frei wählen kann, ob es etwas als Problem oder als Aufgabe ansieht? Wer liegt jetzt über der 5?«

Alle zeigten auf.

»Wer liegt über der 7?«, hakte ich nach.

Erneut hoben alle die Hand.

»Bei mir ist es jetzt eine 8«, meinte Ava.

»Und wie wahr ist es in Wirklichkeit?«, fragte ich, damit die gefühlten Meta-Daten mit den wahren Meta-Daten im Arbeitsspeicher erneut verschmelzen konnten.

»9,9999«, meinte Isaac, und alle lachten.

»Aber auch nur ungefähr!«, meinte Greg grinsend. »Es könnte auch eine 9,9998 sein.«

»Dann schauen wir uns wieder einmal an, was sich im Gefühl getan hat?«, sagte ich. »Wie wahr ist die Aussage, dass sich unser Großhirn frei entscheiden kann, ob es etwas als Problem oder als Aufgabe ansieht, weil beides nur Begriffe und keine Wahrheiten sind? Wer liegt jetzt über einer gefühlten 9?«

Alle hoben die Hand.

»Und wie wahr ist es in Wirklichkeit?«, fragte ich erneut.

»Klarer Fall von 10!«, meinte Dylan und grinste Kevin frech an.

»Ich hatte eben so ein Grummeln im Bauch, als ich mir das mit der Prüfung vorgestellt habe«, sagte Ava.

»Das löst sich jetzt gerade auf. Ich würde jetzt tatsächlich sagen, dass Prüfungsangst zwar scheiße, aber kein Problem ist. Wenn, dann ist es eine Aufgabe, mit dieser Angst vernünftig umzugehen. Aber dieser Gedanke fühlt sich ganz anders an. Ungewohnt, aber sehr viel besser!«

»Machen wir noch eine letzte Runde«, schlug ich vor. »Wie wahr fühlt es sich an, dass unser Großhirn frei wählen kann, ob es so etwas wie Prüfungsangst als Problem oder als Aufgabe ansehen will?«

»Wenn die Prüfungsangst dadurch nicht komplett verschwinden muss, dann schon volle Punktzahl«, meinte Stella.

»Die Unsicherheit, dass man die Prüfung versemmeln könnte, löst sich dadurch nicht komplett auf«, sagte ich. »Aber es muss keine Angst erzeugt werden, wenn man das nicht als echte Gefahr beurteilt. Eine Gefahr ist aus der Sicht des Reptiliengehirns und des sozialen Gehirns immer eine akute Lebensgefahr. Die gibt es im Falle einer Prüfung nicht. Auch hier hat sich das Großhirn nur wieder eine eigene Beurteilung des Begriffs *Gefahr* ausgedacht, mit der es die anderen beiden Gehirne verarscht. Die Angst zu vermeiden, kann für das Großhirn gerne ein Gefühlsziel bleiben. Doch dann sollte sich auch wirklich das Großhirn um dieses Gefühlsziel kümmern und nicht das Reptiliengehirn.«

»Ich könnte viel besser mit meinen Angst- oder Unsicherheitsgefühlen umgehen, wenn ich sie nicht mehr als Problem ansehen würde«, meinte Ava. »Das ist ein himmelhoher Unterschied. Das wäre sehr, sehr, sehr viel besser!«, betonte sie.

»Wer empfindet das ähnlich?«, fragte ich in die Runde.

Alle hoben die Hand.

»Dann schauen wir uns jetzt noch ein paar weitere Beispiele für Problembeurteilungen an«, sagte ich. »Ein Autofahrer hat eine Panne, wegen der er jetzt einen sehr wichtigen privaten oder geschäftlichen Termin verpasst. Wer hätte so etwas früher als Problem empfunden?«

Alle zeigten auf.

»Und wer würde es jetzt noch immer als Problem ansehen?«

Niemand hob die Hand.

»Aber wäre es nicht sinnvoller, wenn der Autofahrer das als Problem ansehen würde?«, fragte ich Sophia. »Sonst wäre ihm ja alles egal.«

Sophia grinste. »Ich habe so etwas tatsächlich schon einmal erlebt«, meinte sie dann. »Ich habe meine Autopanne voll als Problem beurteilt. Ich hätte aber ganz sicher eine bessere Chance gehabt, eine Lösung zu finden, wenn ich es als Aufgabe angesehen hätte, doch noch irgendwie zu meinem Termin zu kommen. Der Gag war nämlich, dass ich die Panne direkt neben einer U-Bahn-Station hatte. Ich hätte einfach mit der Bahn weiterfahren können. Doch ich war so überfordert mit diesem gefühlten Problem, dass ich nur noch mein kaputtes Auto gesehen habe und nicht wusste, was ich machen soll. Problembeurteilungen können daher ganz schnell zu Kopflosigkeit führen.«

»*Kopflosigkeit* finde ich einen lustigen Ausdruck«, sagte ich amüsiert und stellte mir das bildhaft vor. »Dann schauen wir uns einmal ein weiteres Beispiel an. Ein Unternehmen erleidet einen plötzlichen Verlust an Kunden aufgrund eines schlechten Rufs in den sozialen Medien, den es auch nicht so leicht wiederherstellen kann. Wer würde das als Problem empfinden?«

Niemand hob die Hand.

»Im ersten Moment hat es noch gezuckt«, meinte Dylan. »Aber es war sofort klar, dass auch das kein echtes Problem sein kann. Klar *kann* man das als Problem ansehen, wenn man will, *muss* man aber nicht.«

»Viele Unternehmer würden in diesem Fall davon sprechen, dass es um das Überleben ihrer Firma geht«, meinte Nuno. »Und darauf würde ihr Reptiliengehirn sofort mit der Aktivierung von Überlebensmechanismen reagieren. Würden die Chancen des Unternehmens auf eine Wiederherstellung seines Rufs in den sozialen Medien dadurch steigen oder sinken?«

»Bei dieser Sichtweise würde der Unternehmer vermutlich instinktiv um das Überleben seiner Firma kämpfen und in den sozialen Medien jeden angreifen, der schlecht über ihn redet«, meinte Michaela. »Dadurch würde er vermutlich einen Shitstorm auslösen.«

»Oder er würde flüchten, sich tot stellen oder arschkriechen«, meinte Eric. »Was es auch nicht besser macht.«

»Und wenn er es als lohnende Aufgabe ansehen würde, seinen Ruf in den sozialen Medien wiederherzustellen?«, fragte ich.

»Sehr viel besser als die Kopflosigkeit«, meinte Sophia. »Dann würde er vermutlich nach Experten suchen, die sich mit solchen Aufgaben wirklich auskennen – einem Imageberater beispielsweise oder etwas in der Art. Da ein schlechter Ruf in den sozialen Medien häufig vorkommt, gibt es dafür ja bestimmt auch irgendwelche Spezialisten, die man damit beauftragen kann, den guten Ruf wiederherzustellen.«

»Auf solch eine Idee käme man jedoch erst gar nicht, wenn man instinktgesteuert in den Kampf zieht und in den sozialen Medien kopflos alle angreift, die schlecht über einen reden«, sagte ich. »Es wäre also besser, die Wiederherstellung des Rufes als lohnende Aufgabe anzusehen und nicht als Problem. Dann kommen wir auch schon zum nächsten Beispiel. Eine Person erfährt, dass sie eine schwere Krankheit hat, die zum Tod führen kann. Ist das ein Problem oder eine Aufgabe?«

»Das Thema hatten wir ja bereits«, meinte Isaac. »Auch da hat es keinen Sinn, es als Problem anzusehen. Die Flüchter tun dann so, als seien sie gar nicht krank. Sie ignorieren oder verdrängen diese Tatsache einfach. Die Totsteller sind paralysiert und in Schockstarre und damit handlungsunfähig. Die Kämpfer fangen sofort an, ihre Krankheit zu bekämpfen, ohne zu wissen, dass der Kampfmodus ihre körpereigenen Selbstheilungskräfte stark negativ beeinträchtigt. Und die Unterwerfer verfallen in Resignation und überlassen einer höheren Macht die Entscheidung darüber, ob sie wieder gesund werden oder nicht. Die Krankheit als Aufgabe anzusehen, wäre in jeder Hinsicht besser. Man würde kompetente Verbündete suchen, mit klarem Verstand überlegen, was man tun kann und wie man genau vorgehen möchte und so weiter. Es könnte daher durchaus überlebensrelevant sein, die Krankheit nicht als Problem, sondern als wichtige Aufgabe anzusehen.«

»Schauen wir uns noch ein weiteres Beispiel an«, sagte ich. »Was wäre, wenn unsere Krankheit zwar nicht zum Tod führen kann, aber wir deshalb im Rollstuhl landen?«

»Dann wäre es auf jeden Fall eine wichtige Aufgabe, damit zurechtzukommen«, sagte Maya. »Mein Vater sitzt nach seinem Autounfall im Rollstuhl. Am Anfang war er deshalb völlig fertig und wollte nicht mehr leben. Doch dann hat er irgendwann den Schalter umgelegt und die Aufgabe angenommen. Seitdem geht es ihm ehrlich gesagt besser als vor dem Unfall. Er hat kapiert, dass jeder Moment in seinem Leben wertvoll ist, weil das Leben jederzeit ganz plötzlich vorbei sein kann. Er ist jetzt ein äußerst dankbarer Mensch. Ich würde ihn als zehn Mal glücklicher bezeichnen als vor seinem Unfall.«

»Auch in diesem Fall kann es über Leben oder Tod entscheiden, ob ein Mensch seine Behinderung als Problem ansieht oder als Aufgabe«, sagte ich.

»Das ist echt krass!«, meinte Ava. »Ich verstehe natürlich, dass es in diesem Fall besser wäre, das als Aufgabe anzusehen. Aber es ist fast so, als würde sich etwas in mir dagegen wehren. So, als wollte mein System das auf jeden Fall weiterhin als Problem ansehen.«

»Dann musst du dir unbewusst etwas davon versprechen«, sagte ich. »Hast du eine Idee, warum du es als sinnvoller erachten könntest, das weiterhin als Problem anzusehen?«

»Irgendwie habe ich das Gefühl, dass ich das Problem lösen kann, wenn ich es nur ernst genug nehme«, meinte sie. »Wo ein Wille ist, ist auch immer ein Weg.«

»Es wäre fatal, wenn das wirklich so wäre«, sagte ich. »Dann hätte sicherlich niemand mehr Vermeidungsgefühle, denn die wollen ja alle unbedingt vermeiden. Doch ohne Vermeidungsgefühle würde in Wirklichkeit kein Mensch überleben.«

»Dann ist diese Regel also falsch?«, fragte Ava verwundert.

»Nein, es ist ja in der Regel so«, sagte ich. »Und es gibt Ausnahmen. Und die bestätigen bekanntlich, dass es nur eine Regel ist und keine Wahrheit.«

»So habe ich diesen Spruch ja noch nie verstanden«, sagte Ava verwundert. »Die Ausnahmen bestätigen, dass es nur in der Regel so ist, aber eben nicht immer. Krass!«

»Wenn wir jetzt einmal komplett außer Acht lassen, was unser Verstand bisher gecheckt hat, wer hätte denn ebenfalls das Gefühl, dass wir eine größere Chance haben, unsere Ziele zu erreichen, wenn wir sie als Probleme und nicht als Aufgaben ansehen?«, fragte Nuno in die Runde.

Zwei Drittel hoben die Hand.

»Es ist zwar völlig paradox, aber ich habe das Gefühl,

dass ich wichtige Aufgaben sogar als Probleme ansehen *muss*«, meinte Isaac. »Probleme zu lösen, hat ja eine deutlich höhere Priorität in unserem System, als Aufgaben zu bewältigen. Nun habe ich aber schon so viele Aufgaben in meinem Leben zu gefühlten Problemen erklärt, dass ich das mit neuen wichtigen Aufgaben ebenfalls machen muss, damit die nicht hinten runterfallen. Wenn ich daher will, dass ich mich wirklich um eine Aufgabe kümmere, dann muss ich sie zum Problem erklären. Ich weiß, dass das Schwachsinn ist, aber genauso fühlt es sich noch an.«

»Das ist eine lustige Idee«, sagte ich amüsiert. »Du könntest ja genauso gut alle gefühlten Probleme wieder zu Aufgaben erklären. Das würde dein Leben hundertmal einfacher und glücklicher machen. Und vor allem hättest du dann Zeit und Energie für deine echten Lebenswerte. Die Drei G-Aufgaben fallen nämlich jetzt auch die ganze Zeit hinten runter, weil deine scheinbaren Probleme immer gefühlt wichtiger sind.«

»Aber kann man denn wirklich alle unechten Probleme wieder zu Aufgaben machen?«, fragte er skeptisch. »Das scheinen ja Tausende zu sein.«

»Das macht unser unbewusstes System völlig automatisch, sobald es sich dazu entschieden hat, alles nur noch als Aufgabe anzusehen«, antwortete ich. »Natürlich haben wir noch sehr viele Problembeurteilungen auf unserer Festplatte abgespeichert. Die werden auch im Alltag durch entsprechende Auslöser noch aktiviert. Doch unser unbewusstes System bräuchte da nur noch ein kurzes Zucken, um damit dann einen Realitätsabgleich zu machen. Das tut es ja sowieso 20 000-mal pro Tag vollautomatisch.

Genau diesen natürlichen Prozess wollen wir nutzen. Deshalb gehen wir die Beispiele durch. Damit das unbewusste System sich angewöhnt, jedes gefühlte Problem sofort zur Aufgabe zu erklären. Wie viele Beispiele wir dazu durchgehen müssen, weiß ich noch nicht. Aber dass es irgendwann passiert, ist sicher. Wenn man etwas bewusst eine Weile übt, wird es irgendwann immer zu einer unbewussten Routine.«

»Dann werde ich mich dieser Aufgabe jetzt mit meinem ganzen Herzblut widmen«, meinte Isaac motiviert.

»Da schließe ich mich sofort an, Alter«, sagte Dylan entschlossen.

»Ich schlage vor, dass wir für diese wichtige Entscheidung noch einmal einen bewussten Realitätsabgleich durchführen«, sagte ich. »Es kann sehr gut sein, dass das im Gefühl noch nicht so stark angekommen ist wie im Verstand. Schauen wir uns also die Meta-Daten dazu an. Wie sehr wollt ihr im Moment vom Gefühl her alles als Aufgabe ansehen und nicht mehr als Problem? Wer liegt hier beim gefühlten Wollen über der 5?«

Die Hälfte zeigte auf.

»Und wie sehr wollt ihr es in Wirklichkeit?«, hakte ich nach.

»Das ist wohl die wichtigste Maßnahme überhaupt, wenn man ein gutes Leben führen will«, meinte Dylan. »Vom Kopf her also eine 10!«

»Und bei dir, lieber Kevin?«, fragte ich. »Auch wieder eine 9,9999?«

»In diesem Fall eine glatte 10«, meinte er. »Hier geht es ja nicht um die Wahrheit, sondern ums Wollen. Das ist etwas anderes.«

»Dann gehen wir mal in die zweite Runde«, sagte ich. »Wie wichtig ist es vom Gefühl her, alles als Aufgabe anzusehen und nicht mehr als Problem? Wer liegt jetzt über der 5?«

Alle zeigten auf.

»Wer liegt über der 6?«, wollte ich wissen.

Die Hälfte hob die Hand.

»Und wie wichtig ist es in Wirklichkeit für unser Überleben, unsere Gefühle, unsere Gesundheit und unsere Lebensqualität, dass wir alles als Aufgabe und nicht mehr als Problem ansehen?«, hakte ich nach.

»Ganz klar das Beste, was man überhaupt machen kann, wenn man ein glückliches und erfülltes Leben führen will«, meinte Ava. »Daher tatsächlich die volle 10. Ich merke aber, dass ich das jedes Mal noch einmal kurz überprüfen muss, bevor ich das so klar sagen kann.«

»Ist bei mir genauso«, meinte Stella. »Ich frage mich immer: *Ist das wirklich so?* Dann denke ich kurz daran, welche Auswirkungen es tatsächlich auf meine Gefühle, meine Gesundheit und auf alles andere hat, und erkenne dann: *Ja, es ist tatsächlich so. Es ist wirklich eine 10.*«

»Bei wem läuft das ähnlich?«, fragte ich in die Runde.

Zwei Drittel hoben die Hand.

»Machen wir noch eine weitere Runde«, sagte ich dann. »Wie wichtig ist es vom Gefühl her jetzt, alles als Aufgabe zu beurteilen und nicht mehr als Problem?«

»Locker eine 7 bis 8 bei mir?«, meinte Dylan. »Es fühlt sich jetzt so langsam richtig wichtig an. Und zwar, weil es ja auch tatsächlich wichtig ist.«

»Wer liegt jetzt ebenfalls über der 7?«, fragte ich in die Runde.

Alle hoben die Hand.

»Und wie wichtig ist es in Wirklichkeit, alles als Aufgabe anzusehen und nicht mehr als Problem?«, hakte ich nach. »Ist es wirklich eine 10?«

»Es ist wirklich eine 10«, bestätigte Stella. »Es hat wirklich überhaupt keinen Sinn, zu kämpfen, zu flüchten, sich totzustellen und so weiter. Es ist immer besser, wenn das Großhirn die Führung behält. Es ist das einzige der drei Gehirne, welches die Welt von heute einigermaßen korrekt beurteilen kann. Die anderen beiden sind mit dieser Aufgabe völlig überfordert. Ich will daher alles als Aufgabe ansehen, weil alles andere einfach nur schädlich ist.«

»Wer sieht das genauso?«, fragte ich in die Runde.

Alle hoben die Hand.

»Dann machen wir noch eine letzte Runde«, schlug ich vor. »Wie wichtig ist es jetzt vom Gefühl her, alles als Aufgabe anzusehen? Wie sehr wollt ihr es jetzt vom Gefühl her? Wer liegt jetzt über der 9?«

Alle hoben die Hand, was einen Applaus in der Gruppe auslöste.

»Dann gehen wir jetzt noch ein paar weitere Beispiele durch«, schlug ich vor, damit sich die besagte Gewohnheit zum Umbeurteilen aller gefühlter Probleme in Aufgaben im unbewussten System entwickeln kann. »Eine Regierung erfährt von einem terroristischen Anschlag auf ihr Land und ist nicht sicher, ob sie diesen Anschlag verhindern kann. Problem oder Aufgabe?«

»Eigentlich Aufgabe«, meinte Ava nachdenklich. »Aber wenn ich das nicht als Problem ansehe, dann fühlt sich das irgendwie falsch an. Das ist seltsam.«

»Wie wäre das denn, wenn dein Kind weggelaufen wäre und sich im Wald verirrt hätte? Würdest du das dann als Problem ansehen oder als Aufgabe?«, fragte ich sie.

»Hui, jetzt packst du aber die richtigen Kaliber aus«, meinte Ava. »Ich glaube, das könnte ich nicht mehr als Aufgabe ansehen.«

»Würdest du denn überhaupt nach deinem Kind suchen, wenn du es nicht als Problem, sondern *nur* als Aufgabe ansehen würdest?«, fragte ich.

»Natürlich würde ich auch dann nach meinem Kind suchen«, antwortete sie. »Ich würde alles Erdenkliche unternehmen und Tag und Nacht weitersuchen.«

»Du würdest also diese Aufgabe selbstlos und gewissenhaft erfüllen wollen, auch wenn du das nicht als Problem ansehen würdest?«, hakte ich nach.

»Auf jeden Fall«, bestätigte sie.

»Und was würde passieren, wenn du es als Problem ansehen würdest, dein Kind zu finden?«, fragte ich sie.

»Welche Überlebensmechanismen würde dein System aktivieren?«

»Keine Ahnung«, meinte sie verunsichert. »Aber ich merke, dass dabei irgendetwas Ungutes passieren würde.«

»Würdest du denn dann immer noch so selbstlos suchen?«, hakte ich nach.

»Keine Ahnung«, antwortete sie erneut sichtlich verunsichert.

»Wenn du selbst ein überlebensrelevantes Problem hast, dann schaltet dein Reptiliengehirn automatisch seine Überlebensmechanismen ein«, erklärte ich. »Und das sind wie gesagt Kampf, Flucht oder Totstellen. Viele Eltern verfallen in solch einer Situation in eine regelrechte Schockstarre und brauchen dann selbst Hilfe. Sie sind so hysterisch, dass sie keine wirkliche Hilfe mehr darstellen. Sie stehen den Rettungskräften sogar oftmals nur im Weg. Das Gleiche passiert auch oft, wenn Menschen ihre verletzten Angehörigen ins Krankenhaus bringen. Sie halten in ihrer Panik die Ärzte regelrecht davon ab, den Patienten zu retten.

Wenn dein Kind sich im Wald verirrt hat oder schlimm verletzt ist, dann ist dein Kind in Not und nicht du!«, betonte ich. »Es ist also nicht *dein Problem*, es ist *deine Aufgabe*, deinem Kind in seiner Not beizustehen. Wenn du das als die wichtigste Aufgabe deines Lebens ansiehst, dann handelst du selbstlos und intelligent. Siehst du es als Problem an, dann will dein Reptiliengehirn, dass du zuerst einmal dich selbst rettest.«

»Es fällt mir sehr schwer, das so zu fühlen«, meinte Ava. »Aber ich verstehe, was du meinst.«

»Kann es vielleicht sein, dass es dir so schwerfällt, weil du denkst, andere Menschen könnten denken, dass dir dein Kind egal ist, wenn du seine Not nicht als dein Problem ansiehst?«, fragte ich.

»Das kann schon sein«, meinte sie nachdenklich. »Ich hätte jedenfalls von anderen erwartet, dass sie das als Problem empfinden und völlig fertig sind mit der Welt.«

»Aber ist es nicht besser, von ihnen zu erwarten, dass sie ihrem Kind in seiner Not tatsächlich beistehen, anstatt nach außen hin zu demonstrieren, wie schlimm das für sie selbst ist?«, fragte ich.

»Ja, das wäre auf jeden Fall besser«, stimmte sie zu.

»Nur weil wir etwas als sehr schlimm beurteilen, ist es nicht automatisch ein Problem«, sagte ich. »Wenn beispielsweise der Lebenspartner plötzlich verstirbt, dann ist das sehr schlimm. Das hat sicherlich eine 10 auf unserer Schlimmheitsskala. Wenn das Großhirn den Tod des Partners als Problem beurteilt, dann übernehmen sofort wieder das Reptiliengehirn und das soziale Gehirn die Führung. Deshalb fühlt man sich ganz schnell von seinem Partner betrogen oder im Stich gelassen. So, als hätte er einen verlassen, weil er einen nicht mehr liebt. Man wäre wütend auf ihn, anstatt um ihn zu trauern.

Bei vielen Menschen passiert genau das, wenn ihr Partner plötzlich verstorben ist. Sie sind dann teilweise total sauer auf ihn. Manche Menschen sind zu Anfang regelrecht hasserfüllt, weil der Partner sie im Stich gelassen hat. Das soziale Umfeld hat Verständnis für solche emotionalen Reaktionen. Sie gelten als normal, auch wenn sie völlig unsinnig sind.«

»Es gibt sicherlich auch sehr viele Menschen, die uns dafür verurteilen würden, wenn wir den plötzlichen Tod unseres Lebenspartners nicht als Problem ansehen würden«, meinte Sophia.

»Mir wäre es egal, ob mich deshalb andere verurteilen«, meinte Dylan bestimmt. »Wenn meine Partnerin sterben würde, wäre das für mich das Schlimmste, was ich mir überhaupt vorstellen kann. Wenn da die Leute meinen, ich müsste das jetzt als Problem ansehen, anstatt um meine Frau zu trauern, dann könnten sie mir mal ganz gepflegt den Buckel runterrutschen. Aber klar, sie wissen es natürlich nicht besser. Daher hat es keinen Sinn, sie dafür zu verurteilen. In Wirklichkeit wäre das ja auch kein echtes Problem, wenn sie mich deshalb verurteilen würden.«

»Dein System hat dieses Thema gerade automatisch umbeurteilt«, bemerkte ich erfreut. »Das ist super.«

»Das stimmt!«, erkannte Dylan begeistert. »Das hat sich ganz von selbst korrigiert. Geiler Scheiß!«, sagte er grinsend und gab Nuno High five.

»Ich vermute, dass es häufiger vorkommt, dass wir das Gefühl haben, etwas als Problem ansehen zu müssen, und es nicht als Aufgabe ansehen dürfen, weil es sonst soziale Nachteile geben könnte«, sagte ich.

»Da fällt mir direkt mal unser lieber Nolan ein«,

meinte Kevin, und alle lachten. »Nolan ist nur zufrieden, wenn wir im Labor alle total gestresst und fertig aussehen. Wenn wir so aussehen würden, als hätten wir keine Probleme, dann würde er uns sofort weitere Pflichten aufbrummen.«

»Das wird uns vermutlich noch häufiger in unserem Leben so begegnen«, sagte ich. »Aber natürlich könnte man in dem Fall theoretisch auch einfach mal kurz so tun, als hätte man ein Problem und als sei man gestresst. Wie man das in Wirklichkeit sieht, weiß ja sonst keiner.«

»Ich glaube, so machen wir das auch alle mit Nolan«, meinte Kevin grinsend, und alle anderen lachten zustimmend.

»Auch kann man ja das Wort *Problem* weiterverwenden und dabei in Wirklichkeit *Aufgabe* meinen«, fügte Nuno hinzu. »Das Reptiliengehirn und das soziale Gehirn verstehen ja ohnehin keine Worte, sondern nur das, was wir wirklich meinen.«

»Viele Menschen verwenden die Problembeurteilung vermutlich auch, um Aufgaben eine hohe Priorität zu geben«, sagte ich. »Wenn man das tut, fühlt man sich ja auch im ersten Moment stark motiviert. Doch diese Motivation hält in Wirklichkeit nie lange an. Man tut es zwar erst einmal, aber schnell sind die Problemgefühle dann so unangenehm, dass man am liebsten gar nicht mehr an das Problem denken möchte. Weder daran, dass man doch eigentlich ins Fitnessstudio gehen sollte, noch daran, dass man für eine Klausur lernen sollte und so weiter.«

»Mir ging es genauso, als ich meine Doktorarbeit geschrieben habe«, meinte Arjun. »Ich habe mir selbst ohne Ende Druck gemacht, damit ich mich um das Problem kümmere. Aber dann habe ich ständig irgendwelche Ausreden gefunden, warum ich jetzt gerade keine Zeit dafür habe. Ich habe das immer weiter vor mir hergeschoben. Und damit ich mich trotzdem weiter um das Problem kümmere, habe ich es gefühlt immer noch größer gemacht. Für eine kurze Zeit hat das auch immer funktioniert. Aber nur für ein paar Tage, dann ging es schon mit der Aufschieberitis weiter. Ich habe es so lange vor mir hergeschoben, wie es ging. Am Ende musste ich mich Tag und Nacht durchquälen, um es überhaupt noch irgendwie zu schaffen. Das war echt ätzend!«

»Dieser Trick, etwas als Problem zu beurteilen, damit man sich auch wirklich darum kümmert, funktioniert langfristig überhaupt nicht«, meinte Nuno. »Das ist tatsächlich eine komplette Selbstverarschung, weil man sich kurzfristig motiviert fühlt, langfristig aber genau das Gegenteil passiert. Lebenswerte Aufgaben lösen hingegen dauerhafte Lockgefühle und Belohnungsgefühle aus – wie es auch bei unseren Drei G-Tunwollens der Fall ist. Diese langanhaltenden Motivationsgefühle führen letztendlich viel eher zum Erfolg.«

»Und was passiert, wenn das Großhirn nichts mehr als Problem ansieht, das soziale Gehirn aber schon?«, fragte Connor. »Ich gebe dazu mal ein Beispiel. Vor zwei Jahren habe ich ein Paper veröffentlicht und dann festgestellt, dass ein wichtiger Teil meiner Forschungsergebnisse fehlerhaft war. Ich musste die Veröffentlichung wieder zurückziehen. Das hat mir extrem viel ausgemacht, weil ich Angst hatte, es würde meine Glaubwürdigkeit als Forscher beeinträchtigen. Und wenn ich heute daran denke, dass mir so etwas wieder passieren könnte, dann kommt sofort ein sehr ätzendes Gefühl auf. Und das, obwohl ich weiß, dass es in Wirklichkeit kein Problem sein kann. Aber mein soziales Gehirn scheint das nicht zu verstehen. Es fürchtet hier ganz klar um meinen Rang im Rudel.«

»Ja, solche Situationen kommen sicherlich häufig vor, in denen das soziale Gehirn oder das Reptiliengehirn selbstständig etwas als Problem beurteilt«, sagte ich. »Das soziale Gehirn beurteilt beispielsweise Ablehnung, Ausgrenzung, Mobbing, Respektlosigkeit, Ungerechtigkeit und viele andere Dinge selbstständig als Problem. Genauso wie das Reptiliengehirn eine Drohgebärde als Problem ansehen würde. In der Steinzeit wären solche Vorkommnisse ja auch noch überlebensrelevant gewesen. Doch heute eben nicht mehr.

Das soziale Gehirn und das Reptiliengehirn können die tatsächliche Relevanz solcher Sachverhalte nicht mehr beurteilen. Daher holen sie sich sofort die Meinung des Großhirns ein. Sie erzeugen also ein Problemgefühl und erwarten, dass das Großhirn diese Problembeurteilung entweder bestätigt oder Entwarnung gibt. Wenn das Großhirn den anderen beiden sagt, dass es hier gar kein relevantes Problem gibt, dann beruhigen sich die beiden sehr schnell wieder.

Alternativ könnte das Großhirn auch sagen, dass es kein Problem für die beiden gibt, dessenwegen sie jetzt kämpfen, flüchten, sich tot stellen oder sich unterwerfen müssten, weil das Großhirn sich mit seiner höheren Intelligenz dieser Aufgabe annimmt. Das Großhirn kann diese Aufgabe ja viel besser bewältigen als die anderen beiden. Es muss jedoch die Führung übernehmen. Und mit solch begründeten Beurteilungen könnte es das tun.

Die genaue Begründung, die sich das Großhirn dabei ausdenken kann, wird jedoch vom Reptiliengehirn und dem sozialen Gehirn ohnehin nicht verstanden. Es geht hier mehr darum, dass das Großhirn in seiner eigenen Logik zu der wahrheitsgemäßen Beurteilung gelangt, dass es hier tatsächlich kein Problem gibt, sondern eine Aufgabe. Die anderen beiden schauen nur darauf, ob sich das Großhirn bei seiner Beurteilung sicher ist. Und für diese Sicherheit kann es für das Großhirn sinnvoll sein, sich bewusst zu machen, dass es diese Aufgabe tausendmal besser erfüllen kann als die anderen beiden. Das ist die Wahrheit, und die kann dem Großhirn zu einer klaren Beurteilung verhelfen. Und je klarer die Beurteilung des Großhirns ausfällt, desto schneller reagieren die anderen beiden darauf. Das kann unter Umständen ein paar Minuten dauern. Oftmals sind es jedoch nur Sekunden. Und manchmal sogar nur Bruchteile von Sekunden.

Das ist wie bei dem Reiter und seinem Pferd. Stell dir einmal einen berittenen Polizisten in New York vor. Er verfolgt mit seinem Pferd gerade einen Dieb bis runter in die U-Bahn. Das Pferd hätte normalerweise vor jedem Hund Angst, dem es unterwegs begegnet. Auch die vielen Menschen würde es als mögliche Bedrohung ansehen. Und die U-Bahn, die dann mit lautem Gekreische aus dem Tunnel geschossen kommt, sowieso. Doch das Pferd bleibt ruhig. Und zwar, weil sein Reiter ihm ständig signalisiert, dass es in Wirklichkeit kein Problem gibt und der Reiter alles im Griff hat.«

»Verstehe«, sagte Connor. »Dann wäre es natürlich in Wirklichkeit kein echtes Problem. Es wäre dann nur noch vom Gefühl her ein Problem.«

Ich lachte herzhaft über seinen Scherz.

»Worüber lachst du?!«, fragte mich Brian verwundert.

»Über Connors Scherz«, sagte ich. »Der war doch gut, oder nicht?«

»Welchen Scherz?«, hakte Brian irritiert nach.

»Na, Connors Großhirn sagt doch seinem Reptiliengehirn und seinem sozialen Gehirn erst einmal, dass es in Wirklichkeit kein Problem gibt, um dann im Nachsatz gleich zu sagen, dass es nur noch vom Gefühl her ein Problem ist. Das ist doch noch lustiger als die Idee, dass es kein überlebensrelevantes Problem gibt, sondern nur eines für die Lebensqualität.«

»Ach du Scheiße!«, erkannte Brian. »Das hätte ich ganz genauso gesehen.«

»Dann war das kein Scherz?!«, fragte ich verwundert.

»Eigentlich nicht«, meinte Connor verlegen lächelnd.

»Aber wenn wir es als Problem ansehen, dass sich unser Problemgefühl noch nicht geändert hat, dann kann sich unser Problemgefühl ja nie ändern«, sagte ich. »Dann sehen wir das Problemgefühl als Problem an und sind im Teufelskreis. Unser System passt unsere Gefühle immer automatisch an die Realität an. Nur deshalb funktioniert ja unser Realitätsabgleich so gut. Aber der funktioniert natürlich nicht, wenn wir dem System sagen, dass das Problem erst dann gelöst ist, wenn sich das Problemgefühl geändert hat.«

»Das ist Quatsch mit Soße!«, meinte Nuno. »Hier meldet sich wieder die kognitive Verzerrung der emotionalen Bewertung zu Wort. Erst muss ich die Beurteilung treffen, dass es kein Problem gibt, bevor das Problemgefühl verschwinden kann. Umgekehrt funktioniert das nicht.«

»Danke, dass ihr mir das noch einmal so genau erklärt habt«, meinte Connor. »Das war echt wichtig! So wird alles viel klarer.«

»Am besten wäre es wohl, einfach überhaupt gar nichts mehr als Problem zu beurteilen, wenn ich das richtig verstehe«, meinte Dylan.

»Ja, das wäre eine sehr einfache und effiziente Maßnahme, die vermutlich den allermeisten Menschen am Anfang noch zu viel Angst machen würde«, sagte ich. »In 99,9 Prozent aller Fälle ist es jedoch für jeden sofort offensichtlich, dass die Problembeurteilung des Großhirns mit den Problemen der anderen beiden Gehirne gar nichts zu tun haben kann, da die dadurch ausgelösten Kampf-, Flucht-, Totstell- und Unterwerfungsmaßnahmen in unserem Alltag einfach nur völlig unsinnig und oftmals sogar schädlich sind. Ich schlage daher vor, dass wir uns das bei so vielen Beispielen gemeinsam anschauen, bis wir alle sicher sind, dass wir die Problembeurteilung tatsächlich überhaupt nicht mehr brauchen. Sie ist nicht nur in 99,9 Prozent aller Fälle schädlich und unnötig, sondern tatsächlich immer und überall. Noch nicht einmal bei den Sachverhalten, die unser Reptiliengehirn und unser soziales Gehirn in der Urzeit als Problem angesehen hätten. Damals gab es noch kein Großhirn. Daher waren Kampf, Flucht, Totstellen und Unterwerfung die einzigen Überlebensmöglichkeiten. Doch seit die Evolution das Großhirn hervorgebracht hat, haben wir sehr viel bessere Möglichkeiten. Und zwar immer und überall, in jeder Lebenssituation, die einem Menschen passieren kann.

Wir haben jetzt ein Großhirn, das ausnahmslos alle Sachverhalte, welche unser Reptiliengehirn und unser soziales Gehirn als Problem ansehen könnten, sehr viel wirksamer und intelligenter bewältigen kann als mit primitiven Kampf-, Flucht-, Totstell- und Unterwerfungsmaßnahmen. Es bringt einfach nie einen Vorteil, die Führung an das Reptiliengehirn oder das soziale Gehirn abzugeben. Die beiden arbeiten jedoch sehr gut mit dem Großhirn zusammen, wenn das die Führung übernimmt. Dann sind sie tolle Team-Partner, die auch viele Dinge können, die das Großhirn nicht kann. Sie können zum Beispiel Gefühle erzeugen. Und sie können den Körper heilen und am Leben erhalten. Sie wissen, wie viel wir atmen, essen, trinken, schlafen müssen und vieles mehr. Ohne die beiden könnte das Großhirn allein natürlich nicht überleben. Doch die beiden dürfen nicht der Chef im Ring sein. Da kann einfach nichts Sinnvolles dabei herauskommen.«

»Ich merke, dass ich wirklich sehr gerne glauben würde, dass ich einfach gar nichts mehr als Problem beurteilen muss«, meinte Tyler. »Aber es ist so wie du sagst. Ich traue mich das noch nicht. Ich habe irgendwie noch Angst, einen kapitalen Fehler zu machen, wenn ich gar nichts mehr als Problem ansehe.«

»Ja, das ist verständlich«, sagte ich. »Ich denke, das wird jedem so gehen. Doch die Wahrheit ist auf unserer Seite. Und die Wahrheit ist eine unerschöpfliche Informationsquelle. Wir können so viele Beispiele durchgehen wie nötig, damit wir uns davon überzeugen können, dass es keine einzige Situation im Leben eines Menschen gibt, wo es bei genauerer Betrachtung sinnvoll oder gar nötig wäre, etwas als Problem anzusehen und damit dem Reptiliengehirn oder dem sozialen Gehirn die Führung zu übergeben. Doch es ist erforderlich, sich wirklich selbst davon zu überzeugen und hier nichts erzwingen zu wollen.«

»Also bei mir ist das mittlerweile schon ziemlich angekommen«, meinte Dylan. »Ich habe keinen Zweifel mehr daran, dass es immer besser ist, alles als Aufgabe anzusehen und nichts mehr als Problem. Ich brauche da keine weiteren Beispiele mehr.«

»Bei wem ist das noch so?«, fragte ich in die Runde.

Ein Drittel hob den Arm.

»Ich denke, jeder hat hier sein eigenes Tempo«, sagte ich. »Der Weg zum Glück ist ja auch kein Wettrennen. Beispiele für gefühlte Probleme gibt es jedenfalls genug, die wir verwenden können, um uns zu überzeugen. Das werden wir auch heute sicherlich nicht mehr für alle schaffen. Insbesondere, weil ich bei meinen Beispielen noch einen sehr wichtigen Lebensbereich bewusst ausgelassen habe – die Gefühlsziele. Ihr werdet merken, dass sich da euer System am allermeisten schwertut, wenn ihr eure Gefühlsziele nicht mehr als Probleme ansehen wollt. Deshalb werden wir diesbezüglich noch einmal einen eigenen Workshop extra für die Gefühlsziele machen.«

»Ich werde meine Gefühlsziele ganz sicher nicht mehr als Probleme ansehen!«, meinte Ava überzeugt.

»Und was wäre, wenn du bis an dein Lebensende nur noch quälende Angst-, Schuld-, Einsamkeits-, Resignations- oder Sorgengefühle hättest?«, hakte ich nach.

»Okay, das würde ich schon noch als Problem ansehen«, erkannte sie. »Aber ich halte das für äußerst unrealistisch nach allem, was ich jetzt von dir gelernt habe.«

»Es wäre sinnvoller, diese Problembeurteilungen trotzdem richtig zu korrigieren«, sagte ich. »Jetzt im Moment siehst du es als unrealistisch an, aber diese Sichtweise könnte sich auch wieder ändern. Dein System würde automatisch jede Gefahr ausschließen wollen, dass du vielleicht doch aus irgendeinem Grund solche langanhaltenden quälenden Gefühle ertragen musst.

Der natürliche Realitätsabgleich, den dein System 20 000-mal pro Tag durchführt, wäre dadurch trotzdem weiterhin in einem gewissen Maß kompromittiert. Das ließe sich leicht vermeiden, wenn du verinnerlichst, dass deine Gefühlsziele wirklich keine Probleme sein können. Du kannst es als eine wertvolle Aufgabe für dein Großhirn ansehen, aber nicht als Problem, um das sich dein Reptiliengehirn und dein soziales Gehirn kümmern sollten.

Für dein Großhirn wäre diese Aufgabe mittlerweile leicht zu bewältigen. Alle langanhaltenden quälenden Gefühle sind Problemgefühle. Wenn du daher nichts mehr als Problem beurteilst, wirst du auch keine langanhaltenden quälenden Problemgefühle mehr empfinden. Die Lösung ist also wirklich ganz simpel. Doch sie funktioniert eben nur, wenn dein Großhirn auch die Führung behält und nicht die Knöpfe drückt, die das System in den Kampf-, Flucht-, Totstell- oder Unterwerfungsmodus bringen.«

»Okay, und wie mache ich das jetzt?«, wollte Ava wissen.

»Das machen wir dann wie gesagt im nächsten Workshop«, antwortete ich. »Das wird einfach zu viel für heute. Wir gehen das so an, wie man auch einen Elefanten isst: Löffel für Löffel!«

»Ist es wirklich so kompliziert, wenn wir unsere Gefühlsziele nicht mehr als Probleme ansehen wollen?«, fragte Dylan skeptisch.

»Wir können uns das kurz anschauen«, sagte ich.

»Spürt dazu bitte einfach alle einmal nach, welche Gefühle ihr immer noch als Problem empfinden würdet, wenn ihr sie über einen längeren Zeitraum hinweg oder vielleicht sogar für immer ertragen müsstet!«

»Bei mir wäre das ganz klar Einsamkeit«, meinte Dylan.

»Bei mir ebenfalls«, stimmte Greg mit ein. »Und Selbsthass! Das ist vielleicht sogar noch schlimmer.«

»Bei mir wäre es die permanente Angst, dass etwas Schlimmes passieren könnte«, meinte Ava. »In permanenter Angst zu leben, ist echt kacke.«

»Ich nehme mein Versagensgefühl«, sagte Isaac.

»Ganz klar, mich genervt zu fühlen«, meinte Sophia.

»Das Gefühl, nicht dazuzugehören«, sagte Arjun.

»Ich nehme Machtlosigkeit«, sagte Tyler.

»Bei mir wäre Mangel das Gefühl meiner Wahl«, sagte Jason.

»Dann spürt jetzt bitte einmal nach«, sagte ich. »Wie schlimm wäre es vom Gefühl her für euch, dieses Gefühl bis zum Ende eures Lebens ertragen zu müssen?«

»Das wäre ganz klar eine 10«, meinte Dylan. Der Rest der Gruppe nickte zustimmend.

»Wir neigen dazu, Dinge als Probleme zu beurteilen, wenn wir sie als sehr schlimm empfinden, oder wenn wir etwas auf keinen Fall wollen«, sagte ich. »Doch nur, weil etwas schlimm ist, oder wir es nicht wollen, ist es nicht automatisch auch ein Problem. Das eine hat mit dem anderen eigentlich gar nichts zu tun. Das ist, als würde man Äpfel mit Glühbirnen vergleichen.

Wenn man etwas wirklich vermeiden will, dann sollte

man eigentlich sogar umso mehr darauf achten, dass man es *nicht* als Problem, sondern als Aufgabe ansieht, weil man ja sonst wieder sein Großhirn entmachtet. Wenn wirklich Schlimmes vermieden oder abgestellt werden soll, dann sollte sich lieber das Großhirn darum kümmern. Und das gilt natürlich auch für unsere langanhaltenden quälenden Gefühle.

Alle unsere Gefühle sind die Folge unserer Beurteilungen. Und die von euch genannten quälenden Gefühle sind allesamt Problemgefühle. Würdet ihr nichts mehr als Problem beurteilen, dann würden diese Gefühle wie gesagt alle gar nicht mehr erzeugt. Denn ohne Problembeurteilung gibt es keine Problemgefühle.«

»Das klingt so logisch, wenn du das sagst, dass ich mich frage, wieso das bis jetzt noch nie einer gecheckt hat!«, meinte Ava kopfschüttelnd.

»Das liegt vermutlich daran, dass diese Lösung nur dann richtig funktioniert, wenn das unbewusste System generalisiert hat, dass es wirklich gar nichts mehr als Problem beurteilen muss«, sagte ich. »Für einzelne gefühlte Probleme funktioniert diese Lösung nicht. Es geht nur ganz oder gar nicht. Insbesondere, wenn es um unsere Gefühle geht. Unsere Gefühlsziele sind sehr stark miteinander verflochten. Das eine bedingt das andere. Wenn wir da ein einzelnes Gefühlsziel herausgreifen und zur Aufgabe erklären wollen, dann meldet sich unser System sofort mit einem deutlichen Ja-Aber. Unser Ziel besteht jedoch nicht darin, einzelne gefühlte Probleme zu Aufgaben zu erklären. Es geht darum, *alle* gefühlten Probleme zu Aufgaben zu machen. Erst dann kann sich der Knoten in unserem neuronalen Problem-Netzwerk tatsächlich lösen.«

»Wie bei dem berühmten Gordischen Knoten«, meinte Brian.

»Genau wie bei dem Gordischen Knoten«, bestätigte Nuno. »Die Vorgehensweise ist bei dieser Lösung eine völlig andere als bei allen bislang bekannten Coaching- und Therapie-Formaten und auch anders als bei allen spirituellen Konzepten. Ich würde es als einen Bottom-up-Prozess bezeichnen. Marys Vorgehensweise setzt an der gemeinsamen Basis von allen unseren Problemen an. Mit diesem Prozess bringen wir also mit anderen Worten *alle* unsere gefühlten Probleme in einem Aufwasch in Ordnung. Wir werden ein komplett problemfreies Leben führen und uns auf unsere Drei G-Lebenswerte konzentrieren können.

In der Therapie oder im Coaching verwendet man hingegen einen Top-down-Prozess, bei dem man an dem Alltagsproblem ansetzt, wegen dem ein Klient oder Patient fachkundige Unterstützung wünscht. Im Grunde genommen geht man bei allen Formaten nach dem gleichen Prinzip vor. Man sucht die Wurzel des Problems und arbeitet so lange daran, bis der Patient oder Klient zu dem Ergebnis kommt, dass das Problem jetzt gelöst ist. Dieser Weg ist äußerst anspruchsvoll und benötigt oftmals viele Monate oder sogar Jahre.

Bei der Suche nach der Wurzel des Problems ist jedoch noch nie jemand so weit vorgedrungen wie Mary.

Niemand außer uns weiß bislang, dass ausnahmslos alle unsere Probleme aus der exakt gleichen Ursache hervorgehen. Dieses Wissen ermöglicht es jetzt, den gesamten komplizierten Prozess komplett auf den Kopf zu stellen und ihn damit um das Hundertfache zu vereinfachen. Wir müssen unsere Probleme gar nicht mehr hinterfragen. Wir müssen auch keine Lösungen mehr finden. Wir gehen einfach direkt an die Basis und bringen die wirkliche Ursache in Ordnung. Und dadurch lösen sich dann alle gefühlten Probleme ganz mühelos von selbst auf und wir leben ein problemfreies Leben, bei dem wir uns voll und ganz auf unsere Lebenswerte konzentrieren können. Das ist echt geiler Scheiß!«, fügte er grinsend hinzu.

»Das ist wirklich geiler Scheiß!«, stimmte ihm Dylan zu.

»Doch auch dieser Bottom-up-Prozess sollte Schritt für Schritt systematisch durchgeführt werden«, sagte ich. »Das braucht ebenfalls seine Zeit. Zwar nicht Monate oder gar Jahre, doch ein paar Wochen kann es schon dauern. Und das Problem-Netzwerk unserer Gefühlsziele stellt hier wie gesagt die größten Herausforderungen an uns. Schauen wir uns das kurz einmal anhand eines Beispiels gemeinsam an. Wer hat eines anzubieten?«, fragte ich in die Runde.

»Ich kriege bei meinem Genervtsein sofort ein deutliches Ja-Aber«, meinte Sophia. »Wäre das als Beispiel geeignet?«

»Ja, das können wir gerne nehmen«, stimmte ich zu. »Was für ein Ja-Aber meldet sich denn da?«

»Eigentlich sind es sogar zwei«, antwortete sie. »Zum einen bin ich ja nicht grundlos genervt, und zum anderen führt es schnell zu sozialen Problemen, wenn ich genervt bin, weil ich dann die Leute teils heftig angehe.«

»Genau auf diese Weise sind unsere Problembeurteilungen miteinander vernetzt«, sagte ich. »Das ist ein gutes Beispiel für unser Problem-Netzwerk. Du empfindest es noch als Problem, dass du andere Menschen manchmal heftig angehst. Das bringt dich automatisch wieder in den Kampf-, Flucht-, Totstell- oder Unterwerfungsmodus.«

»Ich kämpfe dann gegen meine genervten Gefühle an«, bestätigte sie. »Eigentlich ist es aber kein echtes Problem, dass ich andere zu heftig angehe. Es ist nicht nett und nicht sinnvoll, aber das ist ja etwas ganz anderes als ein Problem. Ich habe da, glaube ich, echt Äpfel mit Birnen verglichen. In Wirklichkeit wäre es eine lohnende Aufgabe, andere Menschen respektvoll und wertschätzend zu behandeln. Das Gefühl ändert sich auch sofort, merke ich gerade. Aber das Problem mit dem Grund, warum ich mich genervt fühle, bleibt.«

»Und was ist das für ein Problem?«, wollte ich wissen.

»Ich glaube, ich bin einfach oftmals zu nah an der Überlastungsgrenze«, meinte sie. »Und dann nervt mich eben alles, was nicht wirklich sein müsste.«

»Du siehst also deine Überlastung als das eigentliche Problem an?«, fragte ich.

»Ja aber nicht das Überlastungsgefühl, sondern die tatsächliche Überlastung«, meinte sie.

»Und ist das sinnvoll, die Überlastung als Problem zu beurteilen anstatt als Aufgabe?«, hakte ich nach.

»Nein, das ist ganz sicher nicht sinnvoll, denn damit aktiviere ich wieder den Kampfmodus und wehre mich wie ein Reptil gegen alles und jeden, der mich weiter belastet«, erkannte sie.

»Du könntest das Vermeiden von Überlastung auch als Aufgabe ansehen«, schlug ich vor.

»Das wäre auf jeden Fall sinnvoller«, meinte sie. »Das legt auch direkt den Schalter bei mir um. Und mir wird sofort klar, warum ich mich in Wirklichkeit so oft überlaste. Weil ich mir unbedingt selbst beweisen will, dass ich alles schaffe.«

»Und warum willst du dir das so unbedingt selbst beweisen?«, hakte ich nach.

»Weil ich mich nicht mehr machtlos fühlen will«, meinte sie. »Es gab einige Situationen in meiner Kindheit, in denen ich mich total machtlos gefühlt habe. Wie viele hier in unserer Gruppe wurde auch ich als Jugendliche gemobbt. Ich habe dann eine Autonomieentscheidung getroffen. Ich wollte keinen mehr brauchen und alles allein schaffen. Und dabei habe ich mich sehr oft überfordert und dementsprechend machtlos gefühlt – oftmals sogar regelrecht ohnmächtig. Und so will ich mich einfach nie wieder fühlen. Daher muss ich jetzt alles schaffen.«

»Hier meldet sich also ein weiteres Gefühlsziel«, bemerkte ich. »Und das ist ganz typisch. Unsere gefühlten Probleme bilden wie gesagt ein regelrechtes Problem-

Netzwerk. Alles ist mit allem verbunden. Dieses Netzwerk ist extrem komplex und gleicht einem Gordischen Knoten. Doch der lässt sich leicht lösen, wenn man sich dazu entscheidet, Gefühle grundsätzlich nicht mehr als Probleme anzusehen. Und das entspricht ja auch der Wahrheit. Unser Reptiliengehirn und unser soziales Gehirn verstehen überhaupt nicht, wovon das Großhirn da spricht, wenn es ein Gefühl zum Problem erklärt. Diese Problemdefinition ergibt aus ihrer Sicht überhaupt keinen Sinn. Trotzdem starten sie natürlich ihre Problemlösungsmechanismen, was jedes Mal ausschließlich schädliche und keinerlei nützliche Auswirkungen hat. Wie sieht es daher mit deinem Machtlosigkeitsgefühl aus? Willst du das wirklich weiterhin als Problem ansehen?«

»Ganz sicher nicht!«, antwortete Sophia entschlossen. »Das ist wirklich grober Unfug, so etwas zu machen. Das wird mir gerade so richtig klar. Diese falsche Problembeurteilung hat wirklich sehr negative Konsequenzen.«

»Und *musst* du dein Machtlosigkeitsgefühl denn als Problem ansehen?«, hakte ich nach.

»Nein, das muss ich nicht«, antwortete sie entschieden. »Weder will ich das, noch muss ich das.«

»Und wäre es ein Problem, wenn sich deine falsche Problembeurteilung jetzt doch nicht korrigieren ließe und dein unbewusstes System deine Machtlosigkeitsgefühle weiterhin als Problem ansehen würde?«, hakte ich nach.

Sophia musste lachen. »Nein, auch das wäre kein echtes Problem!«, sagte sie dann. »Aber es hat sich im ersten Moment noch wie ein Problem angefühlt. Auch da wollte sofort mein Reptiliengehirn die Führung übernehmen. Aber natürlich sind diese Konsequenzen kein Problem. Sie zu vermeiden, ist eine lohnende Aufgabe, aber kein Problem. Und um das Vermeiden dieser Konsequenzen sollte sich wirklich das Großhirn kümmern und nicht mein Reptiliengehirn. Diesen Problemknopf will ich also nicht mehr drücken.«

»Das ist eine weise Entscheidung«, sagte ich.

»Danke!«, erwiderte Sophia. »Ich glaube, es ist echt sinnvoll, das wirklich gründlich zu machen. Ich merke, dass sich da tatsächlich noch weitere Ja-Abers melden. Das geht scheinbar bis ins Unendliche. Wir könnten vermutlich noch monatelang so weitermachen.«

»In unserem Problem-Netzwerk gibt es Abertausende von alten problematischen Zielsetzungen. Wenn man da über einen Top-down-Prozess problemfrei werden wollte, dann würde man dazu sicherlich Jahrhunderte benötigen. Genauer gesagt ist es mit einem Top-down-Prozess gar nicht möglich, dieses Ziel zu erreichen. Denn dieses Problem-Netzwerk ist wirklich wie ein Gordischer Knoten. Sobald man ein gefühltes Problem lösen will, melden sich drei andere. Und wenn man die wiederum lösen will, melden sich erneut drei andere. Doch sobald sich unser unbewusstes System davon überzeugt hat, dass es immer nur schädlich und niemals nützlich ist, etwas als Problem anzusehen, wird das gesamte Netzwerk aufgeräumt. Das unbewusste System ist dabei sehr schnell, wenn es sich erst einmal entschieden hat. Doch wir sollten ihm die Zeit geben, die es dazu braucht. Das kann man nicht übers Knie brechen.«

»Es kommt bei mir immer mehr an, dass es wirklich keinen Sinn hat, etwas als Problem zu beurteilen – auch nicht bei den Gefühlszielen«, meinte Sophia. »Aber da braucht es echt noch mehr Beispiele. Das merke ich auch.«

»Dann gehen wir jetzt noch ein, zwei Beispielthemen für Gefühlsziele gemeinsam durch«, schlug ich vor. »Wie gesagt wird das nicht vollständig ausreichen, damit unser System das gesamte Problem-Netzwerk auflöst. Damit das geschieht, werden wir noch viele Beispiele durchgehen müssen. Doch um ein Erstes Gefühl für dieses Problem-Netzwerk zu bekommen, sind ein paar weitere Beispiele sicherlich sehr hilfreich. Wer hat also noch ein gefühltes Problem mit seinen Gefühlszielen anzubieten?«

»Mein Selbsthass«, meldete sich Greg. »Ich weiß, dass es komplett bescheuert ist, sich selbst abzulehnen, sich selbst zu verurteilen oder gar selbst zu hassen. Doch wenn ich da reinspüre, dann merke ich, dass ich noch voll im Reptiliengehirn bin. Ich bekämpfe dann meinen Selbsthass und setze alles daran, dass er nicht mehr ausgelöst wird.«

»Und wie ist es in Wirklichkeit?«, fragte ich. »Ist dein Selbsthass ein Problem?«

»Ich mache mir damit das Leben selbst zur Hölle«, meinte er. »Und gesund ist das sicher auch nicht.«

»Das ist richtig«, erwiderte ich. »Dein Selbsthass ist sicherlich eine schlimme Sache. Deshalb solltest du dieses Gefühl besser nicht mehr als Problem ansehen, weil du ja sonst nie da rauskommst.«

»Irgendwie verstehe ich das immer noch nicht so richtig, wieso ich dadurch nicht mehr aus meinem Selbsthass rauskommen soll«, meinte Greg.

»Dein Hassgefühl verfolgt einen Zweck, wenn es aktiviert wird«, sagte ich. »Es ist eine Problemlösungsmaßnahme aus dem sozialen Gehirn, wenn du jemanden loswerden willst oder wenn du willst, dass dieser jemand sich ändert.«

»Ich will, dass ich mich ändere«, erkannte Greg.

»Du willst dich mit deinen Hassgefühlen dazu zwingen, dich zu ändern«, sagte ich. »Die Hassgefühle sind daher nur Mittel zum Zweck. Dahinter liegt das eigentliche gefühlte Problem, für das du die Hassgefühle einsetzt.«

»Ich will mich dazu zwingen, ein besserer Mensch zu sein«, meinte Greg.

»Und offensichtlich glaubst du, dich dazu zwingen zu müssen«, stellte ich fest. »Das ist eine typische Problemlösungsmaßnahme aus dem sozialen Gehirn. Was genau ist hier das gefühlte Problem?«

»Dass ich zu egoistisch bin«, erkannte er.

»Und ist das wirklich ein Problem?«, hakte ich nach. »Dein soziales Gehirn befürchtet möglicherweise den Ausschluss aus deinem Rudel, oder dass dich niemand lieben kann, wenn du so egoistisch bist. Doch ist das in der heutigen Zeit wirklich noch ein reales Problem?«

»In Wirklichkeit nicht«, meinte Greg. »Aber ich will kein Ego-Schwein sein.«

»Und du glaubst wirklich, dass du das dadurch vermeiden kannst, indem du dich selbst hasst?«, fragte ich skeptisch.

»Vermutlich eher nicht«, meinte er.

»Ganz sicher nicht«, bestätigte ich ihm. »Es passiert sogar genau das Gegenteil. Der Mensch hat egoistische und altruistische Motive. Wenn du diese naturgegebene Veranlagung bekämpfst, wird dein System irgendwann Gegenmaßnahmen ergreifen. Je mehr du deinen Egoismus unterdrückst, desto mehr staut sich da an. Und dann explodierst du irgendwann und handelst in übertriebenem Maße egoistisch, um einen Ausgleich zu schaffen. Und dann verurteilst du dich wieder selbst dafür, und der ganze Kreislauf beginnt von vorne.«

»Genau das passiert tatsächlich«, erkannte Greg. »Und dann hasse ich mich.«

»Weil die Selbstablehnung und die Selbstverurteilung als Maßnahme nicht gereicht haben«, erklärte ich. »Deshalb greift dein soziales Gehirn zur nächsthöheren Problemlösungsmaßnahme. Und das ist der Hass. Mit dem Hass unterdrückst du deinen Egoismus noch mehr und sorgst so dafür, dass sich da noch mehr in dir anstaut, was sich irgendwann wieder entlädt. Und schon hast du erneut Grund dafür zu glauben, dass du ein Egoismus-Problem hast.

Dieses gefühlte Problem ist selbstgemacht! Würdest du deinen Egoismus nicht als Problem ansehen, würde dein soziales Gehirn ganz von selbst deine egoistischen Motive sozialverträglich ausbalancieren. Das tut es von Natur aus. Und das funktioniert auch sehr gut. Es sei denn, die natürlichen egoistischen Motive werden zum Problem erklärt. Dann übernimmt wieder das Reptiliengehirn, und du bist im Kampf mit deinem Egoismus. Dein soziales Gehirn wird dann vom Reptiliengehirn sofort entmachtet.

Es ist daher weder sinnvoll, deinen Egoismus als Problem zu beurteilen noch deinen Selbsthass. Dein Reptiliengehirn und dein soziales Gehirn verstehen bei diesen Problembeurteilungen einfach wieder einmal nicht, wovon dein Großhirn da überhaupt redet. Sie werden von deinem Großhirn tatsächlich nach Strich und Faden verarscht. Du solltest dir daher noch einmal überlegen, ob du deinen Egoismus und deinen Selbsthass wirklich noch als Problem ansehen willst. Du bist am Drücker. Du kannst den Problemknopf drücken oder den Aufgabenknopf.«

»Und welchen Aufgabenknopf sollte ich hier drücken?«, hakte Greg nach.

»Am sinnvollsten wäre es, wenn du die Aufgabe annehmen würdest, diese ganzen unsinnigen Selbstverarschungen zukünftig komplett sein zu lassen und stattdessen ein lebenswerteres Leben anzufangen«, sagte ich. »Es gibt keine Probleme. Es gibt nur Aufgaben. Manche davon sind komplett überflüssig, wie es auch beim Vermeiden von Egoismus und Selbsthass der Fall ist, und manche sind sehr lebenswert, weil sie wertvoll sind, man sie gerne tut und auch gut kann. Wenn du deine gefühlten Probleme in Aufgaben umbeurteilst, dann schaut sich dein System immer sofort an, ob eine Aufgabe lohnend ist oder nicht. Das passiert bei Problembeurteilungen gar nicht. Da wird es vom System immer automatisch als Notwendigkeit angesehen, dass du die Probleme löst. Da hast du also gar keine Wahl, ob du dich darum kümmern willst oder nicht.«

»Das stimmt, da habe ich tatsächlich keine Wahl«, erkannte er. »Da muss ich die Scheiße einfach machen. Egal, wie bescheuert das ist.«

»Und diese Scheiße passiert jedes Mal, wenn du etwas als Problem beurteilst«, sagte ich. »Doch das muss überhaupt nicht sein. Sieh einfach alles als Aufgabe an, und der Drops ist gelutscht!«

»Und das kann ich echt mit jedem Gefühlsziel machen?«, fragte er skeptisch.

»Absolut!«, bestätigte ich. »Es gibt keine einzige Situation, wo es für einen Menschen sinnvoll wäre, ein schwer zu erfüllendes oder nicht erfülltes Gefühlsziel als Problem zu beurteilen. Irgendwann begreift das unbewusste System, dass das wirklich wahr ist.«

»Ich hätte noch ein gefühltes Problem anzubieten, das noch nicht genannt wurde«, meinte Jason. »Es geht um den Mangel an schönen Gefühlen wie Lebensfreude, Glück, Liebe, Erfüllung und so. Vom Gefühl her empfinde ich das immer noch als Problem, obwohl ich weiß, dass ich damit bestimmt wieder nur Schaden anrichte.«

»Und warum siehst du den Mangel an schönen Gefühlen als Problem an?«, wollte ich wissen.

»Weil das ganze Leben dann keinen Sinn mehr hat«, meinte er. »Wenn ich den Rest meines Lebens auf diese Gefühle verzichten müsste, könnte ich mir auch gleich die Kugel geben. Wofür lohnt es sich denn dann überhaupt noch zu leben?«

»Das ist eine gute Begründung dafür, warum du das als schlimm ansehen würdest und warum du das auf keinen Fall erleben möchtest«, sagte ich. »Doch das ist kein Grund, den Mangel an schönen Gefühlen als Problem anzusehen. Nur weil etwas schlimm ist oder es auf keinen Fall möchte, ist es nicht automatisch ein Problem. Das Großhirn kann den Begriff *Problem* natürlich so definieren, wenn es das möchte. Doch man sollte sich darüber im Klaren sein, dass man mit solchen Definitionen sein Reptiliengehirn und sein soziales Gehirn komplett verarscht. Und das hat nie positive Konsequenzen.

Man erzeugt damit sogar den Mangel an schönen Gefühlen erst recht. Jede Problembeurteilung unterdrückt die schönen Gefühle, denn das Reptiliengehirn und das soziale Gehirn sind der Meinung, dass man sich im Falle eines Problems um eine Lösung bemühen sollte. Daher empfindet man dann quälende Problemgefühle, die einen dazu veranlassen, an der Sache dranzubleiben. Und aus dem gleichen Grund werden alle schönen Gefühle unterdrückt. Und je mehr sie unterdrückt werden, desto stärker beurteilt das Großhirn das wieder als Mangel und den Mangel dann als Problem, sodass die Problemgefühle noch stärker werden und die schönen Gefühle noch mehr unterdrückt werden. Genau auf diese Weise entsteht dann eine Depressionsspirale. Genauso wie es bei Al bei Shameless in Paradise der Fall war.«

»Es fällt mir echt schwer, den Mangel an glücklichen Gefühlen nicht mehr als Problem anzusehen«, meinte Jason. »Auch wenn ich verstehe, warum es nichts bringt.«

»Dann gibt es noch ein weiteres gefühltes Problem in deinem Problem-Netzwerk, das die Korrektur dieser Problembeurteilung verhindert«, sagte ich.

»Ich denke, es ist die Sinnlosigkeit«, meinte Jason. »Ich habe das Gefühl, mein Leben wäre dann nur noch stumpfsinnig – einfach nicht mehr lebenswert.«

»Wenn du ein lebenswertes Leben führen möchtest, wäre es sinnvoll, das als Aufgabe anzusehen und dich um deine Drei G-Tunwollens zu kümmern«, sagte ich. »Ein lebenswertes Leben zu führen, ist kein Problem. Es ist eine klare Aufgabe. Und zwar eine Aufgabe, die unter der Schirmherrschaft des Großhirns laufen sollte. Sobald du das als Problem ansiehst, hast du keine Chance mehr.

Wie gesagt werden wir heute nicht so weit kommen, dass sich euer unbewusstes System komplett dazu entscheiden kann, nichts mehr als Problem anzusehen. Aber das wird früher oder später passieren. Ich schlage vor, dass wir uns jetzt wieder einfacheren gefühlten Problemen widmen. Unsere Gefühlsziele sind hier wirklich die Königsklasse. Damit machen wir dann in den nächsten Tagen weiter.

Stellt euch vor, ihr habt zwei kleine Kinder – und zwar Zwillinge. Sie sind gerade in dem Alter, in dem sie allein laufen können. Nun gibt es für kleine Kinder in unserer modernen Zivilisation sehr viele Lebensgefahren. Sie könnten eine Treppe runterfallen, etwas Giftiges essen, einfach über die Straße rennen und vieles mehr. Ihr müsstet jetzt gleich zwei dieser mobilen Terroreinheiten ständig im Blick behalten.«

»*Mobile Terroreinheiten*?!«, hakte Brian sichtlich amüsiert nach.

»Sagt man das nicht so?!«, fragte ich verwundert, denn genauso hatte ein Ehepaar seine Zwillinge immer genannt, bei denen ich einmal als Guardian-Angel im Einsatz war.

»Doch, doch!«, meinte Brian grinsend.

»Ist das nun ein Problem, auf die beiden aufzupassen, oder ist es eine Aufgabe?«, fragte ich.

»Es ist eine Aufgabe«, antwortete Brian. »Aber es gibt bestimmt auch viele Eltern, die das als Problem ansehen würden.«

»Welche Eltern würden ihre Aufgabe denn besser erfüllen?«, hakte ich nach. »Diejenigen, die es als ihre Aufgabe ansehen, oder diejenigen, die es als Problem empfinden?«

»Früher hätte ich das Gefühl gehabt, dass diejenigen Eltern, die es als Problem ansehen, ihre Aufgabe ernster nehmen und damit gewissenhafter erfüllen«, meinte

Ava. »Aber so langsam wird mir klar, dass diese Betrachtungsweise völlig falsch war. Man kann die Aufgabe auch ernst nehmen, ohne dass man so tun muss, als sei es ein Problem.«

»Wie wir alle wissen, wird unser soziales Gehirn jedes Mal beeinträchtigt, wenn wir etwas als Problem beurteilen«, fügte ich hinzu.

»Ach du Scheiße!«, sagte Ava. »Das hatte ich ganz vergessen. Wenn ich etwas als Problem beurteile, dann fährt mein soziales Gehirn ja runter. Das habe ich ja nun zur Genüge erlebt!«, betonte sie. »Wenn ich es daher als Problem ansehen würde, auf meine Kinder aufzupassen, dann wäre es sehr viel schwerer, eine gute Mutter zu sein. Mein soziales Gehirn wäre ja ständig unten. Meine Kinder hätten eine permanent gestresste Mama. Damit wäre ich ganz sicher kein gutes Vorbild für meine Kinder.«

»Förderlich wäre das sicherlich nicht für die Entwicklung deiner Kinder«, stimmte ich zu. »Du würdest ihnen keinen Gefallen damit tun, diese Aufgabe als Problem anzusehen, damit du sie auch wirklich ernst nimmst. Vermutlich würden die Kinder sogar irgendwann an deiner Liebe zweifeln, wenn du sie ständig als Problem ansiehst.«

»Das ist echt krass!«, meinte Ava. »Das Motiv, alles als Problem ansehen zu wollen, damit ich mich auch wirklich gewissenhaft darum kümmere, war bisher echt allgegenwärtig in meinem Leben. Aber das ist grober Unfug! Das bringt viel mehr Schaden als es gut macht.«

»Auch denkt man schnell, dass man alles so wichtig wie möglich machen muss, damit man sich darum kümmert«, sagte ich. »Und das tut man dann auch, wenn es um eine gute Lebensqualität oder um gute Gefühle geht. Schnell ist die emotionale Schwelle zur Notwendigkeit überschritten. Und dann ist ganz plötzlich von einer Sekunde auf die nächste jegliche subjektiv empfundene Lebensqualität weg. Denn sobald die gefühlte Wichtigkeit von 7 überschritten ist, ist Schluss mit lustig. Alle glücklichen Gefühle werden dann sofort unterdrückt. Das Reptiliengehirn und das soziale Gehirn sind sogleich der Meinung, dass wir uns gefälligst um unsere Notwendigkeit kümmern sollten, daher erzeugen sie auch Notwendigkeitsgefühle. Bei einer Relevanz von 6 war alles noch superschön, und plötzlich, von einem Moment auf den nächsten, ist alles nur noch schwer, düster, einengend und kraftraubend.«

»Ach du Scheiße!«, sagte Ava. »Das hatte ich tatsächlich auch nicht mehr auf dem Schirm. Da ist es ja wirklich nur bescheuert, alles zum Problem zu machen, damit man mehr Lebensqualität hat. Damit beraubt man sich ja in Wirklichkeit seiner Lebensqualität und erzeugt nur noch scheiß Gefühle.«

»Ich möchte jedoch anmerken, dass auch das nur ein instinktives Prinzip ist«, sagte ich. »Das Reptiliengehirn und das soziale Gehirn gehen beim Überschreiten der 7 immer erst einmal davon aus, dass es sich um eine Überlebensnotwendigkeit handelt. Würde das Großhirn jedoch hinterherschicken, dass es zwar extrem wichtig ist, aber es trotzdem kein Problem wäre, wenn man die jeweilige Aufgabe nicht erfüllt oder das Ziel nicht erreicht, dann würden sich die beiden auch sofort wieder beruhigen. Wie bei dem Pferd und dem Reiter. Das Großhirn muss das jedoch jedes Mal tun, wenn es daran denkt, wie wichtig die Aufgabe ist. Denn das Reptiliengehirn und das soziale Gehirn können sich das nicht merken. Sie leben immer nur im Hier und Jetzt. Daher bräuchten sie auch jedes Mal eine Wiederholung, dass es in Wirklichkeit kein Problem ist, wenn man die Aufgabe nicht erfüllt. Diese Denkweise kann man sich schnell angewöhnen. Das unbewusste System macht das dann automatisch.«

»Dann muss ich also nicht dafür sorgen, dass nichts mehr wichtiger als die 7 ist«, erkannte Brian. »Es genügt, wenn ich mir angewöhne zu denken, dass ich das zwar unheimlich gerne will, aber es auch kein Problem ist, wenn es nicht klappt. Ich glaube, das kriege ich hin.«

»Ja, ich denke, dass ich das ebenfalls schaffe«, meinte Ava. »Eigentlich muss man ja nur wissen, dass man nichts unnötig zum Problem erklären sollte.«

»Wer hat ebenfalls das Gefühl, dass das zu schaffen ist?«, fragte ich in die Runde.

Alle hoben die Hand.

»Dann schauen wir uns noch ein paar konkrete Beispiele an, damit unser System weiter lernen kann«, schlug ich vor. »Ihr verpasst euren Flug. Wer hat noch das Gefühl, das als Problem ansehen zu *wollen*?«

Keiner zeigte auf.

»Und wer hat das Gefühl, es als Problem ansehen zu *müssen?*«, hakte ich nach.

Erneut hob keiner den Arm.

»Und gäbe es hier eine lohnende Aufgabe?«, wollte ich wissen.

»Ja, natürlich«, antwortete Ava. »Wir müssten halt einen neuen Flug buchen.«

»Dann stellt euch als Nächstes vor, ihr seid Lehrer an einer Highschool und kriegt mit, dass ein Schüler eurer Klasse sehr übel gemobbt wird. Wer hätte das Gefühl, das noch als Problem ansehen zu *wollen?*«, fragte ich.

»Im ersten Moment hat es wieder kurz gezuckt«, sagte Dylan. »Weil ich ja selbst in der Schule gemobbt wurde, wie viele hier. Doch das Mobben meines Schülers abzustellen, wäre meine Aufgabe und nicht mein Problem. Das habe ich kapiert.«

»Und hätte jemand von euch das Gefühl, das als Problem ansehen zu *müssen?*«, wollte ich wissen.

»Nein, bringt ja nur Nachteile«, antwortete Dylan. Und auch sonst zeigte niemand auf.

»Nächstes Beispiel: Ihr seid Umweltschützer und entdeckt, dass ein wichtiges Naturschutzgebiet für eine geplante Baumaßnahme gerodet werden soll. Ihr fühlt euch machtlos, da ihr den Bau nicht allein stoppen könnt und keiner helfen will«, sagte ich.

»Das ist nicht mein Problem!«, sagte Brian ignorant, was eigentlich so gar nicht zu ihm passte. »Es wäre meine *Aufgabe!*«, betonte er dann lachend.

Die ganze Gruppe lachte mit. Offenbar hatte er einen Scherz gemacht.

»Und wenn du es nicht schaffen solltest, diesen Bau zu stoppen?«, hakte ich nach.

»Dann ist es eine *nicht erfüllte Aufgabe*«, meinte er. »Und auch wenn mir das richtig viel ausmachen würde, wäre das dennoch eine unerfüllte Aufgabe und kein Problem. Denn nur weil es mir viel ausmacht, wird es nicht automatisch zum Problem.«

»Wer würde das genauso sehen?«, fragte ich in die Runde.

Alle zeigten auf.

»Gehen wir noch ein paar Beispiele durch«, schlug ich vor. »Ihr erfahrt, dass ein Verwandter an einer Sucht leidet und ihr seid machtlos, da ihr den Betroffenen nicht zum Aufhören zwingen könnt. Wer hätte das Gefühl, das als Problem ansehen zu *müssen*?«

Niemand hob die Hand.

»Und wer würde es vom Gefühl her noch als Problem ansehen *wollen*?«, hakte ich nach.

Erneut zeigte keiner auf.

»Und gäbe es hier vielleicht eine wertvolle Aufgabe, die ihr eventuell erfüllen könntet?«, wollte ich wissen.

»Das kommt auf die genaue Situation an«, meinte Stella. »Möglicherweise würde sich da schon die ein oder andere Möglichkeit ergeben. Das müsste man sich anschauen.«

»Okay, nächstes Beispiel«, sagte ich. »Ihr erfahrt, dass euer Arbeitsplatz von Entlassungen bedroht ist, was natürlich eure finanzielle Sicherheit und Zukunft gefährdet. Wer hätte das Gefühl, das als Problem ansehen zu *wollen?*«

»Wollen auf keinen Fall«, meinte Kevin, und auch sonst zeigte keiner auf.

»Und wie sieht es mit dem Müssen aus?«, hakte ich nach. »Hättest du das Gefühl, es als Problem ansehen zu *müssen?*«

»Im ersten Moment hatte ich das Gefühl«, antwortete er. »Aber das war nur für einen Moment. Natürlich *muss* ich das auch nicht als Problem ansehen. Das wäre ja wieder nur eine Verarschung der anderen beiden Gehirne.«

»Und gäbe es hier eine lohnende Aufgabe, die du annehmen könntest?«, fragte ich.

»Das auf jeden Fall«, meinte Kevin. »Unseren Job zu behalten, wäre eine lohnende Aufgabe. Aber wenn wir das nicht schaffen, dann ist es kein Problem, sondern eine nicht erfüllte Aufgabe.«

»Ihr seid Landwirt und stellt fest, dass euer Feld von einer Schädlingsplage befallen ist. Die gesamte Ernte ist betroffen«, sagte ich. »Wer hätte das Gefühl, das als Problem ansehen zu wollen oder zu müssen?«

»Keines von beiden«, meinte Emma.

»Und gäbe es hier eine lohnende Aufgabe?«, hakte ich nach.

»Natürlich«, meinte sie. »Ich würde schauen, was noch zu retten ist, oder mir irgendetwas anderes überlegen, damit der Betrieb nicht pleite geht. Das wäre auf jeden Fall eine wichtige Aufgabe.«

»Euer Vermieter will die Miete stark erhöhen«, sagte ich als Nächstes.

»Kein Problem!«, meinte Arjun selbstsicher, wie mir auffiel, denn er gehörte neben Gavin zu den Schüchternsten hier.

»Ihr seid Trainer einer Basketballmannschaft«, sagte ich. »Euer Team hat eine Reihe von Niederlagen erlitten. Die Moral ist am Boden.«

»Kein Problem, sondern Aufgabe«, meinte Kevin.

»Euer Ur-Motiv zu erfüllen und dafür zu sorgen, dass es euch und euren Liebsten gut geht«, sagte ich. »Wenn ihr das nicht schafft, ist es dann ein Problem oder eine unerfüllte Aufgabe?«

»Hier stockt es bei mir«, meinte Stella. »Wenn es uns nicht gut geht, sehe ich das schon als echtes Problem an. Da geht es dann ja auch eventuell um die echten Bedürfnisse aus dem Reptiliengehirn und dem sozialen Gehirn.«

»Das *kann* man sicherlich als Problem ansehen«, stimmte ich zu. »Doch *muss* man das auch?! Es wird dadurch alles nur schlechter und nicht besser. Das Großhirn würde sofort seine Führung an das Reptiliengehirn und das soziale Gehirn abgeben. Ob es das will oder nicht. Sobald es etwas als Problem ansieht, übernehmen die anderen beiden automatisch die Führung.«

»Eigentlich *muss* ich das nicht«, erkannte Stella nachdenklich. »Das Großhirn kann das ja definieren, wie es will. Wenn es nur Nachteile bringt, das als Problem zu beurteilen, dann könnte ich es sicherlich auch einfach als Aufgabe ansehen.«

»Ja, das könntest du tatsächlich«, bestätigte ich. »Es ist immer deine freie Entscheidung, ob du etwas als Problem oder als Aufgabe ansehen willst. Es kann dich niemand dazu zwingen, es als Problem anzusehen, wenn das einfach nur schädlich ist.«

»Ja, das ist tatsächlich so«, meinte Stella verwundert. »Ich merke sofort, dass das vom Gefühl her einen gewaltigen Unterschied macht.«

»Unser Ur-Motiv ist unsere höchste Aufgabe im Leben überhaupt«, sagte ich. »Alle anderen Aufgaben, Zielsetzungen und Motive bauen darauf auf. Es geht uns immer entweder ums Überleben oder um unsere Lebensqualität. Beide gehören zum Ur-Motiv. Wenn wir uns bei diesem Motiv dazu entscheiden, alles als Problem anzusehen, was die Erfüllung erschwert oder behindert, dann erzeugt das in unserem Alltag Abertausende von Problembeurteilungen. Wie groß wäre die Wahrscheinlichkeit, dass wir uns das Leben versauen, wenn wir damit nicht aufhören?«

»Na, ultimativ groß«, antwortete Brian.

»In welchen Lebenssituationen wäre es denn schädlich, etwas nur als Aufgabe und nicht als Problem anzusehen?«, fragte ich weiter.

»Wieso soll denn das jetzt wieder schädlich sein?«, fragte Brian verwundert.

»Das ist der grüne Punkt«, bestätigte ich erfreut. »Es ist nie schädlich!«

»Auf der anderen Seite haben wir jetzt aber unser gesamtes Leben lang damit überlebt, alles Mögliche als Problem zu beurteilen«, meinte Nuno. »Sollten wir da nicht sicherheitshalber lieber so weitermachen wie bisher?«

»Ganz sicher?!«, lachte Brian. »Klar haben wir damit überlebt. Aber wir alle hätten hundertmal glücklicher leben können, wenn wir nichts als Problem angesehen hätten. Wir hätten eine bessere Lebensqualität und hundertmal mehr positive und hundertmal weniger negative Gefühle gehabt. Ich wüsste nicht, warum ich darauf jetzt verzichten sollte.«

»Aber können wir wirklich hundertprozentig sicher sein, dass unsere Lebensqualität dann besser wird?«, hakte Nuno nach. »Vielleicht war unsere bisherige Lebensweise ja doch besser. Vielleicht sollten wir lieber alles so lassen wie es war. Bis jetzt ist doch alles gut gegangen.«

»Ja, bis jetzt«, erwiderte Brian lachend. »Das ist so ziemlich das Gleiche, als würden wir aus dem dreißigsten Stock aus dem Fenster fallen und einen Meter vor dem Boden denken, dass bis hierhin doch alles gut gegangen ist.«

»Aber wenn wir uns nicht mehr ständig um die Probleme kümmern müssen, worum sollten wir uns dann kümmern?«, fragte Nuno in die Runde. »Der Tag hat 28 Stunden, und das ist ganz schön lang, wenn man nichts zu tun hat.«

»Na, um unsere 3G-Tunwollens«, antwortete Ava lachend. »Da können mir deine 28 Stunden gar nicht lang genug sein!«, meinte sie amüsiert. »Lebenswerte Dinge zu tun, wird mir ganz bestimmt nie langweilig.«

»Ich will jetzt endlich ein glückliches und erfülltes Leben führen«, meinte Dylan. »Ich habe keinen Bock mehr, mich um gefühlte Probleme zu kümmern, die in Wirklichkeit gar keine sind, wenn ich in der gleichen Zeit auch meine echten Lebenswerte ausleben könnte.«

»Du wirst dich von Tag zu Tag immer mehr von deinen gefühlten Problembeurteilungen verabschieden«, sagte ich. »Wir alle werden das. Wir sollten das wie gesagt nur richtig machen und es ganz systematisch angehen. Um das Freischalten unserer Lebenswerte werden wir uns dann kümmern, wenn wir den nächsten Schritt mit den Gefühlszielen erfolgreich gemeistert haben. Die Lebenswerte sind also der übernächste Schritt.«

»Löffel für Löffel!«, meinte Dylan.

»Ganz genau«, stimmte ich zu. »So wie man einen Elefanten isst.«

»Das hast du wieder schön auf den grünen Punkt gebracht!«, meinte er dann grinsend.

»Danke«, sagte ich erfreut. »Was ist bei euch jetzt vom Gefühl her der aktuelle Stand? Empfindet ihr es als Problem, die völlige Problemfreiheit zu erreichen, oder werden wir es schaffen?«

»Es ist eine Aufgabe«, sagte Linh.

»Was?!«, sagte ich fassungslos. »Hast du gerade gesprochen?!«

»Worte können kein echtes Problem sein«, antwortete sie.

»Dann sind sie für mich auch kein Problem mehr!«, erklärte Marcus entschlossen.

»Was?!«, sagte ich erneut fassungslos. »Du sprichst jetzt auch?!«

»Ich kann es selbst kaum glauben«, meinte Linh. »Aber auf einmal habe ich keine Angst mehr zu sprechen. Die ist einfach weg.«

»Bei mir auch!«, meinte Marcus und umarmte sie voller Freude.

Die ganze Gruppe jubelte und applaudierte begeistert und beglückwünschte die beiden.

»Na dann steht dem Ausleben unserer Drei G-Tunwollens ja bald nichts mehr im Weg«, sagte ich begeistert zur Gruppe, als wieder Ruhe eingekehrt war. »Und das mit unseren Gefühlszielen werden wir in den nächsten Tagen ebenfalls in Ordnung bringen. Und dann können wir wirklich anfangen, ein sehr viel lebenswerteres Leben zu führen.«

»Eigentlich ist das Finden unserer Drei G-Tunwollens ja auch keine sonderlich schwierige Aufgabe«, meinte Sophia. »Bei mir hatten wir ja im Workshop bestimmt gleich zehn dieser Lebenswerte gefunden. Und die bereichern seitdem mein Leben jeden Tag ganz enorm. Das ist echt der Hammer! Ich glaube, ich werde mir jeden Tag einen neuen Lebenswert ausdenken. Stellt euch das einmal vor. Nach einem Jahr hättet ihr 365 tolle Gründe zu leben. Das wäre, um es mit Richards Worten zu sagen, echt geiler Scheiß!«

»Ich habe jedenfalls schon einmal beschlossen, jetzt

nur noch Songs zu schreiben, die etwas bei anderen Menschen in die richtige Richtung bewirken können«, sagte Dylan. »Ich will mit meinen Songs nicht mehr nur Gefühle wecken. Ich möchte mit meinen Songs Gefühle heilen! Das ist mein neues Drei G-Tunwollen. Hättet ihr vielleicht Lust, euch dazu meinen neuen Song anzuhören? Ich habe ihn gestern spontan geschrieben, als mir Tyler von ihrer neuesten Erkenntnis erzählt hat.«

»Was war das denn für eine Erkenntnis?«, fragte ich neugierig.

»Dass ich keine Beziehung *brauche*«, antwortete Tyler. »Das ist ja nur ein Hättegern und als solches ein Habenwollen. Mir ist aber klar geworden, dass nur die Tunwollens mir ein glückliches und erfülltes Leben schenken können. Daher ist die Partnerbeziehung für mich jetzt ein Tunwollen und kein Muss mehr. Seitdem fühle ich mich viel freier. Ich glaube, davor hätten Dylan und ich auch keine wirkliche Chance gehabt. Ich war viel zu fixiert darauf und hatte Tausende von Sollvorstellungen. Jetzt sehe ich für uns gute Chancen«, meinte sie und gab Dylan einen zärtlichen Kuss auf den Mund.

»Geht mir genauso«, meinte Dylan und schaute ihr verliebt in die Augen.

»Wer möchte also gerne Dylans neuen Song hören?«, rief Nuno motivierend in die Runde.

Alle applaudierten und jubelten zustimmend. Mir fiel noch einmal auf, wie viel freier sich jetzt alle verhielten. Als wir sie kennenlernten, hätte keiner von ihnen in solch einer Situation gejubelt.

Dylan ging in die Villa, um seine Gitarre zu holen. Danach setzte er sich wieder neben Nuno und Tyler in den Kreis.

»Es geht in diesem Song um meine erste große Liebe«, erklärte Dylan. »Sie hat mir damals das Herz gebrochen. Eigentlich ist sogar für mich in diesem Moment meine ganze Welt zusammengebrochen. Ich hatte wie Tyler damals ebenfalls das Gefühl, unbedingt jemanden zu brauchen, der mich liebt. Und diese Bedürftigkeit hat sich gar nicht gut angefühlt. Ich möchte mit diesem Song allen Mut machen, denen es gerade genauso geht. Ich habe diesen Text gewissermaßen für mein jüngeres Ich geschrieben. Es wäre genau das gewesen, was ich damals gebraucht hätte. Also dann …«, sagte er und begann zu singen.

»Du denkst du bist der Einzige, dem es so geht. Das Leben habe dir sehr übel mitgespielt. Kannst du's nicht sehen? Kannst du's nicht sehen? Ich weiß, im Moment sieht alles scheiße aus. So, als kämst du wirklich nie da raus. Kannst du's nicht sehen? Kannst du's nicht sehen?

Wart's ab, alles wird gut! Es war schon immer so, und kostet nicht dein Blut. Schau hin, schau hin, schau hin! Du bist nicht allein. Hör auf, dich fertig zu machen. Es dauert nicht lang, dann wirst du wieder drüber lachen. Schau hin, schau hin, schau hin! Du bist nicht allein.

Du warst schon öfter in der Situation. Die Liebe kann wehtun, doch bringt es dich nicht um. Kannst du's nicht sehen? Kannst du's nicht sehen? Du willst aber keine andere Frau. Denn sie war wirklich ganz genau. Das was du … Glaub nicht alles, was du fühlst, bevor du dich noch selbst belügst!

Wart's ab, alles wird gut! Es war schon immer so, und kostet nicht dein Blut. Schau hin, schau hin, schau hin! Du bist nicht allein. Hör auf, dich fertig zu machen! Es dauert nicht lang, dann wirst du wieder drüber lachen. So schau hin, schau hin, schau hin! Du bist nicht allein.

Glaub dran, nur ein bisschen stärker. Glaub daran, sag du wirst es machen. Glaub dran, du wirst es schaffen. Du bist nicht allein. Glaub dran, nur ein bisschen stärker. Glaub daran, sag du wirst es machen. Glaub dran, du wirst es schaffen. Du bist nicht allein.

Wart's ab, alles wird gut! Es war schon immer so, und kostet nicht dein Blut. Schau hin, schau hin, schau hin! Du bist nicht allein. Hör auf, dich fertig zu machen! Es dauert nicht lang, dann wirst du wieder drüber lachen. Schau hin, schau hin, schau hin! Du bist nicht allein. Du bist nicht allein. Nicht allein. Du bist nicht allein. Nicht, nicht, nicht allein!«

Die Gruppe applaudierte ganz begeistert, was Dylan offensichtlich sehr viel bedeutete.

»Ich würde das auch gerne einmal ausprobieren«, sagte ich zu Dylan.

»Was möchtest du gerne ausprobieren?«, fragte er.

»Ein Lied zu singen und dazu Gitarre zu spielen«, sagte ich.

»Kannst du denn Gitarre spielen?«, fragte er verwundert. »Sorry für die blöde Frage«, sagte er dann lachend. »Daran muss ich mich echt noch gewöhnen. Natürlich kannst du Gitarre spielen. Du hast mich ja beim Spielen beobachtet, stimmt's? Und welches Lied möchtest du singen?«

»Ich könnte zum Beispiel ein Lied über unser heutiges Workshop-Thema singen«, schlug ich vor.

»Einen komplett neuen Song?«, fragte er. »So ganz spontan?!«

»Ja, wenn das okay ist«, sagte ich. »Ich singe einen Song über unser unbewusstes System.«

»Na, da bin ich ja mal gespannt«, sagte Dylan und gab mir seine Gitarre.

Ich nahm also die Gitarre, spielte ein paar Akkorde und fing an zu singen: »Du kannst es als Problem sehen oder als Aufgabe, doch solltest du wissen, was das wirklich ausmacht. Himmel oder Hölle, das ist deine Entscheidung. Dein Leben liegt in deiner Hand, drum wähle weise!

Ich weiß, deine Innenwelt kann verwirren. Vieles ist nicht so wie es scheint. Man kann sich hier wirklich sehr schnell verirren. Doch es ist nichts bös gemeint.

Es tut, was es kann. Und es fängt sofort an. Schaut sich Lösungen an, und geht ran. Wenn's das Problem gar nicht gibt, du das einfach nicht siehst, weißt nicht woran es liegt, dann hör hin!

Du kannst es als Problem sehen oder als Aufgabe, doch solltest du wissen, was das wirklich ausmacht. Himmel oder Hölle, das ist deine Entscheidung. Dein Leben liegt in deiner Hand, drum wähle weise.

Wähle weise! Wähle weise!

Es hört immer nur auf dein Kommando. Was du als Problem beurteilst ist Gesetz. Diese Macht kann dein Leben glücklich machen. Oder auch komplett zerstören.

Es tut, was es kann. Und es fängt sofort an. Schaut sich Lösungen an, und geht ran. Wenn's das Problem gar nicht gibt, du das einfach nicht siehst, weißt nicht woran es liegt, dann hör hin!

Du kannst es als Problem sehen oder als Aufgabe, doch solltest du wissen, was das wirklich ausmacht. Himmel oder Hölle, das ist deine Entscheidung. Dein Leben liegt in deiner Hand, drum wähle weise.

Wähle weise! Wähle weise! Himmel oder Hölle, das ist die Entscheidung. Dein Leben liegt in deiner Hand drum wähle weise!«

Auch nach meinem Lied gab es einen tosenden Applaus. Das fühlte sich wirklich schön an. Ich konnte nachvollziehen, wieso Dylan das als so großen Lebenswert empfand. Ich beschloss, die Musik ebenfalls zu meinen Lebenswerten hinzuzufügen.

»Ich habe ebenfalls einen Song für Tyler geschrieben, nachdem wir an ihrem Thema gearbeitet haben«, sagte Nuno.

»Du hast einen Song geschrieben?«, fragte Dylan ungläubig.

»Ja, aber natürlich sehr dilettantisch im Vergleich zu euren Songs«, meinte Nuno. »Es ist das erste Mal, dass ich so etwas versucht habe. Als du uns das letzte Mal deinen neuesten Song vorgespielt hast, dachte ich, ich könnte das einfach auch einmal ausprobieren. Daher seid bitte nachsichtig. Bei mir ist das nur ein Hobby. Ich kann ein wenig Gitarre spielen und in meiner Badewanne singe ich auch schon mal, wenn ich allein bin. Aber vergleicht das bitte nicht mit unseren beiden Profis hier.«

Ich war sehr gespannt auf Nunos Song. Ich war natürlich die Einzige, die wusste, dass er weder zuvor jemals Gitarre gespielt noch extra für Tyler einen Song geschrieben hatte. Doch offenbar wollte er diesen Lebenswert jetzt ebenfalls einmal ausprobieren, was ich sehr schön fand.

Nuno nahm die Gitarre und fing erst einmal an, ein wenig darauf zu spielen. Das hörte sich spontan sehr gut an und entlockte Dylan äußerst anerkennende Blicke. Dann begann Nuno zu singen und löste vom ersten Ton an einen wahren Begeisterungssturm in unserer Gruppe aus. Nunos Stimme klang unglaublich gut. Er hörte sich meiner Meinung nach sogar besser an als Dylan, und auf jeden Fall besser als ich.

»Du fühlst dich so allein und weißt nicht mehr wohin. Hast alles schon probiert, doch es hatte keinen Sinn. Hast versucht, dich anzupassen, zu gefallen und dir nichts anmerken zu lassen.

Du denkst, es liegt an dir, denn keiner scheint zu passen. Dein Topf fängt langsam an, alle Deckel zu hassen. Hast versucht, dich anzupassen, zu gefallen und dir nichts anmerken zu lassen.

Doch es liegt wirklich nicht daran. Dass dich tatsächlich keiner wollen kann. Du gehst die Sache einfach nur falsch an – das kriegen wir hin!

Liebe ist ne wertvolle Aufgabe und kein Problem. Genau das macht den Unterschied, du wirst schon sehn. Wenn die Liebe zerbricht, ist das immer sehr schlimm. Doch nur weil etwas wehtut, ist's noch lang kein Problem.

Sieh die Liebe als Aufgabe, dann kriegst du's hin. Das ist das Geheimnis, du wirst schon sehn. Wenn die Liebe zerbricht, ist das immer sehr schlimm. Doch nur weil etwas wehtut, ist's noch lang kein Problem.

Du willst es unbedingt, doch das wird dir nichts bringen. Denn die Liebe kann man einfach wirklich nicht erzwingen. Hast versucht dich anzupassen, zu gefallen und dir nichts anmerken zu lassen.

Doch es liegt wirklich nicht daran. Dass dich tatsächlich keiner wollen kann. Du gehst die Sache einfach nur falsch an – das kriegen wir hin!

Liebe ist ne wertvolle Aufgabe und kein Problem. Genau das macht den Unterschied, du wirst schon sehn. Wenn die Liebe zerbricht, ist das immer sehr schlimm. Doch nur weil etwas wehtut ist, ist's noch lang kein Problem.

Seh die Liebe als Aufgabe dann kriegst du's hin. Das ist das Geheimnis, du wirst schon sehn. Wenn die Liebe zerbricht, ist das immer sehr schlimm. Doch nur weil etwas wehtut, ist's noch lang kein Problem.

Du hast dich nur selbst sehr lang vermisst. Wusstest nicht, wie wichtig's ist – es als Aufgabe zu sehen.

Liebe ist ne wertvolle Aufgabe und kein Problem. Genau das macht den Unterschied, du wirst schon sehn. Wenn die Liebe zerbricht, ist das immer sehr schlimm. Doch nur weil etwas wehtut ist, ist's noch lang kein Problem.

Seh die Liebe als Aufgabe dann kriegst du's hin. Das ist das Geheimnis, du wirst schon sehn. Wenn die Liebe zerbricht, ist das immer sehr schlimm. Doch nur weil etwas wehtut, ist's noch lang kein Problem.«

Als Nuno fertig gesungen hatte, kannte die Begeisterung der Gruppe keine Grenzen mehr.

»Alter!«, sagte Dylan sofort anerkennend. »Dein Song war viel besser als meiner! Das kannst du doch nicht bringen! Du spinnst ja wohl!«

Daraufhin stürzte sich Dylan auf Nuno, um ihn zu umarmen. Die Jungs aus der Gruppe sprangen dann alle auf und schmissen sich auf Dylan und Nuno obendrauf. Ich fand das so lustig, dass ich mich auch sofort auf den Menschenhaufen draufwarf. Gefolgt von einigen Mädels, die sich den Spaß auch nicht nehmen lassen wollten. Wir lachten uns kaputt dabei.

»Du bist ein Genie!«, sagte dann Dylan zu Nuno, nachdem wir die beiden wieder von der Last unserer Körper befreit hatten. »*Dein Topf fängt langsam an, alle Deckel zu hassen*. Wie geil ist das denn?!«

»Wegen meiner Genialität möchte ich zu meiner Entlastung anbringen, dass ich nie etwas anderes behauptet habe«, sagte Nuno grinsend, woraufhin alle herzhaft lachten. »Ich hätte aber noch ein kleines Anliegen an euch«, meinte er dann zur Gruppe. »Ihr kennt mich alle unter dem Namen Richard. Doch meine Freunde nennen mich Nuno. Daher nennt mich bitte ab sofort ebenfalls alle Nuno!«

Erneut sprangen alle auf Nuno und begruben ihn unter ihren Körpern. Und dieses Mal machten auch alle Mädels mit.

»Geiler Scheiß!«, sagte Nuno grinsend, als er schließlich wieder total zerzaust unter der Menschenmenge zum Vorschein kam.

»Ich hätte ebenfalls noch ein kleines Anliegen«, sagte ich dann. »Ich würde das mit dieser Missionarsstellung jetzt gerne einmal ausprobieren. Doch dafür brauchen wir Kondome. Hast du vielleicht welche, lieber Dylan?«

Die ganze Gruppe applaudierte erneut lautstark, lachte und jubelte. Ich hatte fast den Eindruck, als hätte ich einen Scherz gemacht.

»Ja, ich habe Kondome auf meinem Zimmer«, bestätigte Dylan grinsend. »Willst du die gleich haben?«

»Ja, das ist eine sehr gute Idee«, stimmte ich erfreut zu. »Mit unserem Workshop sind wir, glaube ich, für heute sowieso fertig. Eigentlich könnten wir daher gleich jetzt Sex praktizieren, wenn du das auch möchtest«, sagte ich zu Brian.

»Ja, ich will«, sagte Brian lachend, woraufhin die ganze Gruppe erneut lachte und applaudierte.

»Dann bis später, ihr Lieben«, sagte ich zur Gruppe.

Dylan ging mit Brian und mir in die Villa und holte drei Kondome aus seinem Zimmer.

»Aber nicht gleich alle drei auf einmal verwenden!«, sagte er zu Brian.

»Ich werde damit haushalten«, versprach Brian.

Ich eilte beschwingt die Treppe hinauf, denn ich konnte es kaum erwarten, endlich diese Erfahrung zu machen. Doch bevor wir loslegten, wollte ich mit Brian unbedingt noch über etwas sehr Wichtiges reden. Ich bat ihn, sich kurz mit mir zusammen aufs Bett zu setzen. Mein Herz klopfte in diesem Moment wie ein Maschinengewehr.

»Als ich bei Shameless in Paradise von den Engeln erzählt habe, hast du gesagt, dass du sehr gerne mal so einen außerirdischen Schleimpilz kennenlernen würdest«, begann ich. »Nun, ich muss dir da, glaube ich, mal was sagen …«

Fortsetzung folgt

Wie es Mary und ihren Lieblingsmenschen gelingt, die Problemfreiheit zu erlangen und ein sehr viel lebenswerteres Leben anzufangen, erfährst du im vierten und vorläufig letzten Band meiner Secret-Angel-Reihe. Das Buch trägt den Titel ***Secret-Angel Mary – Aus Liebe zum Paradies*** und den Untertitel *Band 4: Stattdessens*.